한국 민족해방운동 연구

김 영 모 저

고 헌

Studies on the National Libertation Movements in Korea

Kim, Young-mo

Emeritus Professor, Chung-Ang University

2012. 8

Kohun Publishing Co.

머리 말

4.19 세대는 자유와 민주주의 및 자주적 민족통일에 관심이 많았다. 우리는 1959년 대학시절 스스로 '후진사회연구회'를 조직하여[1] 제 2차 세계대전 후 우리나라 뿐만 아니라 아시아 · 아프리카의 민족문제, 특히 민족지도자에 관한 논의를 한 적이 있다. 그러한 결과 아시아 · 아프리카의 발전은 서구의 근대화 논리 보다는 오히려 그것에 대항하는 식민지 민족주의, 즉 민족해방운동의 논리가 더욱 타당하다는 것을 알았다.

이러한 민족해방운동이 제 2차 세계대전 후 한 때 후진국가에서 불길처럼 일어났다. 그것은 1950년대 후반 미 · 소의 양대 블록에서 이탈하여 제 3세계를 지향하는 아 · 아 민속주의였다.(반둥회의 등)

우리나라의 경우 일찍이 조선말기 일제 침략에 대한 동학 농민운동과 한말 의병운동이 일어났으며 일제 지배하 민족독립운동과 해방후 빨치산 운동에서도 그것을 찾아 볼 수 있었다.

그리하여 저자는 이러한 민족운동은 왜 일어났고, 또 누가 주도하였으며, 그것의 정치적 사회적 성격이 무엇인가를 그간 탐구하여 보았다.

우리나라 근 · 현대사에 있어서 가장 중요한 민족문제는 무엇 보다도 조선왕조 말기에 일제의 식민지가 되었다는 것이고, 또 해방 후 남북 분단의 극복, 즉 민족통일이 역사적 과제가 되어 있다는 것이다. 오늘날 비민족적 양심을 지닌, 일부 권력지배층이 선진국 논리인 세계화(globalization)가 마치 우리의 살 길인양 주장하고 있지만, 이것은 근대화

---

1) '후진사회연구회'는 1959년 봄, 서울대학교 문리대 사회학과, 정치학과, 사학과 3, 4년생들이 '민족주체성을 확립하자'(문리대 교정 게시판)는 슬로건하에 발기하였다.

(서구화)의 논리와 마찬가지로 민족간, 국가간, 심지어 계급간 이익대립, 즉 사회갈등을 격화시킬 것이다.

이러한 문제는 무엇 보다도 우리나라 권력지배층의 반민족적이고 반민주적인 양심(행동)에서 나타나게 된 것이다.[2] 이것을 해결하기 위하여 나타난 사회세력, 즉 창조적 소수자가 있었으나 외세의 강력한 군사력과 반민족적 지배층에 의하여 좌절되었다. 그들은 비록 좌절되었지만 그들이 존재하는 한 자주적 민족국가를 수립하기 위한 지속적인 민족해방운동이 일어날 것이다.

저자는 근·현대사에 일어난 민족독립운동의 지도자와 그 참여자에 대한 관심이 많아서 이들의 출신배경과 이념(욕구)이 무엇인가를 규명하려고 하였다. 이에 대한 연구는 다행히 일제하 독립운동가의 '죄수 명부'와 공판기록(판결문)을 입수(복사)하여 분석할 수 있었고,[3] 또한 빨치산의 경우 미군 정보기관이 입수한 자료(빨치산 명단 등)를 분석할 수 있어서 가능하였다.[4]

저자가 일제시 민족독립운동을 연구하게 된 것은 고려대학교 아세아문제연구소장(조기준 교수와 김준엽 교수)의 요청과 지원으로 시작하였다. 그리고 부산 형무소에 있었던 일제시 독립운동가의 죄수 명부를 복사할 수 있도록 협조해 준 이강훈 연구위원(전 원호처 독립운동사 실장, 전 광복회장)에게 깊이 감사한다.

본 서에 수록된 논문은 저자가 그간 발표한 것을 약간 수정 보완하여 게재하였다.

---

2) 김영모,「일제하 한인지배층연구」, 고헌, 2009, 제 1, 2, 3장 참조
김영모,「한국권력지배층연구」, 고헌, 2009, 제 1장 참조

3) 일제시 독립운동가의 판결문은 현재 부산교도소에 1,200여권의 죄수명부가 소장되어 있다. 여기에서 사용된 공판기록은 주로 경성지법, 대구지법, 광주지법, 전주지법이 다룬 사상범(독립운동가)의 공판기록이다.

4) 한림대학교 아시아문화연구소편,「빨치산 자료집」, 제 1~7권, 1996

제 1장 조선말기 민족해방운동연구의 개관
- 동학 농민전쟁과 한말 의병전쟁을 중심으로 -
(「일제하 한인지배층연구」, 제 2장 2절 및 4절 2항, 2009)

제 2장 항일 독립운동의 사회적 성격
(한국 독립운동의 사회적 성격,「아세아연구」, 통권 59권, 1978)

제 3장 3.1 운동의 사회계층적 분석
(3.1 운동의 사회계층적 분석,「아세아연구」, 통권 33권, 1969)

제 4장 미군정하 경남 울산지방의 정치갈등과 농민항쟁
(「한국권력지배층연구」, 제 1장 4절, 2009)

제 5장 남한 빨치산의 신분배경과 유격전
(「사회정책연구」, 제 43집, 2011. 9)

제 6장 4월 혁명의 사회적 성격
(「한국지배층연구」, 제 5장, 1982)

마지막으로 본 서의 자료 수집과 전산 입력을 하느라고 고생한 김진영(연세대 대학원)과 이지은(고헌 출판부)에게 깊이 감사한다.

2012년 5월

저 자

목 차

< 표 목차 >

제 1장 조선말 민족해방운동연구의 개관

- 동학 농민혁명과 한말 의병전쟁을 중심으로 -

1. 서 론

일반적으로 민족해방운동은 반외세, 반봉건, 반정부 투쟁을 말한다.[1] 민족해방운동은 제 1, 2차 세계대전 후 아시아·아프리카 식민지 또는 반식민지에서 광범위하게 일어났던, 서구 및 일본 제국주의 국가로 부터의 해방운동인 동시에 이러한 식민지화를 가능하게 한 봉건 및 정부(매판)에 대한 투쟁이다.

그리하여 식민지 민족해방운동의 지도자들은 한 때 아아(亞阿)블록, 즉 제 3세계를 형성하여 반서구 및 내정개혁을 위한 강력한 지도력, 즉 식민지 민족주의를 발휘한 적이 있다.[2] 이들은 대부분 구미가 원조한 군사쿠데타에 의하여 몰락하였다.

우리나라 근·현대사에 있어서 민족해방운동은 초기에 ① 동학 농민혁명(1873~1875년)과 ② 의병전쟁(1906~1910년)에서 찾아볼 수 있다. 이러한 민족해방운동은 일제 침략에 대한 무력항쟁인 동시에 반

---

1) Ball은 아시아, 아프리카 민족주의의 혁명적 에너지는 첫째로 민족자결과 민족독립을 요구하는, 외국지배에 대한 정치적 저항력이고, 둘째로 빈부의 현격한 격차에 대한 분격과 빈곤으로 부터의 해방을 위한 사회경제적 반항이며, 셋째로 백색인종에 대한 유색인종, 즉 서구인에 대한 아시아, 아프리카의 항쟁이라고 하였다.(William M. Ball, *Nationalism and Communism in East Asia*, Cambridge University Press, 1953, chap. Ⅰ)

2) 식민지 민족주의의 성격에 대하여서는 본 서의 부론을 참고하기 바람.

봉건(내정개혁) 및 반정부(매판) 투쟁이었다.[3)]

조선 말기 특히 철종 이후 조선왕조의 봉건적 모순(삼정문란, 탐관오리, 가렴주구, 신분차별 등)으로 생긴 민란이 각 지방에 많이 일어났다.[4)] 특히 1876년 개항 이후 일제 침략정책으로 그 정치경제적 모순이 심화되었으며, 심지어 권력지배층은 이를 막기 위하여 외세를 끌어 들임으로서 반외세, 반정부 및 반봉건의 민족해방운동이 시작되었다.[5)]

1894년 1월 외세(청군, 일군)와 관군이 정봉준이 이끄는 동학란을 무력토벌 하자 농민군(전봉준의 10만 호남군과 손병희의 10만 호서군)은 반외세(일제)와 반정부의 기치를 내세우고 투쟁하였으며, 또한 봉건적 모순을 해결하기 위한 폐정개혁을 요구하였다.[6)]

한편, 일제는 갑오개혁 후 조선왕조를 식민지화 하기 위하여 친일 개화세력, 즉 권력지배층과 야합하여 한일협상조약(1905년)과 한일협약(1907년)을 체결하여 통감정치를 실시하였다. 실제로 국권을 상실한 백성(인민)과 의병장은 이에 불복하여 반외세, 반정부, 반봉건의 거족적인 의병투쟁을 전개하였다.

---

3) 북한에서는 동학농민항쟁과 의병투쟁이 확고한 지도자가 없이 자연 발생적이고 분산적으로 전개하여 실패하였지만, 1930년대 이후 김일성의 조선인민혁명군이 전개한 항일 민족해방투쟁(예, 1937년 6월 보천보전투 등)이 마르크스 레닌주의 전략전술에 입각한 조직적이며 인민적인 무장투쟁이라고 하였다.(사회과학원 역사연구소, 「조선통사」, 하, 오월, 1989, pp.272~274)

4) 1862년 2월 경상도 우병사 백락신의 탐학으로 단성지역에서 시작된 민란은 진주지역으로 확대되었고, 마침내 삼남지역을 중심으로 전국적으로 일어났다.(경상도 20개, 전라도 37개, 충청도 12개 등 전국 72개 군·현) 이러한 민요(민란)의 원인은 주로 삼정의 문란, 즉 전정(전결, 전세)와 군정(양역) 및 환곡과 고리대, 그리고 수령 및 이서의 탐학에서 초래된 것이라고 하였다.(한우근, 「동학란 기인에 관한 연구」, 제 2장 서울대 한국문화연구소, 1971)
구양근, 「갑오농민전쟁 원인론」, 아세아문화사, 1993, 제 1편 참조.

5) 김영모, 「일제하 한인지배층연구」, 고헌, 2009, 제 2장 참조.

6) 상게서, 제 1장, 제 2, 3, 6절(갑오개혁) 참조.

이러한 민족해방운동이 제 2차 세계대전 후 광범위 하게 나타난 아시아, 아프리카 민족주의의 특징이었다 우라나라의 경우 20세기 중엽 뿐만 아니라 19세기 말에도 일어났다.

그리하여 저자는 본 고에서는 19세기 말 일제 침략시 일어난 거족적 민족해방운동, 즉 동학 농민항쟁과 의병전쟁에 대하여 기존 연구결과를 중심으로 고찰하려고 한다.[7)]

2. 동학 농민혁명

1) 동학 농민혁명의 원인

동학농민혁명은 1892년 12월 11일 동학교도들이 전라도 삼례집회에 모여 교조(최제우, 1824~1864년, 고창 향반)의 신원과 관리들의 교도들에 대한 탄압 중지를 진정한데서 비롯하여 1893년 3월 10일 충청도 보은집회에서 동학교도 2만여명이 모여 척왜척양(斥倭斥洋)의

---

7) 동학농민혁명은 1959년 까지 국사학계(김상기, 한우근)는 주로 동학란이라 하였고, 1960년 4.19 혁명 이후에는 동학혁명 또는 동학운동, 그리고 1982년 국정교과서에서는 동학운동이라 하였다. 동학농민항쟁을 농민전쟁 또는 갑오농민전쟁으로 불렀던 학자는 전석담(「조선사교정」, 1948)을 비롯하여 이청원, 강재연, 박경식 등 다수이다.(오양근,「갑오농민전쟁원인론」, 아세아문화사, 1993, pp.2~4) 그리고 의병전쟁은 대부분 의병운동이라고 부르나, 그 내용을 보아서 의병전쟁이라 하는 것이 타당하다.

저자가 본서에서 동학농민혁명(전쟁), 의병전쟁이라고 부르는 것은 비록 초기에는 소수의 동학교도와 유생이 주도하였지만, 이것이 점차 전국적으로 항일 및 반정부 투쟁으로 전개되었기 때문이다. 동학농민전쟁의 희생자가 20만명설(이동화,「천도교 창건사」, 2편, 1970), 30만 또는 40만명설(오지영,「동학사」, 1973)이 있으며, 의병전쟁의 경우 일측 자료에서도 참전 의병수가 10만 4천 251명이 되고, 피살된 의병이 1만 7천 779명이며, 부상 · 생포된 자가 5천 845명이 되었다.(조선주차군사령부 편,「조선폭도토벌지」표2 참조)

기치를 들고 농성하였으며, 1894년 1월 10일에는 전라도 고부군민이 동학접주 전봉준(전북 고부, 향리출신)의 영도하에 고부군수 조병갑의 학정(농민들의 금전과 곡식을 강탈하는 만석보 축조사건)에 항쟁하는 동학 농민항쟁이 일어났다.[8)]

이때 까지만 하여도 동학농민의 주장이 신분개혁과 탐관오리 등에 대한 징계를 요구하였으나 1894년 9월 3일 2차 봉기에서는 일본군인의 토벌에 접전하면서 반침략 항일운동으로 발전하였다.[9)](부록 1 참조)

이와 같이 동학농민혁명 또는 갑오 농민전쟁은 동학지도자들이 지방 수령과 향리들의 학정에 대한 농민의 불만을 조직한 신분(계급)혁명이고 세도정치에 대한 반정부 투쟁이며, 나아가 농민혁명을 진압하려고 개입한 외세(청 · 일)에 대한 투쟁임을 동학교주의 상소문(1892년 12월 6일)과 동학농민군의 창의문(1894년 1월 3일) 및 격문, 그리고 폐정개혁안(1894년 5월) 등에서 찾아 볼 수 있다.[10)]

여기에서 그간 일어났던 민란과 동학농민혁명의 발생원인이 무엇인가를 잘 알 수 있다. 동학당의 폐정개혁안은 여러 가지가 있으나[11)] 동학군이 전라도 일대를 장악한 후 집강소를 설치하고 직접 서정지침(12개조)을 제시하였는데 그 내용을 보면 다음과 같다.[12)]

---

8) 소위 동학당에 관한 보고는「주한일본공사관 기록」(국사편찬위원회, 보진제, 1986)에 자세히 나와 있다.

9) 그 후 전라도 뿐만 아니라 삼남지방 53개 군현으로 확산되었다가 관군과 일본군의 토벌로 1894년 12월 24일 손병희의 북접주 부대가 충주에서 해산되고 1895년 3월 29일 전봉준이 처형될때 까지이다.

10) 신복룡,「동학당연구」(탐구당, 1973)의 각종 동학당 포고문(부록)을 참고, 국사편찬위원회,「통감부문서 9」, 2000, 제 4집 참고

11) 김인순 외, '조선에 있어서 1894년 내정개혁 연구',「갑신갑오기의 근대변혁과 민족운동」, 청아출판사, 1986, pp.181~182
한우근,「동학란 기인에 관한 연구」, 서울대 한국문화연구소, 1971, pp.82~88

12) 신복룡은 동학도가 전주성을 퇴각한 이후 장성에서 전라감사 김용진에게

<동학당의 폐정개혁안>

① 도인과 정부간의 반감을 씻어버리고 서정에 협력할 일.

② 탐관오리는 그 죄목을 사득하여 일일이 엄징할 일.

③ 횡폭한 부호배는 엄징할 일.

④ 불량한 유림과 양반배는 징벌할 일.

⑤ 노비문서는 소각할 일.

⑥ 칠반천인의 대우는 개선하고 백정두상에 평양립은 벗어 버릴 일.

⑦ 청춘 과부는 재혼을 허락할 일.

⑧ 무명 잡세는 모두 폐지할 일.

⑨ 관리 채용은 지벌을 타파하고 인재를 등용할 일.

⑩ 왜(倭)와 간통하는 자는 엄징할 일.

⑪ 공사채를 막론하고 그 이전의 것은 모두 무효화 할 일.

⑫ 토지는 평균적으로 분작케 하는 일.

이러한 폐정개혁안을 보면, 동학농민혁명이 왜 일어났는 지를 알 수 있다. 따라서 이들의 정치적 요구는 봉건사회의 여러 가지 모순과 비리를 제거하기 위한 것이다. 다시 말하면 반봉건, 반제운동이 바로 동학농민혁명의 목적인 것이다. 이것은 개화당의 요구 보다도 훨씬 진보적 성격을 지니고 있다.

그러면, 기병(起兵)을 위한 동학군(호남창의소 전봉준, 손화중, 김개남 등)의 창의문을 본다.[13)]

제시한 13개조와 전주성을 점령한 전후 순변사 이지회에게 제시한 14개조 및 24개 조의 폐정개혁안이 있다고 한다.
신복룡,「동학당연구」, 탐구당, 1973, pp.208~211
오지영,「동학사」, 영창서관, 1940, pp.126~127
신용하,「동학과 갑오농민전쟁 연구」, 일조각, 1993, 제 6장

13) 창의문도 여러 가지가 있으나(예컨대, 무장읍 포고문,「양호초토등록」, 광서 20년 4월 12일) 그 내용이 매우 유사하여 여기에서는 오지영,「동학사」, pp.108~109의 것을 인용함.

< 창 의 문 >

세상에서 사람들이 귀하다 함은 인륜이라는 것이 있기 때문이다. 군신부자는 인륜의 가장 큰 자라. 인군이 어질고 신하가 곧으며, 아비가 사랑하고 아들이 효도한 후에야 국가가 무강의 역에 미쳐 가는 것이다. 동아성상은 인효자애하고 신명성예한지라, 현량방정지신이 있어 그 총명을 익찬할지면 요순지화와 문경지치를 가히 써 바랄지라

금일에 인신된 자 도보를 사치 않고 한갓 록위만 도적하여 총명을 옹폐할 뿐이라. 충간지사를 요언이라 이르고 정직지인을 비도라 하여 안으로는 보국의 재가 없고 밖으로는 학민의 관이 많다.

인민의 마음은 날로 변하여 돌아서는 낙생의 업이 없고 나가서는 보신의 책이 없다. 학정이 날로 자라고 원성이 끝지지 아니 하여 군신 부자 상하의 분별이 무너지고 말았다. 소위 공경 이하 방백수령들은 국가의 위란을 생각지도 아니하고 다만 비기윤산에만 간절하여 전선(詮選)의 문을 돈버리로 볼 뿐이며 응시의 장은 매매하는 저자와 같았다.

허다한 화뢰(貨賂)는 국고에 들어가지 못하고 다만 개인의 사장을 채우고 만 것이며 국가는 적누의 채가 있어도 청산하기를 생각지 아니하고 교만히고 사치하고 음란하고 더러운 일만을 기탄없이 행하여 팔로가 어육이 되고 만민이 도탄에 들었다. 수재의 탐학에 백성이 어찌 곤궁치 아니하랴. 백성은 국가의 근본이라. 근본이 쇠삭하면 국가는 반드시 없어지는 것이다.

보국안민의 책을 생각지 아니하고 다만 제 몸만을 생각하여 국록만 없애는 것이 어찌 옳은 일이랴. 우리 등이 비록 재야의 유민이나 군토를 먹고 군의를 입고 사는 자라, 어찌 차마 국가의 멸망을 앉아서 보겠느냐, 팔역이 동심하고 억조가 순의하여 이에 의기를 들어 보국안민으로 사생의 맹세를 하노니 금일의 광경에 놀라지 말고 승평승화와 함께 들어가 살아 보기를 바라노라.

동학군의 창의문을 보면, 공경이하 방백수령들, 즉 관료지배층의 탐학과 과거제의 폐해, 국가재정의 문란, 탐관오리 등 학정을 규탄

하고 있다. 이들 공경 수령들은 권력 뿐만 아니라 재력을 지배하고 있었다.

한말 전국 경지의 60% 내외는 황실 내지 각 궁의 지배하에 있었고 나머지도 관료 또는 호족의 소유였다. 농민들은 약 80~90%가 소작농이고 대지주는 고율의 소작료를 착취하였다.[14] 그리하여 지방의 민란, 동학란 등이 일어나게 되었다. 또한 동학군의 폐정개혁안을 보아도 탐관오리와 불량한 양반유생을 엄징하고, 노비 해방과 천민의 대우개선, 잡세 폐지, 공평한 인재등용, 토지개혁 및 친일배의 엄징 등을 주장하였다. 이러한 주장은 창의문에서와 마찬가지로 반정부적인 슬로건이다.

이와 같이 당시의 농민들은 반상 및 적서 차별의 신분개혁(반봉건)을 주장하고 탐관오리에 대한 반정부 운동, 그리고 관군 및 일제에 대한 반침략주의를 선언하고 있다.

2) 동학농민혁명의 주도 계층

동학농민혁명의 주도세력은 친청 민비세력 뿐만 아니라 친일 개화세력이 아니었다. 갑신정변에서 일본군에 의지하였던 김옥균, 박영효, 홍영식 등 개화세력이 주도하였던 갑신정변은 친청 민비의 보수세력이 요청한 청군이 개입하자 일본군의 철수로 실패하였다. 10여년 후 발생한 동학농민의 반정부 투쟁에 청군이 개입하자 이노우에(井上馨) 공사는 일본군을 개입시켰다. 그러한 결과 청일전쟁이 수원 앞바다에서 일어나 청군이 대패하였다. 그 때 부터 일제의 내정간섭이 노골화 되었다. 즉 친일 개화세력(김홍집, 박영효 등)을 앞세운 갑오개혁이 시작되었고, 동시에 일제는 관군과 함께 동학농민군을

14) 조선총독부 농상무성 편,「한국농산조사보고서」, pp.259, 328
김영모,「일제하 한인지배층연구」, 고헌, 2009, pp.179~180

토벌하기 시작하였다.

그리하여 동학농민군은 한때 삼남을 장악하여 집강소까지 설치하였지만 관군과 일군에 의하여 패하게 되었다.[15]

이러한 동학농민군의 주도계층에 대한 대표적인 견해는 '잔반계층' 또는 양인과 천민 출신의 '소작빈농'이다. 잔반계층의 견해는 동학의 교조 최제우가 한사(寒士)의 처지를 면할 수 없었던 것 같고, 동학농민 봉기의 수령 전봉준도 사(士)로 자처하나 3두락의 전답으로 6가족의 생계를 유지해야 했던 몰락양반의 후예였다고 한다. 그리하여 잔반계층은 동학접주가 되고 농민은 동학신도가 되었다고 한다.[16] 또한, 농민군의 구성이 농민을 주력으로 천민층을 포함하여 일부 몰락양반과 이속이 동조하였으며 동학접주가 농민과 천민층의 계급적 요구를 반영하였다고 한다.[17]

반면, 소작빈농의 견해는 갑오농민전쟁의 주체세력을 몰락양반, 잔반층이라고 보거나 농민군이 이들의 지도를 받았다는 것은 사실이 아니라고 한다. 그리고 농민군 지도부는 기본적으로 양인층으로 구성되었고, 집강소 시기부터 제 2차 농민전쟁 기간에는 노비를 비롯한 천민층이 상당히 진출하기 시작하였으며 몰락양반, 잔반층은 농민군을 공격, 학살하였다고 한다.[18]

이와 같은 견해의 차이는 비록 전봉준의 공초나 사료에서 실증하고 있지만 민란 또는 동학 농민혁명의 창의문과 폐정개혁안에서 그들의 신분적 계급적 성격을 잘 알 수 있는 것이다. 그들은 무엇보

15) 이 동학 농민전쟁의 지도자 전봉준(녹두장군)의 승리를 기원하는 동요, 파랑새가 아직도 전해 내려오고 있다.

'새야새야 파랑새야　　녹두나무 앉지 마라
녹두꽃이 떨어지면　　청포장수 울고 간다'

16) 한우근, 전게서, p.47, p.80

17) 강제언, 「조선근대사연구」, 일본평론사, 1970, p.201

18) 신용하, 「동학과 갑오농민전쟁 연구」, 일조각, 1993, p.115

다도 봉건적 신분질서(반상관계)에서 피지배신분(상인과 천민)이고, 동시에 생산관계에 있어서 피지배계급(소작빈농)이라는 것이다.

3) 동학농민혁명의 성격

동학농민군이 전라도 뿐만 아니라 삼남지방으로 확산된 것은 무엇보다도 봉건적 신분해방을 갈구하였기 때문이다. 삼남지방은 다른 지역에 비하여 농경지가 비옥하여 지주들의 소작빈농들에 대한 착취가 심하였고, 수령과 향리들의 매관매직 및 가렴주구가 심하였다. 그래서 하층 신분인 농민, 즉 평민과 천민들이 양반관료 및 중인의 신분차별에 대한 적대감이 심하였고, 소작 빈농들은 지주부농에 대한 계급갈등이 대단히 심하였다. 그리하여 민란 또는 동학혁명에서 1차적으로 찾아 볼 수 있는 사회적 성격은 신분개혁과 계급혁명이다.

이러한 혁명운동이 발전할 수 있었던 것은 동학이라는 종교사상에 접목되었기 때문이다. 조선 말기에 세상 인심이 흉흉할수록 혹세무민의 도참사상과 같은 유사종교가 발달하였다. 당시에 서학(천주교)에 대한 반발로서 나타난 것이 동학이라 할 수 있다. 동학은 유·불·선에 대하여 비판적이면서 동시에 이것의 영향을 받은 종교라 할 수 있다.[19]

동학의 교지인 '사람이 곧 하늘이다'(人乃天) 라는 것은 인간의 존엄과 평등을 의미하는 인도주의와 민주주의의 사상적 의미를 모두 내포하고 있다.

한편, 동학군이 일본군 등과 접전하면서 척외양(斥倭洋)의 기치를 높이 든 것은 반외세, 반제국주의를 주장하는 것이고 서학에 반대하

---

19) 신복룡, 「동학당연구」, 탐구당, 1973, pp.17~18
수운(최제우, 동학 교주)의 이상은 유·불·선 3교를 종합한 것으로 유교에서는 오륜(五倫)을, 불교에서는 정심(淨心), 도교에서는 자연적, 도덕적 불결에서 몸을 깨끗이 하는 법을 취한 것이다.

는 동학의 정신처럼 자주적인 민족주의의 성향을 지니고 있음을 말한다.

3. 한말 의병전쟁

1) 접전 상황과 원인

1907년 7월 고종 양위의 발표와 한일신협약, 즉 을미 7조약(소위 통감정치)의 체결, 그리고 순종의 군대해산과 통감에게 폭동 진압 의뢰의 소칙을 발표하자, 일부 시위대가 일본군과 치열한 접전을 하였고(대대장 박성환 자결) 전국 각지에서는 유인석 부대(충주・제천), 민긍호 부대(원주), 이강연 부대(문경), 신돌석 부대(3백명), 노응규 부대(진주), 이인영 부대(13도 창의군 대장), 허위 부대(군사장), 경상도의 이유인, 정한직, 전라도의 기우만, 백낙규, 충청도의 노병대, 홍범도 부대(북청, 갑산) 등 많은 의병장이 곳곳에서 투쟁하였다.[20] 그 밖에 민종식 부대(홍주성), 김상태 부대(경북 영천) 등이 있었다.[21] (부록 2 참조)

---

20) 의병장의 반일 반정부 투쟁은 김의환,「항일 의병장 열전」(정음사, 1975) 조동걸,「한말 의병전쟁」, 한국독립운동사연구소, 1989 참고.
장세윤,「홍범도의 생애와 항일 의병투쟁」, 한국독립운동사연구소, 1992

21) 민종식(문과, 전 이조참판) 부대장은 진충보국을 위하여 1906년 5월 충남 충주에서 가산방매로 군자금 2천원을 마련하여 군수품과 동지 12명(선봉장 박영수, 중군장 정개호, 후군장 정해두, 모병장 박두포, 최상집, 신석휴, 군사장 김상두 등)을 모아 거사하여 홍주성을 공락하였다. 그는 각 군수에게 훈령하여 양식과 모병케 하니 일시에 군세가 5,6백명이 되었다. 이에 일제는 주재 헌병과 일본경찰관(60명) 및 한국경찰관(2,30명)을 동원하여 공격개시, 수시간만에 1906년 5월 30일 홍주성을 함락시켰다. 그러한 결과 의병 사망은 80명이고, 포로가 130명이며, 노획품이 다수였다.(구식총 9정, 대소포 75문, 화승총 259정, 양총 9정, 엽총 3정, 창 453개, 조선도 138개, 화약 87포, 깃발 73개 등) 일본측 손해는 병졸 2명이고, 출병전 정찰하던 土方 경시의 사망과 순사 5명(1명 사망)이 부상하였다.(「한말의병자료」 Ⅲ, 2002, pp.223~229, 291~294)

이에 대하여 일제는 합방전 일본 헌병이 한일간 경찰권을 장악하여 의병해산 조칙과 의병토벌령을 내렸고, 일본 헌병대는 호남의병과 영남 의병에 대한 남한대토벌 작전(1905.9.1, 3개월간)에 들어가 대부분의 의병장을 체포하였다.22)

의병전쟁이 가장 심하였던 1907년 이후 1911년 까지 조선주차군 일본사령관이 발표한 조선 의병들의 접전 상황과 의병토벌의 내용은 표 1과 같다.

<표 1> 의병접전과 의병토벌시 피해상황

	의병접전								의병토벌				
	접전 회수				의병수				일본측 피해		의병측 피해		
	수비대	헌병	경관	계	수비대	헌병	경관	계	피살	부상	피살	부상	포로
1906									3	2	82		145
1907	307	10	6	323	41,871	1,145	1,100	44,116	29	63	3,627	1,592	139
1908	1,016	375	60	1,451	53,418	14,174	2,237	69,529	75	170	11,562	1,719	1,417
1909	291	575	32	898	8,665	15,918	1,801	24,583	25	30	2,374	435	329
1910	19	121	7	147	252	1,563	76	1,815	4	6	125	54	48
1911	4	28	1	33	45	168	3	216		6	5	6	6
합계	1,637	1,109	106	2,852	104,251	32,968	4,596	140,559	136	277	17,779	3,706	2,139

(자료) 조선주차군사령부 편찬, 「조선폭도토벌지」

표 1을 보면, 의병이 일군과의 접전 회수는 5년 동안 2,852회이고, 의병수는 140,559명이다. 의병이 접전한 일본군은 수비대의 정규군으로 접전 회수의 57.3%를 차지하고, 접전한 의병수는 전체의 74.2%였다. 나머지도 대부분 일본 헌병대와 접전하였으며(횟수는 38.9%이고, 의병수는 23.5%), 경찰관과 충돌한 것은 극소수이다.23) 의

22) 홍순권, 「한말 호남지역 의병운동사 연구」, 서울대 출판부, 1994

23) 의병에 관한 경찰과 군대의 사무 구별은, 군대가 직접 의병을 토벌하는 것이고, 경찰은 주로 의병의 소재동정을 군대에 통보하여 토벌행동을 용이하게 하는 것이라 하였다.(한국 내무경찰국「경찰일반」, 융희 4년 3월, p.158)

한편, 일본군 수비대 이외 1907년 7월 23일~1909년 6월 19일 까지 일본 본토에서 파견된 일본군 보병 14연대(장교 66명 등 총 1천 291명), 연대장 기쿠치(菊

병전투가 가장 심하였던 지역은 1908년에는 강원도였고,(회수 13.8%, 병력 22.5%) 1909년에는 전남이었다.(회수 31.5%, 병력 45.6%) 그리고 영남, 황해, 충청 등 전국 각지에서 많이 일어났다.

한편, 1906년 부터 시작된 의병 토벌의 내용을 보면, 일본측의 피살자가 136명이고 부상자가 277명이었으나 의병측의 피살자는 17,779명이고 부상자가 3,706명이며, 포로가 된 의병은 2,139명이다.[24] 그 뿐만 아니라 일군이 노획한 총이 8,511개, 칼이 429개, 창이 651개이다. 그 밖에 많은 귀순 의병들이 있었다.[25]

이와 같이 빈약한 무기로 제대로 훈련을 받지 못한 의병이 청일전쟁과 노일전쟁에서 잘 훈련된, 우수한 무기를 지닌 일제의 군경과 접전한 결과는 전술한 바와 같이 막대한 인명피해가 나오기 마련이다. 일제의 토벌작전은 초토화 작전[26]이기 때문에 당시의 전장이었던 지방의 읍촌은 거의 폐허가 되다시피 하였다.[27]

池) 대좌가 12여단장의 지시에 따라 1907년 7월 25일 일본 모지항(門司港)을 출발하여 그 날 부산항에 상륙하여 대전, 대구, 문경, 전라도 등을 돌고, 본부를 이동하면서 작전(의병토벌)을 하였다.(보병 14연대, 陳中日誌, 14책)

24) 의병이 처단한 지방관은 관찰사(4명), 군수(11명), 주사(3명), 경무관(3명), 총순(2명) 등 26명이고 일본인은 43명이다.(강재언, 전게서, p.23)

25) 1907년 10월 부터 1909년 6월 까지「각 도군 보고」를 보면, 각 도군 선유위원들이 각 지방의 의병활동과 귀순자들에 대한 보고가 들어 있다. 예컨대 강원도 선유위원 박성빈은 원주, 횡성, 양 군의 귀순자가 400여명(수비대 자수자는 151명)이 되고, 이 곳에는 오정묵 의병장이 포수 100여명과 병정 50명과 함께 귀순하였다고 한다. 또한 경기 선유위원 이천영(이천군수)은 이천, 안성, 수원, 가평 등지에서 46명의 귀순자를 보고하였다.

26) 맥켄지는 의병들을 찾으러 이천, 제천, 충주, 원주를 다니면서 촌노들로부터 일본군의 갖은 만행(약탈, 강간, 방화, 총살 등)을 듣고, 또 하세가와(長谷川)의 포고문대로 많은 마을이 잿더미가 되었으며, 특히 제천은 완전히 폐허가 되었다고 한다. 그래서 부녀자와 아동들은 산으로 피신하였고, 의병들은 산에서 내려와 일본군을 공격하고, 또 일본군은 현지 주민들을 총칼로 보복하였다고 한다.(F. A. Mackenzie, *The Tragedy of Korea*, E. P. Dutton & Co., 1908, Chap. 16~18)

27) 1908년 11월 강원도 관찰사 이규만(갑신정변시 일본 망명)은 홍천, 인제, 양구의

이와 같이 엄청난 희생자를 낸 의병전쟁은 일제의 침략정책을 지원한 친일 권력지배층이 자초한 것이다. 다시 말하면 갑오개혁을 비롯하여 1904년 '한일의정서' 체결 이후에 나타난 국권 상실에 대한 항쟁이고 백성을 도탄에 빠지게 한 봉건관료(수령과 아전 등)에 대한 항쟁이며 나아가 일제의 무력 침략과 토벌에 대한 항일 독립운동이었다.

이러한 항쟁을 하게 된 이유는 의병들의 격문이나 항의문 및 서간문 등에서 잘 나타나 있다.[28] 1907년 2월에 많이 뿌려진 참간장(斬奸狀)을 보면[29], 그것을 잘 알 수 있다.

< 참 간 장 >

이완용은 러시아에 붙었다가, 일본에 붙어 제일 먼저 조약 체결을 주창하였으니 그 죄를 따지면 죽이지 않을 수 없다.

권중현은 이미 조약을 체결하고 농부일국을 외인에 양여했으니 그 죄를 따지면 죽이지 않을 수 없다.

이하영은 조약 체결의 일이 실제로 그의 손에서 나오고 속으로 찬성하

3개군 순회보고를 총리대신 이완용에게 한 내용을 보면, 홍천읍 가옥은 작년말 폭도 봉기할 때 2/3 이상이 소손되었음으로 그 광경이 참담하고, 홍천군아는 수비대가 사용하여 군사무는 왜소한 누옥인 부속건물에서 집행하는지라, 밤에 각 면장, 인민 및 야소학교 생도 등을 소집하여 훈시연설을 하였는데 회집자는 6,70명이라고 하였다. 관찰사의 훈시 요지는 우리나라가 일본과 협약하여 모든 문물을 모방하였지만 결코 합방은 국제공법상 부당하고, 완전한 독립을 유지하려면 10만의 상비병과 상당한 군함이 있어야 하는데 현재로는 이것이 불가능한지라 그 재원을 조성하기 위하여 모든 사람들이 각자 생업에 근면해야 하고, 농업 경작의 방법, 종자개량 및 비료의 사용을 하면 현재의 3배 수확이 가능하다고 하였다. 또한 문명국은 모두 외국의 부를 자국에 흡수하고 외국인 배척은 미개국에서 행한다고 하면서 우리나라가 국력과 문명이 독립할 정도면, 우리도 일본의 권고를 사양할 것이라고 하였다.(「각 도군 보고」, 융희 1년 10월~3년 6월)

28) 유광열,「항일선언 창의문집」, 서문당, 1975 참조.
한국독립운동사연구소,「독립운동가 서한집」, 2006

29) '참간장'은 규장각 고문서임.

면서도 겉으로 아닌 체하여 국민을 속였으니 그 죄를 따지면 죽이지 않을 수 없다.

민영기는 조약 맺는 일을 내가외부하였고 전국의 재정을 외인에게 맡겼으니 그 죄를 따지면 죽이지 않을 수 없다.

박제순은 자신이 외무대신이 되어 조약을 맺고 나라를 팔아 먹었고, 또 정사에 참여하여 정권을 양도했으니 그 죄를 따지면 죽이지 않을 수 없다.

이지용은 갑신의정서와 을사조약이 모두 그의 손에서 나왔으며 관직과 벼슬을 팔아 나라를 망쳤으니 그 죄를 따지면 죽이지 않을 수 없다.

이근택은 조약을 체결하고 자신의 공로로 삼아 임금을 위협하였으며 백성에게 해독을 끼쳤으니 그 죄를 따지면 죽이지 않을 수 없다.

위의 격문을 보면, 부득불 죽이지 않을 수 없는 권력지배층은 대부분 전술한 한일의정서, 한일협상조약, 한일협약 등의 체결에 서명하였거나 관여한 주요 대신들이다. 이들에 대한 죄명이 이완용은 러시아와 일본에 붙어서 조약 허락을 주도하였고, 권중현은 농부일국을 외인에 양여하였으며, 이하영은 속으로는 동의하면서 겉으로는 아니라고 한다는 것이다. 민영기는 전국 재정을 외인에 위탁하고 박제순은 매국조약을 체결하였고 또 참정이 되어 정권을 양도하였으며, 이지용은 갑신의정서와 을미조약을 모두 자기 손으로 체결하고 매관매직하여 종사를 망하게 하였으며, 이근택은 군주(임금)를 위협한 죄로 마땅히 살해해야 한다고 주장하였다.

그리하여 일제의 침략적인 조약을 폐지해야 하고, 그간 권력지배층이 주권포기, 이권양여, 매국, 매관매직, 사대성 등 큰 죄를 지었기 때문에 마땅히 죽여야 한다는 것이다.

2) 의병의 주역

1905년 이후 의병투쟁은 동학 농민운동과는 달리 극소수의 왕실과 권력지배층을 제외하고는 전 국민이 참여한 반봉건, 반침략전쟁이다. 이러한 의병전쟁에 참여한 의병수는 표 1에서 볼 수 있는 바와 같이 약 14만명이라고 하지만 실제로는 그 보다도 훨씬 많으리라고 생각한다. 이러한 의병에 참여한 의병들은 초기에는 관료 양반들이 주도하였으나 점차 농민과 상인들이 주도하였다.

1905년에서 1910년간 의병전쟁에 참여하였다가 체포된 의병(844명)의 직업을 분석하여 보면, 농민이 전체의 62.2%로서 가장 많다.[30)] 그 다음은 상업(10.0%)과 미상(12.5%) 및 무직(4.6%)이고, 나머지는 전문직 등이다. 만약 의병전쟁에서 피살된 의병들을 고려한다면 농민의 수와 비율이 더욱 증가할 것이다. 이 농민의 계층적 성격은 소작빈농이 더욱 많을 것이다. 왜냐하면 1910년 전국 가구의 84.1%가 농업에 종사하였는데, 이것의 약 2%가 지주이고, 자작농이 22%이며, 자소작농은 35%, 그리고 소작농은 41%가 된다.[31)]

이것을 보면, 당시의 사회적, 정치적 불만자는 역시 소작빈농에서 찾아볼 수 있을 것 같기 때문에 62.2%의 농민은 당시의 이러한 피지배계층에 주로 속한다고 볼 수 있다. 그리고 농업지대인 전라도에서 의병운동이 가장 심하였던 것을 보면, 그것은 일제의 농업 침략과 지주와 소작농간 계급갈등이 가장 심하였기 때문인 것 같다.

다음으로 많은 군자모집자의 직업은 무직이 가장 많고(46.8%), 그

---

30) 저자가 조사한 의병투사는 1905~1918년간 경성, 대구, 광주, 공주, 전주 등 지방법원의 초심에서 유죄가 확정된 자 1,337명이다. 이들은 왜경에 의하여 내란, 강도, 살인, 소우, 폭동의 죄명으로 실형 선고를 받았던 사람들이다.

31) 조기준・김영모 외 2인 공저, 「일제하 민족생활사」, 민중서관, 1971, pp.571, 601

다음은 농업이다.(37.1%) 여기에서도 가장 많은 무직인 경우 단순히 무산자라는 뜻 보다도 오히려 농업, 한량 등이 독립운동 때문에 일정한 직업을 가지고 있지 못한 것 같다. 왜냐하면 군경과 이웃의 눈을 피하기 위해서는 현업(생업)을 가지기 어려웠기 때문이다.[32)]

그 밖의 항일독립투사는 농업보다도 오히려 비농업에 종사하고 있다. 즉, 반일운동의 경우 상업, 교사, 무직이 많고, 기타의 경우는 농업, 상업, 승려 등이 많다.[33)]

여기에서 지적된 독립투사의 직업 개념이 사실상 대단히 모호하다. 이것을 현대적 개념으로 해석할 것도 아니다. 농업종사자의 경우 전술한 바와 같이 지주부농이 아닌 것 같으며, 주경야투할 정도이면 자작농 및 소작농의 범주에 들어갈 것이다. 또한 상인과 제조업자도 영세한 것이며 피지배계급에 속할 것이다. 그러나 소수이지만 교사, 사무원, 전문직, 승려는 당시의 지식층이었다. 이와 같이 당시의 항일 독립투사는 초기에는 소수의 양반, 유생과 대다수의 소시민적 성격이 강한 농민, 상인, 무직자로 구성되었지만, 점차 근대적 지식인이 참여하고 있다.

이것을 본다면, 1910년 이전의 의병투사는 봉건지배계급 출신이 그 중심이 아니다. 따라서 의병전쟁은 항일 독립운동인 동시에 왜세와 야합한 봉건 지배계급에 대한 신분해방투쟁의 면이 강하다.

당시 의병장과 귀순의병에 관한 신분 및 직업의 일본측 자료를 보면 대다수가 양반, 유생이었다.[34)] 이것은 잘 못된 것이다.

---

32) 무직인 경우, 당시의 전국 무직자는 1.1%이지만, 서울의 경우 23.0%이다. 그러나 의병투사의 무직은 이러한 무산자의 경우도 있겠지만, 양기택(한국매일신문 총무 및 편집차장)의 경우처럼 지식인도 있다.

33) 승려는 1910년 이전의 의병에서 많이 볼 수 있다. 예컨대 1895년 보함 외 4인의 이른바 승적당을 보면 공주 갑사, 영천 은해사, 과천 청계사, 인제 백담사, 해주 신광사의 승려들로 조직되어 있었고, 승려들은 후기에 이른바 활빈당원으로도 많이 활약하였다.

1908년과 1909년의 의병 대장과 부장, 총 430명의 신분, 직업을 조사한 결과 직업이 분명치 않은 사람이 176명이고, 밝혀진 사람(255명)은 유생, 양반이 25.1%이며, 나머지는 농업(19.2%), 사병(13.7%), 무직 · 화적(11.8%), 포군(5.1%), 광부(4.7%), 주사 · 서기(3.5%), 장교(2.7%), 군수, 면장(2.4%), 상인(2.4%)의 순이다. 농업의 경우는 유생, 양반, 지방유지, 부농으로 병기된 자도 많다.[35] 또한, 다른 자료에서는 1908년의 투항 귀순한 의병장, 부장(29명)의 27.6%가 양반이고, 나머지 72.4%는 평민이며. 의병의 신분은 양반이 2.7%인데 반하여 평민은 97.3%이다.[36]

이것을 보면, 양반, 유생 출신의 의병장은 지역에 따라 25~28% 정도를 차지하고 나머지는 평민 출신이라는 것을 알 수 있다. 비록 양반, 유생이라 할지라도 이들은 한말에 있어서 지배적인 사회경제적 지위를 차지한 것은 아니다. 이들은 유생의 전통적 존왕척사의식을 지니고 있다. 이와 같이 의병장 중에 양반, 유생은 몰락한 양반들이고, 그들의 사회경제적 지위는 대부분 피지배계층에 속한다. 이들은 다수가 서당 훈장 등 농촌의 지식인이다.

한편, 1908년 5월 말 현재 전국 귀순의병(2,227명)에 대한 직업조사를 보면, 전체의 78.7%가 농민이고, 그 다음은 해산병(6.8%), 상인(3.8%), 실업, 노동자(3.6%), 포수(3.5%), 유생, 양반(0.9%), 수공업자(0.9%), 기타(1.8%)의 순으로 되어 있다. 이들의 신분별 분석은 양반이 2.9%이고, 나머지 97.1%는 평민이다.[37] 여기에서도 대부분 귀순

---

34) 박성수, 1907~1910년간의 의병전쟁에 대하여,「한국사연구」, 제 1집, 1968
그는「폭도에 관한 편책」에 수록되어 있는 한국 내부 경무국 '폭도수괴조'(1908. 10)와 한국주차헌병대본부의 '폭도수괴명부'(1909. 3) 및 북부의 '폭도수괴명부'(1909)의 자료를 이용하고 있다. 이 자료에 의하면 의병장의 평균 부하는 30~50명 정도가 가장 많다.

35) 상게서, p.233

36) 상게서, p.234

의병은 농민이고, 나머지도 거의 대부분 사회의 지배계급적 지위를 가지지 못한 자들이다.

한편, 의병운동 참가자 중(396명) 전체의 74.5%가 농업종사자이고 그 다음은 주점업을 포함한 상업 종사자가 15.7%, 대장쟁이와 목수를 포함한 수공업자가 4.3%, 그리고 품팔이(용인) 및 기타가 5.6%이다.[38] 그러나 호남지방 의병지도층(121명)의 신분은 양반이 전체의 40.5%이고 평민이 47.9%이며 나머지는 중인(4.6%)이다.[39] 다른 지방에 비하면 양반의 비율이 높다.

이러한 신분배경을 보면, 초기의 의병장은 양반 유생(대부분 해산병과 훈장 등)이 많았으나 점차 소작 농민들이 주도적 역할을 하였다.

3) 의병전쟁의 성격

1904년 이후 의병운동이 나타난 것은 전술한 원인에서 본 바와 같이 국권 회복과 봉건지배층에 대한 신분해방 뿐만 아니라 봉건지배층이 끌어들인, 일제의 무력침략에 대한 반침략적 민족해방운동이라고 할 수 있다.

의병운동의 초기에 특히 국권회복을 위하여 관료양반들이 주도하였지만 후기에 갈수록 농민 및 상인 출신들이 의병전쟁을 주도하였다. 이들은 대부분 당시의 피지배계급이었고, 따라서 지배계급(관료 및 양반, 지주부농 등)과는 이해관계를 달리하였다.

대부분의 의병투사는 동학당, 민란, 화적의 역사적 전통을 지니고 있기 때문에[40] 이들의 사회적 이익은 반봉건·반정부 및 반침략

37) 상게서, p.235
38) 상게서, p.266
39) 홍순권, 전게서, p.227
40) 1908년 10월 1일 경북관찰사 박정량은 경찰국장에 보고하기를 왕년의 동학당, 화적, 야소교도, 진위대 출신들이 적도(의병)들이라고 하였다.(「폭도사편집자료」, 1909, pp.2~3)

에서 찾을 수 있었다. 조국은 봉건적 절대군주와 지배층의 무능으로 식민지화 되었고 의병투사는 봉건적 신분지옥에서 해방되지 못하였기 때문에, 그들의 투쟁은 신분해방과 봉건정부를 타도하여 근대적 민족국가를 수립하려는 것이었다.

당시 지배계급의 이익은 생산관계에서도 발견할 수 있지만, 그보다도 일제 식민주의자의 회유책에서도 발견할 수 있다. 일제 식민주의자는 작위수여, 은사금 지급, 관리 등용, 토지조사사업 등으로 전통적 지배계층의 지위를 보장하여 주고 회유하였다. 그러나 농민, 상인 등의 피지배계층은 개항 이후 미곡수출, 고리대, 불법 토지점유 등 경제적 침탈로 시달렸고, 동학란, 민란, 화적, 활빈당의 농민투쟁에 있어서도 무력에 의한 일제 군경의 토벌과 노일전쟁시의 부역, 징세 등의 군사적 침학에 시달렸던 것이다. 더욱이 한말의 관료지배층은 그들의 대부분이 일본에 시찰 및 유학한 개화세력이지만, 정부관료로서 오히려 농민투쟁과 의병전쟁을 진압하는 일제의 앞잡이가 되었으며,[41] 또한 지방관료의 농민에 대한 탐학이 대단히 극심하였다.

그러므로 농민과 상인의 눈에는 이러한 개화관료는 매국노로 보였고, 그들은 이러한 지배계층에 대한 투쟁이 동시에 일제 식민주의자로 부터 해방의 길임을 확신한 것 같다. 즉 친일 관료지배층의 이익이 바로 일제 식민주의자의 이익과 동일한 것으로 보았다.

이와 같이 의병투사의 정치적 사회적 갈등은 식민주의에 대한 민족적 이익과 지배층에 대한 신분적, 계급적 이익의 차이, 즉 적개심에서 발생되었다. 따라서 의병운동은 항일 민족해방운동인 동시에

41) 1895년 이후 동학도와 의병 등 독립투사를 다룬 고등재판소 및 평의원의 재판장은 당시의 관료지배층이고, 이들은 서광범, 장박, 이범선, 한규철, 홍종우, 김영준, 이근택, 이윤용, 이도재 등 개화관료이다.

신분 및 계급해방운동의 성격을 지니고 있다.

4. 결 론

아시아·아프리카에 있어서 민족해방운동은 주로 제 2차 세계대전에서 발견할 수 있으나 우리나라의 경우 조선왕조 말기 외세의 침략과 봉건관료들의 매판과 탐학으로 이에 억눌렸던 민중들이 봉기하였다. 초기에는 민란과 종교적 저항으로 나타났지만 농민과 의병들의 신분적 계급적 이익이 근본적으로 봉건관료(특히 매판세력)와 외세의 경우와 다르고, 이것의 타도만이 우리 민족의 살길임을 깨닫게 되었다.

그리하여 전봉준 등 동학지도자와 홍범도 등 의병장들은 전국적으로 오랫 동안 외세와 관군에 무력으로 맞서면서 반외세, 반정부, 반봉건 투쟁, 즉 민족해방을 위한 동학농민혁명과 의병전쟁을 주도하였다.[42] 그러나, 강력한 최신무기와 잘 훈련된 외세와 관군에 의하여 많은 희생자들이 발생하였다. 따라서 우리나라 근대사에 있어서 소홀히 한 의병전쟁은 높이 평가되어야 한다.

외세와 매판관료들은 한반도를 일제의 식민지화를 시키고 비록 내정개혁과 회유정책 및 탄압정책을 완화시켰으나 이것이 계기가 되어 국내외에서 40여년간 3.1 운동, 항일 사회운동 및 무장독립운동이 치열하게 전개되었다. 그리하여 우리의 식민지 민족주의가 발달하게 되었다.

---

42) 우리나라 민족해방운동은 전국적으로 전개되었지만, 초기에 민란은 영남지방에서, 동학농민운동은 호남과 호서지방에서, 3.1 운동은 관서지방에서, 항일무장투쟁은 관북과 간도지방에서 그리고 남한 빨치산 운동은 호남과 영남지방에서 심하였다. 이와 같은 변화는 주도세력의 상실에서 기인하는 것 같다.

제 2장 일제하 민족독립운동의 사회적 성격

- 독립운동가의 배경분석을 중심으로 -

1. 서 론

1) 연구목적

일제하 민족독립운동의 사회적 성격을 제대로 규명한다는 것은 대단히 어려운 일이다. 독립운동이 자유롭게 조직적으로 전개될 수 있는 상황도 아니고, 식민주의자의 총칼의 위협을 받으면서 주로 비밀리에 지하에서 전개하였기 때문에 누가 무엇 때문에 독립운동을 전개하였는지를 정확히 규명한다는 것은 매우 어려운 일이다. 많은 항일 독립투사들이 전선과 감옥에서 희생되었고 갖은 고문과 학대 속에서도 민족의 자유와 국권 회복을 위하여 투쟁하였다. 이러한 독립운동은 국내에서 뿐만 아니라 해외에서도 일찍이 전개되었고, 상호 긴밀한 연대 속에서 추진되었다.

이와 같이 광범위한 항일 자주독립운동이 일제의 침탈로 말미암아 비롯하였기 때문에 그 역사도 개항 이후 부터 찾아볼 수 있겠으나, 국권 상실이 표면화된 1905년 11월 17일 제 2차 한일협약(보호조약)이 조인된 이후부터 1945년 8월 15일 일제로 부터 해방이 될 때까지를 보는 것이 타당할 것 같다. 따라서 약 40년간을 일제하에서 우리나라의 항일 독립운동기간으로 설정할 수 있다. 이 기간에 항일 민족운동을 전개한 독립투사는 국내외에 무수히 있었다. 그 중에서 왜경의 검색을 피할수 있었던 분도 있었지만, 대부분 전사하였거나 옥고를 겪었다.

본고에서 다루는 항일 독립투사는 그 중에서도 왜경에 의하여 피소되어 실형의 언도를 선고 받았거나 보안법과 제령 7호 및 치안유지법 등에 의하여 태형에서 사형에 이르기 까지 실형이 언도되었던 독립투사들이다. 이들은 모두 다 일제로 부터 자주적인 민족독립을 추구하기 위하여 성스러운, 숭고한 노력을 행한 분들이다. 이들의 노력은 간혹 독자적인 경우가 있었으나 대부분 집단적으로 조직적인 것이었다. 물론 시기에 따라 독립운동의 형태도 다르지만, 일제의 식민정책과 우리의 자주의식의 성장에 따라 독립운동의 성격도 달라지고 있다. 다시 말하면 1910년 8월 29일 한일합병 이전의 독립운동은 의병운동이 그 중심이었고, 그것이 점차 발전하여 마침내 3.1운동과 같은 거족적 운동으로 전개되었으며, 그 후 1920년대 이후에는 다양한 사회운동으로 발전하였다.

이러한 독립운동의 발전은 저자가 조사한 독립투사의 연대기를 훑어 보아도 그 발전단계와 사회적 성격을 여실히 알 수 있었다. 일제하의 민족독립운동, 특히 독립투사의 사회적 성격이 그 시대의 사회변화를 표현하기 때문에 항일 독립운동의 발전적 성격을 파악할 수 있다.

그리하여 저자는 항일 독립운동을 추진시킨 사회세력은 무엇이었고, 그들이 독립운동을 통하여 건설하고자 한 사회(국가)는 어떠한 것이었는 지를, 주로 독립투사의 사회적 배경을 통하여 그 성격을 규명하여 보려고 한다. 만약 이것이 규명된다면, 지금까지 주장되어 온 의병운동이 과연 양반·유생 중심의 위정척사운동인지, 그리고 3.1 운동과 사회운동이 부르조아지 또는 프롤레타리아트의 민족운동인지, 그 타당성이 밝혀질 수 있을 것이다.

2) 연구방법과 자료

저자는 항일 민족독립운동의 사회적 성격을 주로 공판기록(판결문)에 나타난 독립운동가(이른바 범죄자)의 사회적 배경을 조사·분석하여 그것을 중심으로 규명한다.

지금까지의 많은 경험적 연구에 의하여 사회적 배경과 태도간에는 깊은 상관성이 있고,[1] 또 사회배경의 변화는 전체 사회경제 변화와 지표가 될 수 있다고 한다.[2] 따라서 독립운동가의 배경분석에 의하여 독립운동의 주체와 성격이 어느 정도 파악될 수 있으리라 생각한다. 물론 판결문의 신빙성 문제가 있지만, 아직 까지 그들의 배경을 이해하는 데 가장 좋은 자료이다.

일제하 40년간 우리나라의 독립운동가가 얼마나 되느냐에 대한 정확한 숫자를 파악하기는 어렵다. 그것이 해명되려면 먼저 그 측정기준이 설정되어야 하는데, 이것은 매우 어려운 것이다. 저자가 본고에서 설정한 독립운동가의 개념도 약 40년간 지방법원의 초심에서 실형이 언도된 사람들이기 때문에 무죄자, 전사자, 미체포자 등은 제외되어 있는 것이다. 비록 실형자일지라도 조사자의 잘못으로 누락될 수도 있다.[3]

저자가 조사한 독립운동가는 현재 부산교도소에 소장되어 있는 경성, 대구, 광주, 공주, 전주 등 지방법원의 초심에서 유죄가 확정된 자이다. 그러나 평양복심원의 관할하에 있는 평양지법·함흥지

---

1) L J. Edinger & D. D. Searing, Social Background in Elite Analysis, *American Political Sience Review* Vol. 21, No.2, 1967, p.445

2) Donald R. Matthews, *The Social Background of Political Decision-Makers*, Double Day, N. Y., 1954, p.4

3) 독립운동가는 일제하의 범죄자로 규정하였기 때문에 그 죄명이 독립운동의 형태에 따라 여러 가지로 규정되어 있다. 따라서 이것을 일반범죄와 구별하기가 대단히 어려운 것이다.

법 · 해주지법과 대전지법 · 부산지법 · 제주지법 · 청주지법 등에 피소되어 유죄판결을 받은 독립투사는 제외되어 있다. 그 밖에도 조사된 경성지법 · 대구지법 · 광주지법 · 공주지법 · 전주지법 등의 경우도 아직 조사되지 않았던 것이 대단히 많다. 그러므로 저자가 분석한 표본은 전국 표본이 아니고 주로 경성지법, 대구지법, 광주지법, 전주지법 등에서 다루어졌던 독립운동가들이다.

현재 독립운동가의 공판기록(판결문)은 부산교도소에 소장되어 있는데(약 1,200권의 죄수명부가 있음), 여기에서 독립운동가를 선정하는 작업은 독립운동사편찬위원회가 행하였다.[4] 저자는 이 위원회가 복사해 온 공판기록에서 독립운동가의 성씨, 죄명, 형량, 연령, 연도, 거주, 학력, 직업, 투쟁이유 등을 조사하였다. 현재 독립운동사편찬위원회가 복사한 공판기록은 1977년 3월 말 현재 1905~1918년 간 의병투사 1,337명분이 있고, 1919년 3.1 운동투사의 것이 약 3천명분이 있으며, 1920~1945년 간 사회운동가 1,486명분이 있다. 이 중에서 3.1 운동 이전의 공판기록은 1905~1918년의 것(1,337명)만 분석하기로 하였고, 1919년의 3.1 운동에 관한 것은 이번 조사에서 제외하였으며, 1920년 이후의 것은 모두 조사 · 분석하기로 하였다.

3.1 운동의 사회적 성격에 관한 연구는 그간에 많이 행하여졌고,[5] 또 이미 저자가 전국적 통계자료를 분석하여 별도 논문을 발표하였기 때문에,[6] 본 고에서 제외하였다. 그리고 해외에 있어서 독

4) 저자는 독립운동사편찬위원회 이강훈 연구위원의 협조로 문헌조사가 가능하였다. 이 위원회가 조사한 판결문의 일부는 다음의 문헌에 수록되어 있다. 독립운동사편찬위원회, 「독립운동사자료집」, 1~12권, 원호처, 1970

5) 동아일보사, 「3.1 운동 50주년기념논집」, 1969
「아세아연구」(3.1운동 50주년기념특별호) 통권 33호, 고려대 아세아문제연구소, 1969.
역사학회, 「역사학보」, 제 33호, 1969

6) 김영모, 3.1운동의 사회계층적 배경, 「아세아 연구」, 통권 33권, 1969

립운동가의 사회적 성격을 규명하기 위한 통계자료는 기존의 문헌에서 찾아볼 수 있기 때문에[7] 새로 조사할 필요가 없었다.

2. 의병전쟁

1) 투쟁의 형태

한말에 있어서 의병운동은 대개 1985년 10월의 민비시해와 11월의 단발령 강행으로 초래된 것이고, 이것은 양반, 유생이 주도한 것으로 알려져 왔다.[8] 그러나, 이러한 의병운동은 1905년 이후에는 항일 독립전쟁의 성격이었고, 이것의 주력은 지방 유생과 농민이었다.[9]

갑오개혁 이후 한일의정서(1904년 2월 23일)가 체결되기 까지의 의병운동은 독립전쟁의 성격이 아닐지 몰라도, 1905년 11월 17일 한일조약(통감정치)이 체결된 후에는 항일 독립투쟁으로 규정하여도 무리하지는 아닐 것 같다. 왜냐하면 당시의 일군과의 접전 규모와 피해 현황을 본다면 가히 독립전쟁이라 할 수 있기 때문이다.[10]

조선주차군 일본사령관이 발표한, 1907년 이후 1911년 까지 조선

---

7) 김정명,「조선독립운동」, 1권, 분책, 원서방, 1967
조선총독부,「소요사건보」,
坪江汕二,「조선민족독립운동사」, 巖南堂서점, 1959

8) 이것은 황현의「매천야록」, 박은식의「한국독립운동지혈사」, 뒤 바보의 '의병전'(「한국학보」, 제 1집, 수록) 등에서 주장되고, 또한 이것은 많은 개설서에서 그대로 인용되었다.
강재언,「조선근대사연구」, 일본평론사, 1970, p.208

9) 박성수, 1907~1910년 간의 의병전쟁에 대하여,「한국사연구」, 제 1집, 1968, p.251
藤原夢子, '의병운동 1906~1910',「역사학연구」, 제 187집, 1955

10) 박성수, 상게서, pp.213~231

의병 접전과 의병 토벌의 내용을 보면 잘 알 수 있다.

의병이 일군과의 접전 회수는 5년 동안 2,852회이고, 참전 의병수는 140,559명이다. 의병이 접전한 일군은 수비대의 정규군으로 접전 회수의 57.3%를 차지하고, 접전한 의병수는 전체의 74.2%였다. 나머지도 대부분 일본 헌병대와 접전하였으며(횟수는 38.9%이고, 의병수는 23.5%), 경찰관과 충돌한 것은 극소수이다.11)

더욱이 1906년 부터 시작된 의병 토벌의 내용을 보면, 일본측의 피살자가 136명이고, 부상자가 3,706명이며, 포로가 된 의병은 2,139명이다. 그 뿐만 아니라 일군이 노획한 총이 8,551개, 칼이 429개, 창이 651개이다.12)

이와 같이 빈약한 무기로 제대로 훈련을 받지 못한 의병이 노일전쟁에 의하여 잘 훈련된 일제의 군경과 접전한 결과는 전술한 바와 같이 막대한 인명피해가 나오기 마련이다. 일제의 토벌작전은 초토화 작전이었기 때문에 당시의 전장이었던 지방의 읍촌은 거의 폐허가 되다시피 하였다.13)

이것을 보면, 한말의 의병운동은 빈약한 무력으로 일제의 정규군과 대결한 용감한 항일투쟁이었다. 따라서 의병은 거의 일방적으로

---

11) 의병에 관한 경찰과 군대의 사무구별은, 군대가 직접 의병을 토벌하는 것이고, 경찰은 주로 의병의 소재 동정을 군대에 통보하여 토벌행동을 용이하게 하는 것이라고 하였다.(한국 내부 경찰국, 「한국경찰일반」, 융희 4년 3월, p.158)

12) 조선주차군사사령부 편, 「조선폭동토벌사」, 표 2참조

13) 강원도 관찰사 이규완의 홍천, 인제, 양구 3군의 순회개황보고에 의하면, 홍천읍 가옥은 작년말 폭도봉기할 때에 그 3분의 2 이상은 소손되었음으로써 광경이 참담하다고 하였다.(「각도군보고」, 융희 2년 12월 21일) 또한 전남 선유위원 조철구는 귀순민의 가옥이 소진되었고, 또 의식이 결핍하다고 주장한다.(「각도군 보고」, 융희 2년 4월 20일) 그리고 F.A. Mckenzie 청주에 이르기 까지 길가의 마을은 거의 반이 일인에 의하여 파괴되었고, 또 청주와 제천 사이에는 부락의 4/5가 불타 쓰러져 있었다고 한다.(*The Tragedy of Korea*, E.P. Dutton & Co., N. Y., 1908, Chap.17)

희생을 당한 처절한 독립전쟁이었다.

이러한 의병운동은 1905~1910년 간의 의병전쟁에서만 찾아볼 수 있는 것이 아니다. 그 이전에도 있었으며, 그 이후에도 많이 있었다.

저자의 조사에서도 1904년 이전에 27명이 있었고, 1911년 이후에도 271명(군자모집 포함)이 있었다. 그리고 1910년 8월 3일~1911년 6월 말까지 조선주차군 사령관 보고(참모총장)에서도 일본 헌병(11명)과 조선의병(308명)간 접전 회수가 39회 있었다. 같은 기간에 표 1과 같이 생포된 의병이 715명이 되고 피살자는 19명이다.[14)]

<표 1> 1910년 12월~1911년 6월 말 의병들의 피해상황

	사망	포로	자수	계	노획품		
					총	칼	창
수비대	11	163	8	182	78	9	60
헌병대	8	344	7	359	420	73	248
경찰관		208		208	127	6	
합계	19	715	15	749	625	88	308

(비고) 조선주차군 사령관 보고(참모총장)의 요지
(자료) 일본 외교사료관 소장, 「한말의병자료 Ⅲ」

1910년 이후 접전규모가 큰 것은 김상태 의병부대와 홍범도 부대의 경우이다. 조선 파견 보병 제 1연대 3대대(399명)와 동 지구내 헌병, 경찰관 일부(145명)가 연합하여 1910년 11월 25일 부터 동년 12월 20일 까지 경북과 강원도 접경지역에서 활동하던 김상태 부대(의병장 윤국범, 정경태 및 참모 문성조)를 토벌하였다. 일제 군경은 경북 영천지역(사방 80리)을 토벌하였으나 그를 체포하지 못하고(사살 4명, 검거 75명, 자수 5명) 반년이 지난 6월 14일 경북 순흥군 연화동에서 야습하여 의병대장 김상태(충북 단양, 이강년 의병부대의 중군장 출신)를 체포하였다. 그는 부하 약 140명을 거느리고 경북, 강원, 충북

14) 일본 외교사료관 소장, 「한말의병자료 Ⅲ」, 독립기념관 한국독립운동사연구소, 2002, pp.95~106

3도에 걸쳐 활동하였다.[15)]

한편, 홍범도 의병부대는 노령에서 경원을 거쳐 조선에 들어와 1911년 3월 16일 함북 종성 근처에서 홍범도 의병장(평북 양덕 출신, 포수, 진위대 하사 출신)의 부하 225명이 일본 헌병대와 접전하였다가(일제측 자료에는 의병 3명 살상, 9명 포로) 간도 방면으로 넘어갔다고 한다. 그리고 3월 17일 함북 행영 부근에서 무장한 블라디보스토크를 출발한 홍범도 부대원(25명)이 일본 헌병과 충돌하였다.[16)]

일반적으로 의병운동의 단계를 ① 1895년 8월의 민비시해와 동년 11월의 단발령의 강행, ② 1905년 11월의 보호조약의 체결, 그리고 ③ 1907년 7월의 군대해산을 계기로 구분한다.[17)]

갑오개혁 이후에 있었던 유생 중심의 위정척사운동이 일반적으로 의병운동의 핵심으로 보고 있는데 대하여 과연 그렇게 볼 수 있느냐 하는 것이 문제이다. 주지하다시피 동학 농민전쟁도 항일 민족운동의 성격을 지니고 있었고, 또한 갑오개혁 이후에 있었던 이른바 화적·활빈당의 활동과 보호조약 이후의 의병전쟁은 그러한 역사적 전통에서 연원을 찾을 수 있기 때문에, 사실 전통적인 '의병', '의병운동'이라는 개념으로 한말 민족독립운동을 파악하는 것은 적절하지 못한 것 같다.[18)]

본 고에서는 독립운동의 개념을 제도상으로 국권상실이 나타난 1905년의 을사보호조약 이후에서 찾는다면, 전술한 ① 기의 의병운

15) 상게서, pp.101, 115

16) 상게서, pp.106~108

17) 뒤 바보, '의병전',「한국학보」, 제 1집, 1975, p.302, 뒤 바보(윤병석 교수는 박은식의 가명이라 함)는 ①과 ②의 단계는 신벌계급이, 그리고 ③의 단계는 군벌계급이 속한 것이라 한다.

18) 의병의 개념이 양반, 유생의 거의라는 역사적 개념으로 1905년 이후에 있어서 민족독립운동은 양반, 유생의 위정척사운동의 성격이라기 보다도 농민과 상인이 주도한 신분해방운동이라고 볼 수 있다.

동은 논외로 하고, ② 기 이후의 의병전쟁을 중심으로 파악하는 것이 타당할 것 같다. 사실 국권이 상실되는 1905~1910년간의 기간이 민족독립운동에 있어서 가장 중요한 시기로서, 이 때 민족독립투쟁의 성격이 분명히 밝혀져야 할 것이다. 만약 양반, 관료, 유생(지배계층)이 의병운동을 주도하였고, 이 시기의 민족독립운동이 이들의 의병운동이라고 한다면, 이해하기 어려운 의문이 있다.

첫째는 그들 지배계층 중에서도 민족적 이익의 명분에서 자살, 의거, 상소 등의 형태로 독립운동을 추진한 사람이 있지만, 이들 보다도 피살자, 부상자, 옥고 등의 피해를 많이 당한 자는 '농민, 상인, 승려(피지배계층)'이다. 전자는 소극적인 독립운동을 전개하였지만, 후자는 매우 적극적인 투쟁을 전개하였다.

둘째는 일제가 조선을 식민지로 만들기 위하여 당시의 왕실, 양반, 관료, 유생을 회유하여 일제의 황족, 귀족, 관리로 신분을 전환시키고, 그들에게 각 종의 은사금, 보조금 등을 주었다. 다시 말하면 일제는 지배계층의 이익을 옹호하여 주었던 것이다. 따라서 의병운동이 항일 민족독립운동의 성격이 되려면 전술한 두 가지의 전제 때문에 기존의 이론, 즉 양반, 유생, 관료의 의병운동은 부정되어야 할 것이다.

전술한 일본 측의 자료에서 일본 군경과 충돌한 의병수가 1907~1911년간에 140,599명이라 하였는데, 저자는 실제로 이 숫자보다도 훨씬 많았을 것이라고 생각한다. 왜냐하면, 당시의 의병이 일제가 지적한 것처럼 훈련된 정규군 보다도 오히려 주경야투의 농민군이 많았고, 또한 많은 의병이 선유사에 의하여 귀순하였기 때문이다. 의병의 주경야투와 유격전법은 많은 기록에서 찾아볼 수 있지만,[19] 귀순 의병의 실수는 정확히 파악할 수 없다. 그러나 당시의

19) 박성수, 전게서, pp.220~224

선유위원의 보고에 의하면 어느 정도 짐작할 수 있다.[20] 예컨대 1908년 전반기의 강원(춘천, 강릉, 울진, 원주), 경기(수원, 인천, 양주, 여주, 개성), 황해(해주, 서홍, 송화) 3개 도의 자수, 귀순 의병은 1,657명이다.[21] 강원도 선유위원 박선빈의 보고에 의하면, 원주, 횡성 양구군의 병민의 귀순자는 모두 400여명인데, 이 중에서 산병전후의 귀순이 수비대 자수자까지 합치면 151명이다. 폭동시, 궐액이 이미 수십명이고, 현재 병액이 270명 내에 그간 사망자 20여명과 귀순자 151명을 제하니 아직 미환자는 100명 미만이라고 하였다.[22] 당시의 귀순자는 면장 또는 동장이 보증하고 면죄문빙을 받았다.[23] 이러한 귀순자는 면책이 되었겠지만, 그 후에도 끈질기게 의병투쟁이 전개되었다. 공판기록 조사에서도 1905~1910년간 이후에 의병투쟁을 전개하다가 체포, 기소되어 유죄판결을 바은 자가 1905~1910년에 771명이 되고, 1911~1918년간 의병은 211명이 된다.

그러면, 1905~1918년에 유죄언도를 받은 독립운동가(1,337명)의 죄명과 형량을 본다.

제 1장 표 1에서 볼 수 있는 바와 같이, 당시 독립운동가의 죄명은 강도가 54.5%로서 가장 많고, 그 다음은 폭동(15.2%)과 내란(11.4%) 및 살인(3.3%)이다. 그 밖에 보안법의 위반이 8.2%이고,[24] 제

20) 선유위원의 1896년 2월 27일의 칙유에서도 나타나 있다. 그 때는 남로선유사에 신기선(종 일품)을, 그리고 동로선유사에 이도재(종 이품)를 특파하였고, 1908년의 선유위원은 관찰사, 시종, 군수 등을 각 도마다 1명씩 임명하여 파견하였다. 1907년 10월~1909년 6월까지 선유위원의 보고는「각도군 보고」(규장각 소장)에 있다.

21) 박성수, 전게서, p.236

22) 「각도군 보고」, 보고 제 16호, 융희 2년 4월 25일

23) 「각도군 보고」, 보고 제 27호, 융희 2년 4월 20일

24) '보안법'은 1907년 7월 29일에 법률 제 2호로 공포된 것이다. 이것에 의하면 내무대신과 경찰관은 안녕질서를 보지하기 위하여 필요한 경우에 결사, 집회, 대중운동의 해산을 명할 수 있고(제 1조와 제 2조), 동시에 무기, 폭발물 휴대금

령 7호 및 기타 법령의 위반이 14.8%이다.[25] 그들에게 언도된 형량은 교수형이 7.6%이고, 10년 이상 무기형 까지가 23.7%이며, 1~10년간의 실형도 36.9%가 된다. 나머지는 1년 미만의 실형이 3.1%이고, 태형과 유배가 각각 18.8%와 9.7%가 된다.

<표 2> 의병전쟁기 독립운동가의 죄명과 형량

(단위 : 실수, ( )내는 %)

	태형	유배 9년 이하	유배 10년 이상	1년 미만	1~4년	5~9년	10년 이상	무기	교수	합계
내란	13 (8.5)	86 (56.2)	15 (9.8)	3 (2.0)	5 (3.3)	6 (3.9)	3 (2.0)	3 (2.0)	19 (12.4)	153 (100.1)
강도	120 (19.7)	16 (2.6)	5 (0.8)	6 (1.0)	66 (10.8)	172 (28.2)	146 (24.0)	28 (4.6)	50 (8.2)	609 (99.9)
폭동	12 (5.9)			6 (3.0)	107 (52.7)	50 (25.1)	17 (8.4)	2 (1.0)	8 (3.9)	203 (100.0)
살인	13 (29.5)				1 (2.3)		7 (15.9)	1 (2.3)	22 (50.0)	44 (100.0)
보안법	37 (33.6)			13 (11.8)	49 (44.5)	7 (6.4)	4 (3.6)			110 (99.9)
치안유지법	20 (100.0)									20 (100.0)
제령 7호 · 기타	36 (18.2)	6 (3.0)	2 (1.0)	14 (7.1)	22 (11.1)	8 (4.0)	107 (54.0)		3 (1.5)	198 (99.9)
합 계	251 (18.8)	108 (8.1)	22 (1.6)	42 (3.1)	250 (18.7)	244 (18.2)	284 (21.2)	34 (2.5)	102 (7.6)	1,337 (99.8)

지와 가로 및 공개 장소에 문서, 도서, 언어행위의 금지를 위반한 자는 40 이상의 태형 또는 10개월 이하의 금옥에 처하며(제 6조), 정치에 관한 불온한 언어동작 또는 타인을 선동, 교사하는 자는 50 이상의 태형과 10개월 이하의 금고 또는 2개년 이하의 징역에 처한다(제 7조)고 규정하였다.

25) 「형법대전」은 1905년 5월 9일에 공포된 것으로, 이것은 봉건왕조의 신분법이었다. 이것은 1912년 '조선형사령'이 제정될 때 까지 시행되었다.「형법대전」에 의하면, 강도죄는 사형이고, 강도 미수는 무기 또는 10년 이상 징역에 처하였으며, '조선형사령'에 의하면 전자가 15년 이하 5년 이상의 징역에 그리고 후자가 2년 6월 이상의 징역에 처하였다. 그리고 '조선형사령'은 기존의 형법(1907년 4월 24일 제정) 등에 특별한 규정이 없는 경우에 적용하였다.(제 1조) 이것에 의하면 경찰부장, 도사무관, 경시, 경부(보), 헌병장교, 준사관, 하사 등은 영사를 보좌하고 그 지휘를 받아 사법경찰관과 함께 범죄를 수사할 수 있다.(제 5조)

일반적으로 내란 죄목은 10년 미만의 유배형이 많고, 폭동 죄목은 1년 이상의 실형과 태형이 많다. 그리고 살인 죄목은 교수형과 태형이 많고, 치안유지법과 국가보안법 및 제령 7호의 위반자는 태형과 1년 이상의 실형이 언도 되었다.

이것을 보면, 강도죄라고 해서 단순한 재산범이 아니고 그것의 86.2%가 의병군자금 모집 등이며, 태형과 사형의 집행과 동일한 혹형이었다.26) 따라서 형량이 대단히 가혹했다.

<표 3> 의병전쟁기 투쟁형태

	의병	군자금 모집	만족 차별	배일 운동	독서회	종교 운동	의열단	기타	합계
1905~1910	771 (91.4)	2 (0.2)		1 (0.1)				70 (8.3)	844 (100.0)
1911~1918	211 (42.8)	60 (12.2)	3 (0.6)	122 (24.7)	6 (1.2)	2 (0.4)	1 (0.2)	88 (17.8)	493 (99.9)
합계	982 (73.4)	62 (4.6)	3 (0.2)	123 (9.3)	6 (0.4)	2 (0.1)	1 (0.1)	158 (11.8)	1,337 (99.9)

그러면, 저자가 조사한 의병전쟁기에 있어서 독립투쟁의 형태가 어떠한 것이었나를 <표 3>에서 본다.

표 3을 보면, 당시의 투쟁형태는 전체의 73.4%가 의병이었고, 나머지는 배일운동(9.3%), 군자금 모집(4.6%) 등이다. 기타(11.8%)는 주로 화적, 활빈당, 승적당, 의열단, 총기화약 매매 및 은닉 등이다. 특히 1910년 합병 이전에는 의병이 전체의 91.4%이고, 그 후에도 의병이

26) 김용덕, '3.1 운동이전의 태형', 「3.1운동 50주년기념집」, 동아일보사, 1969, p.150
'조선태형령'은 1912년 3월 제령 제 13호로 제정된 것인데, 이것에 의하면 3개월 이하의 징역 또는 구류에 처한 자는 그 정상에 의하여 태형에 처할 수 있고(제 1조), 100원 이하의 벌금 또는 과료에 처할 자가 조선 내에 일정한 주소가 없거나 무산자인 경우에는 해당 되며(제 2조), 벌금이나 과료를 태형으로 바꿀 때는 1일 또는 1원에 태 한 대로 감산한다고 하였다.(제 4조)

가장 많으며(42.8%), 나머지도 의병활동을 위한 군자금 모집(12.2%) 등이 많다.

2) 사회적 배경

의병운동가들의 사회적 배경은 그들의 연령과 신분·직업 및 출신지역을 중심으로 고찰한다.

(1) 연령

의병전쟁기의 독립운동가는 주로 20~40대의 연령층에 속한다. 가장 많은 연령층은 25~29세로서 전체의 24.0%를 차지하고, 그 다음은 30~34세의 연령층이며(20.0%), 나머지도 대부분 20~49세의 연령층에 골고루 분산되어 있다. 따라서 이 기간에 있어서 독립운동가는 주로 청장년들이다.

표 4를 보면, 의병운동이 중심이 된 1905~1910년간은 1911~1918년에 비하여 보다 연령층이 낮고, 그 후에는 점차 연령이 높아지고 있다. 이것을 보면, 의병전쟁에 있어서 독립운동가는 혈기 있는 각 연령층에 골고루 분포되어 있지만, 1910년 한일합방 이후 일제의 무력적인 헌병정치기에 있어서는 독립운동가가 국민적 성격보다 특수한 직업적·계층적 성격에로 전환되고 있다.

<표 4> 의병전쟁기 독립운동가의 연령

	15~19	20~24	25~29	30~34	35~39	40~49	50 이상	미상	합계
1905~1910	27 (3.2)	152 (18.0)	221 (26.2)	156 (18.5)	119 (14.1)	98 (11.6)	56 (6.6)	15 (1.8)	844 (100.0)
1911~1918	3 (0.6)	57 (11.6)	100 (20.3)	111 (22.5)	85 (17.2)	72 (14.6)	44 (8.9)	21 (4.3)	493 (100.0)
합계	30 (2.2)	209 (15.6)	321 (24.0)	267 (20.0)	204 (15.3)	170 (12.7)	100 (7.5)	36 (2.7)	1,337 (100.0)

그러면, 독립운동의 투쟁형태에 따라 독립운동가의 연령 분포가

어떠한 가를 보기로 한다.

<표 5> 의병투쟁기 독립운동가의 투쟁형태별 연령

	15~19	20~24	25~29	30~34	35~39	40~49	50 이상	미상	합계
의병	27 (2.7)	165 (16.8)	256 (26.1)	195 (19.9)	140 (14.3)	114 (11.6)	62 (6.3)	23 (2.3)	982 (100.0)
군자금모집		1 (1.6)	7 (11.3)	12 (19.4)	14 (22.6)	18 (29.0)	10 (16.1)		62 (100.0)
민족차별		1 (33.3)		1 (33.3)	1 (33.3)				3 (99.9)
항일운동		23 (18.7)	30 (24.4)	29 (23.6)	18 (14.6)	14 (11.4)	9 (7.3)		123 (100.0)
독서회								6	6 (100.0)
기타	3 (1.9)	19 (11.8)	28 (17.4)	30 (18.6)	31 (19.3)	24 (14.9)	19 (11.8)	7 (4.3)	161 (100.0)
합 계	30 (2.2)	209 (15.6)	321 (24.0)	267 (20.0)	204 (15.3)	170 (12.7)	100 (7.5)	36 (2.7)	1,337 (100.0)

표 5를 보면, 독립운동가는 25~29세의 연령층이 가장 많고,(24.0%) 그 다음으로 그 전후의 연령층이 많다. 이 중에서 군자금 모집가는 35~49세의 연령층이 가장 많다.(51.6%) 그리고 그 밖의 항일투사는 주로 25~39세의 연령층이다. 이것을 보면 역시 무력투쟁에 참여한 의병운동가는 그 연령이 보다 젊다는 것을 알 수 있다.

(2) 신분 및 직업

1905~1910년의 독립운동가는 전체의 73.4%가 의병에 참여하였고, 나머지는 각종의 항일운동에 참여하고 있다. 이 기간에 있어서도 한일합방 전후에 따라 독립운동가의 직업변화가 일어나고 있다.

<표 6>에서 볼 수 있는 바와 같이, 이 기간에 독립운동가의 직업이 농업인 경우 전체의 51.8%인데, 1910년 이전에는 그 비율이 59.5%이지만, 1911년 이후에는 38.7%로 그 비율이 감소하였다. 반면에 상업은 10.0%에서 15.4%로, 그리고 교사는 0.1%에서 8.9%로 그

구성비율이 증가하였고, 그 밖의 무직, 회사원, 공원, 고원, 학생 등은 소수이지만 증가하였다. 그러나 승려와 주막은 감소하였다.

이러한 직업변화는 독립운동에 대한 강압정책과 식민정책에서도 기인되었지만, 그 보다도 국내의 상공업과 교육의 발흥에 따른 민족의식의 고조에서 비롯되었던 것이다. 당시의 한인상공업에 대한 일제의 침탈은 가열하였고 학회 및 협회 활동을 중심으로 애국계몽운동도 활발하였기 때문에[27] 민족의 자의식이 제고되었던 것이다. 따라서 종래의 유생과 농민을 중심으로 한 의병운동도 새로운 형태와 성격을 갖게 되는 것이다.

<표 6> 의병전쟁기 독립운동가의 직업

	농업	상업	교사	유생	해산병	전관리	사원	직공	고용
1905~1910	502 (59.5)	84 (10.0)	1 (0.1)	5 (0.6)	3 (0.4)	5 (0.6)	1 (0.1)	4 (0.5)	9 (1.1)
1911~1918	191 (38.7)	76 (15.4)	44 (8.9)	2 (0.4)		3 (0.6)	5 (1.0)	8 (1.6)	4 (0.8)
합계	693 (51.8)	160 (12.0)	45 (3.4)	7 (0.5)	3 (0.2)	8 (0.6)	6 (0.4)	12 (0.9)	13 (1.0)
	제조업	학생	무직	주막	전문직	승려	기타	미상	합계
1905~1910	13 (1.5)	3 (0.4)	33 (3.9)	17 (2.0)	8 (0.9)	29 (3.4)	27 (3.2)	100 (11.8)	844 (100.0)
1911~1918	17 (3.4)	8 (1.6)	73 (14.8)	6 (1.2)	11 (2.2)	1 (0.2)	12 (2.4)	32 (6.5)	493 (99.7)
합계	30 (2.2)	11 (0.8)	106 (7.9)	23 (1.7)	19 (1.4)	30 (2.2)	39 (2.9)	132 (9.9)	1,337 (100.0)

그러면, 독립운동의 투쟁 형태에 따른 독립운동가의 직업적 성격을 고찰하여 보기로 한다.

표 7에서 볼 수 있는 바와 같이, 의병투사의 직업은 농업이 전체의 62.2%로서 가장 많고, 그 다음은 상업(10.0%)[28]과 미상(12.5%) 및

27) 김영모, 「한말지배층연구」, 서울대학교 한국문화연구소, 1972, 제 4장 참조.
28) 상업은 주로 잡화상, 곡물상, 성유상, 주상, 유기상 등의 소매상들이다. 김좌진 장군도 1908년 경 서울의 석유 및 석탄상이었다.

무직(4.6%)의 순이다. 나머지는 전문직, 제조업, 고원 등이다.29) 여기에서 문제가 되는 것은 농업의 계층적 성격이다.

1910년 전국 호구의 84.1%가 농업에 종사하였는데, 이것의 약 2%가 지주이고, 자작농이 22%이며, 자소작농은 35%, 그리고 순소작농은 41%가 된다.30) 이것을 보면 당시의 사회적, 정치적 불만자는 역시 소작빈농에서 찾아볼 수 있기 때문에 62.2%의 농민은 당시의 이러한 피지배계층에 주로 속한다고 볼 수 있다.

다음으로 군자금모집운동가의 직업은 무직이 가장 많고(46.8%), 그 다음은 농업이다(37.1%) 여기에서도 가장 많은 무직인 경우 단순히 무산자라는 뜻 보다도 오히려 농민, 한량 등이 독립운동 때문에 일정한 직업을 가지고 있지 못한 것 같다. 왜냐하면 군경과 이웃의 눈을 피하기 위해서는 현업(생업)을 가지기 어려웠기 때문이다.31)

그 밖의 항일 독립운동가는 농업 보다도 오히려 비농업에 종사하고 있다. 즉 배일운동의 경우 상업, 교사, 무직이 많고, 기타의 경우는 농업, 상업, 승려 등이 많다.32)

여기에서 지적된 독립투사의 직업 개념이 사실상 대단히 모호하다. 이것을 현대적 개념으로 해석할 것도 아닌 것 같다. 농업종사자의 경우에도, 전술한 바와 같이 지주부농이 아닌 것 같으며, 주경야투할 정도이면 자작농 및 소작농의 범주에 들어갈 것이다. 또한 상

29) 전문직은 변호사, 약제사 등이고, 제조업은 야금업, 채금업, 도기제조 등 수공업이며, 고원은 고군, 고농 등이 대부분이다.

30) 김영모 외 3인 공저, 「일제하 민족생활사」, 민중서관, 1971, pp.571, 601

31) 무직인 경우 당시의 전국의 무직자는 1.1%이지만, 서울의 경우는 23.0%이다. 그러나 의병투사의 무직은 이러한 무산자의 경우도 있겠지만, 송기택(대한매일신보 총무, 차장)의 경우 처럼 지식인도 있는 것이다.

32) 승려는 1910년 이전의 의병에서 많이 볼 수 있다. 예컨대 1895년 보함 외 4인의 이른바 승적당을 보면, 공주 갑사, 영천 은해사, 과천 청계사, 인제 백담사, 해주 신광사의 승려들로 조직되어 있었고, 승려들은 후기에 이른바 활빈당원으로 많이 활약하였다.

인과 제조업자도 영세한 것이며, 피지배계층에 속할 것이다. 그러나, 소수이지만 교사, 사무원, 전문직, 승려는 당시의 지식층이었다.

<표 7> 의병전쟁기 독립운동가의 투쟁형태별 직업

	농업	상업	교사	유생	해산병	전관리	사원	직공	고용
의병	611 (62.2)	98 (10.0)	3 (0.3)	5 (0.5)	3 (0.3)	4 (0.4)	1 (0.1)	6 (0.6)	10 (1.0)
군자모집	23 (37.1)	2 (3.2)	1 (1.6)						
민족차별	3 (100.0)								
배일운동	11 (8.9)	33 (26.8)	33 (26.8)			1 (0.8)	3 (2.4)	3 (2.4)	1 (0.8)
독서회								1 (16.7)	
종교운동	2								
의열단									
기타	43 (27.2)	27 (17.1)	8 (5.1)	2 (1.3)		3 (1.9)	2 (1.3)	2 (1.3)	2 (1.3)
합계	693 (51.8)	160 (12.0)	45 (3.4)	7 (0.5)	3 (0.2)	8 (0.6)	6 (0.4)	12 (0.9)	13 (1.0)

	제조업	학생	무직	주막	전문직	승려	기타	미상	합계
의병	17 (1.7)	3 (0.3)	45 (4.6)	19 (1.9)	11 (1.1)	3 (0.3)	20 (2.0)	123 (12.5)	982 (99.8)
군자모집	2 (3.2)		29 (46.8)		1 (1.6)			4 (6.5)	62 (100.0)
민족차별									3 (100.0)
배일운동	7 (5.7)	7 (5.7)	8 (6.5)	2 (1.6)	4 (3.3)		8 (6.5)	2 (1.6)	123 (99.8)
독서회			5 (83.3)						6 (100.0)
종교운동									2
의열단			1						1
기타	4 (2.5)	1 (0.6)	18 (11.4)	2 (1.3)	3 (1.9)	27 (17.1)	11 (7.0)	3 (1.9)	158 (100.2)
합계	30 (2.2)	11 (0.8)	106 (7.9)	23 (1.7)	19 (1.4)	30 (2.2)	39 (2.9)	132 (9.9)	1,337 (99.8)

이와 같이 당시의 항일 독립운동가는 초기에는 극소수의 양반,

유생과 대다수의 소시민적 성격이 강한 농민, 상인, 무직자로 구성되었지만, 점차 근대적 지식인이 참여하고 있다. 이것을 본다면, 1910년 이전의 의병운동가는 봉건 지배계층의 출신이 아니다. 따라서 의병전쟁은 항일 독립운동인 동시에 외세와 야합한 봉건지배층에 대한 신분해방투쟁의 성격이 강하다.

그러면, 1910년 이전에 격심하였던 의병전쟁과 1911년 이후의 대표적인 항일운동이었던 안악사건(안명근사건) 및 105인사건[33]의 사회계층적 성격을 좀더 구체적으로 고찰하여 본다.

가) 의병장의 신분

한말 의병의 사회계층적 성격을 그들의 판결문에 나타난 직업을 중심으로 고찰하였지만, 당시의 의병장과 귀순의병의 사회계층적 분석도 필요하다.

최근 일제측의 자료에 의하여 의병장과 귀순의병에 관한 신분 및 직업이 밝혀진 논문이 있기 때문에[34] 그것을 이해하는데 큰 도움이 된다.

그것에 의하면, 1908년과 1909년의 의병대장과 부장, 총 430명의 신분·직업을 조사한 결과 그것이 분명치 않은 사람이 176명이고, 밝혀진 사람(255명)은 유생, 양반이 밝혀진 자의 25.1%이고, 나머지는 농업(19.2%), 사병(13.7%), 무직·화적(11.8%), 포군(5.1%), 광부(4.7%), 주사·서기(3.5%), 장교(2.7%), 군수·면장(2.4%), 상인(2.4%)의 순이다. 농업인 경

---

33) 이 사건은 일제가 평안도 지방의 항일운동을 탄압하기 위하여 조작한 것이라는 견해도 있다.

34) 박성수, 전게서, pp.233~235

그는 「暴徒ニ關スル編冊」에 수록되어 있는 한국 내부 경무국의 '폭도수괴조'(1908년 10월)와 한국주차 헌병대본부의 '폭도수괴명부'(1909년 3월) 및 북부수비관구의 '폭도수괴명부'(1909년)의 자료를 이용하고 있다. 이 자료에 의하면 의병장의 평균 부하는 30~50명 정도가 가장 많다.

우는 유생 · 양반 · 지방유지 · 부농으로 병기된 자도 많다는 것이다.[35] 또한 다른 자료에서는 1908년의 투항 귀순한 의병장, 부장(29명)의 27.6%가 양반이고, 나머지 72.4%는 평민이며, 의병의 신분을 양반이 2.7%인데 반하여 평민은 97.3%이라고 한다.[36]

이것을 보면, 양반 · 유생 출신의 의병장은 25~28% 정도를 차지하고 나머지는 평민 출신이라는 것을 알 수 있다. 비록 양반 · 유생이라 할지라도 이들은 한말에 있어서 지배적인 사회경제적 지위를 차지하고 있는 것을 의미하는 것은 아니다. 그러나, 이들은 유생의 전통적 존왕척사의식을 지니고 있다. 따라서 의병장 중에 양반 · 유생의 사회경제적 지위는 대부분 지배계층에 속한 것이 아닌 것 같다. 이들은 농촌의 지식인이다.

한편, 1908년 5월 말 현재의 전국 귀순의병(2,227명)의 직업조사를 보면, 전체의 78.7%가 농민이고, 그 다음은 해산병(6.8%), 상인(3.8%), 실업 · 노동자(3.6%), 포수(3.5%), 유생 · 교사(0.9%), 수공업자(0.9%), 기타(1.8%)의 순으로 되어 있다. 이들 중에서 해산병과 포수는 의병장의 역할을 많이 한다.[37] 이들의 신분별 분석은 양반이 2.9%이고, 나머지 97.1%는 평민이다.[38] 여기에서도 대부분의 귀순의병은 농민이고, 나머지도 거의 대부분 사회의 지배계급적 지위를 가지지 못한 자들이다.

이것을 본다면, 의병전쟁에 참여한 의병장은 여러 신분계층으로 구성되어 있지만, 그들의 신분지위는 상층, 즉 지배적 지위는 아니고, 소시민적 성격이 강하다. 이러한 의병장의 지휘를 받은 다수의

35) 상게서, p.233
36) 상게서, p.234
37) 맥켄지는 해산병과 포수(특히, 호랑이 사냥꾼)들이 주로 의병을 구성하였다고 한다.(F. A. Mckenzie, *op. cit.*, pp.169~170)
38) 상게서, p.235

의병의 신분계층적 성격도 전술한 바와 같이 피지배층이다. 따라서 이들의 신분계층적 성격을 보아, 반침략, 반봉건투쟁의 성격이 뚜렷하다.

나) 안악사건

안악사건은 일제가 의병운동이 쇠약해진 이후에 학회, 결사를 중심으로 전개된 애국적 계몽운동을 타도하기 위한 것이었다. 1910년경 평안도와 황해도에는 신민회[39]와 기독교인을 중심으로 하여 신문화운동이 광범위하게 펴져 있었는데[40] 이 지방의 반일운동을 타도하기 위하여 안명근의 폭동 및 총독암살음모사건 관련에 대한 체포사건이 있었다. 이 사건의 관계자들은 비교적 이 지방의 지식인이고 동시에 자본가인 배일인사들이었다.

일제의 자료에 의하면, 안명근사건(소위 안악사건) 관련자(174명)의 직업은 농업이 25.3%이고, 상업이 17.2%이며, 교사가 9.2%이다. 나머지는 기타(26.4%)와 무직(8.0%) 및 미상(6.3%)이다. 그리고 총독암살음모사건(105인사건) 관련자(116명)의 직업은 농업이 18.1%이고, 상업이 12.9%이며, 교사가 16.1%이다. 나머지는 기타(27.6%), 무직(6.3%) 및 미상(5.2%)이다.[41]

그리고 그들의 생활수준도 중상층이 전후 양자가 각각 31.0%와

---

39) 신민회는 안창호가 1907년 1월에 조직한 민족계몽을 위한 배일비밀결사이다. 신민회는 예하기관으로 청년학우회, 대성학교(학장 윤치호), 태극서관, 자기회사를 두어 교육, 경제, 문화의 애국국민운동을 전개시키려 하였다. (「한국독립운동사」 II, 1966, p.80)

40) 1915년에 종교학교가 450개가 있었다. 이 중에서 장로교회 학교가 300개이고, 이것은 평남과 평북에 각각 97개교와 69개교가 있었으며, 황해도에 33개교가 있었다. 또한 평남에는 감리학교가 23개나 있었다.(조선총독부, 「관보」, 1916년 2월 16일)

41) 경고기발 제 399조, 1916년 8월 8일 접수, 김정명, 「조선독립운동」 1권, 1967, p.298

36.2%로서 가장 많고, 나머지는 중중층(각각 13.2%와 12.1%), 중상층(각각 9.2%와 9.4%), 상층(각각 9.2%와 9.4%), 하층(각각 12.6%와 7.8%), 생활곤란자(각각 16.1%와 18.1%)의 순이다.[42]

이것을 보면, 양사건 관련자는 비슷한 사회적 배경을 지니고 있는데 대부분 중산층이라는 것을 알 수가 있다.

또한 양사건 관련자 중에 기독교도가 각각 전체의 71.8%와 76.7%를 차지하고 있었다. 그러므로 안명근의 폭동 및 총독암살음모사건은 이 지방의 중산층, 지식인, 기독교도를 타도하기 위한 것이었다.

공판기록에 나타난 총독암살음모사건(105인사건)의 관련자는 전체의 90.5%가 평안도 출신이고, 이들의 연령은 대개 20대와 30대이다. 이들의 직업은 잡화상, 유기상, 매약상과 같은 상업에 가장 많이 종사하고(32.4%), 그 다음은 교사(25.7%), 나머지는 농업(7.6%), 학생(6.75), 제조업(4.8%), 목회자(4.8%), 무직(4.8%)이다.[43]

이러한 것을 본다면, 평안도와 황해도의 배일사상은 주로 소농민, 소상인과 같은 근대적 중산층과 교사, 종교인과 같은 지식인에 의하여 배태되었고, 이러한 사회계층적 배경 하에 이곳의 민족독립사상이 잉태하여 3.1 운동과 임정활동에서도 이 지방인사들이 적극 참여하였다.

(3) 출신지

독립운동가의 거주지는 저자의 조사자료에 의하면 전라도가 가장 많아 전체의 28.8%를 차지하고, 그 다음은 경상도(20.7%), 경기도(15.3%)이다. 나머지는 경성(9.1%), 평안도(8.3%), 충청도(6.8%), 강원도(6.1%), 황해도(3.3%) 등의 순이다.(표 8 참조) 독립투사의 조사대상지

42) 상게서, p.299
43) 경성지방법원, 1912년 9월 28일 공판 제 146호 판결문

역이 아닌 북한 5도 출신도 상당히 있으나, 대개 농민이 많이 거주하는 전라도, 경상도 및 경기도 출신이다.

<표 8> 의병전쟁기 독립운동가의 거주지

	경성	경기	경상	전라	충청	강원	황해	평안	함경	미상	합계
1905~1910	61 (7.2)	170 (20.1)	155 (18.4)	358 (42.4)	34 (4.0)	37 (4.4)	8 (0.9)	13 (1.5)		8 (0.91)	844 (100.0)
1911~1918	62 (12.5)	34 (6.9)	124 (25.0)	27 (5.4)	57 (11.5)	45 (9.1)	36 (7.3)	98 (19.8)	5 (1.0)	5 (1.6)	493 (100.0)
합 계	123 (9.1)	204 (15.3)	279 (20.7)	385 (28.8)	91 (6.8)	82 (6.1)	44 (3.3)	111 (8.3)	5 (0.4)	16 (1.0)	1,340 (100.0)

의병전쟁기에 있어서도 1910년 이전의 독립운동가는 전라도 출신이 가장 많고(42.4%), 그 다음은 경기, 영남, 경성 출신의 순위이지만, 그 이후에는 영남 출신이 가장 많고(25.0%), 그 다음은 평안도, 경성, 충청도 출신의 순이다. 이것을 보면, 독립운동이 점차 각 지방에 확산되어 가고 있다.

독립운동가의 거주지가 의병투쟁의 발생지와 동일한 경우는 전체의 45.4%이고, 나머지는 다르다. 다른 경우의 0.3%만이 중국 출신이다.

이것을 보면, 의병접전이 자기의 고향에서 일어난 것보다도 오히려 객지에서 일어난 것이 많고, 의병전쟁이 단순히 자기 고을에서 일어난 저항운동이 아니라 조직적 투쟁형태임을 알 수 있다. 동시에 당시에는 지역이동이 심하지 않았음에도 불구하고 의병투사는 지역이동이 심했던 것은 의병조직의 비토착성을 보여주고 있다.

독립운동가는 직업과 거주지와의 상관성이 있음을 보여 준다. 독립운동가의 직업이 농업과 상업인 경우는 전라, 경상, 경기 출신이 많고 상업과 무직인 경우는 서울 출신이 많으며(각각 43.5%와 40.6%), 교사인 경우는 평안, 황해도 출신이다. 그리고 승려는 경기 출신이

많고(53.3%), 제조업자는 각 도에 분산되어 있으며, 주막의 경우는 전라도 출신이 많다.(65.5%)

이것을 보면, 각지에 있어서 독립운동의 특수한 형태와 성격이 존재했음을 짐작할 수 있다. 동시에 그 지역에 있어서 산업 및 사회 구조와 상관성이 있음을 보여 준다.

<표 9> 의병전쟁기 독립운동가의 투쟁형태별 거주지

	경성	경기	경상	전라	충청	강원	황해	평안	함경	미상	합계
의병	47 (4.8)	158 (16.1)	242 (24.6)	372 (37.9)	58 (5.9)	72 (7.3)	9 (0.9)	14 (1.4)	1 (0.1)	9 (0.9)	982 (99.9)
군자모집	27 (43.5)	6 (9.7)	8 (12.9)	4 (6.5)	11 (17.7)	3 (4.8)	1 (1.6)	1 (1.6)		1 (1.6)	62 (99.9)
민족차별						3					3
배일운동	5 (4.1)	8 (6.5)	3 (2.4)	2 (1.6)	1 (0.8)	1 (0.8)	90 (73.2)	90 (73.2)	3 (2.4)		123 (99.9)
독서회			6								6
종교운동		2									2
의열단			1								1
기타	43 (27.2)	30 (19.0)	16 (10.1)	7 (4.4)	21 (13.3)	3 (1.9)	6 (3.8)	6 (3.8)	1 (0.6)	7 (4.4)	158 (99.9)
합계	122 (9.2)	204 (15.3)	276 (20.6)	385 (28.8)	91 (6.8)	82 (6.1)	111 (8.3)	111 (8.3)	5 (0.4)	17 (1.3)	1,337 (100.0)

그러면, 각 지역에 있어서 민족독립운동의 형태를 보기로 하자.

표 9에 의하면, 의병투쟁은 전라도(37.9%)와 경상도(24.6%) 및 경기도(16.1%)가 가장 치열하였고, 군자모집운동은 경성이 가장 심했으며(43.5%), 배일운동은 평안도가 가장 심했다.(73.2%) 그 밖의 형태로는 경성, 경기, 황해, 경상도에서 많은 독립운동이 전개되었다.

이것을 보면, 의병전쟁이 강원, 경기도에서 치열했던 것으로 많이 알려져 있으나, 영남, 호남에서도 심했음을 알 수 있다. 의병투쟁과 군자모집은 주로 도시를 중심으로 자본가로 부터 수집한 것 같으며, 평안도의 배일운동은 주로 105인사건 때문에 나타난 것 같다.

3) 사회적 갈등

의병전쟁기에 독립운동가의 투쟁이유는 을사보호조약과 경술합방조약 때문에 국권회복을 위한 것이라고 쉽게 생각할 수 있다. 그러나, 그렇게 단순하지는 않다. 만약 그러한 민족적·국가적 이익 때문에 독립투쟁을 하였다면, 전술한 농민과 상인이 그 중심세력을 형성하지 않았을 것이고, 오히려 양반관료 및 귀족, 지주들이 대다수를 차지했어야 될 것이다. 그럼에도 불구하고 이들은 극소수를 차지한다. 따라서 다수인 농민과 상인의 계급적 갈등이 표현된 것이다.

조선 말기에 있어서 정치지배층(당상관)을 많이 배출한 명문성씨가 이씨(29.9%), 김씨(15.5%), 조씨(9.0%), 민씨(5.9%), 정씨(4.8%). 박씨(3.8%), 홍씨(3.5%), 서씨(3.5%),. 윤씨(3.5%), 한씨(2.3%), 신씨(2.0%) 등인데,[44] 의병운동가는 이러한 성씨의 비율이 매우 적다. 이러한 성씨 중에 김씨, 박씨, 최씨 등은 조선 말기에 정치지배층을 거의 배출하지 못한 성씨족(예컨대 김해 김씨)이 많아서 그런지 몰라도, 이러한 성씨를 제외하면 전기한 명문 성씨는 그들이 배출한 정치지배층의 비율에 훨씬 미달한다. 오히려 당시 정치지배층을 배출하지 못한 성씨가 의병운동가를 많이 배출하였다.[45]

조선 말기에 지배층의 일부는 문명개화, 교육입국이라는 명목하에

---

44) 김영모, '개화기 정치개혁가의 사회적 성격'「조선정치학회보」, 제 10집, p.110

45) 의병전쟁기의 독립투사의 성씨는 김씨(22.8%)와 이씨(14.8%)가 가장 많고, 그 다음으로 박씨(7.6%), 최씨(5.5%), 정씨(40%), 윤씨(2.5%), 조씨(1.8%), 장씨(1.6%), 신씨(1.6%), 강씨(1.3%), 한씨(1.3%), 홍씨(1.0%) 등이다. 과거 명문이었던 민씨(0.6%)는 극소수이었다.

학회, 협회 등의 결사를 통하여 애국계몽운동을 전개하고 있는 정도였다. 그러나 의병운동가의 투쟁목적은 궁극적으로 민족적 이익을 추구하기 위한 것이지만, 실제로 당시의 정치적, 경제적 지배계층과의 이익차이, 즉 계급적 갈등에서도 찾아 볼 수 있다.

이미 의병투사의 배경분석에서 그들의 사회계층적 성격이 피지배신분(계급) 이었음을 볼 수 있었다. 따라서 그들의 이익은 지배계급의 이익과 상충되었다. 물론 초기의 의병장은 양반·유생 출신이 다수 있지만, 이들은 충군불이의 유교적 명분과 그들이 지배층으로 충원될 수 있는 신분적 기회(예, 과거)가 갑오개혁으로 박탈되었기 때문에 거의하였지만, 복고가 불가능한 것으로 인식한 후에는 점차 감소하였다. 그러나 다수의 의병운동가는 그렇지 않았다.

거의 대부분의 의병운동가는 기술한 바와 같이 동학당, 민란, 화적의 역사적 전통을 지니고 있기 때문에[46] 이들의 사회적 이익은 반봉건, 반침략에 있었다. 조국은 봉건적 절대군주와 지배층의 무능으로 식민지화 되었고 의병투사는 봉건적 신분질곡에서 해방되지 못하였기 때문에, 그들의 투쟁은 신분해방과 봉건정치를 타도하여 근대적 민족국가를 수립하려는 것이었다.

당시 지배계급의 이익은 생산관계에서도 발견할 수 있지만, 그보다도 일제 식민주의자의 회유책에서도 발견할 수 있다. 즉 식민주의자는 작위수여, 은사금 지급, 관리 등용, 토지조사사업 등으로 전통적 지배계층의 지위를 보장하여 주고 회유하였다. 그러나 농민, 상인 등의 피지배계층은 개항 이후 미곡 수출, 고리대, 불법 토지점유 등의 경제적 침탈로 시달렸고, 동학란, 민란, 화적, 활빈당의 농

---

46) 1908년 10월 1일 경북 감찰사 박종양은 경찰국장에 보고하기를 종년의 동학당, 화적, 야소교도, 진위대 출신들이 적도(의병)들이라고 하였다.(「폭도사편집자료」, 1909, pp.2~3)

민투쟁에 있어서도 무력에 의한 일제 군경의 토벌과 노일전쟁시의 부역, 징수 등의 군사적 침학에 그들은 시달렸던 것이다. 더욱이 한말의 정치적 지배층은 그들의 대부분이 일본에 시찰 및 유학한 개화세력이지만, 정부 관료로서 오히려 농민투쟁과 의병전쟁을 진압하는 일제의 앞잡이가 되었다.[47] 또한 지방관료의 농민에 대한 탐학이 대단히 극심하였다.[48]

그러므로 농민과 상인의 눈에는 이러한 개화관료는 매국노로 보였고, 그들은 이러한 지배계층에 대한 투쟁이 동시에 일제 식민주의자로 부터 해방의 길임을 확신할 수 있었다.[49] 즉 친일지배층의 이익이 바로 일제 식민주의자의 이익과 동일한 것으로 보았다.

이와 같이 독립투사의 사회갈등은 식민주의자에 대한 민족적 이익과 지배층에 대한 신분적 계급적 이익의 차이에서 발생되었다. 따

47) 1895년 이후 동학도와 의병 등 독립투사를 다룬 고등재판소 및 평리원의 재판장은 당시의 고급관료이고 개화 관료인 서광범, 장박, 한규설, 김영준, 이근택, 이남희, 신태휴, 이윤용, 민병한, 이규한, 이원경, 김정목, 조민희, 홍종억, 홍우철, 이도재 등이다. 그리고 1908년 2월 까지의 경성 및 대구지방법원의 재판장은 한국 관료이다. 경성지법의 경우는 한창수, 이윤용, 이채연, 이규한, 홍종억, 조중응, 김사묵 등이고 대구지법의 경우는 목종면, 이충구, 피상범 등이다.

48) 「內部請議」(內閣編錄課)를 보면, 1895년 3월 29일에서 1897년 3월 29일까지의 빈번한 면관(주로 군수)과 그 면관 이유를 볼 수 있다. 그에 의하면 96명의 군수가 신병으로 면관하였고, 그 다음은 잡세, 탐학으로 18명이, 그리고 職所擅離로 말미암아 15명이나 면관 되었다. 그 밖에도 여러 가지 면관이유가 있으나, 당시의 군수직의 불안과 부정이 심했고, 동시에 아전배의 탐학도 심했음을 짐작할 수 있다. 또한 1908년 4월에도 전남 선유위원 조이구는 지방민정이 안정키 어려운 원인 중에 지방관리의 문제를 ① 군수중에 旣爲修報이옵고 空官郡也인 경우가 있고, ② 무식한 경관이 恣行不法하여 勒討民財를 所無忌憚하며, ③ 경관과 함께 討伐隊前導에 유정찰인 1, 2명씩 수행하는데 거의가 不良奸雜之類이기 때문이라고 하였다.(「각도군보고」, 융희 2년 4월 20일)

49) 군자모집의 대상은 양반, 관료 및 부호가 되었다.

라서 민족독립운동은 민족해방운동인 동시에 신분해방운동의 성격을 지니고 있다.

의병전쟁기에 있어서 초기에 양반, 유생이 의병장으로 참여했으나, 이들의 신분적 제한(이익)으로 말미암아 의병전쟁의 발전과정에서 점차 탈락되거나 오히려 저해요인이 되기도 하였다.[50] 이미 의병의 신분적·계층적·지역적 성격에서 본 바와 같이, 양반, 유생, 관료 출신은 점차 소멸되고, 오히려 대중운동으로 급속히 전개된 것은, 조선 말기에 있어서 농민에 대한 탐관오리의 침학으로 인하여 시달려온 대중의 사회적 불만 때문이다.

한편, 독립운동의 투쟁형태도 적극성과 조직성을 보여주고 있다. <표 2>에서 볼 수 있는 의병의 죄명이 강도(53.5%)와 내란(15.4%) 및 폭동(20.5%)이 거의 대부분을 차지하고 있는 것을 보아, 독립운동가의 갈등표현이 매우 전투적이었고, 동시에 조직적 투쟁이 아니면 힘들었던 것을 알 수 있다. 의병의 죄명 중에서 강도가 가장 많은데, 이것은 구체적으로 이른바 화적, 동비, 활빈당 등이 그 중심이었다.[51] 이들은 조선 말기에 볼 수 있었던 이른바 민란, 화적의 전통을 지니고 있고, 가까이는 1894년 동학 농민혁명의 배경을 지니고 있었다.

조선 말기의 민란이 잔반계층(양인)이 주동하였고, 동학혁명군도 상천계층인 것과 마찬가지로[52] 한말의 동비, 화적, 활빈당도 그러한 사회계층적 성격을 지니고 있다. 활빈당은 20세기 초 의병전쟁 이전

50) 그 대표적인 예가 평민 출신 선봉장 김백선이 충주성 공격에서 원병을 보내지 않았던 중군 안승우를 목베려 하자 총대장 유인석은 오히려 평민의 양반에 대한 불경죄라면서 김백선을 처형하였다.

51) 강재언, 「조선근대사연구」, 일본평론사, 1970, p.224

52) 한우근, 「동학란 기원에 관한 연구」, 서울대학교 한국문화연구소, 1971, pp.55,71,81

까지 특히 삼남지방에 활발히 전개되었다. 이들의 주 공격 대상은, 첫째로 탐관오리와 부정축재의 부호 및 그들의 전곡이었고, 둘째로 원부로 변한 관아였으며, 동시에 개항장 부근의 왜인(일인)들이었다. 그러나 각 촌락의 소시민, 농가 또는 행상인의 금품은 빼앗지를 않았다.[53] 또한 이들은 부민삼재(富民三財)를 몰수하여 빈민에게 나누어 주었다.[54]

활빈당의 주요한 요구는 ① 미곡 수출의 금지, ② 외상 출입의 금지, ③ 행상인에 대한 집세폐해의 제거, ④ 금광채굴로 가전전답의 몰수 금지, ⑤ 사전 혁파와 균전 실시, ⑥ 악형의 제법을 혁파할 것, ⑦ 도우의 엄금, ⑧ 철도부설권의 금지 등 국정개혁과 민원인 13개 조항의 개혁을 주장하였다.[55]

이러한 것을 보면, 활빈당의 요구는 갑오농민혁명의 폐정개혁요구에 나타난 반침략·반봉건적 성격을 띠고 있다. 따라서 이들의 신분적 성격이 짐작될 수 있는 것이다.

이와 같이 활빈당은 공상적, 사회주의적인 인간의 자연적 평등(신분제의 폐지)과 사회적 평등(빈부차의 타파)을 추구하는 것을 활빈의 도로 생각하였다.[56]

이러한 의병투사의 정치적, 사회적 이념은 그들의 격문 및 창의문 등에서 나타나고 있다. 1907년 2월에 비교적 많이 뿌려진 참간장

---

53) 오세창, '활빈당',「사학연구」, 제 21호, 1969, pp.270~271

54) 김윤식,「속음청사」제 9, 광무 4년 10월조. 이 곳에서는 양산 운문사, 양산 통도사, 언양 석남사를 거점으로 활빈당이 활동하였다고 하는데, 이 지역은 동비, 화적, 활빈당이 활동하기에 좋은 곳인 것 같다. 이 지역의 중심인 언양 작천정의 뒷산 큰 바위에 '人乃天'이란 큰 글자가 새겨져 있는 것을 보면 당시의 그들의 활동상을 짐작할 수 있다. 저자의 노모는 유년시 화적, 활빈당의 활동이 대단히 심했다는 이야기를 자주 들었다고 한다.

55) 「한성신보」, 1900년 10월 8일자 30조목 '대한토민논설'

56) 강재언, *op. cit.*, p.228

을 보면, 당시의 친일 대신인 이완용, 권중현, 이하영, 민영기, 이지용, 이근택 등을 부득불 죽여야 한다는 격문을 볼 수 있다.[57] 물론 의병투쟁의 대상이 정치지배층만이 아니고 당시의 기업지배층도 해당되었으며,[58] 지주부농도 그 대상이 되었다. 그러나 무엇 보다도 갑오개혁 이후에 있었던 친일 내각의 성립, 1904년 2월 23일의 한일의정서에 나타난 시정개선에 대한 충고와 내란에 대한 개입권, 1904년 8월 22일의 한일협정서에 나타난 고문정치, 1905년 11월 17일 한일협상조약에 나타난 외교권 박탈과 이사청 설치, 1907년 7월 31일의 군대해산 조칙, 1907년 7월 24일의 한일조약에 의한 시정개선, 입법, 주요행정에 대한 감독의 지도감독, 고등관리임명시에 총독의 동의권, 총감 추천의 일본인에 대한 한국 관리 임명권, 그리고 1909년 3월 7일 약정서에 의한 사법 및 감옥사무위탁과 1910년 7월 24일 각서에 의한 경찰사무 위탁, 마침내 1910년 8월 22일에 체결된 한일합방조약에 대한 민족적 저항이 폭발하였다. 이러한 일련의 반식민지적 통치체제를 성립시킨 책임이 친일 개화관료들에게 있었기

---

57) 동학문서인 '참간장(斬奸狀)'(1907년 2월)은 규장각 고문서이다.(본서 제 1장 제 2절 참조)

58) 1908년 9월 3일 내부 비서과장은 동양척식주식 위원(파원)의 이력서를 내각비서과장에 보내고 있다. 이들은 당시의 기업지배층이고, 전직 관료(역관과 주사가 많음) 출신이다.

한성부 ; 이근부(종2품), 이근혁(종2품), 백완혁(정3품), 조진대(정3품),
한상용(정3품), 이호성(종2품), 조중정(정3품)

경기 : 오성선(6품), 이한홍(6품)
충북 : 이동신(정3품), 음재읍(정3품)
충남 : 김교준(정3품), 윤우병(6품)
전북 : 백남신(종2품), 이완상(진사)
전남 : 김형옥, 박원규(종2품)
경북 : 정해붕(9품), 이병학(9품)
경남 : 김병호(정3품), 문영관(전의관)
황해 : 김영택(지방위원), 오형근(진사)
강원 : 이동근(정3품), 음정환(주필)
평남 : 백순흠(부주사), 황읍(6품)
평북 : 이윤실(부주사), 이태원(정3품)
함남 : 박희풍(6품), 도근호(6품)
함북 : 한홍석(정3품), 손서헌(유학)

때문에 이들에 대한 성토가 중심이 되었다.

또한, 식민지화 과정에 있어서도 관료, 양반 등 지배계급의 이익은 어느 정도 보장되었다. 예컨대 군대해산시에 있어서도 고관, 대작과 양반지주의 자손으로 형성된 장교는 우선 해산대상에서 제외하고, 해산장병에 대해서는 소액의 은사금을 주었다.[59]

1910년 8월 22일의 '합방조약'과 '조선귀족령'에서도 왕실과 친일귀족의 지위는 어느 정도 보장을 받았고,[60] 1910년 8월 29일 데리우찌 통감의 유고문에서도 '충순히 신정을 익찬할 현량은 그 공로를 준하여 영작을 접하시며 반족유생의 기노가 능히 서민지표될 자에게는 은전을 주며 효자절부로서 향당의 모범이 될 자에게는 포상을

---

59) 군대 해산시에 장교에게는 대개 1년 반의 봉급, 그리고 하사 이하에게는 1개년의 봉급에 상당한 금액을 주었고 그들 중에 장래가 유망한 자는 일본 군대 또는 문관에 채용할 수 있게 하였다.(「한국독립운동사」 1권, p.620)

60) '병합조약'에 의하면 한국황제는 한국 정부에 관한 일체 통치권을 완전 영구히 양여하고(제 1조), 그 대신 황족은 그 지위에 상당한 존칭위엄과 명예를 향유하고, 이의 보지에 필요한 세비와 자금을 받으며(제 2조와 제 3조), 훈공이 있는 한인은 영작과 차사금을 받고(제 5조), 시제도를 존중하는 한인은 제국관리에 등용한다(제 7조)고 되어 있다.

한편, '조선귀족령'은 이왕의 혈족으로 황족의 예의를 받지 못한 자와 문지 또는 공로가 있는 조선인은 수작하게 되었다.(제 2조) 또한 칙령 제 327호에 의하면 조선에서 지급하는 임시 은사금으로 충당하기 위하여 정부는 3천만환의 국채를 발행하였다.(「고종실록」, 부록 권1, 1910년 8월 29일)

세비와 은사금 및 기타금의 수해대상을 보면, 구한국 황실에 매년 150만환의 세비를 지출하였고, 왕가의 의친인 이강, 이희공가에는 각각 84만원에 상당한 은사공채를 주어 그 공채 이자로서 세비를 지급케 하였으며, 그 밖의 황족인 귀족에는 15만환, 백작에는 10만환, 자작에는 5만원, 남작에는 3만원의 은사공채를 교부하였다. 또한 일진회 등에는 일시금의 은전을 주어 총 금액은 8,246,800원에 달하였다.

그 밖에 양반, 유생 12,115명에 대하여 사금 30만원을 교부하였고, 수작자 이외 합병에 공있는 친일도배와 공이 있다고 인정된 구한국관리 3.559명과 양반, 유생 9.811명 그리고 효자, 절부 3.200명, 환과리독 70,902명에게 이른바 사금을 주어 매수하였다.(국사편찬위원회, 「한국독립운동사」 2, 1966, pp.37~38)

주어 그 덕행을 표창함이라' 하였다.[61]

그리하여 조선왕족은 일본 화족의 대우를 받고 왕실과 외척을 중심으로한 정치지배층 중에 69명이 세습귀족의 신분을 획득하였으며, 동시에 막대한 은사금을 받게 되었다.[62] 또한 친일관료도 합방 이후 초기에는 일제의 식민지 관료가 되었다.[63]

이와 같이 나라를 팔아먹은 매국노는 그 대가로 일제로부터 상당한 정치적, 경제적, 사회적 지위와 은급을 제공받았지만, 이것은 오히려 대다수의 국민(특히 중, 하층민)의 희생 위에서 가능하였다.

그러므로 의병전쟁에서 볼 수 있었던 다수의 농민과 상인, 그리고 지방지식인(유생)은 그들의 계급적 이익을 찾는 길이 바로 친일 매국노와 지배계층에 대한 투쟁인 것으로 알았고, 이 길이 동시에 국권회복의 민족적 이익이 성취되는 것으로 인식하였다.

한편, 이른바 화적, 동비, 활빈당의 약탈의 대상이 된 지주부농도 1910년에 시작된 토지조사사업으로 말미암아 토지를 겸병하게 되었고, 반면에 빈농은 토지를 상실하게 되었으며, 따라서 소작농화, 빈궁화 되었다. 그리하여 그들의 활동도 계급갈등(적개심)의 사회적 의미를 갖게 되는 것이다.

이와 같이 계급 갈등은 친일 지배세력에 대한 계급투쟁을 유발하게 되지만, 일제 식민주의자도 지배계급이었기 때문에 항일 독립

61) 「조선총독부관보」, 1910년 3월 29일. 또한 각도 부장의 의견에서도 유생 중에 다소 시사를 아는 자를 관리에 채용토록 하고 있다.(「한국경찰일반」, 융희 4년 3월, p.33)

62) 조선인 관리(구한국정부 · 총독부의 문관판임 이상인 자)의 문관퇴관금에 관한 법령(칙령 제 62호)과 조선인 관리의 은사, 은퇴료 및 유족부조료 등에 관한 규정(법률 제 30호)이 공포 · 시행 되었다.(「조선총독부 관보」, 1918년 4월 일과 동년 4월 6일)

63) 합방 직후의 한인 중에 도참여관과 군부 및 중추원참의 발령이 있었는데, 이들의 대부분이 한말 관료였다.(「조선총독부관보」, 1910년 10월 1일과 동년 10월 7일)

운동은 계급투쟁인 동시에 민족투쟁의 이중적 의미를 지니고 있었다.

3. 3.1 운동

3.1 운동은 1919년 3월 1일 부터 시작되어 그 다음 해까지 이어지고 있기 때문에 단기간의 운동을 가지고서 따져서는 안된다. 아직도 당시 1년간 3.1 운동의 참여자에 관한 전국적 통계자료를 구할 수 없기 때문에 정확한 성격규정은 대단히 어려운 것이다.

3.1 운동은 윌슨 대통령이 지적한 민족자결주의와 동경 유학생의 독립선언, 그리고 국내 민족세력이 성장에서 영향을 받아 일어나게 된 것이다.

3.1 운동은 초기에 민족대표 49인의 점화로 시작되었으나 이것이 급속히 전국적 수준에로 확대되었다. 비록 교사, 학생, 교도들이 독립 운동을 주로 조직하였지만 모든 사회계층이 이에 적극 참여하였다. 3.1 운동의 민족지도자들은 비폭력 또는 무저항주의였지만, 이것이 점차 대중운동화 하고 지방운동으로 전개됨에 따라 폭력 또는 무력투쟁으로 발전되었다. 이것은 일제의 무자비한 탄압정책 때문에 나왔다.

1919년 3월 1일에서 4월 10일 까지 일제의 통계자료에 의하면 폭력적인 집회 보다 비폭력적인 것이 2배가 넘는다. 그러나 이에 대한 반론도 있다.[64] 동시에 인명피해도 일제측에 비하여 우리측은 엄청난 큰 손실을 가져 왔다. 이러한 것을 본다면 3.1 운동은 비폭력

64) 박성수, 3.1 운동에 있어서 폭력과 비폭력, 동아일보사,「3.1 운동 50주년 기념논집」, 1969, p.373

적인 면도 있으나 폭력성이 점차 증대되었다.

이러한 3.1 운동을 추진시킨 사회계층은 누구인가? 이에 대해서는 3.1 운동을 초기에 조직한 민족지도자와 후기의 대중운동의 참여자를 구별하여 보는 것이 좋을 것 같다. 민족지도자는 그들의 사회적 기원을 중인계급에서 찾아 볼 수 있고, 특히 이들은 상공업에 종사한 경험이 있는 근대적 소시민(petty bourgeoisie)의 성격을 지니고 있다.65) 그러나 3.1 운동에 참여한 대중은 대부분 농민과 상공인이다.

<표 10> 3.1 운동 피소인과 수형자의 직업

( )내는 %

	농업	상업	공업	교사	학생	승려	기독교	천도교	공무업	자유업	노동자	무직	미상	합계
경성	371	92	28		242	2	30	18	15	54	76	46	27	1,001
	(37.1)	(9.2)	(2.8)		(24.2)	(0.2)	(3.0)	(1.8)	(1.5)	(5.4)	(7.6)	(4.6)	(2.7)	(100.1)
공주	239	29	12		16			8	2	9	8	8	8	339
	(70.5)	(8.6)	(3.5)		(4.7)			(2.4)	(0.6)	(2.7)	(2.4)	(2.4)	(2.4)	(100.2)
대구	573	55	14		88	4	19		11	14	19	13	23	833
	(68.8)	(6.6)	(1.7)		(10.6)	(0.5)	(2.3)		(1.3)	(1.7)	(2.3)	(1.6)	(2.8)	(100.2)
부산	314	73	33		86	13			6	34	26	53	10	648
	(48.5)	(11.3)	(5.1)		(13.3)	(2.0)			(0.9)	(5.2)	(4.0)	(8.2)	(1.5)	(100.0)
광주	287	45	14		87	3	6	2	5	62	1	54	5	571
	(50.3)	(7.9)	(2.5)		(15.2)	(0.5)	(1.1)	(0.4)	(0.9)	(10.9)	(0.2)	(9.5)	(0.9)	(100.3)
해주	496	120	26		18		55	18	13	46	21	18	5	836
	(59.3)	(14.4)	(3.1)		(2.2)		(6.6)	(2.2)	(1.6)	(5.5)	(2.5)	(2.2)	(0.6)	(100.2)
평안	752	184	63		60		170	60	16	99	43	25	12	1,484
	(50.7)	(12.4)	(4.2)		(4.0)		(11.5)	(4.0)	(1.1)	(6.7)	(2.9)	(1.7)	(0.8)	(100.0)
함흥	435	94	27		37		16	19	6	35	18	12	6	705
	(61.7)	(13.3)	(3.8)		(5.2)		(2.3)	(2.7)	(0.9)	(5.0)	(2.6)	(1.7)	(0.9)	(100.1)
합계	3,467	692	217		634	22	296	125	74	353	212	229	96	6,417
(피소인)	(54.0)	(10.8)	(3.4)		(9.9)	(0.3)	(4.6)	(1.9)	(1.2)	(5.5)	(3.3)	(3.6)	(1.5)	(100.0)
수형자	384	49	20	3	22	2	5		5		9	9		508
(%)	(75.6)	(9.6)	(3.9)	(0.3)	(4.3)	(0.4)	(1.0)		(1.0)		(1.8)	(1.8)		(100.0)

(자료) 1) 피소인의 직업은「소요사건보」(조선총독부)에서
2) 수형자의 직업은「조선근대사료」만세소요사건에서

65) 김영모, 3.1 운동의 사회계층 분석,「아세아연구」, 통권 33호, 1969, pp.63, 80

<표 10>을 보면 3.1운동에 참가 하였다가 기소된 자는 농민이 전체의 54.0%로서 가장 많고, 그 다음은 상인(18.0%), 학생(9.9%), 자유업(5.5%), 종교인(6.8%), 공업자(3.4%), 무직(3.6%), 노동자(3.3%)의 순이다. 그리고 3.1 운동에 참여한 수형자는 농민이 가장 많고(75.6%), 나머지는 상인(9.6%), 학생(4.3%), 공업자(3.9%), 무직(1.8%), 노동자(1.8%) 등의 순으로 구성되어 있다.

이것을 보면, 농민이 3.1 운동에 적극 참여하였고, 그 밖에도 상공인, 학생들과 같이 소시민과 지식인이 그것의 중심이 되었다는 것을 알 수 있다. 사실 농업이라는 직업이 매우 모호한 것이지만, 당시의 토지소유관계를 미루어 본다면,[66] 대부분 소작빈농에 속할 것이다. 그러나 다른 직업의 성질과 그들의 지방운동의 지도자로서의 역할을 수행하려면 지방유지, 즉 농촌지식인인 동시에 자작농이 많았을 것으로 생각한다. 따라서 3.1운동의 대중도 근대적 소시민의 성격이 매우 강한 것 같다.

한편, 그들의 선언서와 격문의 내용분석에서도 자유・민주・독립의 시민의식과 민족의식이 강렬하였고, 역사・민족・계급・근대・자본・자유・평등・독립・반제라는 근대적 이념이 자주 사용되고 있다.[67]

이러한 것을 본다면 3.1 운동은 시민계급과 지식인의 혁명이라고 말할 수 있고, 그들의 독립정신은 민족주의와 민주주의가 응결되어 있는 것 같다.

<표 10>에서 3.1 운동의 지방별 분포를 보면 관서지방과 영남지방이 각각 23.1%로서 가장 많고, 그 다음은 경성(15.6%), 해서(13.0%),

---

66) 1919년 말의 토지소유관계는 지주가 전체 호수의 3.4%이고, 자작농이 19.7%이며, 자소작농이 39.3%, 그리고 순소작농이 37.6%이다.(「조선경제연보」, 1948, pp.1~29)

67) 김영모, 전게서, p.66

관북(11.0%), 호남(8.9%), 호서지방(5.3%)의 순으로 되어 있다. 이것을 보면 호남·호서지방민이 다른 지방민의 참여에 비하여 소극적이라 할 수 있다. 경성지방에서는 다른 지방에 비하여 상인과 학생 및 공무·자유업, 그리고 노동·무직자가 많은데, 이것은 역시 서울이라는 도시의 직업적 성질 때문에 나타난 현상이다. 그러나 북한지방에서는 종교인과 공무·자유업자가 많고 영·호남에서는 무직자와 자유업자가 다른 지방에 비하여 많다. 평안·황해도민의 종교적 색채가 짙은 것은 민족지도자 중에서도 볼 수 있고, 1910년 경의 안악사건에서도 볼 수 있다.[68] 반면에 영·호남과 경기지방의 무직자와 노동자가 많다는 것은 전자의 경우에 농민몰락의 현상이고, 후자의 경우는 상인 및 학생과 더불어 도시적 성격 때문이다. 따라서 3.1 운동에 참여한 자는 어느 지방을 막론하고 농민과 상인 및 학생들이 다수 참여한 공통점이 있으나, 전술한 바와 같이 지방별 특수성이 존재함을 알 수 있다.

한편, 3.1 운동에 참여한 자의 교육수준은 서당과 가정에서 교육을 받은 자가 전체의 21.5%이고, 근대적 학교교육을 받은 자는 26.9%(보통학교가 16.2%, 중학교가 8.8%, 고등교육이 1.9%)이다. 나머지는 교육을 받지 못한 자(22.8%)와 미상(28.8%)이 대부분이다.[69]

근대적 학교교육을 받은 자는 그들 중에 25세 미만의 연령층이 전체의 32.3%가 되는데, 이들이 주로 이에 해당된다. 그리고 40세 이상의 연령도 50%가 되기 때문에[70] 이들이 주로 전통적 교육을 받았거나 문맹자인 것 같다. 이러한 정도의 교육수준이라도 당시의 교

68) 본서 제 2장 제 2절 참조

69) 「조선근대사료」, 만세소요사건, 엄남당, 1950, p.104

3.1 운동 참여자(피소자) 중에 무종교도는 41.4%이고, 기독교는 24.0%, 천도교도는 18.0%, 불교도 1.1%, 그리고 미상이 14.9%이다.

70) 상게서, p.108

육사정을 고려한다면 비교적 의식층(지식인)에 속하리라 생각한다.

4. 사회운동

1) 투쟁의 형태

3.1 운동 이후 항일 민족독립운동은 새로운 투쟁형태의 성격을 띠었다. 의병전쟁과 3.1 운동에서 볼 수 있었던 전투적, 폭력적 독립투쟁은 일제 헌병통치의 야만적인 군사적 폭력성 때문에 그에 대한 응전형태로서 나왔다.

그러나, 3.1 운동 이후 일제의 이른바 문화통치기에는 그간 항일 독립운동의 결함이었던 이념적 무장운동이 강화 되었다. 이념적 무장운동은 3.1 운동을 조직하는데 중심세력이었던 학생, 교사, 종교인 등의 지식인이 주도하게 되었다. 그 만큼 근대적 지식인이 성장하였고, 그들은 국제정세와 민족적 운명에 대한 새로운 활로를 개척하기 위하여 청소년, 노동자, 농민, 지식인 등을 중심으로 조직된 사회단체운동을 활발히 전개하였다.

이러한 사회단체운동은 대개 민족의 자유와 독립을 쟁취하기 위한 수단으로서 사회운동을 전개하였다. 이들의 사회운동은 다양한 사회단체의 성격 차이로 말미암아 이념적 공통성을 찾기는 어려우나, 당시의 주류는 민족해방과 사회평등을 지향하는 것이었다.

3.1 운동 이후에 전개되었던 사회운동의 실태를 정확히 규명하기는 어려우나, 당시의 주류였던 이른바 '사상범'을 중심으로 파악하여 보면 대충 이해할 수 있을 것이다.

<표 11> 1928~1938년간의 도별 사회운동가(사상범)

		경기도	충청북도	충청남도	전라북도	전라남도	경상북도	경상남도	황해도	평안남도	평안북도	강원도	함경남도	함경북도	합계
1928	건수	29	4	4	21	16	16	13	3	4	29	13	49	28	229
	인원	299	24	7	130	102	162	62	31	55	111	111	335	163	1,592
	송치	252	24	4	112	94	70	43	6	53	62	74	214	84	1,092
	기소	176	8		43	42	58	33	5	17	22	15	119	61	598
1929	건수	39	1	8	13	14	12	3	11	6	53	16	75	13	253
	인원	179	9	24	134	346	59	15	14	25	238	280	325	95	1,749
	송치	154	2	19	111	147	42	14	14	21	210	93	208	74	1,109
	기소	94	1	4	53	115	37	14	12	8	57	77	129	26	627
1930	건수	57	11	15	36	16	2	17	8	2	55	18	80	50	397
	인원	491	72	102	244	300	244	99	83	266	193	42	1,158	751	4,025
	송치	268	42	26	95	239	129	63	50	54	174	40	611	314	2,105
	기소	145	2	17	44	193	87	49	22	20	43	36	300	149	1,107
1931	건수	42	4	8	26	23	16	19	3	7	45	8	121	114	436
	인원	472	31	50	216	255	111	134	52	155	123	78	949	1,078	3,659
	송치	252	22	15	83	173	56	97	23	71	53	64	521	412	1,842
	기소	189	11	10	32	105	23	59	16	24	15	26	354	242	1,106
1932	건수	40	3	12	14	20	9	18	6	9	46	12	80	76	545
	인원	526	43	120	306	475	306	246	116	77	105	398	1,184	1,087	4,989
	송치	190	30	40	104	250	67	192	56	52	75	116	555	407	2,152
	기소	126	13	25	78	173	48	94	18	26	57	58	452	246	1,414
1933	건수	15	2	7	13	11	6	9	4	4	33	4	46	57	213
	인원	245	6	133	293	218	186	121	81	75	91	29	591	572	2,641
	송치	72	6	51	144	155	41	61	40	23	37	17	283	179	1,108
	기소	45		34	124	44	26	44	35	21	24	8	177	123	705
1934	건수	27			6	16	5	17	3	13	27	7	34	28	183
	인원	845			113	695	23	149	37	128	64	207	290	288	2,389
	송치	139			111	115	12	43	14	23	38	33	193	75	796
	기소	68			78	113	11	15	9	16	24	29	157	41	561
1935	건수	32	1	4	5	11	4	12	2	6	24	14	30	27	172
	인원	332	3	40	55	76	129	136	2	96	40	178	296	357	1,740
	송치	113	1	16	38	28	58	58		17	19	54	93	43	538
	기소	75		8	37	27	47	47		6	15	45	81	35	407
1936	건수	32	2	6	5	11	2	7	1	11	33	14	21	22	167
	인원	153	7	20	7	48	3	47	5	62	52	52	418	1,888	1,740
	송치	98	2	10	29	35	3	17	7	84	40	42	136	356	538
	기소	44	2	9	8	7			7	26	21	26	91	178	407
1937	건수	28	3	2	3	16	3	6	2	12	32	5	11	11	134
	인원	640	30	2	166	219	23	8	2	114	44	58	236	395	1,637
	송치	232	6	3	12	46	4	19	1	107	52	60	127	852	1,521
	기소	109	6	3	1	26	3	8	1	63	38	44	97	494	893
1938	건수	22	5	9	3	9	6	19	5	6	24	11	15	11	145
	인원	193	5	51	30	102	23	226	86	20	48	54	392	44	1,344
	송치	239	5	33	90	296	15	108	9	30	45	45	174	123	1,212
	기소	81	3	15	18	79	11	54	8	4	30	20	136	52	511
합계	건수	363	36	75	147	163	102	140	39	89	401	122	560	437	2,674
	인원	2,530	230	549	1,694	2,836	1,389	1,243,	509	1,073	6,109	1,487	6,174	6,698	28,521
	송치	2,009	140	217	926	1,578	497	715	220	537	805	638	3,113	2,916	14,314
	기소	1,152	46	125	515	924	351	401	133	231	346	384	2,093	1,647	8,348

(자료) 조선총독부 경무국, 「고등경찰보」, 제 2호

<표 11>에 의하면, 1928년 부터 1938년 까지 사상범의 건수와 인원 및 송치 · 기소의 실상을 볼 수 있다. 이 시기에 비교적 합법적인 조직운동이 가능하였기 때문에 활발한 사회운동이 전개되었다.

이 시기의 사회운동은 사회주의 및 공산주의 등 진보적 성격이 강했다. 그 이전에는 민족주의운동이 강하였고, 점차 진보주의적 사회운동의 방향으로 정립되어가는 것 같다.71) 여기에서 문제가 되는 것은 사상범의 통계자료에서 보수적 민족주의운동은 많이 누락되었을 것이고, 대부분 사회 · 공산주의운동에 관한 것이라고 볼 수 있기 때문이다.

<표 11>에 의하면, 비록 1928~1938년의 10년간 사상범에 관한 통계자료이지만, 총 건수는 2,674건이고, 참여자는 28,521명이다. 그것의 약 절반이 검찰에 송치되었고, 그것의 29.3%(8,348명)가 법원에 기소되었다. 기소된 사상범은 함경남 · 북도에서 가장 많았고,(전체의 44.8%) 그 다음은 경기도(13.8%)와 전라도(17.2%)이다.

이것을 보면, 3.1 운동 이후에 있었던 독립운동(사상범)은 함경도와 전라도에서 가장 심했고, 매월 약 22건 있었으며, 매월 약 237명이 입건 · 구속되어 심한 고문과 고통을 받게 되었으니 얼마나 치열한 항일 민족독립운동이 전개되었는 가를 가히 짐작할 수 있다. 그 뿐만 아니라 일제의 요시찰과 요주의 인물이 1938년 한 해에 전국적으로 각각 2,592명과 5,198명이 되었으니, 같은 해의 입건 인원(1,344명)에 비하면 약 5.8배가 된다.

이와 같이 일제는 많은 민족독립운동자를 요시찰과 요주의인물로 보고 감시를 소홀히 하지 않았으며, 다수의 독립운동가를 투옥하여 심한 고문을 일삼았던 것이다.

---

71) 저자는 전자는 비공산주의라고 하는 것이 타당하겠고, 후자도 공산주의로 보기는 많은 문제가 있다.

저자가 '죄수명부'에서 조사한 1920년 이후의 독립투사는 모두 1,483명이다. 이들의 죄명과 형량은 <표 12>과 같다. <표 12>에서 볼 수 있는 바와 같이 독립투사는 대부분이 치안유지법(33.6%)[72], 제령 7호(30.6%)[73] 및 보안법(15.4%)의 해당자였고, 나머지는 소요(10.1%)와 강도·불경죄에 속한다. 이것은 의병전쟁과 3.1 운동의 죄명에 비하면 심한 차이점을 발견할 수 있다.

독립운동가의 형량은 1~4년이 가장 많고(전체의 50.0%), 나머지는 대개 5년 이상의 실형이 언도 되었다. <표 12>에서 치안유지법과 보안법 및 제령 7호 등 어느 법령에 걸린 자일지라도 1~4년의 형량이 가장 많다. 즉 치안유지법의 경우는 전체의 67.5%이고, 보안법의 경우는 34.5%이며, 제령 7호 등의 경우는 35.2%이다. 사실 공판기록을 읽어 보면 독립투사들이 적극적인 행동을 취하지 않고 다만 독립운동 및 사회개혁의 사상을 보지하였음에 불구하고, 실형이 언도되고

---

72) '치안유지법'은 1925년 5월 8일에 조선, 대만 및 화태에 시행하게 되었다. 치안유지볍의 형벌은 매우 가혹하였다. 제 1조에 의하면 국체를 변혁할 목적으로 결사를 조직한 자 또는 결사의 간부 및 기타의 지도자로서 임무를 맡은 자는 사망 또는 무기, 그리고 7년 이상의 징역에 처하고 정을 알면서 결사에 가입한 자 또는 결사의 목적수행을 위하여 행위를 한 자는 3년 이상의 유기징역에 처한다. 또한 제 1조의 결사를 지원하기 위하여 또는 조직을 준비하게 위한 목적으로 결사를 조직할 때도 사형, 무기 또는 2년 이상의 유기 징역에 처하며(제 2조와 제 3조), 소요, 폭행 또는 신체, 재산의 가해자도 1년 이상 10년 이하의 징역에 처한다(제 6조)고 되어 있다. 그리고 국체를 부정하거나 신궁 또는 황실 존엄을 모독하기 위하여 결사를 조직한 경우도 무기 또는 4년 이상의 징역에 처하며(제 7조), 사유재산제도를 부인하기 위한 목적으로 결사를 조직하거나 그 정을 알면서 가입한 자는 10년 이하의 징역 또는 금고에 처한다(제 10조)고 되어 있다.

73) '제령'은 조선총독의 명령으로 규정할 수 있는 법령이다.(1910년 8월 29일, 동령 324호) '제령 7호'는 1919년 4월 15일에 제정된 '정치에 관한 범죄처벌의 건'이다. 제령 7호는 정치변혁을 목적으로 다수가 공동으로 안녕질서를 방해하거나 또는 방해하려는 자는 10년 이하의 징역 또는 금고에 처한다고 되어 있다.(제 1조)

있는 경우가 많다. 이것을 보면 사상범에 대한 형량이 대단히 가혹했음을 알 수 있다.

<표 12> 사회운동기 독립투사의 죄명과 형량

( )은 %

	태형	1년 미만	1~4년	5~9년	10년 이상	사형	합계
치안법	101	7	405	85		2	600
	(16.8)	(1.2)	(67.5)	(14.2)		(0.3)	(100.0)
보안법	95	44	79	3	6	2	229
	(41.5)	(19.2)	(34.5)	(1.3)	(2.6)	(0.9)	(100.0)
제령 7호	83	21	160	135	56		455
기타	(18.2)	(4.6)	(35.2)	(29.7)	(12.3)		(100.0)
소동	20		93		35		148
	(13.5)		(62.8)		(23.6)		(99.9)
강도	5	1	1	9	5		21
	(23.8)	(4.8)	(4.8)	(42.9)	(23.8)		(100.1)
불경죄	8	7	4				19
	(42.1)	(36.8)	(21.1)				(100.0)
살인			1	4		4	9
			(11.1)	(44.4)		(44.4)	(99.9)
폭동		5					5
		(100.0)					(100.0)
합계	312	85	743	236	102	8	1,486
	(21.0)	(5.7)	(50.0)	(15.9)	(6.9)	(0.5)	(100.0)

그러면, 1920년 이후에 있어 항일 사회운동의 형태가 어떠한 것이었는가를 보기로 한다. <표 13>에 의하면 독립운동의 주요 형태는 공산주의운동[74], 종교운동[75], 군자모집[76], 청년동맹[77], 배일운

---

74) 공산주의운동은 조선공산당(조직 및 재건), 고려공산당 및 청년회, 공산주의연구, 사유재산제 반대, ML주의동맹, 경성콤그룹, 사상범 등을 말한다.
조선공산당의 행동강령은 일반요구로서 ① 일본군대의 구축, 경찰 및 헌병의 청산, 재향군인회의 해산, 근로자의 전반적 무장, ② 전 정치범인의 즉시 석방, ③ 근로자의 언론, 출판, 집회 및 결사의 무제한적 자유, ④ 계급적 특권의 타파와 성, 민족, 신앙을 가리지 않고 시민의 완전한 평등, ⑤ 동화정책의 반대와 향토어의 무료의무교육, ⑥ 이재민에 대한 무상의 국가 구제, ⑦ 농산물에 대한 독점적 가격제도의 폐지, ⑧ 전 노동자에 대한 무료시료, ⑨ 사법관 및 공무원을 근로자 중에서의 선출을 주장하였다. 그 밖에 근로자, 농민, 도시시민, 부인, 청년 등의 특수 요구가 있었다.(김정명, 「조선독립운동」 V, pp.877~883)

동[78], 신간회[79], 독서회[80], 문화운동[81], 대동단[82]·의열단[83] 등이다. 그리고 기타는 주로 만보산사건, 암살단, 중국인 습격, 대한독립단, 광복단, 대한국민회, 전북혁명전위동맹, 동맹휴학, 황옥사건, 용의단 등이다. 이것은 대부분 우익적 민족주의 색채가 강하다.

고려공산당은 1920년 연해주의 이동휘가 상해 임정에 입각하자 대한민국 의회의 수뇌인 문창범, 한명세 등과 합류하여 고려공산당을 조직하였다. 고려공산당의 당수 이동휘는 여운형, 김만겸 등과 분파하여 상해지부 고려공산청년회 책임자로 박헌영을 선출하였다. 박헌영은 김란치, 조봉암과 함께 1937년 이후 국내 지하운동을 전개하였다.

75) 종교운동은 증산교, 원군교, 백백교, 보천교, 태극교, 천도교, 태을교, 경천교, 교령 탄압이 이에 속한다.

76) 자금모집운동은 주로 임정과 광복군의 군자를 모집하기 위한 것이고, 이것은 주로 경성에서 많이 일어났다. 그 밖에도 임실, 익산, 남원, 김제, 진안, 부안, 대구, 평양, 청도, 울진, 문경, 예천, 밀양, 장성, 화순, 정읍, 부천 등지에서 일어났다.

77) 주 79)를 참조

78) 배일운동은 주로 천황모독, 패전예언, 반일교육, 독립기도, 학생맹휴, 한일차대, 반전, 독립제언, 신사불참 등이다.

79) 신간회사건은 경성 이외에도 영암, 영덕, 대구, 영주, 경주, 남원 등의 각지에서도 일어났고, 지방의 신간회 조직은 대개 청년동맹과 노농조직과 중첩되어 있었다. 신간회의 기본강령은 ① 우리는 정치적, 경제적 각성을 촉진함. ② 우리는 단결을 공고히 함, ③ 우리는 기회주의를 일체 부인함 등이다. 신간회 조직(지회)은 1931년 5월 126개이다. 회원(3만 9천 914명)의 직업은 농업이 전체의 53.9%로서 가장 많고, 그 다음은 노동(15.1%), 상업(10.8%), 직공(6.9%), 공업(1.7%), 사진(1.7%), 기자(1.6%), 회사원(1.1%), 교원(0.9%), 의사(0.6%), 교역자(0.6%) 등이다.

80) 독서회는 대개 사회주의연구회이다.

81) 문화운동은 주로 박영희(개벽사 기자, 35세, 2년형) 등의 KAP사건이다.

82) 대동단사건은 전협 외 35인이 관련되었다. 그는 독립국의 형성과 사회주의를 실행할 목적으로 대동단을 조직하여 조선독립선언서 등 많은 인쇄물을 제작하였다.

83) 의열단 활동은 1906년 2월 17일 기산경, 이근철 등이 이근택(군부대신)을 저격한 이래 1945년 7월 24일 대한애국청년당원의 부민관투탄사건에 이르기 까지 안중근, 이재명, 김구, 강우규, 김원봉(단장), 박열, 이봉창, 운봉길 등 많은 투사들이 나왔다.

이러한 투쟁형태도 시기에 따라 상이하다. 1920~1929년에는 임정과 광복회의 원조를 위한 군자금 모집이 가장 많았고(23.9%), 그 다음은 종교운동과 기타가 많다. 그러나 1930년대에 와서는 1920년대 초기에 시작한 청년운동과 공산주의운동이 더욱 많아져 가고(전자는 8.1%, 후자는 24.2%), 반면에 민족주의운동(기타)과 군자모집(0.4%)은 퇴조되어 가며, 종교운동, 배일운동, 노농운동, 독서회운동이 증가되고 있다. 만약 청년동맹, 노동운동, 독서회 및 문화운동 까지 모두 공산주의운동으로 본다면 전기의 19.5%가 후기에 40.7%로 증가되었다. 그 밖에 사회운동도 좌익적 색채가 있는 것이 있으나, 청년동맹 등의 예에서 볼 수 있는 바와 같이 모두 다 공산주의와 동일한 것으로 간주해서는 안될 것 같다.

<표 13> 사회운동기 독립운동가의 투쟁형태

	군자모집	민족차별	배일운동	3.1운동	독서회	종교운동	동맹휴교	청년동맹	청년동맹용우조합	청년동맹신간회	신간회
1920~1929	157		35	19		63	7	48		6	3
	(23.9)		(5.3)	(2.9)		(9.6)	(1.1)	(7.3)		(0.9)	(0.5)
1930~1945	3	15	104		49	106	4	60	51	50	
	(0.4)	(1.8)	(12.6)		(5.9)	(12.8)	(0.5)	(7.2)	(6.2)	(6.0)	
합계	160	15	139	19	49	169	11	108	51	56	3
	(10.8)	(1.0)	(9.4)	(1.3)	(3.3)	(11.4)	(0.7)	(7.3)	(3.4)	(3.8)	(0.2)

	신간회노동조합	농민운동	노동운동	광주학생사건	문화운동	의열단	대동단	공산주의	기타	합계
1920~1929		15	1		1	7	36	53	207	658
		(2.3)	(0.2)		(0.2)	(1.1)	(5.5)	(8.1)	(31.5)	(100.4)
1930~1945	12		22	6	38			200	108	828
	(1.4)		(2.7)	(0.7)	(4.6)			(24.2)	(13.0)	(100.0)
합계	12	15	23	6	39	7	36	253	315	1,486
	(0.8)	(1.0)	(1.5)	(0.4)	(2.6)	(0.5)	(2.4)	(17.0)	(21.2)	(100.0)

이러한 것을 보면, 3.1운동 이후 독립운동이 점차 우익(민족주의)보다도 오히려 좌익적 성격(사회주의 또는 공산주의)의 사회운동으로

전개되어 가고 있다. 사실 1920년 이후에 활발히 전개된 공산당, 청년운동, 노농운동은 사회주의적 성격이 매우 강했다. 공산당이 조직될 즈음에 청년당, 청년동맹이 전국적으로 조직되기 시작하였고,[84] 동시에 농민회, 농민조합, 소작인회, 노동조합이 많은 지역에 조직되었다.[85]

이러한 조직 배경에서 좌익적 사회주의운동이 가능하였다. 비록 1927년 2월에 결성된 신간회를 통한 좌우합작이 가능했지만, 적극적인 신간회의 조직망은 청년동맹에 기초해 있었다고 해도 과언이 아니다. 따라서 당시 청년동맹의 성격이 밝혀지면 당시의 신간회와 노동운동 및 사회운동의 성격도 어느 정도 이해될 수 있을 것이다.

청년회는 3.1운동 직후에 각 지방에서 조직되었고, 이것이 중심이 되어 각종 사회단체(농민조직, 노동조직, 신간회, 여성조직 등)를 통합시키고 지방의 사회단체연합운동을 전개시켰다. 각 지방의 청년동맹은 청총(靑總)의 지시 총령[86]에 의하여 조직되었고, 신간회와 근우회 등을 지지하기도 하였지만, 각 지방의 특수한 사정에 의하여 총령과 결의가 만들어지기도 하였다. 다시 말하면 청년동맹은 민족주의적 색채가 강하지만, 대부분 진보적인 것이었다.[87] 그러나 전국의

---

84) 조선청년총동맹은 1924년 조선청년연합회와 서울청년회가 중심이 되어 조직하였다. 전자는 115개의 각 지역청년회(1922년 전국청년회는 488개임)가 소속되어 있었다. 우리는 선언서는 "우리는 계급적 대 단결을 목표로 청년운동의 통일을 도하기 위하여 차의 강령으로써 '조선청년총동맹'을 발기하노라. 아! 이에 공조하여 전진하려는 각 청년단체여 어서 가맹하여라. 단결하자! "로 되어 있다. 그리고 강령은 ① 대중본위인 신사회의 건설을 기도함이라 하였다. 그리고 가맹신청 기한은 1924년 4월 15일 까지 되어 있다.(「동아일보」, 1924. 3. 2)

85) 1922년의 노동단체는 모두 81개였고, 소작인회는 23개였다.

86) 청총의 지시강령은 ① 본 동맹은 조선청년대중의 정치적, 경제적, 민족적 이익의 획득을 기함, ② 본 동맹은 조선청년대중의 의식적 교양 및 훈련의 철저를 기함, ③ 본 동맹은 조선청년대중의 공고한 조직의 완성을 기함 등이다.

87) 야학운동을 지원하거나 사유재산제의 철폐를 주장하는 경우도 있다.

청년동맹운동이 공산주의적인 것이라고 보기는 어렵다. 비록 계급적 요구가 있는 경우도 있었지만 그들의 1차적 투쟁은 현재의 사회문제와 민족독립에 있었고, 새로운 평등한 민주사회를 건설하기 위한 것에 있었다.

이러한 성격은 노동운동에서도 찾아볼 수 있다. 그러나 농민회, 농민조합, 노동조합은 그들의 계급적 이익을 추구하고 로농대중의 교양과 해방을 성취하기 위한 것이 대부분이었다.[88] 노동운동의 총령을 본다면 무산계급의 교양과 계몽을 위한 급진적 사상이 있지만 이것은 행동 보다는 계몽적 성격이 강했다.

일반적으로 지방의 청년동맹과 로농운동의 지도자는 대개 신간회의 지방조직을 동시에 맡고 있으나, 그들의 주장은 대개 신간회의 방침에 따르고 있지만 보다 진보적인 면이 있었다. 지방의 사회운동은 중앙의 사상적 영향을 많이 받았지만[89], 중앙의 공산주의운동처럼 비자주적 성격을 지니고 있는 것은 아닌 것 같다.

우리나라의 공산주의운동은 1925년 4월 17일 경성에서 화요회와 북풍회 일부의 합작노력으로 이루어진 것이 당조직운동으로 처음이라고 한다.[90] 그러나, 이미 만주와 시베리아로 부터 영향과 일본으로 부터의 영향이 있었으며[91], 동시에 자생적인 운동도 있었다고 볼

88) 함흥농민회의 강령을 보면, ① 본 조합은 농민대중의 호상부조를 도함, ② 본 조합은 농민대중의 정치적, 경제적, 사회적 이익의 획득을 기함, ③ 본 조합은 농민대중의 긴밀한 유기적 조직의 완성을 기함, ④ 본 조합은 무산계급해방운동의 전투부대가 되기를 기함이라 하였다.(「동아일보」, 1927. 12. 20)

89) 지방에 있어서 청년동맹, 노동운동의 지도자는 대개 서울에서 학교(특히 고보 출신) 공부를 하였다.

90) 김준엽·김창순 공저, 「한국공산주의운동사」 제 2권, 고려대 아세아문제연구소, 1969, p.294. 그 이전에 연해주의 상해에서는 고려공산당이 조직되었다.

91) 한인 공산주의운동은 1918년에 하바로브스크에서 이동휘가 한인사회당을 조직하였고, 일크쓰크에서는 김철훈 일파가 일크쓰크 공산당의 한인지부를 만들었으며, 1922년에는 고려공산당이 되었다.(상게서, 제 4장 참조)

수 있다.[92] 외래적 공산주의운동이 그러한 사상적 영향을 받은 지역적 이데올로기로 말미암아 일제의 분열책동과 더불어 더욱 부채질한 요인이 되었다.

그러면, 1928~1933년간의 이른바 민족주의와 공산주의에 관한 사상범의 실태를 본다.

<표 14> 1928~1933년간 사상범 사회운동가

( )안은 %

내용 \ 사상 \ 년도		1928	1929	1930	1931	1932	1933	합계
사건수	공산	174 (12.2)	181 (12.7)	322 (22.6)	379 (26.7)	283 (19.9)	83 (5.8)	1,422 (99.9)
	민족	55 (16.3)	72 (21.4)	75 (22.3)	57 (16.9)	61 (18.1)	17 (5.0)	337 (100.0)
참여자	공산	1,431 (9.2)	1,290 (8.3)	3,755 (24.2)	3,441 (22.1)	4,781 (30.8)	848 (5.5)	15,546 (100.1)
	민족	161 (11.7)	453 (32.9)	270 (19.6)	218 (15.8)	208 (15.1)	67 (4.9)	1,377 (100.0)
송치자	공산	985 (12.5)	877 (11.1)	1,920 (24.4)	1,752 (22.3)	2,035 (25.9)	299 (3.8)	7,868 (100.0)
	민족	107 (14.3)	232 (30.9)	185 (24.7)	90 (12.0)	97 (12.9)	39 (5.2)	750 (100.0)
피소자	공산	548 (11.8)	501 (10.8)	1,013 (21.8)	1,052 (22.6)	1,355 (29.1)	188 (4.0)	4,657 (100.0)
	민족	50 (12.5)	126 (31.4)	94 (23.4)	54 (13.5)	59 (14.7)	18 (4.5)	401 (100.0)

(자료) 조선총독부 경무국,「고등경찰보」제 1호

92) 공판기록을 보면, 당시의 서적을 탐독하고 사유재산을 부인하는 공산주의사상을 공명한 자도 있고 입로하여 공산주의사상의 교화를 받은 자가 많다. 예컨대 경성노동조합운동의 주모자로 기소된 김승진(1937년 7월 13일 판결, 형량 3년 6개월)의 경우를 보면, 그 교화과정을 짐작할 수 있다. 그는 1907년 봄 7세때 부모와 함께 노령 시베리아에 이주하였다. 10세때 부친과 사별하고, 모가 재혼, 의부와 함께 시베리아 및 간도지방을 전전하면서 농업 또는 상점원으로 지내다가 청년회에 입회하였다. 그는 1925년 봄 공산주의자 김순구(연길도 용정 간부)를 알고 그에 공명하여 동인의 소개로 만주 고려공산청년회에 가입하였다. 그는 이곳에서 공산주의에 관한 교양을 받고 길림에서 농민청년의 교양에 종사하다가, 1928년 가을에 고려공산청년회 만주책인 박윤서, 이창희의 소개로 모스크바 공산대학에 입학하여 1931년 여름에 졸업하였다.

<표 14>를 보면, 당시의 민족주의와 공산주의의 사회운동을 비교할 수 있는데, 후자가 전자에 비하여 압도적이었음을 알 수 있다.[93] 사회운동의 참여자를 기준으로 해서 본다면, 후자가 전자의 약 15배 이고 피소자를 보더라도 전자의 약 10배가 된다.

한편, 공산주의든 민족주의든 간에 모든 사회운동은 1930~1932년을 고비로 일제의 강력한 사상범의 단속으로 인하여 감소되고 있다. 특히 민족주의운동은 1929년이 고비였고, 공산주의 운동은 1932년이 고비였다. 이것은 지하운동으로 전개되었음을 의미한다.

이와 같이 다수를 차지하는 공산주의운동은 여러 가지 종류가 있으나, 가장 많은 참여자(15,546명)는 공산당 및 회사 건(236건)으로 22.0%이고(피소자는 1.324명), 그 다음은 적노농사건(96건)으로 18.1%이며(피소자는 868명), 나머지는 학생사건(176건에 17.0%)과 외곽사건(41건에 3.2% 참여) 및 기타(873건에 39.7%)로 되어 있다.[94]

이것을 보면, 조직적인 공산주의운동이 광범위 하게 전개되었음을 알 수 있다. 동시에 피소율과 기소율이 입건자에 비하여 매우 낮은 것을 보면 아무런 죄없는 자가 다수 고생하였음을 짐작할 수 있다.

2) 사회적 배경

사회운동에 종사한 독립운동가의 사회적 배경은 그들의 연령, 출신지, 교육, 직업 및 계층에 따라 고찰하여 본다.

(1) 연령 및 교육

사회운동에 종사한 독립투사는 그 연령이 20세 부터 34세 까지 가장 많이 분포되어 있다. 3.1 운동 직후 비교적 민족주의운동이 활

93) 저자는 사회단체 및 사상범을 민족 · 공산당의 양분법으로 구분하는 것은 잘못된 것이라고 생각한다. 그러나 편의상 그대로 따른다.

94) 김정명,「조선독립운동」5권, 원서방, 1967, pp.367~368

발했던 1920년에는 독립투사의 연령층이 25~29세와 30~34세의 연령층이 가장 많고(각각 23.8%와 20.8%), 그 다음은 20세에서 49세 까지의 각 연령층에 분산되어 있다. 그러나 공산주의운동이 심했던 1930년대 이후에는 보다 연령수준이 저하되어 25~29세의 연령층이 전체의 30.8%를 차지하고, 20~24세의 경우가 25.8%이며, 30~34세의 경우는 15.0%를 차지한다.(표 15 참조)

이와 같이 젊은 혈기가 왕성한 연령층이 독립운동을 주로 추진하였다. 일반적으로 연령이 많은 자는 보수적 성격이 강하다. 왜냐하면 나이가 들수록 신체적 조건과 가족관계 및 사회적 지위 때문에 인간은 현실적응형이 되기 쉽다. 또한 일제하에 있어서 연령이 젊다는 것은 독립투사들이 신교육을 받을 수 있었던 연령층이기도 하다.

<표 15> 사회운동기 독립운동가의 연령

( )안은 %

	15~19세	20~24세	25~29세	30~34세	35~39세	40~49세	50세 이상	미상	합계
1920~1929	18 (2.7)	95 (14.4)	156 (23.8)	137 (20.8)	94 (14.3)	94 (14.3)	53 (8.1)	11 (1.7)	658 (100.1)
1920~1945	21 (2.5)	214 (25.8)	255 (30.8)	124 (15.0)	78 (9.4)	78 (9.4)	62 (7.5)	5 (0.6)	828 (99.9)
합 계	39 (2.6)	309 (20.8)	411 (27.7)	261 (17.6)	172 (11.6)	172 (11.6)	115 (7.7)	16 (1.1)	1,486 (100.1)

사회운동은 신지식, 신교육에 의해서 가능하다. 이러한 신지식은 당시의 실정으로 보아 학교교육 보다도 오히려 문헌(책, 잡지)과 집회, 토의 등의 사회교육에 의해서 학습되었다. 당시의 사회운동은 자생적인 것도 있었지만, 전술한 교육기회가 비교적 자유롭게 제공될 수 있었던 일본, 만주, 시베리아 및 경성지방에서 동기화 되었거나 사회화된 인사들의 영향이 대단히 컸다.(부록 3 참조)

독립운동가들의 학력이 공판기록에 모두 밝혀져 있는 것은 아니기 때문에 체계적 분석은 힘들지만, 그들의 학력이 밝혀진 것을 보면 대부분 보통학교 졸업이거나, 고등보통학교의 중퇴자이다. 당시의 전국수준으로 본다면[95], 이러한 교육수준은 높은 것으로 생각할 수 있다. 특이한 것은 다수의 독립투사가 중학 이상의 수준에서는 중퇴자가 많다.[96] 얼핏 생각하기에는 학생운동으로 중퇴하게 된 것으로 생각하기 쉬우나, 그것 보다도 가정 빈곤 등으로 인하여 학교를 중퇴하게 된 경우가 많은 것 같다. 따라서 이러한 교육기회에 대한 불만이 사회운동, 특히 사상운동에 참여하게 된 동기가 된 것 같다.[97]

그러면, 독립투사들의 교육수준을 알기 위하여 당시에 비교적 다수가 참여한 사회운동의 경우를 보자.

조선공산당사건 관계자(143명)의 학력은 전문학교 출신(중퇴 포함)이 전체의 20.3%이고, 중학 출신은 24.5%이며, 보통학교 출신은 46.2%이다. 그리고 무교육자는 9.1%에 불과하다.

경북 안동에서 적색농민조합과 반제청년동맹사건으로 기소된 안상윤 외 17명의 학력을 보면[98], 고보 졸업자가 2명이고, 고보 중퇴자가 5명이며, 보통학교 졸업자가 4명이다. 나머지 서당 출신(한문

---

95) 1941년에 근대적 교육기관에의 한인 취학률은 0.6%이다. 학령기 아동의 보통학교에의 취학률은 1925년에 12.3%, 1930년에 15.5%, 1935년에는 19.2%, 1940년에는 32.7%였다. 그리고 중학(보통)교의 취학률은 1925년에 0.8%, 1940년에는 2.4%였다.(김영모 외 3인 공저, 「일제하의 민족생활사」, 민중서관, 1971, p.163)

96) 일제시에 각급 학교의 중퇴자는 대단히 많다. 1925년 말 사립보통학교 중퇴자는 입학자에 비하여 59.7%가 되고, 공립고보의 경우는 56.8%, 사립고보의 경우는 63.3%이다.(「조선총독부 통계연보」, 1926년판)

97) 梶村秀樹 · 강덕상 저, 「현대사자료」 19, ‘조선’5, みすず書房, 1972, p.147

98) 대구지방법원, 1934년 7월 2일, 형공, 제 1370호 판결문
안상윤은 1919년에 대구고보 2년을 중퇴하고, 그 후 연초직공, 변호사사무원, 동법대서인을 하다가 의성에서 동아, 조선일보지국을 경영하면서 청년동맹, 신간회의 간부를 지내다가 농민 20~30명을 모아 농민혁명을 조직화하려 하였다.

이수자 6명)이다.

<표 16> 사회운동기 독립운동가의 투쟁형태와 연령

( )안은 %

	15~19	20~24	25~29	30~34	35~39	40~49	50이상	미상	합계
군자모집	1 (0.6)	18 (11.3)	36 (22.5)	34 (21.3)	22 (13.8)	31 (19.4)	18 (11.3)		160 (100.2)
민족차별		7 (46.7)	8 (53.3)						15 (100.0)
배일운동	13 (9.4)	46 (33.1)	24 (17.3)	16 (11.5)	11 (7.9)	15 (10.8)	10 (7.2)	4 (2.9)	139 (100.1)
3.1 운동		5 (26.3)	6 (31.6)	3 (15.8)	1 (5.3)	4 (21.1)			19 (100.1)
독서회		21 (42.9)	19 (38.8)	7 (14.3)		2 (4.1)			49 (100.1)
종교운동	1 (0.6)	16 (9.5)	23 (13.6)	18 (10.7)	21 (12.4)	45 (26.6)	45 (26.6)		169 (100.0)
동맹휴교	2 (18.2)	4 (36.4)	1 (9.1)	1 (9.1)				3 (27.3)	11 (100.1)
청년동맹		38 (35.2)	34 (31.5)	17 (15.7)	11 (10.2)	7 (6.5)	1 (0.9)		108 (100.0)
청년동맹 +용우조합	2 (3.9)	26 (51.0)	19 (37.3)	4 (7.8)					51 (100.0)
청년동맹 +신간회	1 (1.8)	15 (26.8)	17 (30.4)	11 (19.6)	8 (14.3)	4 (7.1)			56 (100.0)
신간회			1 (33.3)	1 (33.3)	1 (33.3)				3 (99.9)
신간회+ 노동조합		1 (8.3)	2 (16.7)	2 (16.7)	4 (33.3)	3 (25.0)			12 (100.0)
농민운동		1 (6.7)	4 (26.7)	1 (6.7)	6 (40.0)	2 (13.3)	1 (6.7)		15 (100.1)
노동운동		5 (21.7)	14 (60.9	3 (13.0)	1 (4.3)				23 (99.9)
광주학생사건	1 (16.7)	4 (66.7)	1 (16.7						6 (100.1)
문화운동	1 (2.6)	4 (10.3)	19 (48.7)	7 (17.9)	4 (10.3)	2 (5.1)	2 (5.1)		39 (100.0)
의열단		1 (14.3)	4 (57.1)	1 (14.3)	1 (14.3)				7 (100.0)
대동단	1 (2.8)	4 (11.1)	9 (25.0)	7 (19.4)	4 (11.1)	6 (16.7)	5 (13.9)		36 (100.0)
공산주의	3 (1.2)	32 (12.6)	103 (40.7)	66 (26.1)	30 (11.9)	19 (7.5)			253 (100.0)
기타	13 (4.1)	62 (19.7)	68 (21.6)	62 (19.7)	39 (12.7)	33 (10.5)	33 (10.5)	5 (1.6)	315 (100.1)
합계	39 (2.6)	310 (20.9)	412 (27.2)	261 (17.6)	164 (11.0)	173 (11.6)	115 (7.7)	12 (0.8)	1,486 (99.9)

한편, 전북 전주에서 경성청년총동맹사건으로 기소된 이기택 외 37명의 경우를 보면, 전문·대학출신이 2명이고, 사범 및 농업학교와 고보 출신이 11명이며, 그 중퇴자가 5명이다. 나머지는 보통학교 출신 11명과 미상이다.[99]

이것을 본다면 경성을 중심으로 한 중앙조직과 지방조직의 지도자는 고보 이상의 전문·대학 출신이 많으나, 지방 조직원은 대개 고보 중퇴자 또는 보통학교 출신으로 구성되어 있다.

사회운동에 참여한 독립운동가는 그들의 연령과 직업의 상관성이 별로 없는 것 같다. 그러나, 그들의 독립운동의 종류와는 상관성이 있다. <표 16>을 보면, 종교운동과 신간회사건의 참여자는 40세 이상이 가장 많고, 군자모집의 경우도 25~34세의 연령층이 다수이지만, 40대 이상도 상당히 있다. 그러나 공산당, 배일운동, 청년운동에 참여한 자는 주로 20대의 연령층이 가장 많고, 노농운동과 문화운동의 참여자는 25~29세의 연령층이 가장 많다. 이것을 보면 역시 젊은 연령층이 진보적인 사회운동에 적극 참여하고 있다.

(2) 직업 및 계층

3.1운동 이후 독립운동가는 비농업 분야에 종사하는, 근대적 직업인이 더욱 증가하고 있다. 농민은 불과 전체의 33.3%를 차지하고, 무직이 28.5%이며, 나머지는 상인(5.5%), 학생(5.4%), 교사(3.5%), 기자(3.2%) 등이 대부분을 차지한다. 이것을 보면, 1920년 이후의 사회운동은 소산자(소농민, 소상인)와 무산자 및 지식인이 중심이 되어 있고, 또한 강한 근대 지향성을 엿볼 수 있다.

<표 17>에 의하면, 1920년대의 사회운동 투사는 농민(38.8%)과 무

99) 전주지방법원, 1935년 10월 25일 판결문
이기택은 1026년 중동학교를 졸업하고, 와세다대학 전문부 정치경제학과에 입학하였다.

직(23.6%)이 가장 많았고, 나머지는 상인(5.8%), 교사(3.8%), 기자(3.5%), 학생(3.8%) 등이었으나, 1930년 이후에는 오히려 무직(32.5%)이 가장 많고, 농민과 상인이 감소하면서 반면에 전문직(5.6%), 사원(3.5%), 직공(3.5%) 등이 증가하고 있다.

<표 17> 사회운동기 독립운동가의 직업

( )안은 %

	농업	상업	교사	기자	사원	직공	고용	제조업
1920~1929	255 (38.8)	38 (5.8)	25 (3.8)	23 (3.5)	7 (1.1)	7 (1.1)	13 (2.0)	6 (0.9)
1930~1945	240 (29.0)	43 (5.2)	27 (3.3)	24 (2.9)	29 (3.5)	29 (3.5)	8 (1.0)	2 (0.2)
합계	495 (33.3)	81 (5.5)	52 (3.5)	47 (3.2)	36 (2.4)	36 (2.4)	21 (1.4)	8 (0.5)
	학생	무직	주막	전문직	승려	기타	미상	합계
1920~1929	25 (3.8)	155 (23.6)		17 (2.6)	3 (0.5)	59 (9.0)	25 (3.8)	658 (100.3)
1930~1945	55 (6.6)	269 (32.5)	1 (0.1)	46 (5.6)		43 (5.2)	12 (1.4)	828 (100.0)
합계	80 (5.4)	424 (28.5)	1 (0.1)	63 (4.2)	3 (0.2)	102 (6.9)	37 (2.5)	1,486 (100.0)

여기에서 다수의 직업이 농민과 무직으로 나타나 있는 경우 이것은 공산당, 청년동맹, 배일운동 등의 사상운동에서 주로 찾아볼 수 있다. 이들 중에 소작빈농과 실업노동자 및 실업지식인과 같은 무산자가 다소 있겠지만, 소농민과 유산자 출신의 지식인도 많다고 볼 수 있다. 왜냐하면 사상운동에 참여했던 다수의 독립운동가들이 그들의 직업이 무직 또는 농업이라고 하였는데, 그들의 판결문을 보면, 그 이전에 사무직 또는 전문직에 종사했던 자가 있고, 그들의 출신가정도 비교적 부유했다는 것을 알 수 있다.[100] 따라서 사회운

100) 이 점에 대해서는 1928년 '조선문제에 대한 코민테른 결정서'에서도 인정하고 있다. 즉 조선공산당이 지식계급과 학생이 중심이 되어 있고 노동자와 농민은 소수가 포함되어 있다고 한다. 특히 문화운동에 참여한 자의 가정은 대개 부유하고 그 밖에도 사회운동지도자는 고등교육을 받을 수 있을 정도로 부유한 가정 출신이 많았다.

동의 중앙지도자는 거의 대부분 지식인이고, 지방운동의 경우도 그 지방의 지식인이라고 볼 수 있다. 이와 같이 사회운동의 중심세력이 전기에 비하여 점차 지식인과 노동자로 전환되고 있다.

당시 전국 농민은 전체 호수의 80%가 되었지만 농민의 참여율은 감소되고, 전체 가구의 1.8% 밖에 차지하지 못했던 무직이 많은 비율을 차지하고 있다.그리고 큰 인구비율을 차지하지 못했던 교사, 학생, 기자, 화이트 칼라, 노동자들이 많은데, 이것은 새로운 사회계층이 독립운동의 추진 노력을 담당해 가고 있음을 의미한다.

이와 같이 지식인, 무직, 노동자들이 당시의 사회운동을 주도하게 된 것은 그 만큼 일제의 식민정책의 결과로 농민해체가 조성되었으며, 따라서 무직, 즉 실업자=부랑노동자가 많아졌기 때문에 가능하게 되었다는 뜻이다. 또한 지식인의 사회적응(취업 등)이 힘들었다는 것을 의미한다. 그 뿐만 아니라 비록 식민정책의 산물이지만 교육과 공장의 발달은 많은 지식인과 노동자를 생산하였고, 이들의 민족적, 사회적 양심은 사회운동을 주도하게 되었다.

그러면, 어떠한 사회계층이 어떠한 형태의 독립운동을 추진하였는 가를 본다

<표 18>에서 볼 수 있는 바와 같이, 공산주의와 배일운동은 무직자의 구성비율이 가장 많고(각각 53.8%와 26.6%), 종교운동과 독서회 운동은 농민이 가장 많으며(각각 75.7%와 34.7%), 청년운동과 군자모금은 대개 농민과 무직이 다수를 차지한다. 특히 학생, 교사, 기자들은 공산주의, 청년동맹, 배일운동, 문화운동에 다수 참여하고 있다.

당시에 독립운동가가 가장 많이 해당되었던 치안유지법의 위반자(40.4%)의 직업구성을 보기로 하자.

<표 18> 사회운동기 독립운동가의 투쟁형태와 직업

	농업	상업	교사	기자	사원	직공	고용	제조업	학생	무직	주막	전문직	승려	기타	미상	합계
군자모집	65 (40.6)	10 (6.3)	2 (1.3)		2 (1.3)	1 (0.6)	6 (3.8)	2 (1.3)	3 (41.9)	54 (33.8)		1 (0.6)		9 (5.6)	5 (3.1)	160 (100.2)
민족차별			1 (6.7)		2 (13.3)	1 (6.7)			3 (20.0)	6 (40.0)				1 (6.7)	1 (6.7)	15 (100.1)
배일운동	24 (17.3)	8 (5.8)	12 (8.6)	8 (5.8)	5 (3.6)	4 (2.9)	3 (2.2)	1 (0.7)	18 (12.9)	37 (26.6)	1 (0.7)	5 (3.6)		11 (7.9)	2 (1.4)	139 (100.0)
3.1운동	16 (84.2)	1 (5.3)							1 (5.3)	1 (5.3)						19 (100.1)
독서회	17 (34.7)	6 (12.2)	1 (2.0)	1 (2.0)	3 (6.1)	1 (2.0)			2 (4.1)	9 (18.4)		4 (8.2)		4 (8.2)	1 (2.0)	49 (99.9)
종교운동	128 (75.7)	7 (4.1)			1 (0.6)		1 (0.6)	1 (0.6)		19 (11.2)		7 (4.1)		4 (2.4)	1 (0.6)	169 (99.9)
동맹휴교	2 (18.2)		1 (9.1)						1 (9.1)	3 (27.3)				4 (36.4)		11 (100.1)
청년동맹	24 (22.4)	7 (6.5)	13 (12.0)	2 (1.9)	4 (3.7)	4 (3.7)			10 (9.3)	20 (18.5)		4 (3.7)	2 (1.9)	12 (11.1)	6 (5.6)	108 (100.1)
청년동맹 용우조합	12 (23.5)	5 (9.8)			2 (3.9)	3 (5.9)				24 (47.1)		1 (2.0)		4 (7.8)		51 (100.0)
청년동맹 신간회	27 (48.2)	5 (8.9)				1 (1.8)				16 (28.6)		1 (1.8)		1 (1.8)		56 (100.0)
신간회					1 (33.3)									2 (66.7)		3 (100.0)
신간회 노동조합	7 (58.3)	1 (8.3)								3 (25.0)						12 (99.9)
농민운동	14 (93.3)														1 (6.7)	15 (100.0)
노동운동	1 (4.3)		1 (4.3)		1 (4.3)	4 (17.4)			1 (4.3)	8 (34.8)		4 (17.4)		3 (13.0)		23 (99.8)
광주학생사건	1 (16.7)			1 (4.3)					2 (33.3)	2 (33.3)		1 (16.7)				6 (100.0)
문화운동	7 (17.9)	2 (5.1)		6 (15.4)	2 (5.1)	3 (7.7)	1 (2.6)			3 (7.7)		14 (35.9)		1 (2.6)		39 (100.0)
의열단	1 (14.3)	1 (14.3)			1 (14.3)					4 (57.1)						7 (100.0)
대동단	4 (11.1)	5 (13.9)	2 (5.6)	2 (5.6)		2 (5.6)		2 (5.6)	3 (8.3)	13 (36.1)			1 (2.8)	3 (8.3)	1 (2.8)	36 (100.1)
공산주의	28 (11.1)	4 (1.6)	9 (3.6)	9 (3.6)	9 (3.6)	7 (2.8)	2 (0.8)	1 (0.4)	20 (7.9)	136 (53.8)		10 (4.0)		9 (3.6)	5 (2.0)	253 (100.3)
기타	119 (57.8)	21 (6.7)	10 (3.2)	10 (3.2)	3 (1.0)	5 (1.6)	8 (2.5)	1 (0.3)	16 (5.1)	66 (21.0)		11 (3.5)		35 (11.1)	10 (3.2)	315 (100.2)
합계	497 (33.4)	82 (5.5)	52 (3.5)	49 (3.2)	36 (2.4)	36 (2.4)	21 (1.4)	8 (0.5)	80 (5.4)	424 (28.5)	1 (0.7)	63 (4.2)	3 (0.2)	103 (6.9)	33 (2.2)	1,486 (99.8)

<표 19>에서 볼 수 있는 바와 같이 치안유지법의 위반으로 검거된 자는 1933년과 1934년에 가장 많고 그 이후에는 감소되고 있다. 이것은 검속 강화의 결과이다.

'치안유지법'에 해당된 독립운동가는 대부분 노동자와 무직자와 같이 무산계급이다. 1932년의 경우 전체의 79.2%가 그것에 해당되고, 1933년에는 74.7%이며, 1934년에는 61.0%이다. 그리고 1935년 이후에도 대개 7할 이상을 차지한다. 1933년 이후에 잡업과 상공업이 상당히 있는데, 이것도 대개 영세한 자영업자(소시민층)일 것이다.

<표 19> 치안유지법 피검자의 직업

( )은 %

	1932	1933	1934	1935	1936	1937
자유노동	94(27.8)	648(35.6)	182(20.6)	89(38.4)	28(16.3)	101(70.1)
직공	92(27.2)	274(15.1)	214(24.2)			
무직	63(18.6)	394(21.6)	143(16.2)	53(22.8)	18(10.5)	10(6.9)
학생	45(13.3)	96(5.3)	134(15.2)	29(12.5)	2(1.2)	6(4.2)
배달부	19(5.6)	43(2.4)	46(5.2)	12(5.2)		
잡업		289(15.9)	121(13.7)		105(61.0)	8(5.6)
운전수		15(0.8)	12(1.4)			
상업		18(1.0)	17(1.9)	39(16.8)	19(11.0)	13(9.0)
기타	25(7.4)	43(2.4)	15(1.7)	10(4.3)		6(4.2)
합계	338(99.9)	1,820(100.1)	884(100.1)	232(100.0)	172(100.0)	144(100.0)

(자료) 坪江汕二, 「조선민족독립운동비사」, 1959

이것을 본다면 치안유지법의 피검자는 사회적 불만이 심한 하층민들임을 알 수 있다. 이러한 사회적 불만자들이 식민정책의 결과로 많이 생성되었기 때문에 공산주의적 사회운동이 확대되어 갈 수 있었다.

그러면, 사회운동기에 있어서 가장 중심운동이었던 공산주의운동의 참여자는 어떠한 사회적 특성을 소유하고 있는 가를 보자.

1927년 조선공산당 및 고려공산청년회의 제 1차 및 제 2차 검거사건으로 유죄가 확정된 당원 및 회원의 직업은 <표 20>과 같다.

<표 20> 조선공산당원 및 고려공산청년 회원의 직업

( )은 %

	무직	농업	기자	직공	상업	학생	교사	관공리 사무원	저술업	어업	합계
당원	67	32	25	19	16	7	5	3	2	1	177
	(37.9)	(18.1)	(14.1)	(10.7)	(9.0)	(4.0)	(2.8)	(1.7)	(1.1)	(0.6)	(100.0)
회원	39	22	22	8	11	7	2	3		1	115
	(33.9)	(19.1)	(19.1)	(7.0)	(9.6)	(6.1)	(1.7)	(2.6)		(0.9)	(100.0)
합계	106	54	47	27	27	14	7	6	2	2	292
	(36.3)	(18.5)	(16.1)	(9.2)	(9.2)	(4.8)	(2.4)	(2.1)	(0.7)	(0.7)	(100.0)

(자료) 조선총독부 법무국,「조선독립사상운동의 변천」

표 20에서 볼 수 있는 바와 같이, 무직자가 전체의 36.3%로서 가장 많고, 나머지는 농업(18.5%), 기자(16.1%), 직공(9.2%), 상업(9.2%), 학생(4.8%), 교사(2.4%) 및 관공리·사무원(2.1%) 등으로 되어 있다. 이들의 직업적 성격을 보면 조선공산당과 고려공산청년회는 노동자, 지식인 그리고 소시민(소농, 소상인)으로 조직되어 있다.

또한, 다른 자료에 의하면[101] 조선공산당 관계자의 생활수준이 보통(1천~만원)에 속한 자가 전체(143명)의 45.5%이고, 곤란한 자(1천원 미만)가 9.9%이며, 나머지의 생활은 풍부한 자이다.

이것을 본다면, 공산주의운동에 참여한 자는 중산층 출신이 가장 많고, 그 다음은 하층 출신이다. 비록 하층 출신일지라도 그들의 대부분이 보통학교 이상의 교육을 받은 것을 보면 하층 중에서도 상층에 속할 것 같다. 이들의 연령은 20대가 가장 많고(각각 58.8%와 92.1%), 그 다음은 거의 대부분이 30대이다.(35.6%) 특히 고려공산청년회원의 연령이 거의 20대인 것은 입회 자격의 연령 규정을 만 18세 이상에서 25세 까지로 하였기 때문이다.[102]

---

101) 梶村秀樹·강덕상 편, 전게서, p.146

102) 김정명,「조선독립운동」제 5권, p.337

한편, 이들의 주거지는 <표 21>과 같이 경성, 경기와 전라도 및 경상도가 가장 많다. 표 21에서 볼 수 있는 바와 같이, 공산주의자들은 그들의 출생지와 거주지의 차이가 있는 사람이 당원인 경우는 71.2%이고, 회원인 경우는 29.2%이다. 그리고 당원의 거주지가 경기(경성)인 경우는 타 지방 출신이 75.0%이다. 이것을 보면 사상운동자가 자기의 고향과는 다른 타향에서 적극 참여하고 동시에 지방출신이 경성과 같은 도시에서 많이 활동하고 있는 것을 알 수 있다. 또한 그들은 두 개의 문화권에서 사회화 되어 주변성(marginality)이 강할 것 같다.

<표 21> 조선공산당원과 고려청년회의 지역배경

	경기		충북		충남		전북		전남		경북		경남		황해		평남	
	본적	주소	본적	주소	본적	주소	본적	주소	본적	주소	본적	주소	본적	주소	본적	주소	본적	주소
당원	17 (9.6)	68 (38.4)	2 (1.1)				7 (4.0)	1 (0.6)	17 (9.6)	9 (5.1)	34 (19.2)	27 (15.3)	24 (13.6)	16 (9.0)	16 (9.0)	10 (5.6)	9 (5.1)	4 (2.3)
회원	16 (13.3)	31 (25.8)							20 (16.7)	17 (14.2)	22 (18.3)	21 (17.5)	15 (12.5)	12 (10.0)	19 (11.7)	10 (8.3)	10 (8.3)	8 (6.7)

	평북		강원		함남		함북		일본		중국		부정		합 계
	본적	주소	본적	주소	본적	주소	본적	주소	본적	주소	본적	주소	본적	주소	
당원	10 (5.6)	12 (5.8)	11 (6.2)	1 (0.6)	13 (7.3)	4 (2.3)	11 (6.2)	5 (2.8)		10 (5.6)	2 (1.1)	7 (4.0)	1 (0.6)	2 (1.1)	177 (99.9)
회원		1 (0.8)	5 (4.2)	5 (4.2)	8 (6.7)	5 (4.2)	6 (5.0)	4 (3.3)		2 (1.7)		2 (1.7)			120 (100.0)

(자료) 조선총독부 법무국, 「조선독립사상운동의 변천」

(3) 지역배경

3.1 운동 이후 항일 민족독립운동이 사회운동을 통하여 성취하려는 것이 공통적이지만, 그 중에서 무엇 보다도 사상투쟁이 그 핵심이라 볼 수 있다. 이러한 사상투쟁은 식민지 사회의 모순으로 인한 자생적인 투사를 생성하기도 하였지만, 그것 보다도 일본과 만주 및 시베리아로 부터의 사상적 영향을 무시할 수 없다. 동시에 지방인

경우에는 경성 유학생의 영향이 컸다.

일본의 경우에는 일본 유학생과 일본 거유민의 사회운동이 국내에 영향을 미치게 되었고, 만주, 시베리아의 경우는 의병투사와 3.1운동 망명투사 및 거유민에 의하여 그 사상적 영향을 받지 않을 수 없었다. 유학생과 투사 중에는 지식인이 많고, 거유민은 일제 식민정책 때문에 이 땅에 살지 못하여, 떠난 이농 하층민이 대부분이라서 해외에서 소작빈농 또는 육체노동자이었기 때문에 그들의 사상은 사회주의 및 공산주의와 같은 급진주의자가 되기 쉬웠다. 그리하여 이들은 그들의 부모, 형제, 친지가 있는 식민지의 사상운동을 촉진시킬 수 있었다.

<표 22>를 보면, 1928~1938년간 사상투사들의 연도별·지역별 실황을 알 수 있다. 변방지역인 함경도의 경우가 가장 많은데 이것은 만주지역 항일 독립투사의 영향이 크다. 함경도에서 사상투쟁이 심했던 것은 1930년 경이다. 또한 비교적 외부와의 접촉이 활발하고, 근대적 특성이 강한 경성 및 경기도 출신이 많았다. 동시에 사회구조적 모순(주로 소작갈등)이 심했던 지역인 전라도와 경상도에서도 사상투쟁이 대단히 심했음을 볼 수 있다.

한편, 사상투쟁의 지역성을 연도별로 파악하여 보면, 특히 공산주의운동인 경우 초기에는 경성·경기지방이 중심이 되어 활발히 추진되었고, 동시에 평안도와 함북지방도 적극적이었으며, 후에는 전라도와 경상도 지방에서도 적극적으로 참여하였다.

이러한 사상운동은 지역에 따라 그 성격이 다르다. <표 21>에서 볼 수 있는 바와 같이 1928~1932년간 공산주의운동은 경기도에서 가장 적극적이었고, 그 다음은 경기(경성 포함)와 전남지방이었다. 그러나 민족주의운동은 평북이 가장 심하고, 동시에 강원과 함경도도 대단히 심했다. 함경도는 북만과 시베리아 지방의 사상운동의 영향을 받았고, 평북지방은 안악사건 등에서 볼 수 있는 기독교와 자본가가 중심이 된 사회운동의 전통에서 찾아 볼 수 있겠다. 경성·경기지방은 공산주의운동이 감소되는 경향이 있고, 민족주의운동의 참여자가 증가하는 경향이 있지만, 관북지방은 오히려 공산주의 운동의 참여자가 증가하고 있다. 그리고 호남과 영남지방은 공산주의 운동이 약간 감소하지만, 역시 관서지방의 민족주의운동과 마찬가지로 꾸준히 지속되고 있다. 그러나 영남지방의 경우는 민족주의운동은 소멸되고 있다. 이러한 것을 본다면 사회운동기에 사상투쟁의 경향이 독립운동가의 지역적 배경과 큰 상관성이 있음을 보여 준다.

<표 22> 1928~1932년간의 도별·사상별 사회운동가

			경기	충북	충남	전북	전남	경북	경남	황해	평남	평북	강원	함남	함북	합계(실수)
1928	사건수	공산	15.5	1.7		11.5	8.6	7.5	6.9	1.7	2.3	2.9	5.2	22.4	13.8	100.0(174)
		민족	3.6	1.8	7.3	1.8	1.8	5.5	1.8			42.6	7.3	18.2	2.3	100.0(53)
	참여자	공산	20.6	0.9		8.3	6.9	10.4	4.2	2.2	3.8	4.4	7.1	20.8	10.4	100.0(1,431)
		민족	1.9	6.8	4.3	11.8	1.9	7.5	0.6		.	29.2	5.6	21.7	8.7	100.0(161)
1929	사건수	공산	17.2	0.6	2.8	6.1	6.7	6.1	1.7	1.1	2.8	9.4	6.7	33.9	5.0	100.1(180)
		민족	10.0		4.2	2.8	2.8	1.4			1.4	50.7	5.6	15.5	5.6	100.0(71)
	참여자	공산	11.1	0.7	1.6	10.2	26.3	4.5	1.2	1.1	1.8	13.2	3.4	19.7	5.3	100.1(1,292)
		민족	7.9		0.7	0.4	1.3	0.2			0.4	15.0	52.1	15.5	6.4	99.9(453)
1930	사건수	공산	15.8	2.2	3.1	10.6	3.7	6.2	5.3	1.9	2.5	5.6	5.6	23.0	14.6	100.1(322)
		민족	8.0	5.3	6.7	2.7	5.3	4.0		2.7	4.0	49.3		8.0	4.0	100.0(75)
	참여자	공산	12.8	1.0	1.6	6.4	7.5	6.3	2.6	1.8	6.3	3.1	1.1	30.4	18.9	99.8(3,755)
		민족	4.1	12.2	15.9	0.7	6.7	2.2		5.2	11.1	27.8		6.3	7.8	100.0(270)
1931	사건수	공산	10.0	0.8	1.8	6.9	6.1	6.4	4.7	0.5	1.8	3.4	1.1	30.1	29.3	99.9(379)
		민족	7.0	1.8	1.8			5.3	1.8	1.8		56.1	7.0	12.3	5.3	100.2(57)
	참여자	공산	11.7	0.9	0.9	6.3	7.4	3.1	3.8	1.5	4.5	2.5	1.9	24.8	30.7	100.0(3,441)
		민족	10.6	0.5	9.2			1.4	1.8	0.5		17.4	6.4	43.1	9.2	100.1(218)
1932	사건수	공산	10.6	0.7	3.9	4.9	7.1	3.2	6.4	1.1	1.8	5.3	3.2	28.3	23.7	100.2(283)
		민족	16.4		1.6					4.9	6.6	50.8	4.9		14.8	100.0(61)
	참여자	공산	10.4	0.9	2.3	6.4	9.9	6.4	5.1	1.7	1.2	1.2	8.1	24.8	21.5	99.9(4,781)
		민족	13.0		4.8					16.3	10.1	22.1	4.8		28.8	99.9(208)
합계	사건수	공산	13.2	1.2	2.7	7.4	5.9	4.7	5.0	1.2	2.2	5.4	3.7	26.9	20.4	99.9(1,422)
		민족	8.6	2.1	4.2	1.5	2.4	3.0	0.6	1.8	2.7	50.7	5.0	10.4	7.1	100.1(337)
	참여자	공산	13.1	0.9	1.9	6.5	9.4	5.6	3.8	1.8	3.7	3.3	4.1	25.4	20.4	99.9(15,546)
		민족	7.3	3.5	6.0	1.7	2.5	1.5	0.4	3.6	4.2	23.2	20.0	15.7	10.5	100.1(1,376)
	피소자	공산	15.7	0.7	1.3	5.0	13.1	5.3	5.5	1.4	2.0	2.1	3.3	29.1	15.6	100.1(1,657)
		민족	8.7	0.7	3.2	3.7	4.0	3.0	0.5	5.0	3.5	28.0	14.7	16.5	8.5	100.0(401)

(자료) 조선총독부 경무국, 「고등경찰보」, 제 1호

그러면, 저자가 조사한 독립운동가의 지역배경은 어떠한가를 본다

<표 23>을 보면, 1920년대의 독립운동가는 영남 출신이 가장 많고(34.8%), 그 다음이 경기(19.0%)과 호남 출신(16.9%)이다. 그러나, 1930년대 이후에는 호남 출신이 가장 많고(34.7%), 그 다음이 경성(21.4%)과 영남 출신(14.6%)이다. 이것을 보면, 경성의 경우는 도시이고, 동시에 학교와 공장이 많기 때문에 노동운동에 기초한 사상운동가들이 많이 나올 수 있었지만, 호남지방의 경우 생산관계(소작제도)에서 비롯한 계급갈등이 심했기 때문에 이념지향적 사회운동이 나타난 것 같다.

<표 23> 사회운동기 독립운동가의 거주지

( )은 %

	경성	경기	경상	전라	충청	강원	황해
1920~1929	125 (19.0)	46 (7.0)	229 (34.8)	111 (16.9)	44 (6.7)	11 (1.7)	4 (0.6)
1930~1945	177 (21.4)	43 (5.2)	121 (14.6)	287 (34.7)	55 (6.6)	40 (4.8)	15 (1.8)
합계	302 (20.3)	89 (6.0)	350 (23.4)	398 (26.9)	99 (6.7)	51 (3.4)	19 (1.3)
	평안	함남	중국	러시아	일본	미상	합계
1920~1929	16 (2.4)	10 (1.5)	40 (6.1)		2 (0.3)	20 (3.0)	658 (100.0)
1930~1945	19 (2..3)	41 (5.0)	9 (1.1)	1 (0.1)	12 (1.4)	8 (1.0)	828 (100.0)
합계	35 (2.4)	51 (3.4)	49 (3.3)	1 (0.1)	14 (0.9)	28 (1.9)	1,486 (100.0)

이 시기에 있어서 독립투사의 직업과 거주와의 상관분석을 하여 보아도 짐작할 수 있다. <표 24>를 보면, 농민인 경우에 영남·호남 출신이 많고(각각 37.6%와 35.6%), 상업도 마찬가지이다. 그러나 기자, 회사원의 경우는 서울 출신이 많다. 특히 교사는 호남출신이 많다. 이러한 것을 본다면, 영·호남에 있어서는 농민들이 소작관계에서

비롯한 계급적 불만 때문에 사상운동에 투신하게 된 주요한 원인이 된 것 같다.

한편, <표 24>에서 독립운동가의 직업성질을 미루어 보아 농촌 출신과 도시 출신의 비율이 거의 반반을 차지하고 있다. 따라서 이것은 사회운동이 도시 뿐만 아니라 농촌에서도 활발히 전개되었음을 의미한다.

<표 24> 사회운동기 독립투사의 직업과 거주지

( )안은 %

	경성	경기	경상	전라	충청	강원	황해	평안	함경	중국	러시아	일본	미상	합계
농업	16 (3.2)	20 (4.0)	187 (37.6)	177 (35.6)	31 (6.2)	25 (5.0)	9 (1.8)	10 (2.0)	7 (1.4)	13 (2.6)			2 (0.4)	497 (99.8)
상업	10 (12.2)	4 (4.9)	29 (35.4)	25 (30.5)	4 (4.9)	1 (1.2)	1 (1.2)	1 (1.2)	3 (3.7)	3 (3.7)			1 (1.2)	82 (100.1)
교사	7 (13.5)	6 (11.5)	7 (13.5)	20 (38.5)		3 (5.8)			2 (3.8)	6 (11.5)			1 (1.9)	52 (100.0)
기자	17 (36.2)	4 (8.5)	9 (19.1)	8 (17.0)	3 (6.4)	1 (2.1)		2 (4.3)	2 (4.3)	1 (2.1)				47 (100.0)
회사원	9 (25.0)	2 (5.6)	6 (16.7)	9 (25.0)	3 (8.3)	2 (5.6)		1 (2.8)		3 (8\.3)		1 (2.8)		36 (100.1)
직공	17 (47.2)	2 (5.6)	6 (16.7)	5 (13.9)	3 (8.3)			1 (2.8)				2 (5.6)		36 (100.1)
고용인	2 (9.5)	3 (14.3)	2 (9.5)	7 (33.3)	3 (14.3)	3 (14.3)		1 (4.8)						21 (100.0)
제조업	3 (37.5)	1 (12.5)	1 (12.5)	1 (12.5)						1 (12.5)			1 (12.5)	8 (100.0)
학생	34 (42.5)	2 (2.5)	4 (5.0)	25 (31.3)			3 (3.8)	1 (1.3)	2 (2.5)	2 (2.5)		6 (7.5)	1 (1.3)	80 (100.2)
무직	124 (29.2)	29 (6.8)	56 (13.2)	71 (16.7)	41 (9.7)	11 (2.6)	6 (1.4)	16 (3.8)	32 (7.5)	16 (3.8)	1 (0.2)	2 (0.5)	19 (4.5)	424 (99.9)
주막			1											1
전문직	35 (55.6)	3 (4.8)	10 (15.9)	12 (19.0)				1 (1.6)	1 (1.6)				1 (1.6)	63 (100.1)
승려			3											3
기타	25 (24.3)	9 (8.7)	24 (23.3)	27 (26.2)	6 (5.8)	4 (3.9)		1 (1.0)	1 (1.0)	3 (2.9)		2 (1.9)	1 (1.0)	103 (100.0)
미상	3 (9.1)	4 (12.1)	5 (15.2)	11 (33.3)	5 (15.2)	1 (3.0)			1 (3.0)	1 (3.0)		1 (3.0)	1 (3.0)	33 (99.9)
합계	302 (20.3)	89 (6.0)	350 (23.6)	398 (26.8)	99 (6.7)	51 (3.4)	19 (1.3)	35 (2.4)	51 (3.4)	49 (3.3)	1 (0.1)	14 (0.9)	28 (1.9)	1,486 (100.1)

사회운동에 참여한 투사도 객지에서 보다 자기의 고향에서 활동하였다. 그들의 거주지와 사건 발생지가 동일한 경우는 전체의 63.5%이고, 나머지는 타향에서 활동한 자가 28.5%이고, 한국 출신으로 일본에서 활동하다가 검거된 자는 1.7%이며, 중국에서의 경우는 3.5%가 된다. 또한 중국에서 태어나서 한국에서 활동하다가 검거된 자는 2.5%이며, 일본에서 태어난 경우는 0.2%다. 러시아의 경우도 0.1%가 있다.

이와 같이 중국 또는 일본에서 태어난 자가 2.7%가 되는 것은 이것은 중국 또는 일본으로 부터의 사회운동의 영향을 의미하는 것 같다. 비록 일본의 경우는 그 비율이 적으나 유학생의 경우를 고려한다면 상당한 수가 더 있으리라 생각한다.

여기에서 국내 사회운동은 역시 다수가 토착적인 독립운동가 중심으로 조직되었음을 알 수 있다.

3) 사회적 갈등

항일 사회운동의 참가자는 <표 19>에서 본 바와 같이 농민이 가장 많다.(33.4%) 그 다음은 무직자(28.5%)와 지식인(16.5%)이며, 나머지는 대부분 노동자(6.2%)와 상인(5.5%)이다. 당시의 농민과 무직자 및 상인의 계급적 성격을 본다면, 이들은 대부분 소농민, 소상인 및 무산자일 것이고, 동시에 피지배계급에 속할 것이다. 그러나 농민과 무직이 비록 일제와의 민족적, 계급적 이익차이가 존재할지라도, 이들의 직업적, 계급적 성격은 전국의 경우와는 상이한 것이다.

이미 독립투사의 배경분석에서 본 바와 같이, 이들 중에 빈농과 실업 노무자와 같은 경우도 있지만, 그들의 다수가 유산자, 사무직, 전문직, 학생과 같은 신분에 속한 경우가 많았다. 따라서 이들은 하층민도 있었지만 당시의 지식인들이 주류였다고 생각할 수 있다. 다시 말하면 지식인이 당시의 농민과 노동자의 불만을 조직화할 수 있었었다.

그러면, 농민과 노동자의 사회적 불만, 갈등은 어떠한 성격이기에 이들이 조직화 하여 사회운동을 전개시킬 수가 있었을까?

이들의 사회적 갈등은 주로 소작쟁의와 노동쟁의로 표현된다. 이것은 근대적 생산관계에 있어서 가장 전형적인 계급갈등이라 할 수 있기 때문에, 이것을 중심으로 사회갈등의 성격을 간략히 지적한다.

첫째, 소작쟁의는 농민의 토지소유관계, 즉 지주와 소작인 간의 생산관계에서 발생되는 것으로, 당시의 소작관계는 반봉건적 생산관계의 특성을 지니고 있다.

일제시의 토지소유관계는 불과 4% 미만의 지주와 약 80%의 소작농으로 구성되어 있고, 자작농은 말기에 이르러 18%에 미달하고 있다. 토지조사사업이 종료할 때 지주와 소작농의 비율이 급격히 증가하고 자작농이 감소한다. 그 후 해가 갈수록 지주수와 그 비율이 증가하고, 반면에 자작농과 소작농이 계속 증가하고 있다. 즉, 1919년에 3.4%의 지주가 1929년에는 3.7%로 증가되었고, 자작농은 동기간에 19.7%에서 18.0%로, 그리고 자소작농은 동기간에서 39.3%에서 31.5%로 감소하였으며, 소작농은 37.6%에서 45.6%로 급속히 증가하였다. 그리고 1938년의 경우 1929년에 비하여 자작농의 큰 변화는 없으나, 자소작농은 7.6%가 감소되었으며, 소작농은 6.3% 증가되었다.[103] 이것을 보면 지주부농과 소작빈농에로 농민층의 양극분해가 일어나고 계급대립이 심각했음을 짐작할 수 있다.

이와 같이 농민분해와 계급대립이 일어나게 된 것은 여러 가지 정치적, 경제적, 사회적 이유가 있겠지만, 무엇 보다도 계급이익이라 할 수 있는 소작료와 경제외적 강제에서 찾아볼 수 있다.

---

103) 조선은행 조사부, 「조선경제연보」, 1948, pp.1~29

조선시대에 있어서 소작료는 병작반수가 보편적이었으나, 일제 지배하에서는 소작료와 경제외적 강제까지 합산하면 전 생산량의 74~76%를 지주가 수탈하였기 때문에[104] 소작농의 계급이익이 지나치게 침해 당했던 것이다. 그렇기 때문에 소작쟁의가 대단히 심했다. 소작쟁의가 집단적으로 표현된 것만도 1926년 10월에서 1932년 12월 말까지 1,061건에 70,603명이 참여하였다. 즉 1건에 평균 66.5명이 참여한 조직적 투쟁이다.

소작쟁의의 원인은 주로 소작권과 소작료 때문이다. 예컨대 동 기간에 총 소작쟁의 중에 51.2%가 소작지 또는 소작권 때문에 소작쟁의가 일어났고, 다른 원인은 불작(14.4%), 고율 소작료(12.8%), 소작료 체납(6.9%), 소작료 인상 및 증징(6.9%) 등으로 주로 소작료 때문이다. 역시 소작쟁의가 가장 많이 일어났던 해는 1923~1924년과 1930~1931년간인데, 이 때는 공산주의운동이 심했던 때의 전이고, 이러한 갈등은 사회운동(사상투쟁)을 격화시킨 요인이 되었다.(표 25 참조)

한편, 전남과 경남 및 평북지방에서 소작쟁의가 심했는데, 이것도 전술한 바와 같이 이 지방의 사회운동을 심화시킨 요인이 되었다. 이러한 소작쟁의가 일어난 사회구조는 지주와 소작인의 생산관계 이므로 자연히 소작인의 투쟁대상은 지주였다. 이 지주가 전체 농업인구의 4%라 하였지만, 이들이 전 경지의 57.8%를 소유하고, 이러한 대부분의 토지는 일인의 지주회사와 일인의 소유였고, 한인의 경우 지주수는 많지만 소유토지는 적었다. 예컨대 지주 중에 일인은 2.8%인데, 전 경지의 반을 소유하고, 150정보 이상의 대지주는 일인이 훨씬 많다.[105]

104) 김영모 외 3인, 전게서, p.653
105) 상게서, p.603

<표 25> 1921~1938년간의 연도별 · 도별 소작쟁의

		경기도	충청북도	충청남도	전라북도	전라남도	경상북도	경상남도	황해도	평안남도	평안북도	강원도	함경남도	함경북도	합계
1921	건수	2	1	2	7	4	7	3				1			27
	인원	56	14	84	801	115	1,641	247				9			1,967
1922	건수	2	2	4	2		3	4	3	1			3		24
	인원	5	455	143	53		134	168	380	32			169		3,539
1923	건수	3	10	2	6	24	3	103	7	12	4	2			176
	인원	331	422	78	293	1,620	71	3,104	654	278	10	199			9,060
1924	건수	1	2	8	1	59	8	63	18	2		2			164
	인원	151	98	226	40	2,990	511	536	2,141	174		62			6,929
1925	건수	1				4		1	11		2	1	1		11
	인원	21				1,541		70	460		214	50	317		2,646
1926	건수		3	2	1	1	3	2	1	1	2		1		17
	인원		99	80	16	16	244	1,021	65	300	187		90		2,118
1927	건수	3		7		5	2		2		1		1		22
	인원	376		245		209	833		50		650	121	801		3,285
1928	건수	5	2	9		3		2	6	1	1	1			30
	인원	257	673	286		47		602	508	80	1,050	69			3,572
1929	건수	9	2	11				8	2		4				36
	인원	345	83	291				647	35		1,199				2,620
1930	건수	15		6	10	4	7	9	34	2	2	3	1		93
	인원	371		233	537	867	1,896	791	3,111	96	1,530	502	103		10,037
1931	건수	12	1	12	2	6		14	3		1	2	4		57
	인원	603	14	988	73	726		649	73		1,844	284	233		5,486
1932	건수	16	2	13	2	2		6	3		2	4	1		51
	인원	820	41	444	1.037	116		128	143		40	130	11		2,910
1933	건수	16	1	26	1	5			10	2	1	2	1	1	66
	인원	567	30	1.040	143	327			294	18	11	20	18	14	2,492
1934	건수	18	6	16	2	9	2		42	2	5	1	3		106
	인원	518	186	669	302	795	38		1,104	55	266	52	128		4,113
1935	건수	5	5	4		46	1	14	18	4	2	1	1		71
	인원	103	120	162		444	12	775	827	55	257	31	9		2,795
1936	건수	1	1	6	3	11	2	11	13	2	1	2	3		56
	인원	12	123	305	75	708	96	1,189	579	60	222	57	36		3,462
1937	건수	2		2	3	2		7	2	4		1	1		24
	인원	51		207	185	82		364	28	135		1,166	70		2,234
1938	건수	5	2	4	1	3	1	4	5	1	1	2	1		30
	인원	277	140	65	35	103	104	70	309	31	48	119	37		1,338

(자료) 조선총독부경무국, 「最近に於けろ朝鮮治安狀況」, 1939년 판.

이것을 본다면 일제 지배하에 있어서 소작농민의 계급투쟁은 그 대상이 한인 지주도 있겠지만 그 보다도 일인 지주들이었음 알 수 있다. 이러한 갈등은 당시에 소작농민의 계급의식(적개심)이 박약하였기 때문에 적국적 농민운동으로 발전하지는 못하였지만, 상당한 농민조직이 있었기 때문에,[106] 전술한 소작쟁의(농민투쟁)가 빈번하였다.

이때의 사회갈등은 비록 계급투쟁의 성격이지만 오히려 민족주의적 성격이 보다 강했다. 왜냐하면, 전체 농민조직의 6.9%와 회원의 21.2%만이 공산주의적 색채가 있었고, 전체의 81.1%의 농민조직과 56.9%의 회원이 민족주의적 색채가 강했으며, 나머지도 온건한 성격의 조직과 회원이었기 때문이다.[107] 따라서 농민의 계급갈등이 심했고, 그것의 표현이 소작쟁의라고 할 수 있지만, 이것이 모두 공산주의운동이라고 보기는 어렵다.

둘째, 노동쟁의는 근대적 생산양식인 자본주의적 생산관계에 있어서 노동자와 자본가간 계급갈등의 표현이다.

비록 일제의 식민지적 성격을 지니고 있었지만, 1920년대에 들어와서 공장이 증가되었고, 그 종업원도 증가하였다. 즉, 1920년 2,087개의 공장에 55,279명의 종업원이 있었는데, 1938년에는 6,952개 공장에 270,439명의 종업원이 있었다. 이것은 전 인구에 비하여 그 차지하는 비율이 얼마 되지 못하였고, 이들의 계급의식이 대부분 농민적 성격을 벗어나지 못하였기 때문에, 독자적 계급조직과 계급운동을 전개하는 데는 여러 가지 난점(특히 일경의 검속)이 많았다. 그럼에도 불구하고 1921~1939년에 2,039건의 노동쟁의에 170,612명이 참가하였다. 즉, 1건에 평균 83.7명이 참여한 조직적 투쟁이다. 노동쟁의가 심했던 해는 1930~1935년이고, 그 이전에는 점차 증가되어 오다가 그 이후에는 감소되고 있다. 매년 전체 노동자의 1할이 노동쟁

106) 1933년 11월 현재 전국농민단체는 1,351개이고, 회원수는 87,232명이다. (김정명, 전게서, p.410)

107) 상게서, p.412, 농민단체는 관서지방이 전체(1,351개)의 76.2%를 차지한다. 공산주의단체는 영남과 관서지방에 많고, 민족주의단체는 관서지방에 가장 많다.

의에 참여하고 있는 편이다. 그러나 이것은 소작쟁의에 비하면 그 열도가 약한 것 같다.

<표 26> 1921~1938년간의 연도별 · 도별 노동쟁의

		경기도	충청북도	충청남도	전라북도	전라남도	경상북도	경상남도	황해도	평안남도	평안북도	강원도	함경남도	함경북도	합계
1921	건수	11		2	1	1	4	7	1	2	2		1	4	36
	인원	724		159	50	230	261	1,069	55	102	320		200	233	3,403
1922	건수	25		2	1		3	6	2	1		2	3	1	46
	인원	551		46	205		106	421	91	40		96	232	18	1,809
1923	건수	42			5	1	1	2	1	6	1	4	5	3	72
	인원	2,073			383	160	25	1,960	120	680	69	60	361	150	6,041
1924	건수	21		2	6	1	4	3		1	1	2	2	2	45
	인원	1,924		39	2,980	115	388	302		150	46	140	580	86	6,751
1925	건수	22	1		3	6	1	3	1	6	4	4	2	2	55
	인원	2,145	35		97	529	465	334	78	1,049	369	314	205	80	5,700
1926	건수	18	2	6	9	4	4	4	1	16	2	3	11	5	85
	인원	1,267	53	235	643	540	221	244	210	904	73	322	494	986	5,980
1927	건수	12		3	14	3	7	4	8	11	2	4	21	5	94
	인원	830		404	1,667	293	1,134	161	1,020	1,615	182	209	2,560	448	10,523
1928	건수	18	1	8	6	3	8	10	3	15	8	5	26	8	119
	인원	1,298	300	513	512	328	335	723	300	975	322	505	1,009	639	7,759
1929	건수	15	4	12	3	4	7	14	3	14	5	3	10	8	102
	인원	846	95	1,088	82	157	253	1,223	561	1,168	144	60	1,909	707	8,293
1930	건수	40	2	12	6	11	7	14	5	14	18	6	18	7	160
	인원	3,909	31	1,760	605	1,297	509	2,185	657	2,807	1,909	499	1,729	1,075	18,972
1931	건수	32	4	15	3	11	18	16	5	26	12	11	40	8	201
	인원	1,995	317	3,442	124	1,183	2,131	783	172	1,360	738	694	3,071	1,104	17,114
1932	건수	31	6	23	3	5	6	14	1	17	12	6	19	9	152
	인원	1,936	639	2,692	413	1,698	652	1,410	54	1,155	1,116	387	1,398	1,274	14,824
1933	건수	40	8	20	4	7	6	15	3	28	11	7	12	15	176
	인원	2,670	627	1,670	80	332	485	1,757	229	2,218	964	292	1,095	1,416	13,835
1934	건수	39	12	12	2	13	14	12	12	12	14	6	25	26	199
	인원	2,781	296	1,106	194	571	610	873	734	832	1,029	297	2,170	1,605	13,098
1935	건수	23	11	15	1	16	8	23	11	20	6	5	19	12	170
	인원	1,362	749	1,894	27	583	275	2,203	491	2,203	644	300	952	501	12,187
1936	건수	21	4	20	6	11	7	6	11	7	6	6	18	15	138
	인원	1,121	185	1,582	439	1,247	829	247	287	256	261	287	715	790	8,248
1937	건수	16	4	5	3	5	6	16	1	8	3	1	17	14	99
	인원	923	304	145	74	225	425	1,841	14	425	2,982	24	585	1,181	9,146
1938	건수	9	3	4		4	8	11	6	11	8	4	15	7	90
	인원	449	556	715		120	569	499	1,239	474	438	263	1,090	527	6,929

(자료) 조선총독부 경무국, 「最近に於けろ朝鮮治安 狀況」, 1939년판

<표 26>에 의하면, 가장 많은 노동쟁의는 역시 경성, 경기지방에

가장 많았고, 그 다음은 충남, 평남, 함남, 경남, 전남, 함북 등인데, 이러한 지역은 비교적 식민지 공업이 발달한 곳이다. 따라서 진보적 사회운동이 비교적 활발했던 지역이기도 하다.

당시의 노동쟁의는 주로 임금문제이다.(전체의 33.3%) 이것은 농촌궁핍으로 인한 농민이촌, 도시 부랑노동자화 하여 이들의 대량생산은 저렴한 노임과 풍부한 노동시장을 형성하여 자본가의 계급이익(이윤)이 최대한 보장될 수 있는 여건이었다. 그리하여 노동조건(8시간 노동임금차별, 미성년자 불취업 등)이 개선되지 못하였다. 노동자의 계급이익(노임)은 자본가의 이윤과 항상 모순된다. 그러므로 그들의 노동쟁의는 자본가에 대한 투쟁이다. 따라서 당시의 자본가에 대한 계급운동이 노동자의 사회운동이고 이것은 민족운동과 직결되었다. 왜냐하면 당시의 자본가는 대부분 일인이었다.

1932년 말 1,602개의 공장 중에 한인의 것은 46%이고, 나머지는 모두 일인의 것이며,[108] 자본금을 따져 보면, 1940년 말 한인의 공장자본금은 전체의 6%에 불과하고, 나머지 94%는 일인 자본금이다.[109] 이것을 보면 노당자의 사회운동(계급운동)은 바로 일인, 일제에 대한 민족운동의 성격을 지니고 있다.

그 밖에도 상인과 관리, 교사, 학생 등의 사회적, 민족적 차별과 불만이 대단히 심하였다. 그리하여 이들도 그들의 동맹노력과 대중운동의 기반이 될 수 있는 농민, 노동자의 계몽운동에 관심을 가지지 않을 수 없었고, 또 지식인의 민족적 사명감에서 진보적 사회운동에 참여하게 되었다.

사회운동에 두 번째로 많이 참여한 무직자의 경우, 당시의 직업적 성질로 보면 하층민 또는 피지배층의 성격이 강하지만, 이들이

---

108) 김영모 외 3인, 전게서, p.610
109) 상게서, p.611

사회운동에 참여한 것을 보면 농민분해로 말미암아 생긴 이촌농민과 도시 부랑노동자라기 보다는 오히려 지식인의 성격이 강한 것 같다. 물론 무직자 중에는 당시의 지식인이 아닌 이른바 무산노동자도 있으리라고 생각하지만, 이미 지적한 바와 같이 이들이 무직의 중심세력은 아니다.

이와 같이 일제하의 사회갈등(소작쟁의와 노동쟁의)은 바로 민족갈등이고, 따라서 사회운동이 바로 민족운동이었다.

5. 해외 민족독립운동

1) 간도지방의 무장투쟁

만주와 시베리아에 있어서 항일 민족운동은 주로 한말과 일제하 독립운동자들이 망명 또는 피신하여 그 곳에서 전개시켰다.[110] 이러한 독립운동은 의병전쟁에서 볼 수 있었던 무력투쟁을 그곳에서 계속하였고, 이것이 전통이 되어 일제하에서도 그곳의 독립운동이 주로 무력투쟁적이었으며, 동시에 급진적 사회운동이 전개되었다.(부록 3 참조)

이러한 급진적 사회운동이 전개된 것은 이 지방이 소련과의 지

110) 국사편찬위원회,「한국독립운동사」, 제 1권, 1965, pp.516~564
예컨대, 봉오동 전투(일본군 대부대 전멸)로 유명한 대한독립군 총사령관 홍범도(평북 양덕, 포수, 진위대 하사 출신)장군은 39세 때 1907년 11월 부터 산포대 동지들로 의병부대를 조직하여 북청, 갑산 등지에서 유격전을 하였고, 또 청산리전투(3일간 일본군 3천여명 살상)로 유명한 김좌진(충남 홍성, 육군무관학교, 대한독립군단 부총재)장군도 23세때 1908년 북간도에 관서무관학교 설립을 위하여 안승구 외 7명과 함께 서울에서 군자금 모집을 하다가 체포되어 징역 2년의 형의 언도를 받았다.(경성지방법원, 1911년 6월 30일 판결문)

역적 근접성의 이유도 있겠지만, 이곳에 이주한 한인[111]은 대개 본국에서 궁핍한 생활을 하던 이농민 또는 하층민이었다.[112] 그리하여 이들은 쉽게 공산주의 사상에 감화되기 쉬웠다. 그리고 이곳을 거점으로 하여 본국의 공산주의운동을 촉진시키기도 하였다. 이러한 사례는 공판기록에서 많이 찾아볼 수 있었다.

만주지방, 특히 간도지방의 무력투쟁의 사회적 성격은 무관학교의 설립자와 그 관련자 및 항일 독립전쟁의 피살자의 신분배경에서 그 성격의 일면을 찾아볼 수 있다.

1933년 김원봉(의열단장)은 국민정부 군사위원회 간부훈련반 제66대(조선혁명간부학교)를 남경 교외에 설립하였고, 김구, 이청천, 김원봉, 이범석은 낙양에 국민정부 군관학교 낙양분교와 남경중앙군관학교를 설립하였다.[113] 이들은 공산주의자라기 보다 오히려 민족주의자였다.

1934년에 검거된 군관학교 졸업자(34명)의 학력과 직업을 보면 당시의 무력 항일투사의 성격을 엿볼 수 있다. 이들의 학력은 보통학교 졸업이 35.3%이고, 중학 수준이 41.2%이다. 전체의 38.2%가 중퇴자이다. 그리고 전체의 79.4%가 무직이며, 그들의 본적은 평북이 가장 많고(29.4%), 나머지는 경북, 경남, 경기 출신이다.[114]

한편, 항일 독립운동의 피살자는 1920년과 1921년의 간도사건에

111) 간도지방에 이주한 한인은 1910년에 109,500명이 1916년에 203,426명으로 증가되었고, 1921년에는 307,806명, 1931년에는 395,847명, 그리고 1934년에는 454,977명으로 증가되었다. 이 중에 북한 출신이 93.2%였다. 간도에는 한인이 전체 인구의 76.4%를 차지하였으며, 나머지는 만주인이다.

112) 1925년 9월 조선총독부 내무국의 조사에 의하면 재만 한인 전업농가 총수 15만여 중에 절대 다수인 12만여가 남한인으로, 대부분 경상남북도, 전라남북도의 농민이라고 한다.(김정명, 전게서, p.484)

113) 김정명, 「조선독립운동」 제 2권, 원서방, 1967, p.522

114) 상게서, pp.523~526

1936년에 검거된 한인 군관학교 졸업자 39명의 경우도 비슷하다.

서 볼 수 있다. 1920년과 1921년의 피살자(각각 137명과 384명)의 연령은 주로 20대, 30대, 40대이고, 직업은 미상을 제외하면 거의 대부분이 농업이다. 1920년의 경우 전체의 52.5%가 농민이며, 나머지는 미상(34.2%)과 독립군 병사(3.7%) 등이다.

이와 같이 간도 등 만주지방의 독립운동가는 거의가 농민 출신이며, 이들의 계층적 성격은 자작농 또는 소작빈농일 것이다. 왜냐하면 1933년 외주 한국인의 토지소유는 만인과 한인의 비율이 55.3%:44.7%인데, 한인 토지소유자는 전체의 10.1%가 지주이고, 자작농은 22.6%이며, 소작농은 68.3%이기 때문이다.[115]

2) 일본지방의 사회운동

일본에 있어서 한국인의 독립운동은 주로 유학생과 노동자에 의해서 수행되었다. 일본 유학생은 초기에 문명개화와 신지식의 획득을 목적으로 개항 이후 부터 많이 있었지만, 이들의 대부분은 조선시대에 있어서 양반, 관료의 자손이었고, 한일합방 이후에는 지주 또는 부농의 자손이 많았다. 그러나 1920년 초기 부터 고학생이 많았다.[116]

한편, 재일 노동자는 일제가 본국의 노동력이 부족하였기 때문에 한국인을 저렴한 노임과 나쁜 노동조건으로 많이 동원하였다. 그리하여 재일 노동자는 해마다 증가되었다. 1920년에 재일 거유민이 3만여명이던 것이, 1944년에는 200여만명이 되었으니, 그 중에서 노동자가 얼마나 차지했을까 하는 것을 짐작할 수 있다. 예컨대 1939년 재일한국인 중에 학생과 무직을 제외하면 유직자의 약 8할이 노동자라고 한다.[117]

---

115) 김정명, 「조선독립운동」 제 5권, 원서방, 1967, p.585

116) 1923년 현재 학생 1천명 중에 그 3분의 1이 고학생이고, 근래 신래 학생은 대부분 고학 지망자라 한다.(김정명, 「조선독립운동」 제 3권, 1967, p.537)

117) 상게서, p.706

이와 같이 많은 노동자가 일본에 거주하였고 이들이 공장, 광산의 나쁜 노동조건으로 말미암아 심한 노동쟁의가 있었다. 노동쟁의의 주요한 요인은 주로 임금 지불 요구와 노임 인상이다.118)

<표 27> 1932~1938년간 치안유지법 피검자의 직업

( )안은 %

	1932		1933		1934		1935		1936		1937		1938		합계	
	피검	기소	피검	기소	피검	기소	피검	기소	피검	기소	피검	기소	피검	기소	피검	기소
학생	45 (13.3)	3 (9.7)	96 (5.3)	7 (5.4)	134 (15.2)	1 (1.9)	29 (12.5)	1 (0.3)	3 (1.6)		6 (4.2)		57 (48.7)		313 (8.7)	12 (4.8)
자유노동	94 (27.8)	3 (9.7)	648 (35.6)	30 (23.3)	172 (19.5)	10 (18.5)	89 (38.4)	2 (50.0)	28 (14.5)	1 (9.1)	101 (70.1)	10 (45.5)	40 (34.2)	14 (87.5)	1,132 (31.3)	56 (22.3)
직공	92 (27.2)	3 (9.7)	274 (14.1)	22 (17.1)	214 (24.2)	7 (13.0)			59 (30.6)	7 (63.6)	8 (5.6)	3 (13.6)			647 (17.9)	42 (16.7)
저술업	1 (0.3)	1 (3.2)			2 (0.2)		12 (5.2)		6 (3.1)				2 (1.7)		21 (0.6)	1 (0.4)
집직	11 (3.3)	3 (9.7)	281 (15.4)	9 (7.0)	102 (11.5)		1 (0.4)								395 (10.9)	12 (4.8)
운전수	3 (0.9)		15 (0.8)	2 (1.6)	12 (1.4)										30 (0.8)	2 (0.8)
신문배달	19 (5.6)	2 (6.5)	43 (2.4)	7 (5.4)	40 (4.5)	2 (3.7)									102 (2.8)	11 (4.4)
상업	1 (0.3)		19 (1.0)		18 (2.0)		39 (16.8)		19 (9.8)		13 (9.0)	2 (9.1)	13 (11.1)	1 (6.3)	109 (3.0)	2 (0.8)
광부	4 (1.2)														4 (0.1)	
기타	5 (1.5)	1 (3.2)	50 (2.7)	5 (3.9)	47 (5.3)	6 (11.1)	9 (3.9)		60 (31.1)	1 (9.1)	6 (4.2)	3 (13.6)			177 (4.9)	16 (6.4)
무직	63 (18.6)	15 (48.4)	394 (21.6)	47 (36.4)	143 (16.2)	28 (51.9)	53 (22.8)	1 (0.25)	18 (9.3)	2 (18.2)	10 (6.9)	4 (18.2)	5 (4.3)	1 (6.3)	681 (18.9)	97 (38.6)
합계	338 (100.0)	31 (100.1)	1,820 (99.9)	129 (100.1)	884 (100.0)	24 (100.1)	232 (100.0)	4 (100.0)	193 (100.0)	11 (100.0)	144 (100.0)	22 (100.0)	117 (100.0)	16 (100.1)	3,611 (99.9)	251 (100.0)

※ 1934년의 잡업은 고물상을 포함

(자료) 김정명 편,「조선독립운동」5에서 작성.

118) 1931년의 노동쟁의는 483건에 15,079명이 참여하였다. 쟁의의 원인은 임금지불요구가 가장 많은데, 전체 건수의 21.3%이고, 전체 참가자의 22.5%이다. 그 다음은 임금인상 요구(건수 13.5%, 참가자 24.9%), 임금인하 반대(건수 11.4%, 참가자 12.8%), 해고수당 요구(건수 12.8%, 참가자 10.0%), 복직(건수 11.6%, 참가지 5.9%), 휴업 반대(건수 4.8%, 참가자 10.9%)이고, 나머지는 기타이다.

그리고 노동쟁의의 방법도 1934년에는 파업이 145건(35.0%)에 6,965명(44.9%)이 참가하였고, 태업이 54건(13.0%)에 3,637명(23.4%)이 참가하였다.(김정명, 전게서 참조)

1923년 말 동경에 거주하는 한인은 학생이 전체의 42.1%이고, 노동자는 33.3%이다. 학생은 대학생이 전체의 39.2%이고, 전문학교생은 32.5%이며, 나머지는 중학생이다.119) 노동자는 대부분 제 노동과 직공 및 배달부이다. 학생들의 출신도는 경기(서울 포함)와 경남이 각각 14.8%로서 가장 많고, 나머지는 전남(12.4%), 평남(9.6%), 경북(9.1%), 함남(8.9%), 전북(6.9%), 평북(6.2%), 충북, 충남 황해, 함북, 강원도의 순으로 되어 있다. 노동자는 경남 출신이 30.0%로써 가장 많고, 나머지는 경북(14.6%), 경남(14.5%), 경기(10.5%), 전북(6.6%), 함남(4.8%), 충남(4.3%), 평남(3.9%), 충북(2.5%), 평북(2.2%), 황해(2.2%)의 순이다.120)

이것을 보면, 일제하에 있어서 일본 유학생은 경기, 영남, 호남, 평남, 함남 출신이 많고, 노동자는 영남, 호남 및 경기 출신이 많았음을 알 수 있다.

이러한 재일 거주민의 사회적 배경 때문에 일본에 있어서 한국인의 사회운동은 자연히 학생과 노동자 중심이 되었고, 따라서 진보적 성격을 띄게 되었다.

1932~1938년간 치안유지법에 의해서 피검된 자는 모두 3,611명인데, 그 중 8.7%의 학생을 제외하면 거의 대부분이 노동자 또는 비천한 직업인임을 <표 27>에서 볼 수 있다.

표 27을 보면, 해마다 피검자의 차이가 있지만, 가장 많은 피검자는 31.3%의 자유노동자이고, 그 다음은 무직(18.9%), 직공(17.9%), 잡업(10.9%), 학생(8.7%) 등이다. 그러나, 피기소자는 무직(38.6%)과 자

119) 1924년에 재일 대학생이 350명인데 그의 87.4%가 사립대학생이고, 전문학교생은 290명인데, 그의 39.3%가 사립영어학교생이다. 그리고 중학 수준 학생이 252명이었는데, 그의 47.2%가 사립중학생이며, 나머지는 대부분 사립상업학교생이다.(39.7%)(김정명, 전게서, pp.539~540)

120) 상게서, p.540

유노동(22.3%) 및 직공(16.7%)이 가장 많다.

이것을 본다면, 일본에 있어서 사회운동, 즉 민족운동은 노동자와 학생이 중심이 되었다. 유학생 중에도 지주, 부농과 상층의 자녀도 많이 있으나, 이들 보다도 빈한한 가정의 출신인 고학생이 그 대부분을 차지하였다.

또한, 일본에 있어서 한국인의 사회운동은 어떠한 성격을 가지고 있었는 가를 <표 28>에서 알 수 있다. 1930~1942년간 한국인의 단체와 그 회원들의 성격을 보아도 짐작할 수 있다.

<표 28> 1930~1941년간 사상별 사회운동가

	공산주의계						사회민주주의계		국가주의사회주의		무정부주의계		민족주의계		융화친목계		합계	
	극좌		좌익		계													
	단체	인원	단체	인원	단체	인원	단체	인원	단체	인원	단체	인원	단체	인원	단체	인원	단체	인원
1930					38	8,393					13	565	143	13,132	433	57,788	627	79,918
1931	28	4,586	22	7,914	50	12,500					12	647	144	11,887	450			
1932	86	10,766	33	3,078	119	13,844					13	1,026	179	22,133	579	77,487	890	114,490
1933	86	8,158	27	2,785	113	10,943	5	481	13	976	12	662	182	22,564	659	98,297	984	133,923
1934	39	2,604	35	2,657	74	5,621	4	163	19	2,048	11	616	230	18,036	749	123,508	1,087	149,632
1935	33	2,094	31	2,470	61	4,488	13	822	20	1,371	10	547	251	16,135	757	86,755	1,115	149,632
1936	20	1,104	26	2,248	46	3,352	16	901	23	1,704	5	430	301	19,508	679	78,846	1,070	104,741
1937	7	463	34	2,296	41	2,732	14	843	26	1,692	5	210	304	19,540	663	13,824	1,053	156,842
1938			3	384	3	384	10	996	17	794			271	22,907	643	74,308	944	99,389
1939			2	492	2	492	6	398	11	366			284	19,868	241	29,309	508	50,33
1940			1	450	1	450	1	10					38	20,060	94	15,702	244	126,222
1941			1	450	1	450							189	19,312	57	7,263	257	27,025

(자료) 坪江汕二, 「조선민족독립운동비사」, p.196

<표 28>을 보면, 재일 한국인의 사회단체와 회원의 성격을 알 수 있다. 1935년의 경우를 보면, 전체 사회단체의 67.9%가 융화친목계이고 그 회원수는 58.0%이다. 그 다음은 22.5%의 민족주의계 단체이고, 그 회원은 전체의 10.8%이며, 공산주의계 단체는 전체의 5.5%이고, 그 회원수는 3.0%에 불과하다. 그 밖에도 사회민주주의계

와 국가주의계 및 무정부주의계가 다소 있으나 그 비율은 매우 적다.

이것을 본다면, 일본에 있어서 사회운동은 일제의 탄압으로 비공산주의운동이 강하겠지만, 이것은 민족독립운동이 그 목적이 아닐 가능성이 크다. 따라서 소수이지만 비융화친목계의 사회운동이 민족독립을 위한 것이었다.

6. 결 론

저자는 일제 지배하 항일 민족독립운동을 주로 독립투사의 출신배경을 중심으로 고찰하여 보았다. 그러한 결과, 독립운동의 성격이 보수성에서 점차 진보성에로 발전되었음을 알 수 있었다. 다시 말하면, 일제의 침탈로 조선말기 복권적 민족독립운동의 주역인 양반, 유생이 1905년(을사보호조약) 이후에는 점차 사라지고 부르조아지 중심의 애국계몽운동도 3.1운동 이후에는 점차 사라지며, 학생과 청년이 중심이 된 학생운동, 청년운동, 농민운동 및 노동운동이 항일 민족독립운동에 있어서 중심세력이 되었다.

이러한 주역의 성격 변화와 더불어 민족독립운동의 성격이 변화되었지만, 이것의 공통된 성격은 20세기 전반기의 식민지 민족독립운동에서 보편적으로 볼 수 있는 항일 민족해방운동인 동시에 신분적 또는 계급적 해방운동의 성격이 대단히 강하였다.

이것은 민족독립운동의 발전단계에 따라 그 성격의 차이가 나타나고 있지만, 기본적으로 일본 침략자에 대한 저항운동인 동시에 그들과 야합 및 동조한 지배계층에 대한 신분 및 계급투쟁이었다. 따라서 반침략, 반봉건의 독립운동인 것이다. 이러한 민족독립운동은 하층중간계급 출신의 지식인(lower-middle-class intellectuals)에 의하여 주도 되었지만,[121] 그 주력부대는 소농민, 소상인, 수공업자, 노동자로 구성된 피지배계급에 의하여 형성되었다.

이러한 독립운동의 주체세력의 형성은 시대에 따라 약간 차이가 있으나 사회변화에 조응된 그 구성비율의 차이가 나타나고, 동시에 그 지도이념의 변화가 나타나고 있다. 다시 말하면 한국 민족주의의 발전성격이 나타나고 있다.

제도상으로 일제의 식민지가 된 1905년 한일신협약(통감정치) 체결에서 1945년 민족해방시 까지 한국 독립운동, 즉 한국 민족주의의 발전은 크게 3단계로 구분할 수 있을 것 같다. 즉 저자가 구분한 의병전쟁기와 3.1운동기 및 사회운동기에 따라 민족독립운동의 추진세력의 변화와 함께 그 독립운동(민족주의)의 성격도 반봉건적 민족주의→시민적 민족주의→대중적 민족주의에로 발전되고 있다.

이러한 각 단계에 있어서 민족독립운동도 초기에는 평화적인 방법으로 추진되었으나, 점차 무력적·폭력적 형태로 발전되고 있다. 이것은 항일 민족독립운동이 점차 대중운동으로 전화되고, 추진세력이 대개 20~34세의 젊은 연령층(청년층)이었기 때문에 가능했던 것이다.

그러면, 각 단계에 있어서 민족독립운동의 주요한 사회적 특성을 간략히 지적하여 본다.

첫째, 의병전쟁기에 있어서 항일 민족독립운동은 매우 전투적이고 주경야투의 유격전을 전개하였다. 이것은 한일합방 이후에도 전

---

121) 하층 중간계급 출신 지식인은 약 1세기 전 불·영의 급진주의자에서도 볼 수 있는데, 이들은 자본의 국유화를 주장하지 않으나 기존 정치체제의 변화를 목적으로 한다. 또한 이들의 가정은 좋은 교육기회를 획득할 수 있었다.(Max Nomad, *Intellectuals and Revolution* L. Kaplan(ed), *Revolutions*, Vintage Books, 1973, pp.16~17)

개되었으며 간도지방에 있어서 독립운동(특히 무장투쟁)의 연원이 되었다. 일반적으로 의병운동이 양반, 유생의 위정척사운동으로 많이 이해되었으나 사실은 그러한 것이 아니고, 이것은 농민(51.8%), 상인(12.0%)과 같은 소시민과 유생, 승려, 한량, 교사 등 지식인(8.3%)이 중심이 된 반침략전쟁인 동시에 반정부·반봉건의 신분해방운동이었다.

이러한 독립운동의 성격은 이미 갑오개혁 전후에 일어났던 동학혁명, 민란 등에서 나타난 반봉건·반침략의 역사적 전통이 이어지고 있다. 또한 이러한 운동이 종래에는 경기, 충청, 강원도 지방에서 심하게 일어난 것으로 이해되었으나, 농민의 사회적 갈등이 심했던 전라도와 경상도 지방에서 대단히 심했음을 알 수 있었다.

둘째, 3.1운동기에 있어서 항일 민족독립운동은 처음에는 평화적이었으나, 점차 전국적 지방운동으로 전개되어 감에 따라 폭력화 되었다. 또한 민족지도자 중심의 독립운동이 아니라 농민(75.6%), 상인(9.6%), 지식인(7.3%), 공업자(3.9%), 노동자(3.6%)가 중심이 된 대중운동으로 전개되었다.

3.1운동의 지도자는 조선 말기의 중인계급 출신이 많고, 상공업의 경험이 있는 지식인이며, 농민, 상인, 공업자는 소산자들이다. 따라서 소시민적 성격이 매우 강하다.

셋째, 사회운동기에 있어서 항일 민족독립운동은 초기에는 계몽적인 성격이 강했으나, 점차 소작쟁의, 노동쟁의의 계급투쟁적 성격이 강해졌다.

3.1 운동 직후의 사회운동은 민족주의적 성격이 강했으나, 만주, 시베리아, 일본 등 해외 독립운동의 영향과 국내 식민정책의 결과로 사회적 갈등이 심하여 의타적 또는 자생적 공산주의운동이 발달하였다. 당시의 독립투사의 투쟁형태는 공산주의적 색채가 강한 것이

약 40.7%나 되고, 민족주의적 색채가 강한 것이 37.9%가 된다.[122]

이 시기에 있어서 항일 민족독립운동의 성격을 프롤레타리아 운동으로 규정하는 사람도 있으나 그 투쟁형태도 민족·공산의 양 형태로 거의 반분되어 있고, 독립운동가의 직업도 농민(33.3%), 무직(28.5%), 지식인(11.1%), 상인(5.5%), 노동자(3.8%)와 같이 다수의 소시민(소농민, 소상인, 수공업자)과 지식인 그리고 노동자로 구성되어 있어서 대중적 성격이 매우 강하다.[123] 물론 지식인과 무직자(대부분 지식인) 및 노동자와 같이 무산자가 중심이 된 모방적인 공산주의적 총령이 있었지만, 그들(지식인과 무직자)의 출신배경을 보면 소시민적 성격이 매우 강했다.

이것은 당시의 사회구조적 성격을 보아서도 사회운동가의 행동성격을 소시민적·무산자적 민족주의가 강했을 것이다. 따라서 사회운동기의 민족독립운동은 대중적 민족주의에 기초해 있었다. 이 시기의 대중적 민족주의는 대중의 다수가 소작농민과 소시민 및 노동자이고, 이들의 계급적 갈등이 바로 민족적 갈등이었기 때문에 자연히 계급적 성격을 띠게 되었다.

그 밖에도 이 시기의 해외 독립운동은 간도지방의 무력투쟁을 제외하면 시베리아·만주와 일본에 있어서 공산주의적 색채가 대단히 강했다. 왜냐하면 전자는 국제 공산주의의 영향을 많이 받았고, 후자는 유학생의 이념적 동조에 의해서, 그리고 해외 이주민은 주로 국내 이농민, 하층민이 대부분이고, 이들이 그 곳의 소작빈농과 노

---

122) 여기서 말한 민족주의적 색채는 엄격히 말하면 비공산주의적 색채라는 뜻이다.

123) '대중'이란 개념은 당시의 강령 등에서 대중 본위의 신사회를 건설하자는 것(예, 조선청년총동맹)에서도 볼 수 있다. 이것은 프롤레타리아(proletariat)만을 의미하는 것이 아니고, 소·중산층을 포괄하는 개념인 것 같다. 프롤레타리아는 육체노동자 및 정신노동자를 모두 포함하는 말이다.(상게서, p.17)

동자의 지위에 놓여 있었기 때문에 급진적 사회운동에 참여하게 된 것이다.

이러한 것을 본다면, 일제 지배하에서도 항일 독립운동가들은 민족독립투쟁을 통하여 새로운 근대적 민족국가[124]와 시민사회→대중사회를 건설하기 위하여 줄기찬 노력을 경주하였음을 알 수 있다.

---

124) 이달순은 1905~1945년 간의 민족독립운동단체 460개를 조사하였더니 그의 52.9%가 민주지향형이고, 34.0%가 계급투쟁형이며, 8.1%가 왕정복고형, 그리고 5.0%가 군정추구형이라 하였다.('독립투사의 정치의식에 관한 연구', 「중앙대 논문집」 제 18집, 1973, p.382)

제 3장 3.1 운동의 사회계층적 분석

1. 서 론

1) 연구목적

3.1 운동은 오늘날 여러 가지 측면과 입장에서 분석하여 그 성격이 다양하게 규정되고, 그 의의도 높이 평가되고 있다. 그러나 아직도 자료와 접근방법의 빈곤으로 3.1운동의 성격과 의의가 충실히 밝혀지지 못한 것 같다.

저자의 3.1 운동에 대한 접근도 이러한 문제를 극복할 수 있는 것은 아니다. 특히 3.1운동의 계급분석이 주제인고로 여러 가지 문제점, 특히 자료의 빈곤과 능력이 용기를 잃게 한다.

1910년대에는 아직도 전통적 사회질서가 강력하게 존속하고 근대적 사회분화의 초기이기 때문에 계층 및 계급자료에 입각하여 논란하기가 대단히 어렵다. 현존하는 계급자료 중에서도 사용된 개념과 분류가 비과학적인 것이 많기 때문에 분석과 성격규정에 있어서 더욱 어려워진다. 3.1운동의 계층분석이라 할지라도 정태적 구조분석에서만 문제의 해결이 가능한 것이 아니다. 3.1 운동과 주도계층이 역사적, 사회 구조적 산물이기 때문에 동태적 구조분석에서 어느 정도 해명되리라 생각한다.

저자는 본 연구를 하기 위하여 다음과 같이 세가지를 전제한다.

첫째는 3.1 운동이 국내의 정치적, 경제적, 사회적 발달의 소산이기 때문에 역사성과 그 사회적 의미를 지니고 있다. 따라서 조선 말기의 정치 경제적 발전(특히 독립운동)과 사회구조적 특수성에 대한 이해가 필요하다.

둘째는 우리 민족의 항일독립운동이 상당한 기간 동안 전개되었기 때문에 항일운동의 발전과정, 즉 전 기간의 운동내용을 파악한 후에 그 내용을 규정하여야 한다.

셋째는, 3.1 운동의 대상이 타국이고, 국제정치의 흐름 속에서 행동을 하기 때문에 세계사의 일환으로서 고찰하여야 한다.

그러나, 저자에게 주어진 주제가 계급분석이고 또한 시대상황에 대한 지식의 결여로, 전술한 전제에 충실하면서 논술하기는 힘들 것 같다. 그러므로 3.1 운동의 계층분석은 주로 전 기간에 나타난 주체세력의 배경분석과 이념분석을 통하여 고찰하여 보고자 한다.

2) 연구방법과 자료

3.1 운동의 참여자는 여러 가지의 관심와 이익을 위하여 행동하였겠지만, 항일 민족독립운동인 것만은 틀림없다. 이것은 민족운동의 지도자와 다수의 참여자(대중)가 주동이 되어 추진하였다. 전자를 민족지도자로 보고 후자를 민족대중으로 보아 이것을 양분하여 다루고자 한다. 당시의 민족지도자는 민족독립운동의 지도자, 즉 3.1 운동을 촉발시킨 동경유학생과 민족대표, 그리고 해외 독립지사들을 말할 수 있고, 민족대중은 3.1 운동에 참가한 지식인, 중소상공업자, 농민 및 노동자를 총칭하는 것이 옳을 것 같다.

이러한 민족지도자와 민족대중이 어떠한 사회적 기원과 배경을 가지고 어떠한 역할을 하였는 가를 각종 문헌과 통계자료에서 파악하고, 동시에 그들의 사회계층 및 계급구조 그리고 투쟁의 이론적,

실증적 분석에서 3.1 운동의 주체세력 및 지도이념과 가치관이 무엇인가를 밝혀 보고자 한다. 또한 거기에서 나름대로 3.1운동의 성격을 규명하여 보려고 한다.

3.1운동의 계층적 분석은 주로 문헌조사에 의존한다. 사회계층의 배경과 이념에 대한 현존 자료와 문헌이 대단히 빈약해서 분석의 충실을 기하기가 대단히 어렵다. 특히 민족대중에 관한 자료와 각 지방운동에 관한 연구가 거의 없다.

민족지도자와 친일지도자의 사회적 기원이나 가족배경에 관한 분석은 주로 개인의 이력서나 공판기록, 조선신사명록, 그리고 한국인명대사전 등에서 행하였고, 민족대중에 관한 것은 그들의 공판기록, 조선총독부의 통계자료와 도장관보고 등 문헌을 이용하였다.

민족지도자의 지도이념은 주로 공판기록, 취조서, 각종 선언서 및 격문의 내용분석에서 파악하고, 대중의 지도이념은 주로 조선총독부의 통계자료와 도장관보고 및 격문에서 찾아 본다.

2. 민족독립운동과 민족지도자의 형성

1) 민족운동의 사적 맥락

3.1 운동의 역사적 맥락은 애국계몽운동과 의병운동에서 찾아볼 수 있다.

애국계몽운동은 실학운동, 개화운동, 독립협회의 사상적 전통을 이어 받은 학회 및 결사, 특히 대한자강회, 대한협회, 신민회의 교육과 식산흥업에 의한 실력배양의 자강운동이었다. 보수주의적 애국계몽운동은 3.1운동에서 제외되었다.

이러한 운동은 실학→개화사상에서 보여주는 문명개화, 교육입국의 근대화 사상이 담겨 있고, 동시에 독립협회의 자주독립과 자유민권사상에 기초해 있었다. 이러한 사상은 토착적인 요소도 있지만 무엇 보다도 서구적인 근대사상이 강하다.

이들의 사상적 기반은 안악사건과 105인 사건에서 볼 수 있는 바와 같이 서북지방의 중산층, 지식인 및 기독교인의 시민계층에서 찾아 볼 수 있다. 물론 애국계몽운동의 지도자는 대부분 조선시대의 관료, 귀족, 지주, 유학생이었지만, 특히 3.1운동의 운동력이 된 경우는 진보적 신진세력인 중간계급 출신의 지식인들이었다. 따라서 애국계몽운동의 전통을 이어받은 3.1 운동의 지도자는 시민계급이며, 이들 독립운동의 사상은 일제 식민주의자로 부터의 자유와 평등을 부르짖은 시민적 민족주의였다. 시민적 민족주의는 시민적 자유주의와 민주주의 그리고 반식민주의를 의미한다.

한편, 의병운동은 조선시대의 민란, 동학혁명, 척사위정운동의 사상적 전통을 이어 받고 있다. 의병운동은 초기에는 척사위정사상이 지배적이었으나, 1905년 을사보호조약 이후에는 그 보다도 반봉건, 반침략의 무장독립투쟁이었다. 이것은 3.1 운동 보다 못지 않게 높게 평가되어야 할 민족독립운동이다. 왜냐하면 식민지 초기의 투쟁이 더욱 값지고, 이것은 1918년 까지 지속되었으며, 또한 사상자도 3.1 운동에 비하여 의병전쟁의 경우 거의 20배나 많았기 때문이다.

이러한 의병전쟁에 참여한 의병장은 제 1장 2절에서 본 바와 같이 양반이 약 25% 정도이고, 나머지는 시민이다. 당시 수형자의 직업을 보면, 농민(62.0%)과 상인(10.0%)이 가장 많고, 그 밖에도 무직, 교사, 승려, 수공업, 주막, 양반, 직공, 해산병 등이 의병에 참여하였다. 이러한 직업의 계층적 성격을 자세히 검토하여 보면, 소시민적 성격이 대단히 강하다. 따라서 의병전쟁은 소수의 하층 양반, 유생과 다수의 소시민이 합세한 무력투쟁이었고, 후에 근대적 지식인이 참여한 소시민전쟁이라고 할 수 있다.

의병의 눈에는 일제가 봉건지배층에게 작위 수여, 은사금 지급, 관리 등용 등을 보장하여 수었기 때문에 봉건지배층과 일제 식민주의자의 이익이 동일한 것으로 간주하였을 것이다. 따라서 의병운동의 독립사상은 전제 군주에 대한 복고주의사상이라기 보다도 오히려 반제국주의와 반봉건주의였다고 볼 수 있다.

이러한 의병운동과 애국계몽운동의 사상적 전통이 3.1 운동의 사상적 기반이 되었다. 구체적인 예로서 3.1 운동 당시에 천도교 세력의 핵심지도자였던 손병희 선생이 동학혁명을 지도하였고, 기독교세력의 핵심지도자였던 이승훈 선생도 신민회에 참여하였으며, 특히 임정의 요원은 대개 애국계몽운동 또는 의병운동의 주역이었다는 것에서도 알 수 있다.

3.1 운동으로 국권회복에 실패한 애국지사는 그 직후 3개 지역에 (한성, 노령, 상해) 임시정부를 설립하였다. 이러한 3개의 임정은 모두 민주공화제의 근대적 국민국가를 건설하려고 표방하였다. 이러한 정치사상은 전통적인 전제 군주제를 파괴하고 새로운 민주국가를 건설하려는 의지였다.

또한, 3.1 운동 때에 지식인 중심의 애국계몽운동과 대중중심의 의병운동을 통합시키고 또한 국내외 중앙과 지방, 기독교와 천도교 세력을 통합시키려는 데 중추적인 역할을 수행한 학생세력이 그 후 민족독립운동의 핵심적 역할을 수행하였다. 사실 3.1 운동은 중앙과 지방을 막론하고 청년학생의 조직적 노력에 의해서 가능하였다.

이들이 3.1 운동 이후 전국적으로 청년회→청년동맹을 조직하여 대중본위의 신사회를 건설하고 '조선민족해방운동'을 전개하였다. 이러한 운동은 일제 식민주의자로 부터의 자유와 독립 및 평등을 쟁취하고 대중의 자유와 평등을 구현하려는 대중적 민족주의를 의미한다.

2) 친일 지도자의 형성

조선시대의 지배층은 19세기 중엽에 이르기 까지 중국에 대한 사대모화사상에 빠져 있었다. 근대 자본주의국가가 약소국가를 침탈하기 이전까지는 외세에 대하여 신경을 쓸 필요가 없었다. 그러나 조선말 대원군의 쇄국정치가 선진 외국문화의 물결에 휩쓸리게 되자 자의 또는 타의든 문호를 개방하지 않을 수 없게 되었다.

1876년 강화도조약 이래 미국, 영국, 독일, 이태리, 소련, 프랑스 등의 제국과 수호동맹조약을 체결함으로써, 친청일변도의 사대외교가 무너지기 시작하고, 외세의 각축이 이 땅에 벌어지게 되었다. 그리하여 우리나라의 정계의 친청파, 친일파, 친노파, 심지어 친미파가 나타나게 되었다. 그 중에서도 일본의 적극적인 조선 침략은 사대친청 지도자에 대립되는 친일지도자를 육성하기에 이르렀다.

친일지도자가 나타나게 된 것은 1882년 임오군란 이후 소장정치인의 이른바 개화와 자강 및 독립사상에서 나온 것 같다. 김옥균, 김영효, 홍영식, 서광범 및 서재필의 개화독립당은 갑신정변(1884)을 일으켜 사대수구세력인 민영환, 민태호, 민영익, 조영하, 윤태준, 한규직, 이조연을 없애 버렸다. 개화 독립당의 친일지도자와 사대 수구파인 친청지도자는 양자가 모두 명문 출신이지만, 전자는 주로 문관들이고, 후자는 주로 무관들이다.[1] 또한 전자는 일본을 유람하였고, 일본 정부의 비호 하에 쿠데타를 일으켰다. 그러나, 후자는 민씨

1) 김옥균의 부는 부사(실부는 통덕랑)였고, 박영효의 부는 판사이며, 홍영식의 부는 영의정을 지냈다. 서재필은 군부의 아들이고 서광범은 참판의 아들이다. 병조판서 민영목을 제외한 보수파 각원인 조영하, 민태호, 윤태준, 한규직, 문영익은 모두 어영대장 또는 친군좌우영사를 지낸 관료들이다.

세도정치의 주요 인물이고, 주로 외척들이다. 당시의 친일지도자는 중인계급 출신인 오경석(역관)과 유대치(역관, 한의사) 등의 신학문과 개화사상의 영향을 많이 받았다.

여기에서 우리는 중인계급이 형식상 권력지배층으로 나타날 수 없지만 실질적으로 커다란 정치적 영향력을 발휘하고 있었음을 알 수 있다. 비록 신분제약이 존재하여 있겠지만, 이미 신분관계가 해이되어 있어서 양반과 중인간의 인간관계가 대단히 밀착되었다. 사실상 중인계급, 특히 잡직은 조선 말에 와서 상당한 비율의 양반 자제가 이에 종사하고[2] 있었기 때문에 그리고 직업상 권력지배층과의 사회적 접촉이 빈번하고 통교가 가능하였을 것이다.

조선말 지배층의 신분변동에 있어서 첫째로 '문반의 무반화'와 둘째로 '양반의 중인화' 현상이 대량으로 나타나고 있다.[3] 수구당의 세력은 점차 전자의 경향을 보여주고, 개화당의 정신적 지주는 후자에서 찾을 수 있었다. 이것을 보면, 지배층이 새로운 문화(실학)의 도전에 대한 응전으로서 수구파가 응전하고 개화파가 수용의 도전을 행하고 있다. 새로운 사회발전의 적응형태로서 나타난 것이 친일지도자의 성장인 것이다.

1905년 을사보호조약 체결 당시의 내각과 그 후 이완용 내각 구성원의 출신성분을 보면, 일반적으로 민비계열의 수구 사대파와는 거리가 먼 양반들이다. 또한 그들의 가문은 사회적 지위나 위세에 있어서 대단히 미약하다. 그러나 개화독립당의 경우와 마찬가지로 그들은 일본 유람을 갔거나 또는 지일 인사들이다. 개화독립당의 경우와 다른 것은 친일지도자 중에 상당한 수의 무관들이 있다는 것

2) 역과급제자의 부친 중에 25.2%가 양반층에 속하고 의과급제자의 20%가 그의 부친이 양반이다.(김영모, 조선시대 과거급제자의 사회적 배경에 대한 고찰, 「일산 김두종박사 고희기념논문집」, 1966, p.138)

3) 상게서, p.135

이다. 을사보호조약의 체결의 주도적 인물은 역시 문관들이지만 이에 반대한 세력은 무관들이다.4)

여기에서 조선 정조 이래 집권세력인 노론 중에서도 친일지도자는 외척 세도정치에 대항하여 이길 수 있는 세력과 힘이 부족하였다. 이것을 이기기 위하여 외세의 힘을 빌리려고 하였지만, 마침내 일본에 의해서 먹히고 말았다.

일제는 일한합방 후 한말 관료의 약 7할을 유임하였다. 그러나 한말 대신 이상은 조선귀족이나 중추원의 고문, 참의직을 주어 권력으로부터 퇴출시켰고, 하급 관료들도 5년 이내 약 2할 이상 그만 두었다. 조선귀족들도 합방후 5년 내지 10여년 만에 사망 등으로 현직에서 대부분 물러났으며, 고위 관료직은 일인들로 충원되었다.

일제 식민지 관료가 된 한말 관료는 과거와는 달리 갑오개혁과 '문관임용령' 등으로 과시(15.3%) 보다도 신제 학력(44.9%) 또는 추천(41.8%)에 의하여 입관하였다. 이러한 입관제도는 일제시 개정된 '문관임용령'과 매우 유사하여 추천에 의한 관료 충원이 더욱 많았다.

일제시 고등관 이상의 관료지배층은 일인이 독점하고 하급관료라도 촉탁 및 고인 등 비정규직도 이들이 다수 차지하였으며, 관료지배층 중에 한인이 다수를 차지한 관직은 군수(고등관 대우)와 도지사 및 도참여관이었다.5)

한편, 경성상공회의소에 소속된 자본가는 거의 대부분 한말의 관료들이다. 회장인 조병택(한일은행 두취), 조진태(의관 정삼품, 한성수형조합

---

4) 김영모,「일제하 한인지배층연구」, 고헌, 2009, 제 2장 참조.
이완용은 노론의 명문 출신이고, 이지용은 조부가 영의정, 부는 판서이다. 이근택은 노론의 무인파이고, 송병준은 석유의 자제, 임선준은 유림, 이병무는 무과 추신, 고영길은 양반에서 낙층한 중인출신이다. 나머지도 문벌이 그토록 좋은 것은 아니다.

5) 군수와 도지사 및 도참여관의 출신배경은 상게서, pp.162~168을 참고하기 바람.

장), 백주현(한일은행 취제역), 주성근(잡화상) 등은 중추원 의관을 지냈고, 백인기(한일은행 전무), 백완혁(한호 농공은행장), 윤정석(상업은행 취제역), 김연학(경성융흥주식회사 취제역), 오성근(무역업) 등은 모두 한말의 관료이며, 오경묵(경성지상조합장)은 면장인 지주이다. 그밖의 각종 은행과 회사의 간부도 대부분 한말 관료이다. 당시의 자본가는 한말의 관료와 지방의 지주들로 구성되어 있었다.

여기에서 행정관료는 일본에서 신교육을 받은 사람들과 친일인사들로 충원되었고, 한국 자본가는 주로 한말의 관료와 지주들로 구성되었음을 알 수 있다.

3) 민족지도자의 형성

한말의 외세에 대한 조직적인 저항운동은 1905년 이후의 의병전쟁에서 찾아 볼 수 있을지 모르나, 민족적 각성운동은 1894년의 동학혁명에서 찾아볼 수 있다. 1895년 이후의 의병운동은 양반유생들의 명성황후 시해와 친일 내각에 대한 항일운동이지만[6] 1905년의 의병운동은 일제의 한국군 해체에서 비롯된 무력 항일운동이다.[7] 후자는 전자에 비하여 사회적 신분지위가 보다 낮다. 그러나, 동학혁명의 지도자는 사회적 신분이 대단히 낮고 동시에 서자들이 많다. 그들의 혁명이념도 사회개혁과 지배계급에 대한 투쟁 등의 반봉건, 반외세 운동이었다.

3.1 운동을 추진시킨 민족지도층의 천도교세력과 농민운동은 동

---

6) 국사편찬위원회, 「한국독립운동사」, 제 1권, 1965, p.18

7) 1908년 전반기 전국 의병장의 배경을 보면, 유생 8명, 부위 8명, 주사 8명, 선비 7명, 상민 33명, 참위, 군수, 진사가 각각 3명, 엽사 4명, 무관 11명, 문관 10명, 기타 5명이고, 나머지는 미상이다.(상게서, pp.271~294) 광주의 의병장을 보면, 양반이 17명이고 전직 유관자가 7명이며, 나머지는 미상이다. 그리고 해산병의 동태조사에 의하면, 농업 종사자가 53명, 상업종사자는 27명, 공업종사자는 8명, 미취업자는 16명, 나머지는 기타이다.

학혁명에서 그 사회적 배경과 정신적 지주를 찾아볼 수 있고, 국내외의 독립운동도 의병운동과 3.1 운동에서 그 맥을 찾을 수 있다. 국내의 기독교세력도 근대적 지식을 쉽게 체득할 수 있었고 신분적 불만을 가진 계층이 흔히 남인계에서 기독교도가 많이 나왔고 실학자도 많이 배출되었다. 이것은 전술한 왕조시대의 문관의 무관화나 양반의 중인화와 같은 신분적 하락 현상이 권력에서 소외된 하층 양반에서 일어나고 있음을 의미한다.

해외의 민족지도자는 주로 만주와 연해주의 무력투쟁과 상해 임시정부운동을 추진한 세력을 들 수 있다. 전자는 의병운동과 국내 독립운동의 실패에서 망명한 지사들이 대부분이고, 후자는 각지의 독립운동가들이 모여서 형성되었다. 그래서 해외 민족지도자의 신분배경은 매우 다양하다. 이들은 한말의 관료 또는 유생이 아니면 대개 신학문과 근대적 교육을 받은 사람들이다. 국내외의 학생 및 교사와 같은 지식계급은 그들의 신분배경이 왕조시대의 지식인에 비하면 대단히 다양하다. 비록 선교사의 도움으로 공부한 가난했던 사람도 있지만, 대부분 이들은 중산층 이상의 자제들이다.

3.1 운동에 있어서 민족지도자들의 주축세력은 천도교와 기독교도이다. 우리나라에 천도교는 한말 동학교주 최제우에서 비롯한다. 동학은 서학(기독교)과 외세 침입에 대한 반발과 봉건적 사회질서에 대한 개혁정신에서 출발하였다. 그 후 점차 신분철폐와 탐관오리의 징벌을 위하여 혁명운동으로 발전하였다. 천도교의 주체세력과 정신은 그들 지도자의 성분조사에서 어느 정도 이해할 수 있다. 동학 교주인 최제우는 아전의 집안에서 서자로 태어났고 2세 교주인 최시형은 일찍 고아가 되어 조지소에서 일했으며, 3세 교주인 손병희도 중인(아전)의 서자로 태어났다.[8] 그리고 동학혁명의 지도자인 전봉준

8) 의암 손병희선생 기념사업회, 「의암 손병희선생 전기」, 1967, p.3

은 자기 부친이 민란의 주모자로 처형된 후 사회개혁에 뜻을 품게 되었다.

기독교(천주교)가 들어온 때는 조선 중엽(1784)인데, 이것을 수용한 사회계층은 중인들과 몰락한 양반층이다.[9] 기독교 지도자들의 가족 배경을 보면, 최초의 천주교인 이승훈은 참판의 아들이고, 최초의 순교자 윤지충과 권상연은 양반가문이며, 최초의 전도회장인 정하득도 양반가문이다. 또한 정약용, 정약종, 정약전 3형제는 목사(牧使)의 아들이며, 윤지충에게 영향을 준 김범우는 중인(역관) 출신이다.[10]

이와 같이 천도교의 지도자는 지방의 중인 출신이고, 기독교의 지도자는 몰락한 양반과 중앙의 중인 출신이다. 전자는 선진국의 실학사상의 수용계층이고, 후자는 신분철폐의 민권사상의 형성계층이다. 이와 같은 양대 종교세력이 민족지도세력으로 등장할 수 있었던 것은 교육기관을 설립하여 새로운 지식인을 육성할 수 있었고, 교육기관을 통하여 그들과 접촉할 수 있었기 때문에 가능하였다.

일본 유학생들은 대부분 그들의 가족배경이 지주 또는 상공업자 본가, 그리고 귀족의 자제들이다.

현재 일본에 재류하는 한인 학생은 1920년 6월 말 현재 828명으로서, 그 중에 대부분인 682명이 동경에 주재하고, 주로 정칙영어학교, 명치대학, 와세다대학, 일본대학, 경응대학, 제국대학 등에 재학하며, 기타는 교토, 오사카, 히로시마, 후쿠오카 등에 산재하여 대개 전문학교에 재학하고 있다. 이들은 소수의 관비생을 제외하고 대부분 한국의 부형으로 부터 학비의 지급을 받고 있으나, 그 중에는 외국인으로 부터 학비를 받고, 혹은 스스로 고학하는 자도 있다.[11]

---

9) 이선근, 「한국사」 최근세편, 을유문화사, p.565
10) 김창문 · 정재선, 「한국사」 최근세편, 을유문화사, p.565

부형으로 부터 학비를 받는 다는 것은 주로 토지 또는 상공업자본가에 의존하고 있다는 뜻이다. 그런고로 이들은 국내 도시에서 교육을 받은 유학생과 마찬가지로 가족배경이 중산층 이상일 것이라는 것을 짐작할 수 있다.

국내외에서 새로운 민족지도자의 육성은 교육기관과 종교기관뿐이었다. 일제는 국내의 모든 정치권력을 장악하였고, 심지어 사회조직까지 모두 해체시켜 버렸기 때문에 비밀결사를 조직하여 지하운동을 벌일 수 밖에 없었다. 따라서 지식계급이 새로운 민족지도자를 형성하게 되었다.

3. 3.1 운동 지도자의 성격

1) 민족지도자의 사회적 배경

앞서 지적한 바와 같이 피비린내 나는 의병항쟁과 애국계몽운동의 전통과 그 기운이 성숙되었고, 다른 한편으로 3.1운동은 미국 윌슨대통령이 제창한 민족자결주의와 동경유학생의 독립운동, 그리고 국내 민족세력의 성장에서 영향을 받아 일어났다. 비록 1918년 윌슨이 주장한 민족자결주의(14개 원칙)는 동구의 약소국을 대상으로 주장하였지만, 국내외의 민족지도자에게 미친 영향은 매우 크다. 민족대표 33인의 주동자인 손병희, 권동진, 최린, 오세창도 독립운동의 동기 중의 하나가 '민족자결주의'의 영향이라고 말한다. 또한, 이것은 동경 유학생의 독립운동에도 자극이 되었다.

손병희는 3.1 운동의 동기를 다음과 같이 말하였다.

---

11) 국사편찬위원회,「한국독립운동사」, 제 2권, 1966, p.646

근래 동경에서는 유학생이 한국 독립에 대하여 정부에 의견서를 제출하고, 또 경성에서는 괴상한 폭발사건이 있을 뿐만 아니라, 조선에 있는 학생은 요즘 국권회복의 의견서를 총독부에 제출한다는 풍설이 있어서, 이러한 일을 학생의 신분으로 함부로 일으켜서는 성과를 거둘수 없다고 생각하여, 나는 본년 1월 20일 경에 권동진, 오세창, 최린 등을 자택으로 불러서 학생인 소년들이 그 목적을 수행한다고 하여도 되지 않을 뿐만 아니라 오히려 세간의 안녕을 어지럽게 할 뿐이어서 지금 여기에 상당한 동지가 있으면 우리들이 정식으로 그 의견서를 정부에 제출하는 것이 어떠냐고 한 일이 있다. 그 때는 그것으로서 서로 헤어졌다가 그 후 10일 쯤 지나서 3인이 내게 와서 그 동지에 상당한 사람이 있고 특히 그 가운데는 야소교주도 있다고 말하여 그것이 동기가 되어 국권을 회복할 목적을 세우고 금일까지 진행하여 온 것이다.[12]

이것을 보아서 국내외의 민족독립운동을 전개할 수 있는 기운이 상당히 조성되어 있었음을 알 수 있다. 이러한 민족독립운동의 관심과 세력을 먼저 조직적으로 집결·표현한 것이 민족대표 49인이 아닌가 한다. 민족대표 49인의 조직형성은 대개 세가지의 이념적, 계층적 성격을 지니고 있다.

첫째는 전통적인 민족대중에 기반을 둔 천도교 세력이고, 둘째는 외래문화에 기초한 기독교 세력이며, 셋째는 근대적 교육제도에 의해서 생성될 수 있었던 학생층이다. 이들은 모두 당시의 지식계급이라고 말할 수 있다. 전통적 지식계급은 양반유생들이겠지만, 그들은 이미 친일지도자로 전화 되었거나, 그렇지 않으면 의병운동에서 새로운 민족지도자로서 해외로 나갔거나 지하로 잠적되었다. 그러나 새로운 민족지도자는 종교와 교육제도에 의해서 형성될 수 있었다. 민족지도자 33인 중에서 기독교 지도자가 많은 것은 서북지방의 이

12) 손병희, 경찰신문조서

른바 안악사건과 105인 사건에서 볼 수 있는 바와 같이, 조직된 다수의 세력기반이 있기도 하였지만, 그 보다도 천도교와 불교 지도자가 적은 것은 그간 일제가 의병전쟁 등을 통해서 많이 제거하였기 때문이다. 동학혁명에서 천도교 지도자는 상실되었고, 의병전쟁에서 불교 지도자는 상실되어, 이러한 종교적 세력이 이미 약화 되었다.

이와 같이 종교기관과 교육제도에 의해서 근대적 민족지도자가 형성될 수 있었던 것은 불가피한 현상이다. 1907년 8월 군대해산, 1910년 6월 경찰권의 위탁, 1910년 3월 토지조사사업의 실시, 동년 9월 한일합방, 그리고 동년 9월 사회조직의 해체, 치안유지법 등으로 이 땅에 하등의 정치적·경제적·군사적 세력이 자랄 수 있는 사회적 기반을 없애 버렸다.

비록 기독교가 외래문화이지만, 이것은 전술한 바와 같이 신분상으로 몰락한 양반 및 중인계급에 수용 되었고, 천도교는 상민 및 하층민에게 수용 되었던 것이다. 그리하여 전자는 상공업종사자가 많았고, 후자는 농민에 세력기반을 두고 있다. 이들은 과거 신분차별이 심한 사회체제에 대한 불만을 가지고 있었던 사회계층이다. 봉건적 왕조가 일제에 의해서 교체되었지만, 그들의 국권회복과 자유평등에 대한 열망은 해결될 수 없었다.

학생의 신분배경도 새로운 사회분화, 즉 새로운 직업의 성장, 계급변동, 그리고 농민분해 등으로 다양한 사회계층에서 형성될 수 있었다. 전통적 사회질서가 점차 해체되어가는 과정에 있어서 사회적응은 신학문과 지식의 흡수가 필요하다. 과거 전통적 지도자는 한학과 유학이 필요하였지만, 그러한 지식은 사회적응의 수단이 되지 못한다. 그리고 천도교와 기독교는 근대적 교육시설, 즉 학교를 설립함으로써 새로운 사회계층, 즉 상공업 또는 토지자본을 기초로 육성된 근대적 지도자의 자제들을 교육시켜서 새로운 민족지도자를 육성할 수 있었다. 종교와 교육제도에 의해서 형성된 민족지도자는 일제로 부터의 민족독립을 절실히 요구한다.

<표 1> 민족대표의 조직체계

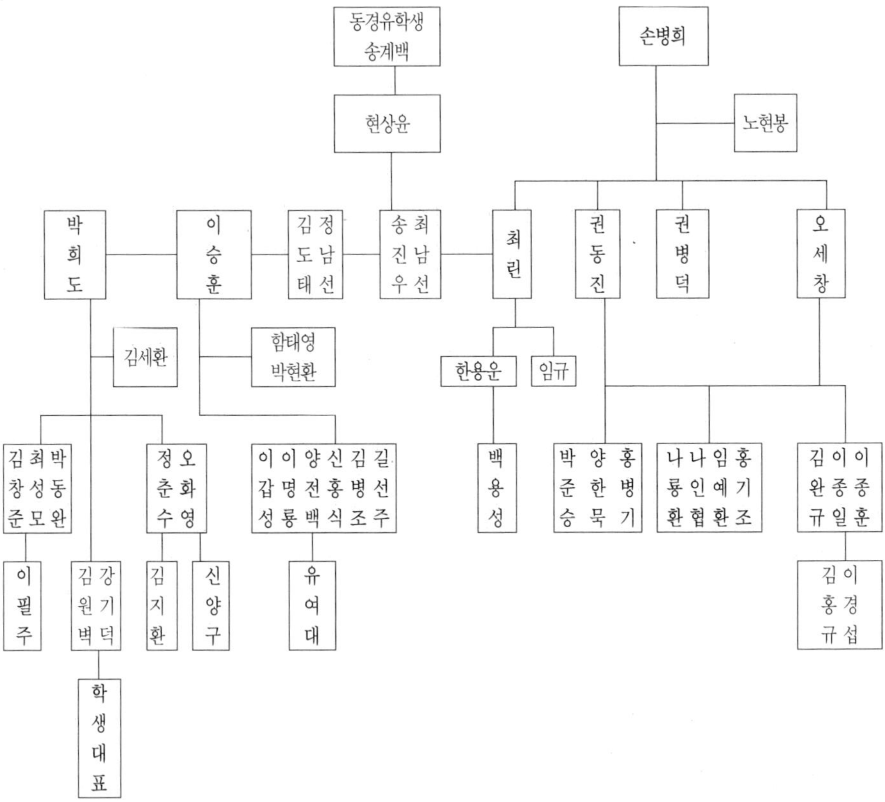

(비고) 진한 글씨는 독립선언서에 서명한 33인임.

그러면, 상술한 이질적 요소에 의해서 형성된 민족지도자가 어떻게 조직·통합될 수 있었던가를 알아 보기 위하여 그들의 인간관계에 의한 조직체계를 분석하여 보기로 하자.13)

사실 <표 1>과 같이 민족대표의 조직체계를 획일적으로 도식화하기는 난점이 대단히 많다. 그러나, 그들의 통합은 상기한 인간관계에 의해서 가능했다는 것을 알 수 있다. 민족대표의 배분도 종교세력의 안배 원칙에 의해서 행하였다. 하지만, 역시 친소관계가 커다란 작용을 하고 지역성을 고려하려고 한 흔적도 있다. 그러나 학생세력은 주로 기독교계열에 의해서 동원되었고, 박희도와 이갑성의 힘이 컸으며, 강기덕(보성법률상업학교)과 김원(연희전문학교)이 그 주축이 되었다. 기독교세력은 주로 이승훈(장로교)과 박희도(감리교)에 의해서 집합되었고, 천도교세력은 주로 오세창(도사)과 권도진(도사)에 의해 결집되었다. 불교세력은 최린(보성학교 교장)에 의해서 연결되었으나 유력자를 잡지 못하였다. 기독교와 천도교간의 결합에 있어서 최남선(보성학교 교장)과 송진우(중앙학교장)의 힘이 컸다. 특히 3.1 운동을 유발시킨 세력은 동경유학생(조선독립청년단)이었고, 이를 매개시킨 사람은 송계백(와세다 대학생)이었다. 송계백은 송진우와 최린에게 자기들의 뜻을 전하고 함께 독립운동을 일으킬 것을 간청하였다.

3.1 운동 당시 기독교세력의 핵심인물인 이승훈은 가난한 가정에서 태어나[14], 평북 납청에서 유기장사를 하여 재산을 모았고, 한국 최초의 목사인 길선주도 몹시 가난한 가정에서 태어났다.[15] 그 밖에 신석구, 오화영도 상공업에 종사하던 사람들이다.[16]

천도교세력의 대표인 손병희도 상인들과 밀접한 관계를 가졌고,

---

13) 민족대표 49인 중에 학생들이 많은 것은 원래 학생대표와 함께 발표하기로 되어 있었다. 이들의 접선계보는 각종 문서, 공판기록 및 전기에서 정리하였음.

14) 김기석, 「남강 이승훈」, 1964, p.3

15) 신구문화사, 「한국의 인간상」, p.294

16) 김영호, 3.1 운동에 나타난 경제적 민족주의, 「3.1 운동 50주년기념문집」, 동아일보사. p.643

그의 스승인 최재우는 상공업을 경영하던 사람이었으며 최시형도 제지수공업자라고 한다.[17] 또한 3.1 운동의 주모자인 오세창도 손병희와 마찬가지로 중인계급의 출신이다. 그의 부친은 근대 개화운동의 선구사인 오경식(중인역관)이다.

이렇게 보면, 민족지도자의 주체세력은 중인계급 출신과 근대적 지식인이고 상공업에 종사한 사람들이라고 말할 수 있다. 다시 말하면 이들은 근대적 시민계급의 특성을 지니고 있다. 이러한 근대적 시민층은 근대적 교육을 받은 지식계급과 연결이 되는데, 그것은 전통적 교육을 받았으나 근대적 교육기관을 설립한 지식인이 많았고, 종교인이었기 때문에 가능한 것 같다. 천도교세력은 근대적 지식인으로 주모자인 권동진과 최린이 있는데 이들은 천도교주이다. 비록 이들이 권문세가(권동진)의 출신 또는 중추원 의관(최린)의 아들이라 할지라도, 지식인이고 천도교인이었기 때문에 손병희와 연결될 수 있었다. 불교승려인 한용운은 지방토호였으나 부모 사망으로 가난하였다.[18] 기독교에 있어서 주동자의 한 사람인 박희도도 기독교인이기 때문에 비록 전통적 지식인인 민족대표(목사)일지라도 연결된다. 또한 박희도와 이갑성이 각각 숭실전문학교와 세브란스의전에서 근대적 교육을 받았기 때문에 학생층과 연결이 가능하였다.

이리하여 전통적 지식계급인 근대적 시민세력은 근대적 지식계급과의 연합전선의 형성이 가능했다. 근대적 지식계급은 주로 1882년 한미수호조약을 비롯한 서구 제국과의 수호조약이 체결되자 서양인 선교사들의 종교 활동과, 동시에 교육사업이 활발히 전개됨으로써 형성되었다. 근대적 지식과 학문은 이미 청·미·일 등에 파견된 사신과 수행원들에 의해서 전파되었으나, 제도상으로 새로운 사

17) 상게서, p.643
18) 박노순, 인권환,「만해 한용운연구」, 1960, p.19

회계급을 형성할 수 있었던 것은 다수의 신식교육을 위한 학교 설립과 일・미 등지의 해외 유학 때문이다. 신분배경상으로 중인계급(천도교)과 시민계급(기독교)을 연결시켜 준 최남선은 와세다대학에 유학한 적이 있는 서울의 중인계급(한의) 출신의 교사였다.[19] 송진우는 메이지대학 법과를, 그리고 현상윤은 와세다대학 사학・사회학과를 졸업하였다. 그 밖에 강기덕(보전), 김원벽(연전), 김도태(오산중) 등은 모두 국내서 근대교육을 받은 지식인이다.

일반적으로 당시의 지식계급은 전통적 교육기관인 서당에서 한학을 동시에 수학한 사람들이고, 특히 천도교계의 민족지도자는 주로 한학교육을 많이 받았고, 기독교계의 민족지도자는 한학과 동시에 신학교육을 받은 사람들이다. 또한 기독교 중에 장로교 목사는 평양신학교 출신이고, 감리교 목사는 협성신학교 졸업생이다.

<표 2> 민족대표의 학벌과 종교

	장로교	감리교	천도교	불교	기타	합계
한학	1		12	1		14
신학교	5	5				10
고보					1	1
전문학교	4	6	1	1	4	16
기타	1		6		1	8
합계	11	11	19	2	6	49

좀더 구체적으로 보면, 목사 가운데서 8명이 한학을 공부했고, 도사(道師)는 모두 한문을 공부했으며, 교사와 사무원은 주로 전문대학의 고등교육을 받았다. 더욱이 민족대표 중에서 손병희, 박희도, 이승훈, 유여대, 양전백, 김병조 등은 학교설립자이고, 최린, 권병덕, 오화영, 박희도는 현직 학교장 또는 부교장이다.(표 2 참조)

19) 조용만,「육당 최남선」, 1964, p.43

<표 3> 민족대표의 출신지와 직업

	학생	교사	도사	목사	장로	사무원	승려	기타	합계
서울	2	6	9	3	4	4	2	2	32
평남			2	2		1			5
평북				3	1				4
경기		1			1	1			3
황해				1					2
전북			1					1	1
함남				1					1
기타				1					1
합계	2	7	12	11	6	6	2	3	49

민족대표의 출생지는 농촌 출신이 24명으로 가장 많고, 그 다음으로 13명의 소도시(읍) 출신이었으며, 나머지는 서울(8명)과 평양(2명) 및 도청소재지(2명)이다. 목사는 모두 농촌 출신이고, 교사는 모두 농촌 또는 소도시 출신인데, 이것은 천도교와 기독교의 세력기반을 의미하고 있다. 그들이 출생한 지역은 전국에 분포해 있지만 거주지는 서울(20명)과 평남(4명) 및 평북(4명)에 몰려 있다. 그 이외는 경기, 황해, 전북, 함남에 각 1명 씩이다. 그들의 출생지는 경기(4명), 서울(3명), 평남(3명), 충북(3명), 황해(2명) 그리고 한남, 한북, 전남, 전북에 각 1명씩 분포되어 있는데, 이것을 보면 지역적 배려를 한 것 같다.(표 3 참조)

민족대표자의 직업은 도사와 목사가 각각 12명과 11명으로서 가장 많고, 그 밖에 교사(7명)와 장로(6명) 및 사무원(6명) 그리고 학생(2명)으로 되어 있다. 그리고 이들의 사회적 신분계층은 양반이 23명으로서 가장 많고 시민은 5명, 미상이 21명이다. 미상은 주로 도사와 목사 그리고 장로들이다. 종교세력은 주로 한말에 중인 또는 하층민들이다. 비록 양반이라 할지라도 향반을 의미한다.(표 4 참조)

<표 4> 민족대표의 신분과 직업

	도사	목사	승려	장로	교사	사무원	기타	합계
양반	5	2		2	5	5	4	23
시민	1	2		1	1			5
미상	6	7	2	3	1	1	1	21
합계	12	11	2	6	7	6	5	49

국내외에서 항일투쟁을 벌리다가 망명하여 집결된 곳의 하나가 상해 임시정부이다. 그리하여 임시정부의 내각원은 다양한 배경을 가진 민족지도자라고 말할 수 있다. 그 구성원은 국내에서 지하운동을 하다가 온 사람, 만주와 시베리아 지방에서 독립운동을 했던 사람, 그리고 미국과 일본 등지에서 독립운동을 한 유학생들로 되어 있다.

1919년 4월 부터 9월 까지의 내각 구성원의 성분을 분석하여 보면, 만주와 시베리아 지방의 이시영, 이동휘, 이동녕, 문창범은 한말의 관료, 특히 무관들로서 군대 해산과 한일합방 등으로 독립운동을 한 적이 있고, 미국의 이승만, 안창호, 김규식, 박용만, 노백린 등은 주로 독립협회원들로서 도미 유학을 하였으며, 국내에서 바로 간 지사들은 신석우, 신규식 정도이다.[20] 이 밖에도 다수의 일본 유학생과 국내 독립운동가들이 상해에 집결하여 있었다.

만주와 시베리아에 간 독립지사는 양반계급 즉 전통적 지도자의 후예들이 많다. 이시영은 판서의 아들로서 참의까지 지냈고, 이동휘와 이동녕도 각각 한말 육군참령과 진사급제자들이다. 그러나 미국에 갔다 온 독립지사는 가정이 가난하고 기독교인이며, 선교사들의 도움을 많이 받았다. 이승만은 대단히 가난했고, 안창호는 농가의

20) 국사편찬위원회, 「한국독립운동사」, 제 3권 참조. 이들 중에서 안창호, 이동휘, 이동녕, 노백린 등은 신민회, 즉 1906년에 조직된 애국계몽운동의 비밀결사체의 회원이었다.

차남이며, 김규식은 고아였다. 한때 노백린은 피혁상을 지낸 일이 있다. 그러나, 일본유학생은 비교적 집안이 부유한 것 같다. 그 밖에도 독립운동을 적극적으로 행한 한용운과 이상재도 가난한 가정에서 태어 났고, 김구는 천민 출신이라 한다.21)

이러한 것을 보아서 상해 임시정부의 각료들이 잡다한 사회적 배경과 이질적 가치를 가질 수 있기 때문에 사회계층상으로 대단히 이직절 특성을 지니고 있었다.

2) 민족지도자의 지도이념

민족지도자의 배경분석에서 그들 주체세력의 사회적 기원은 중인계급에서 비롯되었다고 말하였다. 특히 이들은 상공업과 같은 근대적 자본에 종사함으로써 근대적 시민사회 형성의 주체가 되었다. 이것은 전통사회의 중간계급이 근대사회의 상층계급으로 발전되어 가는 것을 의미한다.

한말 개화기에 근대적 시민계층이 형성됨과 동시에 시민의식이 나타나게 된다. 시민계급이 주로 동학과 기독교 계열에서 형성되었기 때문에 비록 그들간에 이질성과 차이가 존재하나, 종교적 정신과 민권·민족운동에서 보여준 자유와 평등의 시민정신, 그리고 자유와 독립의 민족정신이 나타날 수 있었다.

이러한 시민계급과 시민정신의 형성은 근세 유럽의 시민사회의 형성과 자본주의 초기에 볼 수 있는 형태와 유사한 점이 대단히 많다. 다만 제국주의의 지배하에서 변화된 형태로서 표출되었다는 것이 다르다.

우리나라의 시민정신은 민족지도자가 주도한 3.1 운동의 각종 선언서에서 잘 나타나고 있다.22)

---

21) 김구 자서전, 「백범일지」, 1968

<표 5> 독립선언서의 행동이념

	자유	독립	평화	민족	제국주의	평등	정의	주권	생존	국가
동경유학생	10	8	4	5	6	4	5	5	4	2
3.1 운동	2	4	2	4	1	3	1		1	1
浦潮	13	4	6	2	5	1	3	2	2	1
혼춘	8	10	7	4	1	1	3	2	1	
만주	7	8	3	5	3	5	2			
합계	40	34	22	20	16	14	14	9	8	4

봉건적 사회에서 찾아볼 수 없는 ‘자유’, ‘평등’, ‘정의’ 라는 시민적 개념이 많이 사용되고, ‘독립’, ‘민족’, ‘국가’ 란 개념을 많이 사용하고 있는데, 이것은 시민적 민족국가의 의식이 대단히 고조되어 있음을 의미한다. 그 밖에도 세계 속의 한국을 인식하여 세계와 동양의 ‘평화’를 많이 강조하고, 나아가 ‘제국주의’ 또는 ‘군국주의’의 침입이라는 세계사적 또한 정치경제사적 의미를 밝혀 내고 있다.

상기한 제 이념과 사상이 국내외를 막론하고 민족지도자의 공통된 지도정신으로 나타나고 있다. 특히 지도이념 가운데서 첫째는 자유와 독립을 가장 많이 강조하고, 둘째는 평화와 민족이며, 셋째는 제국주의와 평등 및 정의이다. 다시 말하면 일제로 부터 정치, 언론, 출판, 집회, 교육, 산업 등 여러 가지로 부터 자유가 박탈되었기 때문에 독립하고자 하며, 정의와 인도에 어긋나고 평등과 생존권 및 주권을 쟁취하기 위해서 제국주의로 부터 벗어나야 한다는 것이다. 나아가 동양과 세계평화를 위하여서도 민족자결에 의하여 자주독립이 속히 이루어져야 한다는 주장이다.

이러한 지도이념은 각 지역의 독립선언서에는 약간 질적 차이가 있다. 동경유학생들은 자유와 독립 및 반제의 정신이 강하고, 포조

22) 「월간 중앙」(1969년 신년호) 월간 부록에서 내용분석한 것임. 내용분석 방법은 ‘단어’와 ‘구절’의 의미상 빈도에 의해서 측정한 것임.

신한촌에서는 자유와 평화 및 반제, 그리고 혼춘의 대한국민의회는 독립과 자유 및 평화를 강조한다. 그러나 만주·시베리아의 민족지도자는 독립과 자유, 평등과 반제를 더욱 강조한다. 국내와 해외 독립운동을 비교하여 보면, 전자에 비해 후자가 더욱 적극적이고 진보적인 색채를 지니고 있다.

또한, 각 지역의 독립운동의 결의문을 보아도 커다란 차이가 있다. 국내의 3.1운동 선언서와 간도의 독립운동집회 선언문은 ① 배타적 감정을 버리고, ② 민족의 정당한 의사 표시, 그리고 ③ 질서를 존중한 행동을 하도록 되어 있다. 그러나 동경유학생의 독립선언문과 혼춘의 대한국민협회의 독립운동집회 선언서, 그리고 대한민족대표의 선언문은 ① 민족자결에 의한 자주독립과, ② 영구한 혈전을 선포하고 있다. 전자는 민족지도자의 행동지침이 '비폭력'과 '무서항'의 성격을 나타내고 있으나, 후자는 '폭력'과 '항쟁'을 강조한다.

민족대표 49인은 모두 조국이 일제로 부터 독립되기를 바랐던 것은 틀림없다. 그러나, 자기들이 참여한 3.1 운동의 성격에 대해서는 국권 회복을 위한 독립운동과 다르게 생각한 사람도 있다. 그들에 대한 일경의 조서에 의하면, 독립운동으로 생각한 사람이 33명이 있었고, 독립청원으로 여겼던 대표도 2명이 있었다. 나머지는 미상인데, 이 중에는 아직도 주체적인 민족의식이 결여된 사람이 있는 것 같다. 왜냐하면 검찰의 심문에 앞으로도 독립운동을 하겠느냐는 질문에, 계속하겠다는 사람이 민족대표자 33명 중 13명이고, 기회만 있으면 하겠다는 사람이 11명이 있었다. 그러나 나머지는 안하겠다는 사람이 2명이고 모르겠다는 사람이 4명, 그리고 미상이 2명이다.

민족대표에 대한 경찰 또는 검찰의 조사내용을 보면, 대부분 주체적 민족의식과 총독정치에 대한 불만을 토로하고 있다. 민족대표들이 왜 3.1 운동을 형성, 지도하였는가에 대해서는 민족독립과 국권 회복, 그리고 차별대우와 부자유라는 공통된 가치가 작용하고 있지만, 그들이 느끼는 욕구는 상이한 점이 있다. 물론 조서와 공판기록에서 3.1 운동을 일으킨 동기와 이념을 모두 찾아낼 수는 없지만, 거기에서 나타난 것을 추려보면 어느 정도 짐작할 수 있을 것 같다.

손병희는 당시 독립운동의 기운과 필요성의 인식, 그리고 학생운동의 실패를 막기 위하여 행동에 나섰다고 한다. 또한, 개인적으로 불만이 없었던 것은 아니다.

> 한일합방 때의 칙어에는 일시동인(一視同仁)이라 하였는데 합방 후 조선인은 항상 압박을 받고 있다. 그 일예로 나는 관청에도 상관이 없다마는 나의 의사를 채택하지도 않고 항상 구속을 당하고 요새 와서는 천도교당 건축에 대하여도 관청으로 부터 기부금 모집을 금지당하고 있어 마음이 편치 못하던 차 민족자결을 제창한 고로 지금 일어나게 되었다.[23)]

최린은 독립운동의 동기를 다음과 같이 밝혔다.

> 첫째, 조선민족의 생존권을 확장하자는 것이고, 둘째로 일본정부에 대하여 조선에 대한 정책을 회오케 하는 것이며, 셋째로 목하 강화회의에서 세계평화를 제창함에 제하여 이때 조선민중에 대한 열국의 동정을 일으킬 생각에서였다. 따라서 그 목적을 달하는 데는 조선도 민족자결, 즉 조선독립을 기도하여야 되겠다는 의도에서 이 운동을 시작한 것이다.[24)]

권동진도 손병희와 최린과 마찬가지로 Wilson 대통령이 발표한 14개 안을 보고서 독립할 생각이었다고 말하였다.

---

23) 손병희, 예심 조서
24) 최린, 경찰 신문조서.

병합후 일본 헌정대로 평등하게 취급한다고 하였지만 병합 후 10년간 실제 시정을 보면 그런 모양은 보이지 않고, 교육에서는 일본은 소학, 중학, 고등의 제도가 있지만, 조선은 보통학교, 고등보통학교라 하고, 여기에 실업 과목을 첨부하여 식민지의 열등한 교육을 시행하고 있으며, 지방제도에는 헌병이 함부로 무죄한 자를 처벌하여서 십중팔구는 다 죽을 지경이 되도록 하고 있는 상태요, 또 일본으로 부터 다수 민간인이 침입하여 토지와 가옥을 빼앗고, 조선인을 꾀어서 점점 만주나 시베리아 등지에 이주시키고, 그들을 보내는 형제는 자기들도 불과 수년전 이러한 운명에 빠지게 될 것이고, 그리고 조선인민이 일본에 동화할 수 없을 뿐만 아니라 금후 일본이 타국과 전쟁하려고 할 때는 조선이 일대 장애물이 되므로 일본이 압박하리라는 것은 명백한 사실이다.[25]

그들은 이에 대처하기 위하여 독립선언서를 발표하게 되었다고 하였다.

오세창은 독립운동의 동기로서, '현하의 시세는 민의를 존중하는 시대이고, 2,700여만명이 민족독립을 원하고 동경유학생들도 독립선언서를 발표하였기 때문'이라고 하면서 '조선인에 대하여 자유를 줄 것과 평등의 대우를 희망'하고, '교육정도가 낮고 출판, 언론, 집회의 자유를 받지 못하기' 때문에 총독정치에 불만이 있다고 하였다. 이것이 해결되려면 독립이 되어야 한다고 말하였다.[26]

이승훈은 천도교제에서 독립운동에 관한 이야기가 나오기 전 '원래부터 찬성하고'[27] 있었다. 그는 '미국대통령의 민족자결주의 이외에도 애란민족의 독립, 그리고 인도는 영국의 자결허락을 받아 강화회의에 대표자를 보낸다는 것을 신문기사에서 보고 조선의 독립을 계획하려고 생각했다'고 하였다. 또한 통감정치에 대해서도 '조선 사람에

25) 권동진, 예심조서
26) 오세창, 예심조서
27) 이승훈, 경찰 신문조서

대한 교육정도가 낮고 실업에 대하여서도 더 말할 수 없으며 조선 사람의 인격을 야만과 같이 취급하는데 불평이 있었다.'[28]고 하였다.

박희도는 민족적 차별을 다음과 같이 주장하였다.

조선이 예전에는 독립국이었는데 강제로 일본에 병합을 당하여 우리는 자유를 속박 당하고 권리를 박탈 당하였으며 병합 당시 일본인과 같이 자유와 교육과 생활을 동등히 한다고 하였으나 오늘날 여러 가지로 불합리한 것이 많으므로 독립해야 되겠다고 생각하였다. 일본인과의 차별은 교육에 있어 어린이들에게 일본말만 가르치고 종래의 조선말과 한국사 등은 전혀 안 가르친다든지 일본인은 조선에 오고, 조선인은 만주와 지나로 가고, 관리의 봉급에 있어서도 차별이 있다.[29]

여기에서 3.1 독립운동 지도자들의 거사 동기는 한일합방조약에 명시된 '일시동인'과는 달리 민족적 차별이 심하였고, 따라서 민족적 독립운동을 전개하였다고 말하였다. 이들의 주장은 첫째는 민족간의 자유와 평등, 즉, 민족정신에서 나오고, 둘째는 민족 내의 자유와 평등, 즉 시민정신에서 나오고 있음을 알 수 있다. 양자는 외세로 부터 해방됨으로써 해결될 수 있다고 생각한다. 비록 조서와 공판기록에서는 나타나지 않지만, 지도자들의 과거 민권운동에서 그들의 기본적 사상과 이념이 형성되어 있고, 하층민의 권익옹호와 민족적 차별에 대한 저항의식을 가지고 있다. 다시 말하면 대중의 일제에 대한 불평불만을 이해하고 전통적 신분질서의 타파를 위한 근대적 의식의 발로라 할 수 있다.

---

28) 이승훈, 예심조서
29) 박희도, 경찰 심문조서

4. 대중운동으로서 3.1 운동의 성격

1) 대중운동의 주도세력

3.1 운동 당시 3개월간 참가한 자는 모두 211개 부·군에 1천 542개 집회에 2백 2만 3천 98명이다. 이 중에서 국내에서 학살된 자는 모두 7천 509명이고 부상자는 1만 5천 961명이며, 체포·투옥된 자가 4만 6천 681명이라고 한다.[30] 3.1 운동 참가자는 경기도(서울)와 평안도 및 전라도에서 많지만 그 피해자는 평안도와 경상도에서 가장 많다. 거의 전국적으로 일어났다. 그러나, 일제는 체포된 자가 1만 9,525명이라고 한다. 약 2.4배의 차이가 있다.

<표 6> 3.1 운동 참여자와 피해자 수

	집회수	집회인수	사망인수	피상인수	피수인수	기타
경기도	291	662,900	1,449	2,964	4,680	15
황해도	115	92,670	238	414	4,218	1
평안도	303	503,370	2,041	3,613	11,449	712
함경도	89	59,750	137	1,567	6,206	2
강원도	57	100,510	144	636	1,360	
충청도	156	121,850	590	1,116	5,233	
전라도	222	290,300	384	767	2,900	
경상도	120	78,700	1,102	2,326	7,881	1
서북간도 및 화태도	51	42,400	34	157	5	
합계	1,404	1,952,450	6,119	13,560	43,932	731

(자료)「한국독립운동지혈사」, 1946
(비고) 기타는 소실된 민가 및 교회 등임.

그러면, 조선총독부가 밝힌 자료를 중심으로 3.1 운동 참가자의

30) 박은식, (하경덕 편),「한국독립운동지혈사」, 서울신문사, 1946, p.96
이 조사자료는 신문, 통신 및 개인의 자료에 근거한 것으로 참가인원수 이외는 신빙성이 있는것 같다.

직업을 표 7에서 본다.

당시의 한국사회는 농업사회이다. 그러나 16.4%의 비농업인구가 존재하고, 이들은 대부분 상공업과 공무 및 자유업 종사자이다. 그 만큼 근대적 사회발전, 즉 자본과 직업의 발달이 일어나고 있다.

3.1 운동에 참여하였다가 피체포된 자 중에는 역시 농민이 55.7%로서 가장 많고, 그 다음으로 학생(10.0%), 상인(8.3%), 공무자유직(6.8%), 노동자(5.1%), 공업자(2.9%)의 순으로 되어 있다. 무직자와 미상도 상당한 수인데 이들은 부랑노동자와 농민이 대부분인것 같다. 기소처분된 자도 피체자의 경향과 비슷하다. 기소된 자는 기미년 말 까지 피체자 19,525명 가운데 9,441명이다. 피체자 중에 약 반수가 기소 되었으나, 특히 노동자와 공업인의 비중이 높고 무직・미상자는 19.3%가 피소되었다. 만약 운동에 참가하였으면서도 체포되지 않은 사람까지 가산한다면 농민과 학생이 더욱 많을 것이다.

<표 7> 3.1 운동 참가자의 직업구성

	농업	어업	공업	상업	공무및 자유업	노동자	무직 미상	학생	종교인	합계
전국 호구	2,634,732 (83.6)	41,843 (1.3)	67,992 (2.1)	204,163 (6.5)	57,404 (1.8)	103,068 (3.3)	43,026 (1.4)			3,152,223 (100.0)
체포된 자	10,864 (55.6)	50 (0.3)	555 (2.9)	1,624 (8.3)	1,326 (6.8)	998 (5.1)	1,683 (8.5)	1,936 (10.0)	489 (2.5)	19,525 (100.0)
처벌된 자	3,461 (54.0)	5 (0.1)	217 (3.3)	693 (10.8)	427 (6.7)	212 (3.3)	325 (5.0)	634 (9.9)	443 (6.9)	6,417 (100.0)

(비고) 1) 전국 호구는 「조선총독부 통계연보」(1920년도)
2) 피체포자는「조선총독부 조사자료」(제 10집)
3) 피처벌자는「조선총독부 소요사건보고」(임시보 제 22호)

여기에서 우리는 체포된 자의 산업별 직업만으로서 정확한 계층 및 계급구성을 말하기는 힘드나, 그들의 직업성질로 보아 주도계층을 추정할 수 있다.

전체 인구는 압도적으로 농민이 많지만, 체포된 자의 직업을 본다면 다른 직업계층에 비하여 많은 비율이 참여하지는 않았다. 오히려 학생, 교사, 상공업자, 종교인, 공무자유업자 및 노동자들이 상대적으로 더욱 많이 체포되었다. 농민은 계급의식이 즉자적 상태에 놓여 있었기 때문에 적극적인 참여를 보여주지 못한 것이 아닌가 한다. 상기한 농민층 중에서 다수가 서당에서 교육을 받은 학생층일 것이다. 다시 말하면, 민족운동의 주도세력은 사회의식과 민족의식이 발달된 지식층(학생, 교사, 종교인, 공무자유업)이고, 주체세력은 대중운동으로 전개되면서 농민과 소상공업자 및 노동자인 것 같다.

교사와 학생들이 적극 참여했다는 것은 82명의 중 · 고등학교 교사와 337명의 보통학교 교사, 그리고 135명의 전문학교생, 973명의 중 · 고등학생, 818명의 보통학교생들이 참여했는데, 이것은 전체 학생과 교사의 구성에 비하여 상급생 일수록 대단히 높다. 공무자유업도 면서기, 면이장, 의생들이 많고, 노동자도 고용인, 일용, 노비가 대부분이며 무직자가 1,053명이나 되는데, 여자는 75명 뿐으로 이것도 대부분 부랑노동자인 것 같다.

그 당시는 상공업이 아직도 가족 노동 또는 가내수공업적 특성이 강하고 직업분화가 제대로 되어 있지 못하였기 때문에, 비록 상공업자라 하더라도 준노동자 또는 농민적 성격을 띠고 있었을 것이다. 상공업의 성질을 보아도 주로 잡화상, 곡물상, 음식점 그리고 이발업, 피혁, 의복제조업, 세탁업, 금속기계업에 종사하는 사람들이 주로 참여하였다.

기소 · 처벌된 인사 가운데서도 농민이 많다는 것은 민족의식이 대자적 상태에 놓여 있는 것을 의미한다. 그리고 상공업 종사자가 많은데, 이것도 영세하거나 상공업노동자와 같은 지위에 놓여 있었을 것이다. 그 밖에 학생, 종교인, 공무자유업에 종사하는 사람은 당시의 지식계급일 것이고, 농민층에서도 다수의 전통적 지식인이 포함되어 있을 것이다.

이와 같이 3.1 운동의 대중운동화 과정에서는 지식계급과 농민, 노동자가 공동전선을 편 운동형태로서 나타나고 있다.

이러한 것은 각 지방의 민족운동에서도 잘 나타나고 있다. 대구, 개성, 대동, 강서, 영덕 그리고 남원지방의 운동과 각 지방장관의 민정보고에서도 찾아 볼 수 있다.

대구운동[31]은 이만집(목사)과 김영서(장로, 교사)가 주동이 되고, 신도와 학생들이 중심이 되어 일으킨 것이다. 이만집은 서울에서 온 이갑성(민족대표)의 영향을 받았다. 기소된 자는 대부분 학생, 교사 그리고 목회자이지만, 상당수의 상공업자와 농민들이 호응했다는 것을 알 수 있다. 더욱 지방(농촌)으로 가면 의식화된 농민층, 즉 전통적 지식인이 주도적 역할을 하고 있다. 개성운동[32]은 허주(이장)가 서울 및 각 지의 독립운동을 보고서 농민들과 함께 일으킨 것이다.

<표 8> 지방 3.1 운동 주동자의 직업

	학생	교사	도사	목사	장로	의사	사무원	이장	농업	제조업	승려	상업	기타	미상	합계
서울	2	7	12	11	6		6				2		3		49
대구	46	8		2	4	2			6	3		2	3		76
개성									17						17
대동강서									18						18
영덕						1		3	76	5		2		6	93
남원							2		4						6

대동강서운동[33]은 송성근(목사)과 임이걸(농업)이 주동이 되었지

31) 대구만세시위사건 판결문
32) 개성만세시위사건 판결문
33) 대동강서만세시위사건 판결문

만, 주로 농민의식층이 주동이 되어 일으킨 것이다. 영덕운동은 김세영(교회조사, 농업)이 서울에서 각지 독립운동의 상황을 견문하고 충격을 받아 권태원(구세군, 농업)과 정규하(교회조사, 농업)와 상의하여 기독교도와 농민(2,000여명)을 중심으로 장날에 거사하였다. 이 운동의 주체세력은 농민의식층이 절대 다수이고, 상공업자가 있지만 공업자는 농업에 종사하는 가내 수공자이다. 영덕운동[34]은 이장과 머슴들도 참가하고 양반들도 합세했다. 남원운동[35]은 다른 지역과는 약간 달라서 현직 면직원이 주동이 되어 식목일을 이용하여 농민들(800여명)과 함께 일으킨 것이다.

이것을 보면, 도시의 대중운동은 교사 또는 종교인이 주동이 되고 학생, 농민 및 노동자들이 합세하여 발전시켰으며, 농촌의 경우는 학생 또는 신도들이 주동이 되어 농민층을 조직하고 있다. 한 예로서 대구의 경우를 보면, 기소된 자(76명) 중에 대구 출신은 31명이고, 나머지는 같은 도 타군 출신이 36명, 그리고 타도 출신이 8명이다. 대구 이외의 농촌지역 출신이 43명이나 되는데, 농촌 출신 학생들이 귀향하여 농촌지역의 독립운동을 주도하게 되었다.

지방장관의 민정보고에 의하면 각 지방에 따라 불평불만을 가진 사회계층에 관한 보고 내용이 약간 상이하다. 평안북도[36]와 함경북도[37]에 있어서는 기독교, 천도교 및 학생들이 중심이 되었고, 전라북도[38]와 경상남도[39](하동, 언양) 및 황해도[40]는 '중산층 이상 또는 양반, 실업가'들이며, 함경남도[41](원산)는 '중산계급 이하'라 한다. 특

34) 영덕만세시위사건 판결문
35) 남원만세시위사건 판결문
36) 국사편찬위원회, 「한국독립운동사」, 제 2권, p.847
37) 상게서, p.847
38) 상게서, p.872
39) 상게서, p.872, 883, 언양 3.1 운동의 지도자는 본 서 제 4장 3절 참조.
40) 상게서, p.850

히 황해도와 전라북도 및 함경북도는 '지식계급'의 불만이 컸다고 한다.[42)]

이것을 보아서, 당시의 불만계층을 어느 계층이라 말하기는 어렵다. 왜냐하면 민정보고에서도 각 지방에 따라 주도계층이 상치되는 점이 있고, 더욱이 지방의 유력자와의 접촉에서 얻은 정보가 많기 때문에 모든 사회계층의 동태를 정확히 반영했다고 말하기는 어렵다. 그러나 민정보고 내용의 공통점으로 보아 지방의 중산층 이상과 지식계급이 당시의 사회계층의 이익을 표현하고, 또한 불만이 많다는 것을 알 수 있다. 특히 평야지역에서는 '동척 이민'과 '소작료'에 대한 불만이 많은 것으로 보아,[43)] 농민의 이익의 표현되어 있지 않지만 잠재되어 있는 것이다. 도시에서는 '한국상인의 개점 휴업하는 자가 속출하고, 그 결과 상인의 매입이 중지되고 있으므로 시황이 자못 침쇠하고 금융도 점점 활기를 잃는 것 같다'[44)]고 한다. 또한 학생 등의 출석률도 나쁘다. 서울에는 출석률이 89%이고(4월 15일), 평양에서는 60%이다.(4월 11일)[45)]

이와 같이 모든 사회계층이 일본 식민주의에 대한 커다란 불만을 가지고 있었고 이것을 중 또는 상위계층과 지식계급이 농민을 조직하여 계급이익, 즉 민족이익을 표현하고 있다.

---

41) 상게서, p.839

42) 충청남도의 일반관공리는 봉급이 일인과의 뚜렷한 차액이 있고 한인관리를 소사시 한다는 것이고, 경찰관과 헌병보조원은 승진의 개방과 순사보의 폐지, 봉급의 차이가 불만스럽다는 것이다. 양반유생은 사민불평등과 교육문제, 그리고 부호 및 유력자는 과중한 세제와 공동묘지 등에 불만을 갖고, 일반 농민은 부역이 많다고 투덜된다.(김정명 편, 「조선독립운동」 제 1권, pp.660~661)

43) 국사편찬위원회, 전게서, p.874

44) 상게서, p.864

45) 상게서, p.859

2) 대중운동의 지도이념

대중운동의 주체세력이 농민과 지식인 및 소상공업자로 구성되어 있기 때문에 거기에서 민족운동의 지도이념을 찾아볼 수 있다. 아직도 상공업자본이 발달하지 못하였기 때문에 전통적 토지자본에 얽매여 있던 농민층, 즉 대부분의 영세소작농이 주체적 운동세력을 형성하였다. 그리고 근대적 교육제도와 전통적 가내 수공업 및 일제의 상공업자본에 의해서 형성된 지식인 및 상공업자들도 민족운동에 적극 참여하였다. 다시 말하면 이들의 계급의식 및 민족의식이 민족운동의 지도이념이 되었다.

농민들은 1910년대의 토지조사사업으로 말미암아 대량으로 소작농화 되어 반봉건적 굴레를 벗이나지 못하고, 오히려 새로운 지배세력인 일본의 토지회사(예, 동양척식회사 등)와 봉건적 지배세력 즉 지주에 의해서 수탈되었다. 또한 농민들의 전통적 생활양식과 가치관에 배치되는 제 법령이 일제에 의해서 발동 되었다. 예를 들면, 공동묘지, 주세, 지세와 같은 조세 법규를 제정하여 정신적으로나 물질적으로 농민을 압박하였다.[46]

3.1 운동에 참여한 농민들은 '서당출신 생도'들이 대부분일 것이다.[47] 왜냐하면 1920년의 소작쟁의건수가 15건에 4,140명이 참가한 것을 보면 농민의 계급의식이 아직도 즉자적 상태인 것 같다.[48] 물론 과잉 농업노동인구와 상공업의 미발달은 비록 지주와 소작인간 갈등이 존재하였다 하더라도 대자적 상태로 발전하지 못한 것 같다.

---

46) 상게서, pp.885, 887, 842, 885

47) 1919년 근대적 교육기관인 학교수는 1,797개이고, 학생수는 121,228명이며, 교사는 5,065명이다. 그러나 전통적 교육기관(서당)은 13.4배가 많고, 학생수는 4.8베이며, 교사는 4.7배가 더 많다.(김영모, 전게서, p.94)

48) 조선총독부, 「조선의 농업」, 1930

또한 향반도 '왕시에 상당한 세력을 가졌는데 합방 이후 세력을 실추한 것으로 크게 불평하고[49]' 노비와 일용노동자들도 봉건적 신분으로 부터 해방하기 위하여 몸부림치고 있었다.

지식인의 불만은 '일선인을 구별하고 그 대우를 달리하며'[50] 관계와 학계의 차별에서도 나타난다. 관계에서는 '일선인을 구별하여 소학교와 중학교에 한인 입학을 불허 하였다.'[51]고 한다.

상공업자들의 불만은 일제의 금융자본의 압박에서 비롯한다. 가내수공업적 기업이 현대적 공장제 공업에 의하여 압도되고 일제의 사업, 고리대 자본에 의해서 영세한 가내 상공업은 몰락되고 만다. '선상인(鮮商人)의 폐점 휴업', '선상점포의 폐쇄', '상거래의 중지' 그리고 '불매운동'에서도 상공업자들의 민족의식을 찾아볼 수 있다.[52]

노동자는 근대적 기업의 초창기인고로 아직도 계급행동이 일어날 수 있을 정도록 강력한 조직과 계급의식이 성숙하지 못하였다. 3,1 운동에 참여한 노동자는 약 반수가 노비, 일고, 인부들이고 나머지는 무직자들이기 때문이다. 그러나, 이들은 봉건적 신분질서에 대한 반항과 자본가에 대한 적개심, 그리고 일제정치에 대한 반감을 가질수 있는 사회계층이다.

또한, 상공업자도 준노동자적 성격을 많이 가지고 있는데, 이들의 계급의식이 다른 사회계층에 비하여 격렬할 것으로 생각한다. 비록 당시의 상공업노동자가 전체적으로 보아서 즉자적 계급의식을 지니고 있었겠지만, 1919년에 일어난 노동쟁의를 보아서 대자적 계급의식이 상당히 존재하고 있었는 것 같다. 즉 1919년의 노동파업 건수가 84건이고, 참가노동자는 17,394명인데, 그 중에서 한인 노동

---

49) 국사편찬위원회, 전게서, p.883
50) 상게서, p.844
51) 상게서, p.845
52) 상게서, pp. 864, 865, 863

자가 8,383명이다.[53] 당시의 노동쟁의가 대부분 저임금(90.5%)과 차별대우(4.5%) 때문인데, 이것은 한인 노동자와 일인 노동자 간의 차별에서 나왔고, 또한 자본가와 노동자간의 이해관계에서 나온 계급갈등(적개심)을 의미한다.

이러한 것을 보아서, 농민과 노동자들은 계급갈등을 지니고 있었지만, 그들의 지배자가 주로 일인들이기 때문에 오히려 민족적 갈등이 작용하였다. 상공업자들은 시민의식이 개화되기도 전에 일제에 의해서 지배를 받게 되어 민족대립이 나타나게 되었다. 다시 말하면 반식민주의 또는 반금융자본주의(토지자본 및 상공업자본)에의 저항운동으로서 민족의식이 응결된 지식계급은 일반적으로 어느 특정의 계급이익을 대변하지 않지만 그들의 민족적 이익과 대립은 일제 식민주의에 대항하는 민족의식의 형태로 존재하였다.

당시 민족지도자의 지도이념은 '비폭력' 또는 '무저항'이지만, 운동과정이 대중화 하면서 '폭력' 또는 '무력투쟁'으로 발전되었다. 이러한 운동전개는 일제의 총검에 의한 진압과 무자비한 학살 등의 비인도적 만행에 대한 대응조치로서 나타난 형태이다. 일제의 군국주의적 식민정책에 대한 저항운동은 평화적 방법에 의해서는 불가능하고 오로지 '폭력' 또는 '무력투쟁'에 의해서만 가능하다는 것을 실증하여 준다.

3.1 운동에 참가한 사람은 모두 2,023,098명이고, 집회수는 1,542회이며, 참여한 부군은 211개 지역이다.[54] 이것은 당시의 행정구획(부군)이 230개 지역인것과 비교하여 본다면 전국적 수준에서 일어났음을 알 수 있으며, 전체 성인 인구의 1/4에 해당한다는 것을 알 수 있다.

---

53) 「조선경찰개요」
54) 박은식, 전게서, p.96

<표 9> 3.1 운동의 폭력성

성질 / 종류	폭력	비폭력	합계
집회수 (%)	290 (27.2)	776 (72.8)	1,066 (100.0)
참가자 (%)	299,751 (37.5)	497,900 (62.4)	797,651 (100.0)

(자료) 김정명 편,「조선독립운동」(1분책)에서 작성.

<표 10> 3.1운동의 사상자

내용 / 민족	사망자	부상자	합계
한인 (%)	357 (30)	802 (69.2)	1,159 (100.0)
일인 (%)	9 (7.1)	117 (92.9)	126 (100.0)

(자료) 김정명 편,「조선독립운동」(1분책)에서 작성

일본측의 통계에 의하더라도(표 9 참조), 4월 10일까지 운동의 집회수가 모두 1,066회이고, 참가인수는 모두 797,651명인데, 운동의 종료기 까지 계산 한다면 상당히 증가할 것이다. 일본측 자료에 의하면 운동의 성격에 있어서 폭력화된 것은 전체 집회의 27.2%이고, 전체 참가인수의 37.5%에 해당한다. 이것은 대중운동이 점차 폭력운동으로 전개되었다는 것을 말하여 준다. <표 9>를 보면, 3.1 운동이 비폭력성이 컸다는 것을 알 수 있다.[55] 특히 평북, 충북, 충남, 경기지방에서는 비폭력운동 보다 폭력운동이 점차 더 심해졌고, 비폭력운동이 많은 것은 전남북, 강원, 황해, 평북지방이다.

민족운동의 전개과정에서 한인측의 인명피해는 일본측에 비하면 막심하다. 전자는 사망자가 357명이고, 부상자는 802명이다. 이에 반하여 후자는 사망자가 9명이고, 부상자는 117명이다.(표 10 참조) 건물피해는 47개의 교회당이 소실되고, 2개의 학교와 715호가 소실되었지만,[56] 일본측은 87개의 경찰관서, 72개의 헌병대, 77개의 군・면사무소, 15개의 우편소 및 기타 27개소가 피해를 입었다고 한다. 일측의 인명 피해는 주로 경기, 황해, 경남북, 평남북 그리고 충남북

55) 「한국독립운동사」 2권에 수록된 폭력운동과 비폭력운동의 구성비율은 오히려 전자가 많다.(박성수, '3.1 운동에 있어서 폭력과 비폭력', 동아일보사, 전게서)

56) 박은식, 전게서, p.96

지방에서 심하였고, 전남북과 함남북 지방은 덜 심하였다.[57] 이것을 보면 민족운동이 경기, 황해, 경남북 지방에서 격렬했음을 말할 수 있다. 이 밖에도 황해와 시베리아 지방의 민족지도자와 대중은 무력 항쟁을 통한 조직적 독립운동을 전개시켰다.

이러한 것을 보아서 대중의 민족독립운동은 민족지도자의 지도 방향인 '비폭력', '청원', '의사표시'에서 그치지 않고, 군국주의에 대항하여 스스로 독립을 쟁취하기 위한 '폭력운동'이었음을 말하여 준다. 그러나 폭력행동만으로써 독립을 쟁취하려는 것만은 아니었다. 비폭력운동을 통해서 일제를 꺾으려고도 하였다. 예를 들면, 일제에의 비협조를 대중운동으로 발전시키려고 하였다. 당시의 각종 격문과 민정보고에서도 많이 찾아 볼 수 있는 바와 같이, '휴학 단행', '개점', '납세 반대', '국산품 애용', '예금 인출', '일인과의 상거래 중지', '관공리 사직권고' 등과 같은 소극적 방법에 의해서 일제를 궁지에 몰아넣어려고 하였고, 독립운동을 위한 '모금', '시위', '만세', '관공리의 사퇴', '독립단 조직' 등의 적극적 방법을 추진하기도 하였다.[58]

이와 같이 민족독립운동은 각 지역마다 대중운동의 발전에 따라 성격이 달라지고 있으나, 지방도시와 농촌지역에서는 독립운동이 성공한 것으로 생각하는 곳도 있다. 함경북도 장관보고에 의하면, 다음과 같이 지적한다.

길주군 관내에서는 농사통계 때문에 출장 가 보니 조선은 이미 독립되었는데 너는 어느 나라의 국민인데 어떠한 조사로 왔느냐고 협박을 주는 자가 있었고, 명천부에서는 한국은 이미 독립하였으므로 동계(洞契)도 공동

57) 조선총독부, 독립청원운동에 관한 건.
58) 김정명 편,「조선독립운동」제 1권 분책, pp.293~298와「월간 중앙」별책 부록.

묘지에도 매장할 필요가 없고 도축신고를 하지 않고 장제용의 돈을 도살하고 또 산간부락에서는 세금을 납입할 곳이 없다고 하여 납입하지 아니하는 자가 있다.[59]

이와 같이 조선이 독립되었거나 또는 곧 독립될 것이라고 믿고 있는 사람이 1919년 8월 19일 경에도 대단히 많았던 것 같다. 경남의 부산과 언양, 경북의 김천, 강원도의 금성, 평남의 성천, 강동 그리고 평북의 의주 등지에서도 다수인이 그렇게 믿고 있었다.[60]

이러한 것을 보면, 다수의 민족대중은 3.1 독립운동이 성공한 것으로 여겼다.

5. 결 론

3.1 운동은 정치경제사적 발전과 사회계층구조에 조응하여 나타났기 때문에 그 운동의 성격은 3.1 운동 이전과 이후의 발전되어가는 것을 고려하여 규정하여야 할 것이다.

3.1 운동 전후의 역사적 맥락은 조선 말기에서 비롯된 하층 중심의 민란, 동학혁명, 의병운동과 상층 중심의 실학, 개화, 독립협회, 애국계몽운동에서 찾아 볼 수 있는 것이다. 그러나 3.1 운동의 계층분석은 운동이 현재적으로 나타날 수 있었던 기간의 내용분석으로서도 어느 정도 파악이 가능하리라 생각한다.

저자는 3.1 운동을 우리나라의 사회사적 특수성을 고찰하여 민족운동의 주체세력을 지배층과 대중으로 양분하여 놓고, 이들의 사회적 기원과 구조 및 이념을 분석·파악하여 보려고 하였다.

---

59) 국사편찬위원회, 「한국독립운동사」, 제 2권, pp.842~843
60) 김정명 편, 전게서, pp.42~49

저자가 몇가지 측면에서 본 결과는 3.1 운동이라는 것이 민족사, 정치경제사 및 사회문화사 등 여러 가지 분야에 있어서 커다란 의미가 있다는 것이 새삼스럽게 느껴진다.

3.1 운동은 지식계급이 농민과 상공업자와 함께 연합전선을 펴 반식민지 민족독립운동이다. 당시의 지식계급은 민족지도자를 형성하고 그들은 종교지도자와 학생 및 교사들로 구성되었다. 농민층에 있어서도 전통적 교육을 받았던 농민의식층이 주도적 기능을 수행하였고, 상공업자의 주체도 한말의 관료 또는 중인이었기 때문에 그들은 전통적 교육을 받았던 지식층이다. 따라서 3.1 운동은 '지식계급의 혁명'이라고 말할 수 있겠고, 나아가 그들의 사회적 배경과 의식변동을 보아 '시민혁명'의 성격을 띠고 있다.

민족지도자의 사회적 기원은 중인계급에서 찾을 수 있다. 중인계급 중에 역관이 기독교, 즉 외래문화를 수용하였고, 아전이 천도교 즉 토착문화를 형성하였다. 이것은 한말에 있어서 중인계급의 정치적 참여를 가능케 한다. 그들의 정치적 참여는 전자가 지배층과 연결되고, 후자가 피지배층과 연결되어 일어날 수 있는 것이다. 또한 이들은 근대적 주요 동력인 상공업자본과 결부되어 있음으로 해서 동시에 근대 시민(bourgeoisie)의 성격을 지니고 있다.

여기에서 민족지도자의 지도이념이 나타날 수 있는 것이다. 그들이 보여준 민권투쟁에서 민족지도자의 '자유 · 민주 · 독립'의 시민의식과 민족의식이 형성, 표현되었다. 이러한 시민정신과 민족정신은 소상공업자에게도 존재한다. 그들의 사회적 배경이 민족지도자와 유사하기 때문이다.

농민들은 민족지도자의 사회적 기원과 의식형성의 배경과는 판이하다. 농민들의 사회의식 및 계급의식은 전통적으로 즉자적 상태에 놓여 있었다. 오히려 전통적 교육을 받았던 농민의식층, 즉 이들의 사회적 배경이 대부분 농촌 양반·유생 및 중산층 이상인 자제들이기 때문에 농민의 계급의식 보다도 농민의 민족의식이 더욱 강렬하였던 것 같다.

노동자계급도 대부분 피고용인·노비·일고·부랑노동자 및 무직자들이기 때문에 독자적 계급의식이 성숙되지 못하였고 농민적 성격이 강한 것 같다. 당시는 노동자계급이 양적으로나 질적으로나 성숙되지 못하였다.

이와 같이 일제하의 3.1 운동은 모든 사회계층의 계급의식이 민족의식 보다 선행되지 못하였고, 아직도 근대적 사회계급이 형성될 정도로 사회분화가 이루어지지 못하였기 때문에 계급운동으로 발전하지 못하고 민족운동으로서 나타나게 되었다. 사실상 민족운동의 주체가 지니고 있는 시민의식 속에 기본정신이라고 할 수 있는 민족주의와 민주주의가 응결되어 있는 것이다.

여기에서 3.1 운동이 지니는 여러 가지의 사회학적 의미를 찾아볼 수 있다. 즉, 3.1 운동은 사회구조와 사회변동상의 여러 의미를 제외하고서라도 '역사·민족·계급·근대·자본·자유·평등·독립·반제'라는 제 개념에 대한 근대적 자각과 주체적 운동을 전개시켰다. 3.1 운동은 비록 이질적 사회계층에 의해서 추진되었지만, 동질적인 민족의식에 의해 모든 사회계층이 통합되었고, 이러한 통합은 지식계급에 의해서 이루어졌다. 모든 사회계층의 연합전선은 '교육'이라는 사회적 요인에 의해서 연결되었다.

제 4장 미군정하 경남 울산지방의 정치갈등과 농민항쟁

1. 서 론

저자가 어릴 때 빨치산에 대하여 듣고, 보았던 참혹한 사건들이 잊혀지지 않는다.[1] 이러한 참사가 우리나라 현대사에서 동족간 왜 일어났는지, 그리고 그들은 누구인지를 알고 싶었다.

미군정하 빨치산들은 단순히 울산군 서부 5개면에서만 일어난 것이 아니라 우리나라의 전국적인 현상일 것이며, 더욱이 중앙(서울)과의 관련 속에서 규명되어야 제대로 이해할 수 있을 것으로 생각하였다.

그리하여 먼저 미군정하 중앙(서울)의 정치갈등(좌 · 우익의 대립)을 탐구하여 보았고,[2] 나아가 경남도청 소재지인 부산시의 경우도 고찰하여 보았다. 이와 같이 중앙과 지방의 정치적 연계속에서 울산군민의 좌 · 우익 대립과 갈등을 일차적으로 밝혀 본다.

해방후 울산지방의 좌 · 우 대립은 그 지도자들이 농촌(5개면)과

---

1) 저자가 초등학교 6학년 때 이른 새벽 과외 수업하러 학교에 갔는데 군 토벌대(3사단 23연대)가 밤새 인근 산에서 붙잡아 온, 오랏줄에 묶인 남루한 한 옷차림의 빨치산(남, 여)들을 스리쿼타에서 끌어낸 후 학교 뒤 대밭에서 살해하고, 또한, 언양 장날 정오경 흰 한옷 두루마기를 입은 장꾼들이 구경하느라고 빙 둘러 쌓인채 빨치산 신석구를 일본도와 대창을 사용하여 참수한 장면을 보았다.

2) 김영모,「한국권력지배층연구」, 고헌, 2009, 제 1장, 제 1절

도시(읍내)의 사회세력(주로 농민과 관공리 및 상공업자)에 기초하여 있기 때문에 해방후에 나타난 정치적 이념(좌 · 우익)과 경제정책(미곡수집령, 농지개혁 등)의 영향을 받지 않을 수 없었다. 이러한 이념과 정책의 결과로 지방에서도 좌 · 우익의 정치갈등이 심하였고, 이들에 대한 정부 및 군경의 토벌로 농민저항이 대단히 심하였다.

그리하여 저자는 해방후 미군정하에서 일어난 지방의 정치갈등과 농민항쟁을 주로 경남 울산지방(특히 서부 5개면)을 중심으로 고찰한다.[3)]

울산지방의 좌 · 우익과 농민저항에 대한 자료는 주로 문헌조사(군지와 읍면지 등)와 출향 및 재향인사들과의 면담을 통하여 파악한다.

2. 경남지방의 좌 · 우익 대립

미군정청은 환국한 상해 임시정부와 건준의 조선인민공화국(인공)을 부인하고 독자적인 군정체제를 수립하였다. 이러한 정국에서 가장 유리한 정치세력은 이승만(독촉)과 한민당(김성수)이다. 그런데 지방에서는 해방 직후 미군정을 선포하기 전에 이미 전국적인 조직을 확립한 건준의 인민위원회가 가장 강력한 정치세력이 되었다.[4)]

이와 같이 중앙과 지방간에 정치세력이 대립하고, 이념적 사회적 갈등이 전국적으로 일어나고 있었다.

1945년 11월 20일 개최된 전국 인민대표자회의 의사록을 보면,

---

3) 울산 서부 5개면(언양면, 상북면, 삼남면, 두서면, 두동면)은 1905년 일제가 울산군에 통합시키기 전에는 언양현(군)으로 독립된 행정권(생활권)을 형성하였다.

4) 브루스 커밍스(김주환 역), 「한국전쟁의 기원」 下, 청사, 1986, 제 9장 참조

남한에서 대다수의 도 · 시 · 군, 그리고 읍 · 면에서 인민위원회가 조직었고,(표 1 참조) 각 군에서 통치기능을 수행하고 있는 경우 전체의 50%(66개 군)가 된다고 한다.[5] 울산군의 경우 군 · 면 단위 뿐만 아니라 리단위 까지 위원장이 있었다. 경남 울산군의 군인민위원회는 조직되어 있으나 그 통치기능이 매우 약한 것 같다. 그러나 산촌에는 마을 인민위원회와 농민조합의 활동은 매우 활발하였던 것 같다.[6]

<표 1> 전국 인민위원회 조직 상황표

	전국 총수	38도선 이남			38도선 이북		
		총수	기조직	미조직	총수	기조직	미조직
면	2,244	1,680	1,667	13	564	564	
읍	103	75	75		28	28	
도(섬)	2	2	2				
군	218	148	145		70	70	
시	22	12	12		9	9	
도	13	9	7		7	6	1

(비고) 38도선 이북은 경기 북부, 황해 남부, 강원 북부 지역을 말함.
(자료) 「전국인민위원회 대표자대회의 의사록」, 1946

1946년 중반 전국농민조합총연맹이 집계한 농민조합은 시 · 군지부는 188개이고 면지부는 1,742개, 리지부는 25,378개이며, 조합원수는 2백 66만 2천 964명이다.[7]

한편, 친일적인 지주세력을 중심으로 한 한민당과 새로 정치세력화 된 관료(면장 등) 및 상공인 중심의 대한독립촉성국민회가 각 지방(시 · 군)에 나타나게 되었다.

이러한 지방 정국에서 인민위원회는 미군정청(군 · 경)과 대한청

---

5) 상게서, 上 청사, 1986, 제 9장 참조.
6) 울산군 인민위원회의 주요한 세력기반은 농민조합이었고, 면 단위에서는 양자간 구별이 어려울 정도였다.
7) 민주주의 민족전선 편, 「조선해방 1년사」, p.167, 문우인서관, 1946

년단 및 서북청년회 등의 탄압을 받아 몰락하게 되었고, 이승만계 독촉국민회와 김성수계의 한민당이 반탁운동을 계기로 보수세력이 연합하여 이에 대처하여 갔다. 지역 인민위원회를 약화 시키는데 주도적 역할을 한 군·경은 도지사로 부터 경찰권을 이관 받은 경무국과 주로 일본군과 만주군 출신으로 구성된 국방경비대이다.[8] 그런데 인민위원회는 이미 농촌청년 중심으로 뿌리가 내려 반미, 반정부 세력화 되었으며, 따라서 독촉국민회와 한민당은 농민들과 유리된 채 읍, 면 사무소 소재지역의 지배적인 정치세력이 되었다.

이러한 상황에서 중앙의 영향을 받는 경남 울산지방의 좌·우익 대립이 미군정청과 이승만 정권하에서 어떻게 전개되어 가고 그 특징이 무엇인가를 고찰하여 본다.

해방 직후 서울에서는 정치지도자들이 이합집산 또는 좌우협상을 전개하였다. 미군정과 친일 우익단체는 건준과 임공을 부인하면서 지방조직을 강화시켜 나갔지만 건준과 인민위원회는 이미 전국적인 지방조직이 거의 완성되었다.[9]

경남의 부산지방은 중앙의 정치적 영향을 받고 있으나 경남지방의 건준은 해방 직후 상당한 준정부로서 영향력을 행사하였다. 부산

---

8) 경무국(국장 조병옥)과 수도경찰청(청장 장택상)의 요직에는 일제시 경찰 출신이 임명되었다. 일제 말기 한인 경찰은 모두 10,619명(전체의 39.8%)인데 경부 이상은 127명이고 대부분 순사부장 또는 순경(96.7%)이다. 1947년 1월 남한 경찰의 21.0%가 이북출신이다. 그리고 국방경비대(대장 이응준, 채병덕, 백선엽, 정일권)는 초기 월남한, 일본군 출신(87명)과 만주군 출신(21명)이 대부분 차지하고 광복군 출신은 2명이다.

9) 1946년 인민위원회는 전국의 도, 시, 군, 읍, 면, 섬에 거의 모두 조직되었고 지배적인 군은 51%가 된다. 그리고 전평 산하 노조는 1,680개 분회에 조합원이 57만 4475명이고(남자는 75%) 전농의 경우 1,745개의 면지부와 25,288개의 리부락반에 조합원이 32만 3197명이라고 한다.(정일준, 해방직후 분단국가 형성과정에 대한 일고찰, 「해방직후의 민족문제와 사회운동」, 문학과 지성사, 1988, pp.131~134)

과 경남지역의 초기 건준에는 일제시 관공리와 협력인사를 제외한 좌익 뿐만 아니라 우익인사가 망라되었다. 그러나, 경남의 각 시, 군에서는 일제시 항일 독립운동을 한 좌익인사가 주도권을 장악하였다.[10)]

1945년 11월 24일 전국인민위원회대표자대회 확대 집행위원회에서 윤일 위원장은 경상남도 정세보고에서 다음과 같이 소개하였다.

1945년 10월 5일 도 인민위원회 결성 후 친일파 민족반역자의 모략적 역선전으로 인하여 20군 3시 중 20군의 행정기관을 접수하였던 것을, 미군정이 탄압책을 쓰기 시작하여 김해, 협천, 양산, 울산, 거창, 함양, 산청의 7군에서는 동지 약 50명이 미군헌병에게 검속되었으며 양산, 김해에서는 미군의 명령으로 인민위원회가 해산을 당하였고 통영에서는 미군과 민중이 충돌하여 미군의 발포로 1명 즉사, 약 3백명의 검속을 보았다. 기타 거제, 하동, 밀양 등지에서는 절대 협조 중인데 특히 거제에서는 8월 15일에 행정기관을 모두 접수하고 친일파 및 일본인의 죄악을 일일이 조사 취조하여 미군정에 제출한 바 매우 호감을 갖고 있고, 치안이 절대 보호되어 있으므로 미군이 드디어 철퇴하였다.[11)]

그런데 건준이 경남도청의 접수를 실패하고(信原지사 반대) 건준 경남 대표자대회에서 인민위원회로 명칭 변경을 시도한데 대한 불만으로 김철수(양산 출신, 부산상고, 2.8독립선언 참여, 게이오대 이재과,

---

10) 전남지방의 군 건준 위원장은 ① 3.1운동(7명), ② 광주학생운동(9명), ③ 신간회 민족통일전선(7명) 관련자이고, 또 ④ 투옥 경험자도 15명이 된다. 그리고 군 인민위원장의 투옥경험은 50명이나 된다. 그 밖에 공직 경력자와 교사 출신도 많다. 군 건준위원장(55명) 중에 12명이 천석 이상 지주였고 그들의 약 3할이 대학 이상을 졸업하였으며, 나머지는 중학 이상이었다. 군인민위원장(51명) 중에서 백석 이상 지주가 31명이 되었다.(안종철, 전게서, 제 6장 참조)

11) 전국인민위원회 확대집행위원회 회의록(김남식 편,「남로당연구」,Ⅲ, 1988, 돌베게, p.85)

동아일보 양산지국장, 미군정 고문)를 중심으로한 우익인사(지주와 기업인, 의사, 상인, 농업 등 지방유지)들이 분파(건준 경남연합)를 형성하였다. 이것이 신탁통치 반대운동을 통하여 이승만 주도의 독립촉성국민회 경남지부(회장 최석봉, 동경음악학교 수학, 독촉과 한독당 부산지부장)가 되었다.

미군정청 경남 도지사(C. S Harris 준장)는 미군을 동원하여 인민위원회를 탄압하는 동시에 일제 강점기 통치체제를 복원하였다. 1945년 10월 부터 미군 전술부대가 마산, 진주, 울산, 김해, 하동에서 인민위원회를 탄압하기 시작하였고, 경남 15개군 인민위원회의 해체를 시도하였다.

경남의 인민위원회는 주로 일제하 사회주의운동을 하였거나 3.1운동에 참여한 민족주의자 및 언론인들이 참여하였다. 도인민위원장 노백용은 1927년 3차 공산당 경남북 책임자이고 강대홍 부위원장(마산 창신중학 중퇴)은 윤일과 함께 1928년 제 3차 공산당 검거대상이었으며 해방 이후 인민위원회 치안대 총사령관이었다. 경남의 인민위원회는 강력하고 효율적이며, 지식인에 의해 지도되는 공산주의 배경[12]을 지닌 조직체로서 사실상 정부와 같은 광범위한 통제력을 지녔다고 한다.[13] 경남의 건국 치안대(3천명)는 부산상고와 동래고의

12) 일제시 사회단체와 사상범을 민족주의와 공산주의로 구분하였던 것을 해방후에도 그대로 사용하는 것은 부적절하다.(김영모, 「한국지배층연구」,일조각, 1982, p.37) 다시 말하면 일제시 독립운동가(소위 사상범)는 모두 민족주의자이고 이들의 정치이념으로서 공산주의자도 있겠지만 사회주의자(좌익 또는 중도좌익) 또는 자본주의자(우익 또는 중도 우익)도 있는 것이다. 일제시 그 비율은 민족주의계가 37.9%이고 공산주의계는 40.7%이다. 1920년 이후 일제시 민족독립운동은 하층 중간계급 출신의 지식인이 주도하였지만 그 주력부대는 소시민, 소상인, 수공업자, 노동자의 피지배계급이었다.(상게서, pp.65~66)

13) 부산시사 편찬위원회, 「부산략사」, 1965, pp.1058~1959
전남지역의 24개 시, 군 중에서 17개소가 좌파 세력이 실권을 장악하였다고 한다.(최상룡, 전게서, p.110)

재학생 및 졸업생, 그리고 공장노동자(5백명)로 조직하여 활동하였다. 이러한 인민위원회의 역할은 미군정청이 탄압하기 전에는 거의 전국적인 현상이었다.

경남의 미군정청은 동년 10월 25일 각 군의 군수를 임명하였는데 울산군수는 최동룡이었다. 최동룡은 1906년 산청 출생으로 보성전문을 졸업하고 사천, 고성, 함안, 양산 산업과장을 역임한 일제 관료(학무과 촉탁) 출신이다. 미군정시 울산읍장은 건준 위원장을 지낸 박학규(일산동 거주, 산업조합장, 민선읍장, 민족주의자임), 일제시 울산양조장 종업원으로 들어갔다가 주인이 된 고기업(북정동) 등이고, 언양면장은 김병희(후에 방어진읍장), 선병희(어음리), 상북면장은 이갑종(길천리), 김석한(양등리), 정성락(길천리), 정경모(양등리), 두서면장은 이인만(인보리), 그리고 두동면장은 이만술(월평리), 김일용(봉계리, 경찰관 출신) 등이다. 이들의 해방후 재직 기간은 평균 1년 미만이다. 범서면장은 해방후 5년간 6명이나 바뀌었다. 그 만큼 이들에 대한 테러 등 신변 위협이 심하였다. 그리고 미군정청은 동년 10월 21일에는 경무국을 설치하여 기존 경찰력을 복원하고 치안대로 부터 치안권을 인계 받았다. 11월 부터는 군정 산하에 고문회의를 조직하여 총 24명을 지역별로 임명하였다. 울산의 군정고문은 김재락이었다.[14]

경남지방의 정치를 주도한 대표적 인물은 인민위원회 초창기에 함께 참여한, 좌익의 인민위원회[15](윤일/노백용)와 우익의 대한독립촉

14) 역사문제연구소, 「한국근현대지역운동사」, 영남편, 여강, 1993, p.221

15) 경남 인민위원회는 인공을 지지하였는데 위원장은 윤일, 부위원장 노백용, 내정부장 강진순, 산업부장 강병창, 노정부장 안균, 재정부장 오재일, 문교부장 김이홍, 보안부장 이병희, 관리부장 홍보용, 위생부장 박기출(의사)이다. 후에 노백용은 경남 보도연맹 간사장, 강대홍은 사무국장이 되어 이용되었으나 희생되었다.

성국민회(김철수), 그리고 한국민주당(허정)이었다. 이들의 정강은 중앙당의 경우와 유사하다[16]. 독촉국민회의 김철수(미군정 고문, 부산자유민보사장)는 1947년 경남지사가 되었고[17] 그는 한민당 부산지부 수석총무(1946. 6)와 독촉국민회 경남 지부장 및 입법의원을 지냈다. 한민당의 허정(부산출신, 보성전문 법학과, 한민당 총무)은 일제시 북미 교민단장과 해방후 제헌의원 등을 지냈다.[18] 그 밖에 임정 출신의 장건상(부산출신, 와세다대/인디아나주립대 법과, 인민당 부당수, 입법의원) 등이 있었다.

3. 울산지방 좌·우익의 출신배경

울산에서는 1945년 8월 17일 '울산건국청년단'(박태준, 김태근 등이 주도)이 자발적으로 조직되었고, 또 치안대의 역할을 하였던 '울산의 용소방대'(순사출신 서달식 등 주도)가 중심이 되어 '보안대'를 조직하였다. 이들은 일본군(부대장 히구찌 소좌)이 요구한 일본인의 안전을

---

16) 건준의 경남지부(대표 윤일)의 강령은 ① 완전한 독립국가 수립, ② 민주주의 원칙 준수, ③ 치안과 질서유지하겠다는 것이고 인민당의 강령은 ① 진정한 민주주의 국가 건설, ② 계획경제제도 확립과 민족의 완전한 해방, ③ 진보적 민족문화 건설을 주장하였다. 한민당 부산지부(김철수 수석총무)의 결의문은 ① 자주독립정부 수립, ② 미소공동위원회의 속개, ③ 3.8선 장벽의 즉시 철폐, ④ 자주독립을 방해하는 반동분자의 일부 행동 봉쇄이다. 그리고 농민조합의 행동강령은 마산조합의 경우, 토지는 농민에게 돌려라는 구호하에 ① 소작료는 3.7제로 실시, ② 일체 공과금은 지주가 부담, ③ 소작권 이동의 반대, ④ 이모작지의 보리 소작량 제도 폐지 등이다.(역사문제연구소, 전게논문, pp.205~217)

17) 미군정의 경남 5부장은 내무부장 김병규, 농상부장 김덕기, 광공부장 김홍배, 경찰부장 김규태, 재무부장 윤상은이다.

18) 허정은 정부수립 후 교통부 장관, 사회부 장관, 국무총리, 서울시장, 외무부 장관시 대통령 권한대행(이승만 하야시)을 지냈다.

조건으로 무장해제를 시키고 미군이 진주할 때까지 치안권을 장악하였다. 건국청년단은 독립촉성국민회(이승만)의 지원으로 우익 행동대의 역할을 하였다.[19]

1945년 11월 21일 경남도 인민위원회가 결성되자 이에 반발한 우익세력이 독촉경남협의회를 발족하였다. 그리하여 울산에서도 우익 정치세력으로 울산건국협력회(위원장 손정수 지주부농, 부위원장 서달식 사법서사)가 조직되었다. 건국협력회는 의용소방대가 주축이 되어 결성한 우익 치안대인 '보안대'와 밀접한 관련이 있었다. 보안대 결성에 주도적인 역할을 했던 서달식이 건국협력회의 부위원장이었다. 이들은 신탁반대운동으로 우익인 대한독촉국민회를 결성하여 인민위원회와 대립하면서 울산읍을 중심으로 활동하였다.

그러나, 해방 직후 국가건설운동의 주도권은 좌익에 있었다. 우익 치안대가 장악하고 있던 울산읍을 제외한다면, 가장 방대한 조직인 농민조합의 지지를 받고 있던 좌익세력이 서부울산(5개면)과 방어진읍과 서상면 등에서 수적으로나 대중적 영향력에 있어서 앞서 있었다.[20] 특히 울산 서부 6개면(언양면, 삼북면, 두동면, 두서면, 삼남면, 범서면)에서 그것이 심하였다. 상북면, 두동면, 두서면의 좌익세력은 전체 주민의 약 7할 이상이 된다고 한다.(부록 4 참조)

울산읍은 군행정의 중심지이기 때문에 관공서(군청, 세무서, 경찰서, 학교 등)와 상공업(양조장, 백화점, 여관, 병원, 약국, 포목상 등)이 발달하여, 이 곳에서 종사하는 관공리와 자본가들이 우익세력의 사회경제적 기반이 되었다. 그러나, 외곽지역은 비록 면소재지에 약간의 관공리와 소자본가들이 있었지만 군행정기관의 지시에 따라 동조하였고, 대부분의 군민, 면민은 이들 관공리와 지주부농간 이익대립이

---

19) 「울산광역시사」, 역사편, 2002, p.691
20) 「울산광역시사」, 역사편, 2002, p.695

존재하였다. 그리하여 울산읍과 면소재지 중심의 우익세력과 각 면의 소작빈농간에는 적대적 계급 갈등이 심화하여 이것이 정치갈등, 즉 경찰과 청년단체의 고문과 체포 및 빨치산 투쟁으로 나타났다.

울산지역의 인민위원장은 초기에 이규천, 후에 고원우였고, 울산의 건국협력회(후에 대한독촉국민회) 위원장은 손정수, 부위원장은 서달식이다. 그리고 좌익의 행동대장격인 군농민조합 위원장(좌익)은 안효식이고[21] 우익의 경우 대한청년단장은 박태윤이다.[22]

울산의 인민위원장 이규천은 미군정에 대하여 매우 타협적이라서 고원우(두동면 상월평리)가 주도적 역할을 한 것 같다. 이들도 미군정청의 인공 불법화로 지하에 들어간다. 그러나 우익단체(국민회와 대한청년단)는 1946년 신탁통치 반대운동을 계기로 더욱 활기를 띄운다.

울산지역에서 관공서와 지주부농 및 상공인이 많은 울산읍은 우익이 지배적이었지만 외곽 산간지역은 소작 빈농이 많아 좌익이 지배적이었다.

그러면, 울산군 좌·우익 지도자들의 출신배경을 통하여 그들의 사회적 성격을 파악하여 본다.

---

21) 전국 농민조합연맹(전농)은 1945년 12월 8일 서울 천도교 강당에서 남북 13도의 농민조합대표 670명(200개 군)과 경향에서 온 방청객 500여명, 그리고 조소앙, 김원봉, 장건상, 이태준, 안재홍, 이현상, 이강국, 이원조 등이 참석한 가운데 결성하였다. 의장단에 이준원 등 9명이고 중앙위원은 각 도 대표 3명씩과 중앙대표 5인으로 구성하였다. 전농은 인공을 지지하여 조선공산당 산하에 들어 갔다.

22) 대한청년단(의장 이승만)은 1948년 10월 4일 반공과 국방을 목적으로 5개 우익청년단체, 즉 민족청년단(이범석), 대동청년단(이청천), 서북청년회(문봉제), 대한노총(전진한)등이 통합하여, 전국 4,230개의 군, 읍에 지부를 두었다.(단원 2백만명)

<표 2> 울산 서부 5개면 좌익단체장의 출신배경

현직	성명	연령	거주지	학력			일제시 경력	해방후 현직	정부수립후 경력	비고
				초등	중등	대학				
군 인민위원장	이규천	70	길천리	언양보통			천도교 교구장 언양독립만세 지도자	농업	농업	양정학원 설립
〃	고원우		두동면	학숙		일본에서 대학 졸업	독립운동(해외)	수농, 좌익활동	전국인민대회 군대표	월북
<면 인민위원장>										
언양면	박형욱		동부리	양산보통			약방 경영	입산후 체포		형무소 복역
상북면	이종근		거리동				소작농			보도연맹 희생
두서면	최병민						소작농	인민위원장	농업	
두동면	이만술		월평리	두동보통		대구고사		민선면장 (4개월)		인민위원장
<농민조합장>										
군 농민조합장	안효식	40	범서면 망성리	범서초등		경성의전	언양병원 의사	언양병원장		연행중 자살
상북면	박인하		장성리				소작농	빨치산		보도연맹위원장
삼남면	유철수						소작농	농민조합장	농업	

(비고) 좌익 지도자들은 대개 마을 서당에서 구학문(한문, 소학 등)을 이수하였음.

울산군의 좌익단체인 군 인민위원회(건국협력회 후신)는 1945년 8월 17일경 조직되었으며 위원장은 이규천(후에 고원우)이고, 군 농민조합장은 안효식이다. 이들은 모두 서부 5개 면에 거주하였다. 이규천은 상북면 길천리에서 농업(소농)에 종사하였다. 그는 언양보통학교를 졸업하고 천도교 울산 교구의 총무와 교구장을 지냈으며 3.1운동 당시 언양 독립만세사건의 지도자였다. 그의 형제들은 모두 3.1운동 만세사건에 적극 참여하였다.[23] 그리고 그는 상북면 거리동의 양정학교 및 길천보통학교의 설립에 기여한 교육자이고 민족주의자

23) 언양의 3.1운동은 4월 2일 장날을 이용하여 천도교도인들이 주축이 되어 만세운동(2천명 참여)을 일으켰다. 일본 헌병과 경찰의 무차별 총탄으로 부상자(3명 중상자)가 발생되고 주동자 25명은 혹독한 고문과 징역형(1년 6월~태형 90대)을 받았다. 삼남면 출신의 이무종(휘문의숙, 징역 1년 6월), 상북면의 이규경(징역 1년, 복심 무죄), 이규장(휘문의숙) 이규인, 이규로, 이규천 등은 거사의 주모자로 국내외로 피신하였다.(「언양읍지」, pp.783~788, 「상북면지」, pp.533~541)

이지만 공산주의자는 아니다.24) 그리고 고원우는 이규천 위원장이 미군정에 협력적이라서 그 후임 역할을 하였다. 그는 울산의 서북지역인 두동면 상월평리에서 20여 마지기의 소농 출신이다. 그는 일본에서 대학을 이수한 후 항일 독립운동에 종사하다가 해방후 고향에서 군인민위원장을 지내면서 좌익활동을 지도하였다.25) 그리고 면 또는 리 농민조합위원장은 대개 소농(자소작) 출신이 많고 이들은 대부분 보통학교를 졸업한, 당시의 농촌 지식인들이다.

군 농민조합위원장 안효식은 범서면 망성리가 고향이고 가난한 집안(소작농)에서 태어나 경성의전(1929년)을 졸업 한 후 언양면 남부리에 있는 병원에서 일본인 의사의 조수로 일하다가 해방후 병원장(의사)이 되었다. 언양병원은 당시 서부 5개면에서 유일한 곳으로 당시 총격 수술환자가 많았다. 그가 군 농민조합장으로서 역할은 잘 알려져 있지 않다.26) 안효식의 고향인 범서면 망성리(중리)는 70여호가 거주하는데 대부분 매우 가난한, 안씨 동족부락이고, 이 부락의 청년들 중에 좌익이 많았다고 한다. 안효식의 동생 안효선(범서초등졸업)이 이웃 입암리(약 100호, 이씨 동족부락) 청년들과 함께 산사람(빨치산)이 되었다가 신불산 전투에서 사망하였다고 한다.27)

---

24) 울산 인민대표자대회 후 미군이 한국인 강순사를 통역으로 길천리 후리에 있는 자택을 방문, 연행하려 하였더니 이규천은 소깝(솔가지)을 지고 산에서 내려 오다 미군을 만나 나는 공산주의자가 아니라고 대응했다고 한다.(박제균, 전게논문, p.4)

25) 고원우와 이만술 및 김구호의 활동에 대해서는 안효국(고졸, 면직원, 단위농협장, 두동면지 편찬위원장, 81세)의 증언임.

26) 안효식은 남노당 박헌영계의 경성콤 트리오(충남 금산, 중앙고보출신인 이현상, 충주 송도고보 출신인 김삼룡 등)인 이관술(범서면 천석군 출신, 일본서 고사출신, 동덕여고 교사, 인민위 선전부장, 남노당 재정부장)의 친구이며 그의 이복여동생 이순금(언양면 남부리, 동덕여고 졸, 조선공산당 서기국, 모친이 주점 경영)의 집과 이웃이다.

27) 입암리 출신 이동걸(전 서울시 공무원)의 증언. 당시 신불산 일대는 1948년 가을부터 조선노동당 경남도당 동부지구당(부산시, 양산군, 동래군, 울산군, 밀양군)이 자리잡고 있었는데(위원장은 진해 출신 공인두) 1950년 7월에 많이 감소되어 30명

1946년 가을 범서면 서사리 서장용과 척과리 김태봉 및 내사리 최해문의 지휘하에 총 한자루 없이 적극 참여한 주민들(5백~천명)의 범서지서와 삼호지서의 습격사건을 보면[28] 당시 농민들의 반정부 투쟁이 심하였음을 알 수 있다. 그러나 안효식을 아는 사람들은 그가 공산주의자가 아니고 민족주의자라고 한다.[29] 당시 많은 의사들(예컨대 경남 인민위원회 위생부장 박기출, 후에 진보당 부위원장)이 진보적인 사상을 지니고 있었다. 그는 수사관에 의해 버스편으로 부산에 연행도중 양산읍 버스정류소 근처 식당에서 식사중 음독, 자살하였다. 그리고 다른 면의 농민조합장은 대개 소농 또는 빈농 출신으로 보통학교를 졸업하였다. 이들은 모두 농촌 지식인이었다.

언양읍네에서는 면농민조합 위원장 박형욱(약방 경영)은 인공이 불법화된 후 입산하였다가 체포되어 부산형무소 생활을 하였고, 언양면 동부리 출신 청년들인, 오세영(당시 57세, 도당위원장)의 동생 오태영(수원고농, 군청근무, 보도연맹) 차남 오준근(언양보통), 조카 오양근(진주사범 퇴학) 그리고 이웃 친구 신씨 등 다수가 좌익활동을 하였으며, 이들은 월북하였을 것이라고 말한다.[30]

언양 변두리의 소작 빈농은 경찰(의용경찰 등)과 자수한 빨치산(사찰유격대)에 의하여 많이 희생되었다. 언양면 반송리 김기찬(당시 20세, 언양국교 졸업, 소작빈농)은 1950년대 모심기 중에 갑작스런 경찰의 총격 추격에도 불구하고 도망한 후 행방불명이 되었다. 그는 반송리 일대의 좌익 책임자(행동대원)였다.[31] 그의 연계조직(일대의 빨치

이 되었다고 한다.(울산군당요원은 12명, 양산군당은 7명)(안재성,「신불산」, 빨치산 구연철 생애사, 산지니, 2011, pp.103~107)

28) 박제균, 전게논문, pp.6~7

29) 김영광(언양면 동부리, 청년방위대 요원, 서울대 정치학과 졸, 김수선 제헌의원 비서관)의 증언

30) 오세영 아들 오욱근(동부리, 부산상고, 부산법대 졸, 코오롱 상무)의 증언, 언양 오(해주)씨 집안은 조선 말기 향리(아전)들로서 일제시 개화된 집안이다.

산들이 모여 소를 잡아 잔치를 벌인 적이 있음)을 보아 언양면 대곡리에 있는 서부 5개면 빨치산 사령부에 합류하였을 것이다.

상북면 위원장 이종근(향산리 이장)과 반곡리 위원장 김정갑은 보도연맹으로 희생되었으며 상북면에서 인민위원으로 활동한 강인수(천전 도곡리, 일본 명치대 졸업), 유석진(지내리 신리, 울산농업학교 졸업) 등이 입산 후 빨치산 활동을 하였다. 상북면 농민조합장 박인하(장성리)는 빨치산 활동과 보도연맹 상북면 위원장을 지냈으며 삼남면 농민조합장은 유철순이었다.[32] 그리고 두동면 인민위원장 이만술(삼정리, 대구사범 졸업)은 해방후 면장(민선)을 잠시 지냈다. 두동면 봉계리 출신인 김구호는 두동면장(6년간) 출신으로 횃불사건을 주도하였으며 후에 보도연맹사건으로 희생되었다.

이들 면 또는 리 인민위원장이나 인민위원들은 농업(주로 소작농)에 종사하면서 주민(청장년)들을 모아 소위 주경야투의 활동을 하였다. 이들은 체포령으로 입산하여 빨치산이 되고, 소위 친일 반동인사에 대한 테러를 자행하였다.

이와 같이 군 인민위원장이나 군 농민조합장은 초기에 일제시 독립운동을 한 진보적 민족주의자들이었으나 후에는 중앙 인민위원회의 성격변화에 따라 혁명적 지식계급이 되어 소위 좌익운동을 주도하였으며, 면과 리단위의 위원장이나 위원들은 가난한 소작빈농 출신 청년들로 이에 동조하게 된 것 같다.

---

31) 김기찬 집은 경찰이 불태워 버려 그의 부모와 동생은 양산군 원동골로 이사를 갔다. 그가 좌익이 된 것은 김무영(언양이발관 주인 김임영의 형, 귀향동포, 부산거주)의 영향을 받았다. 김기찬과 김무영은 모친끼리 의형제(양모)를 맺었다. 그런데 언양 좌익 두목 허필조(언양국교, 송대리 능골, 소작빈농)가 1947년 9월 생포되어 의용경찰(소위 사찰유격대원)이 되었다. 그는 좌익명단을 주어 일망타진 되었으나, 동기인 김무영은 보호를 받았다고 한다.(반송리 출신 송병원 전 교장, 현재 반송리 거주 김태찬의 증언)

32) 박제균, 상게 논문, p.3

한편, 울산군의 우익단체인 대한독립촉성국민회와 대한독립촉성전국청년총연맹 울산지부는 1946년 초에 시작된 신탁통치반대운동으로 좌익활동에 대항하기 위하여 기존 우익단체 중심으로 결성되었다. 우익단체에 참여한 인사들은 대부분 일제시대 부터 힘 있고 말발이 센, 친일관료(경찰관, 면직원)와 상공업자(양조장, 여관업, 지물상, 포목상 등) 및 지주부농(약 5백석) 출신의 부르조아지였다.

<표 3> 울산군 서부 5개면 우익단체장의 출신배경

현직	성명	연령	거주지	학력			일제시 경력	해방후 현직	정부수립후 직력	비고
				초등	중등	대학				
독촉국민회	서달식	53	성남동	개진학교			경찰관	사법서사	초대 건국청년단장	언양유지 서주식 사촌
청년연맹장	손진욱		성남동	태화보통			지주부농 (5백석)			국민회 손정수 아들
<국민회 면위원장>										
언양면	박윤옥		서부리	양산보통			지주부농 (수백석)	지주부농/양조장	양조장	
〃	김규환		동부리	언양보통			언양면장 (7년간)	부농	한독당	한독당/이촌
〃	오민근		남부리	언양보통			부농	지주부농, 사법서사	부농, 사법서사	아전 자손
상북면	이갑종		길천리					상북면장		
두동면	황선운		월평리		휘문의숙		언양 3.1 운동 주역(피신)	두동초등교사	부농	
<청년단체>										
건국청년단	김태근	32	성남동 (동래출신)	태화보통	범어사중학	일본 고야산대학 수학	지물상 울산읍 직원	우익청년 운동	신문기자 연예인	제헌의원 입후보
<대한청년단>										
울산군	박태륜	32	옥교동	태화보통				문학가 건국청년단 조직	범어사 승려	
언양면	박영찬		서부리	언양보통		일본 수산학교		경남버스 영업소장	상업	도의원
상북면	김교준		등억리				천석군/이장	천석군	도의원(부의장)	

대한독촉국민회 군위원장은 서달식(일제시 경찰관, 사법서사)이고 부위원장은 이규명(치과의사)이며 청년연맹 군위원장은 손진욱(지주부농, 5백석인 국민회 손정수의 아들)이었다. 이들은 여러번 테러를 당했다.[33] 그리고 언양면 국민회장은 박윤옥(수백석, 양조장 경영), 그 후

김규환(일제시 5년간 언양면장, 후에 한독당), 오민근(지주부농, 사법서사)이었고, 상북면 국민회장은 이갑종(길천리)이며 두동면 국민회장은 황선운(월평리, 휘문의숙, 두동초등 교사)이었다. 황선운은 일제시 언양 3.1 운동을 주도하였는데 그를 부르조아지라고 비판한 이만술(대구고사졸, 민선면장, 두동면 인민위원장)과는 내이종간이다.

1948년 8월 정부가 수립된 후 이승만 대통령은 모든 청년단체를 해산하고 대한청년단(단장 박태윤)으로 통합시켰다. 그리하여 울산군지부로 활동하였던 민족청년단(단장 김태근)이나 서북청년단 및 대동청년단 등은 모두 해체되었다.

서부울산(5개면)의 중심지인 언양면 대한청년단 단장은 박영찬(언양 국민회장 박윤옥의 아들)이었다.[34] 그의 사촌 박영한은 일제시 7년 이상 언양면장을 지냈으며 상북면 단장은 김교준(등억리, 천석군, 김찬희 3남)이었다. 박윤옥과 박영찬 집안은 언양에서 양조장(술도가)을 하면서 일제시와 해방후 공무원(세무서와 산림계 및 경찰지서)과 짜고 농주(밀주)를 단속하여 주민들로 부터 많은 원성을 사고 있었다. 오민근은 사법서사를 오래하면서 법을 악용하는 악덕 사법서사로 알려졌다.[35] 그리고 김교준은 지주부농이고 그의 큰형(김교완)은 일제시 상북면장(9년간)을 지냈으며 중형은 숭례전 참봉, 중추원 의관, 성균관 부관장을 지냈다고 한다.[36]

---

33) 울산읍내 출신 이영호 성균관 부관장(육군 헌병대령 예편)의 증언

34) 그는 이 지역 좌익 활동 연루자를 돈 받고 빼내어 준 실력자였다고 한다.(김태찬 등 증언)

35) 오민근은 1970년대 삼남면 평리지구 농경지 정리사업 추진위원장을 하면서 부위원장(삼남면 부면장 출신 신복수와 언양면 부면장 출신 박남출)과 함께 평리지역 하천부지(국유지) 개간자의 연고권(약 18명)을 무시하고 제방공사비조로 매각하였으며 심지어 많은 체비지를 만들어 친인척에게 환지하여 국유지를 사유화 하려다가 울주군수(김영환, 후에 부산시장)가 고발하여 고령에 감옥살이를 하였다.

36) 족보에는 명시되어 있으나, 대한제국 관원이력서에서는 찾을 수 없음.

이와 같이 전형적인 친일 부르조아 계급이 해방후에도 친미 우익세력인 국민회와 청년연맹을 장악하였다. 울산 및 언양의 국민회 간부와 청년단장은 지주부농과 자영상공인 등 부자들이 참여하고, 좌익지도자들은 주로 소작빈농으로 혈연과 지연에 의하여 많이 참여하고 있는 것이 그 특징이다.

이것을 보면, 울산군의 좌·우익 대립은 친일 부르조아지와 좌익 농민들간의 계급투쟁이라 볼 수 있다. 더욱 흥미로운 것은 리단위 좌우익 갈등은 집안간 싸움이 되는 경우가 있었다.[37] 국민회, 특히 청년단체는 좌익 분자의 색출과 체포, 후에 빨치산 토벌까지 참여하였다. 이와 같이 언양읍내에서도 잘 사는 우익 유지와 못 사는 좌익 청년들간에 심한 갈등이 존재하였다.

4. 울산지방 농민의 요구

해방 당시 농촌의 참상은 대단히 심각하였다. 당시의 농민들은 전체 국민의 6할 이상을 차지하고 자작농은 전체 농가의 17.6%이며 농민들의 7할 이상이 소작농민이었다. 1943년 토지소유관계를 보면, 4% 미만의 지주와 약 80%의 소작농으로 구성되어 있고 자작농은 약 18%이다. 이러한 토지소유관계는 일제시 극소수의 지주 부농과 대다수의 소작빈농으로 계급의 양극분해가 일어나고 있었다.[38]

---

37) 울산군 독촉국민회장 서달식은 도당 인민위원장 오세영(본명 오민영)과는 사돈간이다. 서달식은 오세영의 장남(오유근, 식량영단, 미곡회사원)의 장인인데 그가 피살되어 사돈간에 원수지간이 되었다.(오욱근 증언) 그리고 김교준(천석군 김찬희의 3남, 일제시 경방단장과 이장)은 상북면 등억리 화천부락(신불산과 간월산 아래)에 사는데 같은 부락 정상록(4백석 부농) 집안간에 일제시 징용건으로 생긴 불화가 좌우익 갈등으로 발전하였다. 공비가 개입한 화천부락전투와 농지개혁으로 양 집안이 몰락한다.(박제균 전게논문, pp.11~16참조)

소작농민들은 계속된 흉년으로 농민들이 보리고개를 넘기기가 어려울 정도로 살기가 매우 어려웠다. 왠만한 집에서도 씨레기 보리밥이나 나물죽으로 끼니를 때우는 경우가 많았다. 동네 사람들은 마을 뒷동산 도토리 열매를 서로 따려고 다녀서 산이 벌겋게 보였다. 가난한 농민들은 입도선매(立稻先賣), 초근목피(草根木皮)의 신세를 면치 못하였다. 그런데 시골 유지(이장과 지주부농)는 높은 소작료를 받고 관공리는 잘 살면서 높은 농지세(수득세), 사역 등으로로 농민들을 못살게 굴었다.

저자가 어릴때 집집마다 여름 마당에 쌓아 놓은 보리 볏가리에서 파란 촉(싹)이 돋아난 것을 보았다. 이것은 1946년 1월 '미곡수집령'(미군정 45호)으로 고율의 소작료와 할당된 수득세(공출제)가 많이 나와서 농민들이 아예 모두 가져가라는 항의였다. 이것은 불공평하고 과다한 하곡수집에 대하여 정부에 대한 농민들의 저항(조세저항)을 말한다.[39] 소작료는 소위 3:7제라 하여 소작인이 지주에게 수확량의 74~76%를 납부하였고[40] 농지세는 면서기와 마을 유지들이 춘

---

38) 김영모, 「한국사회계층연구」, 일조각, 1982, pp.258~260, 미군정이 관리한 신한공사의 적산농지는 약 27만 정보가 되고, 이를 경작한 소작농은 전체 소작농가(약 2백만호)의 26.8%를 차지한다. 나머지 다수 소작농은 한인 지주부농의 것이다.

39) 로빈슨은 미군정 장관에게 보고한 '지방시찰 보고서'에서 하곡 수집과정에서 면서기 등 말단 행정기구의 비현실적 하곡 공출량 할당을 경찰이 이를 강제 집행하여 농민들의 원성이 이들에 모아지고 있다고 하였다.(정용욱 외 3인, 「주한미군사와 미군정기연구」,백산서당, 2004, pp.48~49) 당시에 귀향동포(약 2백만명) 및 월남동포(약 5백만명)가 많아서 식량난이 대단히 심하였다. 그리하여 종전의 2배가 넘는 중과세가 농민들에게 부과되었다. 해방 후 강제 미곡수집을 항의하는 농민조합시위는 호남에서 대단히 심하였는데 담양에서 2천 1백명이 경찰을 습격하고 임실에서 공무원(면장, 부면장)의 가옥을 불태웠으며 이로 인하여 많은 농민들이 체포되었다.

40) 일인 농장의 실태조사에서 소작료가 총생산량의 74~76%가 된다고 하였다. 이 중에서 50%는 순수소작료이고, 나머지는 각종 공과금 및 지주에게 갖다 바치는 것(소작권을 유지하기 위하여 연초에 엿, 꿀 등의 경제외적 강제)이라고 한다.(久間健一, 「朝鮮農業 の 近代的 樣相」, pp.108~109)

추로 들판에 나가서 그 해 자란 농작물을 보고 세금을 메기는데(인정과세) 소위 빽이 없으면 과다한 세금이 나온다는 것이다. 심지어 산촌에서는 면서기나 지서 순경만 되어도 농민들을 공짜로 부려 먹는다고 하였나. 사역에 응하지 않으면 어떠한 봉변(손해)을 당할지 몰라 순응하였다고 한다. 더욱이 농민들의 길흉사가 있을 때 사용할 농주를 밀주 단속이라는 핑계로 양조장이 세리와 산림계 직원과 짜고서 갑자기 들이 닥쳐 솔가지 속에 숨겨 놓은 누룩과 농주를 모두 빼앗아 가고 농민은 많은 벌금을 내어야 하였다.

그리하여 농민들은 관공리(면장, 면직원과 순경 등)와 마을 유지들(이장, 양조장, 지주 및 농지위원 등)에 대한 원성이 심하였고, 이러한 원성이 반정부의 횃불을 높이 들게 하였으며, 못된 마을 유지들에 대한 테러를 자행하였다.

저자가 초·중학교에 다닐 때 상북면과 두동면 및 두서면의 산촌에 사는 친구와 친척들의 말에 의하면 저녁마다 마을 청년들이 뒷산에 올라가 함성을 찌르고 노래를 부르면서 횃불시위를 하고, 또 반정부 구호를 외친다고 하였다. 이러한 참상과 농민들의 집단행동에서 자생적인 빨치산이 생기고 집단적 저항운동이 발생된다. 따라서 전국적인 조직을 완료한 인민위원회와 농민조합에 의하여 쉽게 농민들의 조직적인 행동이 나타나게 된다. 사실 인민위원회와 농민조합이 주장하는 무상분배의 농지개혁에 농민들의 관심이 집중되었다.

해방 후 서울(중앙)에서 미군정이 실시되고 민족의 자주성과 노농계급의 이익을 대변하는 임정과 인공이 부인되는 정치상황에서 농촌 청년들은 '해방'의 기대를 상실하게 되고 미래에 대한 불안과 허탈감이 대단히 심하였을 것이다. 왜냐하면 해방 후 중앙에서 인민위원회가 자주독립을 위한 조선인민공화국을 선포하고, 이들은 농민들의 주요 관심인 일제시 악법(치안유지법 등)과 소작제를 철폐한다고 하였다. 즉 '무상몰수 무상분배'의 농지개혁을 실시한다고 주장하였다. 북조선 임시인민위원회도 1946년 3월 5일 '무상몰수 무상분배'의 토지개혁을 실시하였다. 그런데 미군정은 일제 관료를 유임시키고 독촉국민회와 한민당은 '유상몰수 유상분배'의 농지개혁을 하겠다고 한다.[41] 따라서 농민들은 미군을 '해방자'로 보지 않고 민족해방과 자주독립의 훼방꾼으로 본 것이다.[42] 더욱이 미군정과 한국정부의 유상 분배는 북조선의 '무상몰수 무상분배'의 토지개혁으로 이들의 불만을 더욱 부채질하였다.[43] 따라서 전체 농민의 7할 이상인 소작 농민은 미군정과 독촉국민회 및 한민당의 정치세력(관공리와 이장 및 지주부농)을 적대시 하여 농민항쟁이 일어났던 것이다.[44][45]

---

41) 미군정하 입법의원에서 농지개혁법이 제안되었으나 지지부진하여 오다가 미군정청은 1948년 5.10총선 직전 남한 농지의 15.3%인 신한공사의 귀속농지(전체의 43%)를 소작 농민들에게 유상분배 하였고, 한국정부는 1949년 6월에서야 자작농 창립을 위한 '유상몰수 유상분배'의 농지개혁법이 실시되었다. 즉, 지주의 소유농지를 유상(토지증권)으로 매수하여 3정보 미만 농가에게 총 수확량의 12할 5분을 5년간 소작농이 상환하는 것을 말한다. (한국농촌경제연구원, 「농지개혁사연구」,1989년, 제 4장 참조)

42) 해방 후 어른들로 부터 자주 들은 이야기가 있다. 그것은 '미국놈을 믿지 말고 소련놈에 속지 말고 일본놈은 일어난다(조심하라)'는 말이다.

43) 미군정이 1946년 4월 16일 서울의 398명에 대한 무작위 표본조사에 의하면 북한 토지개혁법을 알고 있는 경우 전체 응답자의 89%가 되고 농민의 경우 68%가 된다. (USAFIK HQ「G-2 Periodic Report」, No.203, 1948)

44) 1945년 8월 15일 1947년 12월 1일 까지 전국적으로 40만 2천 877명이 폭동에 참여하였고, 282명이 피살되었으며, 부상이 1천 63명이라 한다. 그리고 이러한 소요의 원인은 1945년에는 일본인, 친일파 및 관공리에 대한 습격이 80건으로 가장 많고, 1946년에는 10월 대구 인민항쟁으로 경찰서 습격이 176건으로 가장 많으며 1947년 이후에는 양곡수집 반대(46건)가 가장 많다.

45) 1948년 5.10 제헌의원선거에서 울산 갑구(서부 5개면)는 농민조합이 주장한 '무상몰수 무상분배'의 농지개혁을 주장하고, 골고루 잘살게 해주겠다는 무소속 김수선 후보(언양면 어음리, 진주사범, 언양국교 교사 출신)가 압도적 다수표로 당선되었다.

그러나, 미군정과 관공리 및 시골 유지들은 농민들의 이러한 요구를 반정부적인 것이고, 그들의 집단행동은 좌익(공산주의) 운동으로 보았으며, 중앙의 지시대로 군경과 청년단체가 이들을 소탕하는 것을 그들은 자구책으로 간주하였다. 다시 말하면 미군정은 해방 정국에서 이미 주도권을 쥔 임정과 인공의 지배적인 정치이념과 사회세력을 이승만 및 한민당이 주도하는 정치세력으로 대치하기 위한 과정이라 볼 수 있다.46) 특히 이러한 정치적 사회적 불만을 지닌 농민들을 미군정(군경)과 대한청년단 및 서북청년회 등은 치안유지를 목적으로 무단 연행 및 감금하여 폭력과 고문을 자행하였고, 민폐를 끼친 빨치산 활동과 공비토벌 등은 농민들을 더욱 분노케 하였다. 마치 한말 의병운동을 보는 것 같다.

5. 울산지방의 농민항쟁

지방의 좌·우익 대립과 갈등은 해방후 일본인과 지방유지 및 순경 등에 대한 개별적인 테러가 있었고, 농촌 특히 산촌 청장년들의 횃불시위가 자주 있었지만 전국적으로 야산 유격대의 집단적인 무력항쟁과 강력한 공비토벌이 심하였던 것은 아니다. 횃불시위는 초기에 반정부 및 반부르조아지에 대한 교육 및 의식화를 위한 자생적 투쟁이고, 국가보안법(1948년 11월 제정) 등에 의한 체포령으로

46) 이러한 과정에서 일어난 10월 대구폭동사건, 4.3 제주사건, 빨치산 투쟁에 대하여 북한의 소련 군정과 김일성파의 지시, 또는 남노당의 지시로 일어났다고 한다.
이기봉, 「빨치산의 진실」, 다나, 1992, 제 4, 5,6,7부 참조.
최상룡, 「미군정과 한국 민족주의」, 나남, 1988, pp.249~250
김남식, 「남로당 연구」, 돌베게, 1984, pp.394~395

입산한 야산대는 소위 빨치산 투쟁이며,[47] 6.25전쟁 이후의 무장 유격대 투쟁은 북한의 남파 유격대가 주도한 전쟁상태라고 볼 수 있다.

횃불시위와 야산대 투쟁은 해방후 인민위원회가 전국적으로 읍·면 및 마을 단위로 급속히 조직되었기 때문에 이들의 사상적 교화가 있었다고 볼 수 있다. 그 후 인민공화국과 남로당이 미군정에 의하여 불법화 되었기 때문에 이들이 지하운동을 하면서 야산대와 연결될 수 있었을 것이다. 더욱이 10월 대구항쟁, 제주 3.1 및 4.3항쟁, 여순 반란사건 및 6.25전쟁이 터지면서 패잔병 또는 낙오병이 자생적 빨치산과 패잔병들과 연대하여 지리산 전투, 신불산 전투, 아미산 전투 등 대규모 공비토벌작전에 대항하여 접전한 경우도 있다.[48]

이러한 항쟁 중에서 저자가 특히 관심을 가진 것은 해방후 미군정시 전국 지방에 나타난 '산사람', 또는 횃불시위[49]와 야산대의 빨치산 운동이다. 이들이 누구이며 이들이 지닌 사상이 무엇이냐 하는 것이다. 이들의 사상이 단순히 반정부 또는 반부르조아적인지, 아니면 계급혁명을 부르짖는 공산주의자인가 하는 것이다.

1951년 초 남한 빨치산의 출신성분은 대부분 중학(26.0%)과 소졸(45.3%) 출신의 소작빈농과 노동자계급이다.[50]

---

47) 1949년 초 미 CIA는 남한 유격대의 총 인원이 제주도의 수천명을 제외하고 약 3,500~6,000명으로 추정하며, 1949년 11월에서 1950년 3월 까지 6천명의 유격대가 사살되었다고 한다.(Bruce Cummings, 전게서 p.34)

48) 이러한 사건에 대한 시각의 차이가 있다.
국방부,「한국전쟁사」, 제 1권(개정판), 북괴의 남침과 서전기, 1967
정채구, 「10월 인민항쟁 연구」, 열음사, 1988
박찬식, 1947년 제주 3.1사건 연구, 「한국사연구」,2006, pp.288~290
G. Henderson, *op.cit.*, pp.145~147

49) 횃불시위는 해방후 농촌 청장년들이 저녁마다 마을 뒷산에 올라가서 '해방의 노래'와 '빨치산의 노래' 등을 부르면서 반정부 구호를 외친 사건을 말한다.

50) 김영모, 남한빨치산의 신분배경과 유격전,「사회정책연구」, 제 43집, 2011, pp.99~100

남한 빨치산의 지도부는 대부분 전문·대학교육을 이수한 인텔리겐챠이고 부대원들의 출신성분은 부친의 경우 빈농출신이 76.0%가 되고, 노동자가 11.6%이며, 본인의 경우 빈농이 35.4%이며, 노동자가 29.0%이다. 따라서 남한 빨치산은 대부분 빈농과 노동자 출신의 피지배계급이다. 또한 전자는 대부분 항일 독립운동을 하였지만, 후자는 일제시 부터 고율의 소작료에 시달린 하층 농민들이다. 따라서 빨치산 운동은 항일·반미, 반정부 및 반봉건 투쟁의 민족해방운동이다.

이러한 빨치산 활동이 가능한 울산지역 보도연맹사건과 빨치산 부대장을 중심으로 농촌 청장년의 특성을 파악하여 본다.

먼저 횃불시위에 참여한 농민은 대개 산촌에 거주하는 소작인(전체 농가의 7할 이상)들이 대부분이라고 볼 수 있다. 따라서 이들은 전술한 바와 같이 고율의 소작료 및 중과세에 대한 지주부농 및 정부(관공리)에 대한 반감이 있었을 것이고, 동시에 해방으로 소작농이 자작농으로 신분전환이 된다는 꿈을 인민위원회의 불법화와 친일 우익세력 득세로 상실하였기 때문에 반정부, 반지주 운동을 전개하였을 것이다.

그러나, 대부분의 소작농은 프로레타리아의 계급의식, 즉 좌익사상을 지니지 못한 것이 그 당시 농촌의 실정이다. 예컨대 해방후 어느 날 언양국민학교에서 농민들에게 토지를 무상분배 할터이니 여기에 도장을 찍으라고 하였더니 언양면 뿐만 아니라 인근 상북면 및 삼남면 주민 수천명의 소작농이 모여 농민조합원이 되었고, 이들은 그 후 보도연맹에 가입(소위 전향)하라고 하였더니 또한 수백명이 모여들어 도장을 찍었다고 한다.[51] 횃불시위가 심하였던 두동면의 농민들도 남로당 계열의 인민위원회가 농지를 무상으로 분배해 주겠다는 말에 남로당에 가입하여 지하활동을 한 사람도 있었다고 한

51) 김영광(당시 청년방위대 요원, 김수선 제헌의원 비서관)의 증언

다.[52)]

이와 같이 좌왕우왕 하는 농민들이 특정 이념 보다도 토지소유에 대한 애착심(land fetishism) 때문에 잘 살기 위한 몸부림을 친 것이 아닌가 생각한다.

최근 발표된, 당시 농촌에서 인민위원회와 농민조합에서 주도적 역할을 한 보도연맹사건[53)][54)]의 희생자에서 그 신분적 특성을 찾아 볼 수 있다.

당시 울산지역 보도연맹원은 최소 1,561명이었고 사건 관련 희생자는 적어도 870명 이상일 것으로 밝혀졌으나, 과거사위원회에서 신원을 확인한

52) 「두동면지」, 2001, p.83, 두동면과 범서면의 농민운동은 남로당 박헌영계, 특히 범서면출신 이관술(일본 고사, 동덕여고 교사, 남로당 재정부장)의 영향이 있었던 것 같다.

53) 국민보도연맹은 전향자들이나 좌익인물, 나아가 일반 국민의 사상선도를 목적으로 설립되었다. 보도연맹의 구성원은 국가보안법에 저촉되는 사람들로 남한 단독선거의 반대, 대한민국의 정통성을 부인하는 집단 및 결사의 구성원이나 전향한 사람들이다. 1949년 말 연맹원은 30만명이 넘었고 6.25전쟁 직전까지 연맹원수가 33만명이 되었다. 이들의 대부분이 인민군에 동조할 것으로 생각하여 이승만 정권이 조직하여 재판도 없이 처형하였다.
최근 진실, 화해를 위한 과거사정리위원회는 1950년 7월부터 9월 까지 부산, 마산, 진주 형무소 등에 수감된 재소자와 민간인 3,4백여명이 인민군에 동조할 우려가 있다고 하여 법적 절차 없이 육군 정보국, 헌병대, 경찰, 교도관에 의하여 산골짜기나 바다에 끌려가 집단학살 되었다고 한다.(「동아일보」, 2009년 3월 3일) 당시 국민보도연맹 중앙본부 총재는 김효석 내무장관이고 부총재는 장경근 내무차관, 법무차관, 옥선진 대검 차석검사이며 간사장은 박우천이다.

54) 최근 과거사위원회는 한국전쟁이 일어난 1950년 6월 25일부터 9월 까지 보도연맹사건의 직권조사로 접수된 2,570건 중에 신원이 확인된 4,934명 이상이 군·경, 즉 육본정보국(CIC 특무대 헌병)과 경찰(사찰계, 정보수사과)과 우익청년단체에 의해 소집, 연행, 구금된 뒤 집단 학살되었다고 발표하였다. 학살된 연맹원 중에는 관련자나 정부에 비판적인 인사등 좌익과는 무고한 국민들이 상당수가 있었다고 한다. 심지어 그 가족들은 80년대 까지 연좌제에 의하여 경찰의 사찰과 감시 등으로 고통을 받았다.(「경향신문」 및 「한겨레」, 2009. 11. 26) 그리고 6.25 전쟁시 6사단 헌병대 과장인 김만식은 보도연맹원의 집단 학살이 전국적으로 자행되었다고 한다. 그는 강원도와 충북 및 경북 북부지역의 경우 헌병대가 주도했다고 한다. (뉴스컷, 2007. 7. 4)

사람은 407명이다. 희생자들은 울산지역의 국민보도연맹원과 좌익혐의 등을 이유로 예비 검속된 사람들이었다.

이들이 인민군에 동조할 것이라는 막연한 우려속에 1950년 8월 5일 부터 8월 26일 까지 울산경찰서 사찰계 경찰과 울산지구 CIC대원들은 10여 차례에 걸쳐 예비 검속자들의 손목을 묶은 채 트럭에 태워 울산구 온양면 운화리 대운산 골짜기와 울산군 청량면 삼정리 반정고개로 이송하여 최소 1명, 최대 212명씩 집단 총살하였다. 희생자 중 95.5%인 389명은 20~40대의 청・장년 남성이었으며, 10대가 9명, 여성도 3명 포함되어 있었다.

이들은 대부분 농업에 종사하던 울산지역 주민들로서, 일부는 좌익활동 경력이 있었지만 다수는 좌익사상과 무관한 비무장 민간인이었다. 희생자의 47.2%인 192명이 문맹이었다는 자료와 좌익관련단체 가입자들의 다수도 실제로는 좌익사상과 무관한 사람들이었다는 중요 관련자들의 증언이 그것을 뒷받침 해 준다.55)

이것을 보면, 당시 좌익사상을 지녔다는 농촌 청장년의 대부분이 농업에 종사하는 문맹인이었고 소작농이다. 이들을 조직한 초기 형태가 횃불시위이고 이에 참여한 대부분의 청장년들이 후에 보도연맹으로 희생되었다. 이들은 후에 비록 남로당의 지도로 인민위원회와 농민조합의 활동에 참여하였을지라도 좌익사상(공산주의)과 무관한, 현실에 대한 불만세력이라 볼 수 있다. 이들은 해방 정국에 있

---

55) 진실, 화해를 위한 과거사위원회, 「보도자료」, 2007. 11, pp.9~10,
서울중앙지법은 2009년 2월 10일 울산보도연맹사건 희생자 유족 508명에게 약 51억원을 배상하라고 판시하였다. 법원은 희생자에게 2천만원, 배우자에게 1천만원, 부모와 자녀에게 2백만원, 형제・자매에게는 100만원의 위자료를 지급하라고 주문하였다.(「연합뉴스」) 그러나 대법원 상고심에서 위자료 배상청구는 시효가 지났다고 해서 기각하였다.
그 밖에 부산, 경남지역 보도연맹사건은 김기진, 「국민보도연맹」, 역사비평사, 2002과 MBC 프로덕션, 「이제는 말할 수 있다.」, 보도연맹 Ⅰ,Ⅱ-잊혀진 대학살을 참고할 것. 이러한 대학살은 1907년~1911년간 일어났던, 항일운동인 의병전쟁의 피살자 17,779명과 부상자 3,706명에 비하면 엄청난 참사이다.

어서 친일 관료와 소작제도의 청산이 자기들의 살 길이고 민족적 과제라고 생각하였는데 현실은 그렇지 못하였다.

서울의 보도연맹원들은 농민과 노동자들이 가장 많고 공무원, 상인들도 다수이며 이들은 남로당이나 전평 및 진보적 단체에 소속되어 있다.56) 따라서 서울과 같은 대도시의 보도연맹원은 대부분 좌익사상을 지녔다고 볼 수 있을지라도 전술한 농촌지역의 경우 그렇지 않을 것이다. 그러나 도시의 인민위원회는 우익이 이탈함으로서 급진화 되고 정부가 농민운동(소작쟁의 등)을 좌익시 또는 죄악시 함으로서 보도연맹원들도 좌경화 될 수 있었을 것이다.

보도연맹사건으로 연행된 사람들 중에서 소위 빽(군경)이 있거나 뇌물(약 3천환 또는 18마지기 논값 등)로 처형을 면한 경우도 있고, 또 도망친 사람은 그들에 대한 체포령 등으로 산사람, 즉 야산대 빨치산이 된 경우가 많다. 이들이 관공리나 지방 유지(면장, 이장, 지주부농 등)들을 습격하여 살해하는 경우가 많았다. 울산 서부 5개면에서 그 전형적인 예가 강우회(상북면 향산리 출신)이다.57) 이 외에도 박영환(두서면 전유리 출신)이나 신석구(언양면 태기리 출신) 등이 있다. 다시 말하면, 미군정이 인민위원회를 불법화 시키고 친일세력(이승만 정권과 한민당)이 임정과 인공을 타도하겠다고 선언한 상태에서 빨치산은 이들을 적대시 하여 테러를 감행하고 처형을 피하기 위하여 입산하였을 것이다. 이것이 우리나라 빨치산의 전형적인 시작이라

56) 당시 서울 서대문구의 자수자는 727명이고, 이들의 소속단체는 ① 남로당이 39.8%로서 가장 많다. 그 다음은 ② 전평(178명), ③ 민애청(105명), ④ 출판노조(103명)이고 나머지는 ⑤ 민중동맹(25명), ⑥ 문학가동맹(14명), ⑦ 근민당(5명), 농민과 노동, ⑧ 여성동맹(2명), ⑨ 보건연맹(2명) 등이며, 이들의 직업은 농민과 노동자들이다. 노동자가 가장 많아 각각 전체의 30.1%와 26.4%이고 그 다음은 공무원이 12.9%, 배우 11.3%, 문화인이 1.7%이다.

57) 강우회는 상북면 향산리 출신으로 신불산 유격대의 식량조달 부대로 유명하다, 이 부대를 광주리 부대라고 한다.(박제균, 전게논문, 2003. p.7)

볼 수 있다.[58)]

한편, 1948년 11월 국가보안법이 제정, 실시되면서 미군정과 이승만 정권의 군경, 그리고 정부의 지원을 받은 우익 청년단체(건국청년단, 민족청년단, 서북청년단, 대한청년단)는 사상이 불온한 자를 영장도 없이 색출 처단하였고, 반면에 야산대 빨치산은 경찰서(지서) 등을 습격하여 순경과 의용경찰관을 살해한 사건이 다수 벌어졌다.[59)]

울산지방에서 빨치산이 가장 심하였던 곳은 험준한 산악지대인 서북지역이다. 이 산악지대는 태백산맥의 말단으로 1천 미터가 넘는 험준한 산맥(신불산, 간월산, 가지산, 고헌산, 치술령, 국사봉 등)이 병풍처럼 뻗어 있고,[60)] 산촌 주민들은 매우 영세한 농민들이었다. 소위 산사람(공비)들이 활동하는데 아주 좋은 지형조건을 갖추고 있다. 이러한 지역에 빨치산(당시 공비들을 '빨갱이'라 하였음)들은 밤마다 출몰하여 많은 관공서(면사무소와 지서)를 습격하여 지방 유지들을 살해하였으며, 또한 농민들의 가축과 물품을 약탈하였다.(부록 4 참조)

1948년 2.7 구국투쟁(단선 반대)을 계기로 남로당을 중심으로 한 좌익세력은 기존의 시위와 파업을 중심으로 한 대중투쟁 노선을 전환하여 본격적

58) 일반적 견해는 남로당의 지시에 의하여 1946년 10월 대구시민항쟁에서 비롯되었다고 한다. 그러나, 자생적인 산사람(빨치산)도 많이 있었을 것이다.(5절 참조) 이들이 후에 남로당과 연계되었을 것 같다.
최상룡은 남로당(박헌영)의 신전술로 대구 인민항쟁이 일어났고, 이후 계승되어 전국적인 농민운동이 일어났다고 한다.(전게서, p.264) 김남식은 1946년 10월 대구인민항쟁에 참여했던 핵심세력이 미군정의 체포령으로 합법적 정치활동에 참여할 수 없어서 산간지대에 피신하게 되어 이들이 산사람, 즉 빨치산으로 불리게 되었다고 한다. 그리고 배석만은 1948년 2.7 구국투쟁(남한단독선거 반대)에서 야산대가 본격화 되었다고 한다.(김남식, 전쟁전후 남한에서의 무장유격대 투쟁의 전개, 최장집, 「한국전쟁연구」, 태암, 1990)

59) 「두동면지」, 2001, p.84

60) 신불산(1,159m)에는 양산군 출신 빨치산이 많았고 간월산(1,083m)에는 언양면과 상북면 출신 빨치산이 많았으며 고헌산(1,034m)에는 상북면 및 두동면 출신 빨치산이 많았다. 이들은 지방출신으로 인민유격대의 성격과는 다르다. 이 곳의 총 본부는 서호동골이다.

으로 무장투쟁을 전개하였다. 남로당 산하에 지역별로 50명~100명 정도의 소규모 무장부대가 조직되었고, 이들은 야산대로 불리웠다. 구성원은 좌익 인물들 중 일제 하 징병, 징용으로 군복무 경험이 있거나, 10월 항쟁으로 경찰의 추적을 받는 사람들이 중심이었다. 야산대의 무장상태는 초기의 경우 공기총, 일본도, 죽창 등 보잘것 없었으나 여순반란사건을 계기로 군인들이 합류하면서 본격적인 무장유격대로 전환하였다.[61]

울산지역의 경우 야산대의 활동이 다른 어느 지역보다 활발하게 전개되었다. 당시 미군정 보고자료는 경남지역에서 야산대가 활발한 활동을 하고 있는 지역으로 서부 경남의 함안, 산청의 지리산 주변지역, 동부 경남은 울산과 양산지역이라고 한다. 또 경남 야산대의 특징은 평시에는 농사를 짓다가 유사시에 소집되어 활동하는 농민들이 주축을 이루고 있다고 하였다.[62]

울산지역의 야산대 투쟁은 10월 대구항쟁(노동자, 시민중심)이나 2.7 구국투쟁(단선, 단정 반대)에서 비롯된 것은 아니고 자생적인 반정부(미군정과 친일 보수정권) 투쟁이라 할 수 있다.

울산의 야산대 활동은 주로 경찰서를 집단 습격(50명 내지 200여명)하고 면장, 청년단 간부, 선거위원장 등 우익 인사들을 일본도와 소총(99식) 및 권총 등으로 살해하였다. 1948년 이러한 야산대 활동이 울산지역에 연간 14회 이상 발생되었다.[63] 또한, 1948년 두서면 내와리의 깊은 골짜기에 터전을 잡은 빨치산들이 인보농협 직원들이 타고 가던 버스를 열박제 인근에서 습격하여 직원 2명과 봉계출신 울산경찰서 강

---

61) 「민주중보」, 1949년 7월 5일과 동년 8월 3일,
김남식, 배석만 및 양정심은 남노당의 지령(신전술)으로 대구 10월 인민항쟁이나 2.7구국투쟁(반단선, 반단정론) 그리고 여순사건이 일어났고, 이것 때문에 피신한 참여자와 인민군의 패잔병이 남한의 야산대와 인민유격대를 조직한 것으로 본다.

62) 「울산광역시사」 역사편, 2002, p.701

63) USAFIK, HQ, 「*G-2 Periodic Report*」, No.931, 1948 참조

윤태 형사를 살해하였다.[64] 그들은 버스 타이어를 펑크 내고 버스가 정차하자 승객들 중에 고운 손을 가진 사람은 반동분자라 하여 사살하였다. 그리고 상북면의 경우 1948년 4월 도동에서 주민 14명을 살해하고 양동에서는 소 14마리와 식량을 약탈하여 갔다.[65]

이와 같이 해방후 관공서(삼남면 등)를 불태우거나 버스에 대한 습격, 그리고 관공리, 지주부농, 이장 등에 대한 납치, 살해는 야산대 빨치산이 행한 사건이었다. 이들은 초기에 경찰의 탄압 및 체포령 등으로 산으로 피신한 빨치산들이 조직화된 야산대라 할 수 있다.

1946년 가을부터 1947년 말까지 서부 5개면 불록책의 야산대 활동의 사령부가 있었던 곳이 언양면 대곡리였다고 하며, 약 20명의 대원이 10여 자루의 총으로 무장해 있었다고 한다. 이 대곡리의 행동대장은 강우회였고 그 외에도 신석구, 박영환 등 울산지역의 빨치산으로 대표적인 인물들이 이미 입산해 있었다. 지금까지 당시 울산 각 지역에서 입산했다고 파악되는 인물들중 1차로 입산한 인물들은 대체로 이 시기에 대곡리로 입산한 경우가 많았다고 보인다.[66]

이 중에서 신석구는 대곡리(태기)의 가난한 목수의 아들로 태어나 입산하여 윗동네 출신 빨치산과 함께 지서에서 왔다고 사칭하면서 1948년 4월(5.10선거 직전) 저녁 무렵에 3~4명이 와서 이웃 柳德祚(53세) 부부(이장, 중농)를 총, 칼로 살상하고 도망친 적이 있다.[67] 그

64) 그 밖의 사례로 1950년 11월 두서면 청전리 방리마을에서 3명의 공비가 피살되었다 하여 보복으로 지주부농(천석군)인 최의출 이장과 처 김순자 등 3명이 살해되고 동시에 6채의 가옥이 소실되었다. (「두동면지」, 2001. p.83)

65) 「상북면지」, 2003, p.542

66) 박제균, 상게서, p.7

67) 피해자 아들 류교환(언양국교, 울산농고, 서울공대, 전 한화 상무)의 증언

후 그는 언양의 오세영을 만난뒤 입산 중에 체포되어[68], 언양 장날 네거리에서 참수되었다.

홍길동 부대장 박영환은 두서면 전읍리 아미산에 거점을 둔, 입산 빨치산 출신이다. 그는 두서면 전읍리 양지마을 머슴 출신이고 그의 아버지는 대목수이었다. 그는 홍길동 부대장이 되어 빨치산→야산대→무장유격대로 활동하였으나 경주 내남면에서 피살되었다. 홍길동 부대원은 약 2백명으로, 이들은 1951년 1년간 20여회 울산~경주간 국도에서 보급품을 수송하기 위한 미군 수송차량(30대)과 군용 트럭(4대), 토벌대를 습격(5회) 하면서 정부군과 교전을 벌이기도 하였다.[69] 울산과 경주, 언양과 경주간 비포장 도로(소위 1등 도로 또는 3등 도로)는 빨치산의 사냥터였다.

울산지방 인민유격대는 1949년에 들어와 과거 야산대의 활동과는 달리 매우 적극적인 무장투쟁을 전개하였다. 1949년 6월과 7월 불과 2개월간 울산경찰서는 좌익 무장유격대의 아지트 20개를 파괴하고, 유격대장 등 26명 사살, 3명 생포, 소총, 실탄, 수류탄 등 무기류와 식량, 불온문서를 압수하였다고 한다. 반면에 빨치산의 역공으로 일방적으로 피해를 본 사건으로 1952년 1월 두서면 선필부락사건, 1952년 6월 두

---

68) 다른 견해는 부산 영도다리에서 피해자 친척(경찰관)이 체포하였다고 한다.

69) 아미산 전투에서 군인 3명이 전사하였고 2명이 부상을 당했으며 공비가 4명이 사살되었다. 이때의 작전은 당시 언양에 주둔하였던 육군 예비대대와 경찰의 합동작전이었다. 이 전투가 일어나게 된 것은 아미산에 임시거점을 두고 있던 소위 홍길동부대가 6월 4일 전읍리 이전부락에 출몰하여 의용경찰 7명을 납치한 데서 비롯하여 적정을 탐색한 끝에 토벌작전이 전개된 것이다. 1953년 10월 마지막으로 최후의 발악을 하던 잔비들은 그들의 주요 거점(내와리)을 잃고 삼삼오오로 분산되어, 주로 야산지대에 은둔하면서 연명을 해오다가 경주 내남면에서 그 두목 홍길동이 경찰에 의해 피살된 후 그 잔당들은 종적을 감추고 말았다.(「두동면지」, 2001, p.122, 「언양읍지」, 2001, P.791) 입산 빨치산인 홍길동부대는 1950년 7월 이후 남도부 부대에 합류한 것 같다.

동면 이전부락사건 등을 들 수 있다. 이 사건은 매복하고 있는 의용경찰관의 막사를 습격하여 7명의 경찰이 살해되었다.

휴전 협정(1953년 7월 27일) 후 군경의 적극적인 토벌작전[70]으로 빨치산의 세력이 악화되고 이들은 점차 생존을 위한 식량 조달에 관심을 두었다. 이들은 미군과 군경의 강력한 토벌작전으로 주민들과 유리되고 북한 인민군의 지원이 없어서 그들의 보급투쟁은 지방주민의 재산을 약탈하여야 살아갈 수 밖에 없었기 때문에 주민들의 불만이 심하였다. 주민들의 이러한 불만은 빨치산 운동을 실패하게 만든 하나의 원인이 되었다.[71]

울산의 빨치산은 초기에는 주로 자기가 태어난 지역의 산간지대를 중심으로 인근 지역에서 자생적 반정부 유격대의 활동을 하였으나[72] 1948년 10월 1일 대구폭동사건 이후 남로당의 지도에 의하여

---

70) 빨치산 토벌은 1949년 11월부터 본격적으로 시작되었다. 동년 11월 1일과 2일 양일간 보병 23연대 언양전투지구 서정철 소령부대와 한경록 총경 기동경찰대가 합동으로 신불산 태종부락에서 3개 아지트를 설치한 좌익 무장유격대와 교전하여 4명 사살, 9명 생포하였고, 11월 24일 언양과 양산에 주둔한 356부대(맹호부대)가 천황산을 수색 중 빨치산과 교전하여 15명 사살, 11명 생포, 아지트 9곳을 파괴하였다.

1950년 2월부터 김종원 중령의 356부대는 양산, 동래, 울산, 밀양, 청도에서 전투지구를 설치하고(계엄령 실시) 일반인들의 출입을 금지시킨 상태에서 경찰은 빨치산의 하산도주, 부락잠입을 막고, 지역마다 청년방위대를 조직하여 치안을 담당케 하는 등 대대적인 저인망식 토벌을 3개월간 실시하였다.(「울산광역시사」, 역사편, pp.706~707)

71) 빨치산 투쟁이 실패한 주요한 원인은 미군정이 건준과 인공을 불법화 하였고,(1945년 10월) 이승만 정권이 국가보안법을 제정(1948년 11월)하여 탄압(보도연맹 등으로 체포, 학살 등)하였으며, 또한 소작농민의 불만과 항쟁을 조직화 하지 못하였고, 특히 미군과 군경의 강력한 현대식 무기로 토벌한데 있다.

72) 신불산 일대에는 이승만 정부 수립 직후인 1948년 가을부터 본격적으로 빨치산이 형성되어 있었다. 신불산에는 조선노동당 경남도당 동부지구당(부산시, 양산군, 동래군, 밀양군 포괄)이 자리 잡았다.(안재성, 가명 안철,「신불산」, 빨치산 구연철 생애사, 산지니, 2011, pp.103~104) 입산 빨치산 구연철(광부아들, 제 3소지구당 조직부장)은 엄격한 심사를 거쳐 입당이 허가되고 입당한 당원들은 당 학교에 들

조직적인 빨치산 활동이 전개되었으며, 그 후 여순반란의 패잔병, 그리고 북한 '강동정치학원'(인민유격대 빨치산 양성소)에서 교육받은 유격대 요원(2,400명)이 남파, 합세하면서 소위 조선인민유격대(총사령관 이승엽)를 조직하여 적극적인 무장투쟁에 나섰던 것 같다.[73]

이러한 무장유격대의 가장 대표적인 것이 신불산(1,209m)에 거점을 둔 남도부 부대이다.[74] 남도부 부대는 일제 말 지리산에서 항일무장투쟁을 전개한 것 이외 해방후 남한에거 2차의 반미·반정부 무장유격전을 전개하였다. 1차는 1949년 7월 초 제 3병단 김달삼부대 부사령관으로 남하하여 주로 동해안 지역의 경찰서와 국군부대와 교전하는 등 일월산과 태백산을 중심으로 활동하였고, 2차로 부산 공략을 위하여 제 7군단 사령관으로 신불산(1,159m), 운문산

어가 정치지도원 안병렬(충남 당진, 소농출신, 중동중, 경성2고보, 북해도제국대 졸업, 경성경제전문교수)에 의해 사회주의 이론학습을 받았다고 한다.(전게서, pp.113~116)

73) 1946년에 발생한 대구 10.1 폭동사건과 남로당의 불법·탄압 등으로 입산한 좌익인사들의 자생적인 유격대가 전남(무등산, 백운산 등), 지리산, 태백산, 영남(신불산), 제주(한라산) 등 5개 지역에서 형성되었다. 이것이 인민유격대의 효시가 되었고, 단정반대 2.7사건과 제주 4.3사건, 1948년 여순사건 등으로 입산한 야산대가 흡수되어 무장유격대가 형성되었다. 북한은 이러한 유격대를 포함하여 1949년 7월 공식적으로 '조선인민유격대'로 창설하였고, 남로당의 박헌영과 이승엽이 그 책임자가 되었다.

최근 인민유격대와 빨치산에 관한 연구가 많이 발표되고 있는데 주로 전남과 지리산 지역에 집중되어 있다. 6.25전쟁 이전, 특히 태백산맥을 중심으로 한 유격대와 빨치산 연구가 필요하다. 이러한 유격대 활동으로 6.25 전쟁이 내전적 성격을 지니고 있다고 한다.

74) 남도부(南道富, 경남 함양 출신, 일본 중앙대 중퇴, 지주부농 출신)는 진주중학 재학시 일인 교사를 폭행하여 퇴학당한 뒤 일본 중앙대학 법학부에 진학하였으나 졸업반시 학병징집을 거부하고 일제시 지리산에 입산하여 징집기피자 입산동지 73명과 함께 1945년 3월 항일결사단체인 '보광당'을 조직하여 항일무장투쟁을 벌였다.(지서습격 등) 1948년 남북연석회의때 김일성이 그의 항일무장투쟁을 높이 평가하여 영웅칭호와 레닌훈장을 주는 바람에 그는 인민유격대 양성소인 '강동정치학원' 군사교관 및 중대장이 되었으며, 그 후 제 3병단 태백산 지구 부사령관이 되었다.

(1,188m), 가지산(1,240m) 등을 중심으로 활동하였다.[75] (부록 4 참조)

1950년 6월 24일 인민군 중장 하준수(별명 남도부, 경남 함양 출신, 부친은 면장, 천석군, 일본 중앙대 법학부 4년 중퇴)가 동해 남부유격대 정예부대 3백명을 이끌고 부산공략을 위해 신불산을 향해 내려오던 중 경북 포항과 영덕지구(칠보산) 등에서 치열한 전투를 벌이느라 남하가 늦었다.

그는 1950년 7월 15일 경북 청도군 운문산(1,188개)에 지휘본부를 두고 주력 130명으로 많은 유격투쟁을 벌였다. 1951년 12월 군경의 대토벌작전시에는 그 병력이 사망, 이탈 등으로 감소되었으나, 그 후 경북도당위원장 박종근과 만나 지리산의 경남도당 50명, 청도군당 20명, 그리고 타 지방당 50명이 합류하여 240여 명이 되어[76] 신불산과 그 너머 상북면 이천리(배냇골) 앞에 있는 681고지(갈산고지)에 대대적인 참호를 구축하여 공격을 방어하기도 했으며, 또한 군관학교를 세우고 공비들의 이탈을 막기 위한 세뇌공작과 공공시설의 파괴, 유격전술, 식량, 의류 등 그들이 필요로 하는 물품 약탈을 목적으로 한 소위 보급투쟁을 실시하였다.[77] 이들은 중앙당과 다른 지방당과 고립된 채 주로 양산시 일부지방과 울산군 서부 5개면에서

---

75) 남도부 부대의 1, 2차 유격전의 결과는 자료에 따라 차이가 있다.
노가원,「남도부」, 상 · 하, 월간 말, 1993 참조.
육군본부,「공비토벌사」, 1954

76) 김이철 정치위원이 귀순하여 가져온 명단은 333명이고 이 중에서 5명이 행방불명이다. 이 당시 남도부는 동해남부전구 빨치산부대 사령관인데 해산시 33명이었다.

77) 신불산 빨치산(남도부 부대)의 당 대민공작전술(주민접촉, 정보활동, 보급품 공급 등)과 유격대 투쟁방법은 빨치산 구연철 생애사에서 예시되어 있다.(안재성, 상게서, pp.119~125)
신불산 작전이나 아미산 작전 등의 전투실상은 최근 울산지역의 읍지 및 면지에서도 볼 수 있는데 이것은 「울산 · 울주 향토사」, 1978에 나온 내용과 유사하다.

6.25 전쟁 후 약 3년 4개월간 투쟁하였다.[78]

1953년 12월 신불산(제 4지구당)의 마지막 빨치산(동부지구당 위원장 이영섭, 유격대 남도부 사령관, 김정수 참모장)은 노동당 제 111호 결정문(즉, 하산하여 지하당을 재건하라)으로 해산하여, 이영섭이 사망후 남도부는 남은 대원(30여명)을 이끌고 대구 팔공산으로 거점을 옮긴 후 경북 지하당 재건을 위하여 대구에 하산하였다가 1954년 1월 21일 먼저 체포된 부하의 제보로 체포되었다. 그는 전향을 거부하고 1955년 8월 34세 나이로 수색에서 총살되었다.

남도부에게 사형을 선고한 중앙고등군법회의는 남도부 빨치산이 군경과의 교전회수가 무려 7백여회, 군경사살 1천 8백여명, 각종 무기 800여점과 각종 실탄 2만발을 약탈하였고, 민가 방화 1백여회, 민가 습격 5백여회, 군용열차 전복 20여 차량, 군용트럭 2백여대를 소각 또는 파괴했다고 발표하였다.[79]

여기에서 울산지역의 빨치산이 남도부 부대의 합류(홍길동 부대 등)는 1950년 7월 15일 청도군 운문산(1,188m)에 지휘본부를 설치한 이후라 볼 수 있다. 이 때 남도부 부대가 울산군당과 밀양군당 및 경주군당에서 빨치산 50명을 보충받았다. 이들은 그 이전에는 야산대 빨치산이라 할 수 있다.

---

78) 공비소탕작전이 전개된 것은 1951년 초 부터이다. 군과 경찰 그리고 의용경찰관들의 공비토벌작전은 휴전협정도 아랑곳 없이 1954년 3월 까지 계속되어 소탕을 하게 되었다. 약 4년간에 걸친 이 작전 중 가장 치열했던 전투 중의 하나가 1951년 12월 21일의 신불산 작전이었으며, 1952년 6월 10일의 두서면 전읍리 아미산 작전 등을 꼽을 수 있다. 이 신불산 작전은 군부대 1개 중대에다 미공군의 지원을 받아 공중폭격과 지상화력 등을 동원하여 남도부 부대를 공격한, 주야 2일간의 전투를 전개했으나 서로 많은 피해를 입었을 뿐, 큰 전과를 거두지 못했다. 그 후 경찰 단독전으로 마의 681고지를 점령하였는데 고지에 주둔하면서 공비들의 거점 구축을 분쇄하였다.(「울주 삼남지」, 1998, p.122)

79)「동아일보」, 1954년 3월 12일

또한, 제 4지구당 2지구대장인 김용구(인민군 중장칭호) 부대는 온양면 대운산(742m)에 거점을 두고 약 80명이 온산면, 청량면 그리고 동래군 일부 지역에서 활동하였다. 그는 온양면 덕동에서 경찰 매복부대에 의해 사살되었다.

6. 결 론

해방후 경남 울산지방의 정치세력은 친일 관공리와 지주부농 및 자영상공인이 많은 울산읍은 우익세력이 강하고, 서부 6개면 등 외곽 산간지역은 소작 빈농이 많아서 좌익세력이 지배적이었다. 우익세력은 독촉국민회와 청년단체(건국청년단, 대한청년단 등)를 중심으로 결집하고 좌익세력은 일찍이 인민위원회와 농민조합을 중심으로 결집하였다. 그리하여 미군정과 군경 및 우익세력은 소위 공비토벌과 보도연맹사건 등 좌익 타도에 적극적이었지만 많은 소작빈농과 좌익세력은 정부와 우익의 탄압으로 피신, 입산하여 빨치산이 되었거나 보도연맹사건으로 다수가 집단 학살되었다.

입산한 소작농민과 청년지식인이 소위 야산대의 빨치산 활동을 전개하였으나, 남파된 인민유격대와 합류하면서 미군 및 군경과 대적한 무장투쟁을 하였고, 이들은 군경과 유격전을 하면서 보급투쟁을 하였지만 강력한 미군의 폭격과 군경의 토벌작전으로 몰락하였다.[80]

최신 무기로 중무장된 미군과 한국군의 토벌작전에 구식 무기로 무장된 야산대와 유격대의 대응은 그 적수가 되지 못하였다.

---

80) 울산지방 공비토벌작전에서 희생된 경찰은 모두 68명(경무관1, 경위 4명, 경사 13명, 순경 50명)이고, 공무원이 21명, 의용경찰이 8명, 그리고 국민회 당원이 28명이다.

여기에서 해방후 6.25전쟁 까지 울산지방 빨치산 투쟁은 ① 횃불시위와 ② 야산대 투쟁 및 ③ 인민유격대 투쟁으로 크게 구별하여 볼 수 있을 것 같다. 이와 같이 초기에는 소위 산사람으로 호칭되는 입산 빨치산이 후에 북한이 파견한 인민유격대(남도부 부대)와 합류한 것 같다.(예컨대 홍길동 부대)

한편, 휴전후 빨치산 투쟁의 인민유격대는 북한의 지원도 없고, 통신도 두절하여 결국 고아 신세가 되고, 살아 남은 빨치산은 부족한 식량 등을 해결하기 위하여 산촌 주민에 대한 약탈 및 살상 등으로 민심이반의 현상을 보였다. 그리고 군경과 미군의 강력한 토벌작전과 산간 주민 소개, 그리고 총선거와 농지개혁의 실시 등으로 물이 없는 물고기 신세가 되었다.

이와 같이 해방정국에 일어났던 빨치산의 테러와 군경의 토벌작전은 많은 시골 유지들이 농촌을 떠나 익명감이 강하고 부르조아지가 많은 대도시(울산읍, 부산시, 서울시 등)로 이촌케 하였고, 동시에 좌익 인사들은 월북하였거나 일본에 밀항하여 조총련의 지도자가 된 경우가 많다.

제 5장 남한 빨치산의 신분배경과 유격전

1. 서 론

한국 현대사에 있어서 가장 행복하여야 할 시기에 가장 불행한 일이 발생하였다. 지난 40여년간 일제의 식민지로 부터 해방된 한민족이 '해방'의 의미, 즉 일제(외세)로 부터 해방과 반봉건적 소작제 및 저임금 착취를 폐지하기 전에 미・소의 한반도 분할 점령 및 정치지도자들의 좌・우 이념 갈등으로 빚어진 6.25 전쟁과 보도연맹사건 및 무장유격전(토벌작전) 등으로 수 백만명이 희생되었다.[1]

정치지도자의 이념적 대립은 미군정하에서 당시 한인 권력지배층을 독점한 우익의 한민당과 일제시 독립운동을 전개한 좌익의 건준 및 남로당 간 권력투쟁을 초래하였다. 이러한 투쟁에서 한민당은 이승만(독촉국민회 위원장)을 업고 미국의 지원을 받으면서 이승만 반공정권을 탄생시켰다.[2]

한편, 남조선노동당(약칭 남로당)이 1946년 9월 4일 조선인민당(위

---

1) 1950년 6.25 전쟁으로 희생자 '100만명설'(남한) 또는 '300만명설'(남북한)이 있다. 그러나 내무부는 한국군의 사망이 24만 4,663명이고 학살자는 12만 8,936명, 행방불명자는 30만 3,262명, 납치자는 15만 4,532명이라고 한다.(내부무 치안국,「경찰 10년사」, 1958) 그리고 미군 등이 14만 9,587명, 북한군의 사상이 29만 4,151명, 중공군 등이 18만 9천명이 희생되었다.(브리타니카) 그 밖에 1950년 보도연맹사건으로 약 20만명, 토벌작전 및 유격전으로 3만여 명의 사상자가 발생하였다.

2) 김영모, 미군정시 정치지배층과 농민항쟁(「한국권력지배층연구」, 고헌, 2009, 제 1편 1장)

원장 여운형), 조선공산당(총비서 박헌영), 남조선신민당(위원장 백남운)의 3당을 합당하여 탄생하였다.[3] 남로당의 정강정책은 ① 자주독립국가의 건설(미·소 양군의 철수), ② 민주주의 인민공화국 창설, ③ 토지개혁(무상몰수, 무상분배), ④ 8시간 노동제, 사회보험, 성별 남녀 차별없는 동일한 임금의 실시 등이다.[4]

이러한 정강정책이 남로당이 지도한 남한 빨치산(인민유격대)의 투쟁이념이 되었다. 이러한 이념은 제 2차 세계대전 후 식민지국가에서 만연된 민족해방운동의 사상이었다.[5]

해방후 남한 빨치산과 6.25 전쟁 등이 발생된 것은 무엇 보다도 미군정청과 이승만 정부가 좌익(단체)을 불법화 하고, 또한 이승만은 단독 정부를 수립하기 위하여 미국(대통령 트루먼)을 방문하였으며, 김일성과 박헌영이 조선민주주의 인민공화국을 수립한 후 6.25 남침을 위하여 소련(수상 스탈린)을 방문하였던 결과에서 비롯되었다.

이와 같이 정치지도자들의 잘못된, 외세 의존적 지도력으로 말미

---

3) 조선공산당은 1945년 9월 11일 박헌영, 이강국을 중심으로 재건되었다. 박헌영이 주도권을 장악하여 다음과 같이 각 부서와 간부를 경성콤그룹(이현상, 김삼룡, 이관술 등) 중심으로 구성하였다. 이들이 남한 빨치산의 지도부를 형성한다.

총비서 : 박헌영

정치국 : 박헌영, 김일성, 이주하(콤그룹계), 무정(연안파), 강진(ML계), 최창익(서울계, 연안독립동맹). 이승엽(화요회계), 권오직(화요회계)

조직국 : 박헌영, 이현상(콤그룹계), 김삼룡(콤그룹계), 김형선(화요회계)

서기국 : 이주하(콤그룹계), 허성택(콤그룹계), 김태준(연안계), 이구희(콤그룹계), 이순금(콤그룹계), 강문석(콤그룹계)

(김남식, 「실록 남로당」, pp.17~25, 송남현,「해방 3년사」 I, 까치, p.146)

4) 송남헌,「해방 3년사」 I, 까치, 1985, pp.167~168

5) W. M. Ball, *Nationalism and Communism in East Asia*, Cambridge University Press, 1953, p.3, 그는 동아시아의 혁명은 ① 외국의 정치적 지배, 즉 식민주의와 제국주의에 대한 저항과 민족자주 독립국가의 요구이고, ② 심한 빈부격차에 대한 인민의 저항이며, ③ 서양에 대한 동양의 민족적 저항운동이라고 하였다.

암아 수많은 사람이 희생된 것은 불가피한 것이라고 말하는 사람이 있겠지만, 그것을 예방할 수 있는 지혜와 슬기가 부족하였던 것 같다.[6] 이러한 불행을 초래한 정치지도자 뿐만 아니라 수 많은 하수인들이 있다. 그 대표적인 하수인들이 누구인지 아직도 제대로 밝혀지지 않고 있다.

여기에서 다루려고 하는 지도자와 하수인은 6.25 전후 남한에서 투쟁한 빨치산(partisan 또는 guerrilla)들이다. 남한의 빨치산은 초기에는 항일 반정부의 빨치산(소위 산사람 또는 야산대)이었으나, 6.25 전쟁 전후로는 주로 남로당의 지도에 의한 반미 반정부 빨치산들이다. 또한 북한 인민군의 남침과 인천상륙작전으로 후퇴하면서 생긴, 인민군에 협력한 부역자나 인민군 낙오병들로 구성된 빨치산(소위 신빨치산)들이 더욱 많았다.

이와 같이 남한에서 일어난 수 만명의 빨치산[7]이 과연 어떠한 신분적 특성과 사상을 지니고, 이들이 추구한 민족해방운동의 혁명가적 자질을 과연 지니고 있는지 궁금하다.

이러한 문제에 대하여 그간 빨치산 또는 그 지도자에 대한 논문

---

6) 정치적 갈등은 민주주의 방식, 즉 갈등의 제도화에 의하여 평화적으로 해결할 수 있는데(김영모, 「한국사회의 이해」, 한복연 출판부, 1999, pp.34~38) 이것을 수렴하지 못한데서 비롯되었다. 예컨대 해방후 미·소 공위나 남북협상에서 가능하였다.

7) 1949년 4월 유격전이 482회이고, 참여자는 16,257명이며, 동년 9월 총공세시에는 1,776회의 유격전에 77,256명의 빨치산이 참여하였다. 또한 경찰서와 지서 습격이 125회이고, 피살된 순경이 1,272명이 되었다.(김점곤, 「한국전쟁과 노동당전략」, 박영사, 1973, pp.244~247) 그리고 1950년 6.25 전쟁 발발시 빨치산이 460명이 있었고, 1950년 10월 말 가장 많아 1만 5천명이 있었으며, 1952년 1월 부터는 급속히 감소되어 1953년 9월에는 978명이 있었다고 추계한다.(국방부 전산편찬위원회가 발행한 「대비정규전사」(1988년) 그러나, 같은 책의 공비토벌전과(해방후 1954년 말)를 집계한 결과 사살, 생포 또는 자수한 자가 3만명 이상이 된다.(표 9 참조) 당시 빨치산수와 그 전과는 육본, 경찰 및 인민유격대의 자료 마다 각각 상이하다.

또는 저서에 단편적인 것을 볼 수 있었지만 그들에 대한 일반적인 특징을 알 수 없었다. 그러나, 최근 6.25 전쟁시 빨치산 부대의 당원 및 유격대원의 명단이 발견되어[8] 이것을 분석하여 보면, 그 특징을 어느 정도 알 수 있을 것 같다.

그리하여 저자는 해방후 빨치산의 형성과정을 검토하고 그 지도자에 대한 신분배경과 자질 및 경력을 분석하며, 나아가 빨치산(당원 및 대원)의 신분배경 그들의 유격전을 사례로 분석하여 그들이 소위 반미, 반정부 또는 반부르조아 혁명을 성취할 수 있었는지 그 계급적 성격을 고찰하여 본다[9]

2. 빨치산의 형성유형

우리나라의 빨치산은 반외세 반정부 투쟁에서 형성되었다. 현대사에 있어서 그 대표적인 빨치산 활동은 구한말의 동학혁명과 의병전쟁, 그리고 해방후 남·북한 빨치산의 유격전에서 찾아 볼 수 있다.

우리나라에 있어서 반외세 투쟁은 한말 및 일제시는 항일 투쟁이고, 미군정시는 반미투쟁을 말한다. 그리고 반정부 투쟁은 한말 일제시는 조선왕조와 일본정부에 대한 것이고, 해방후는 미군정청과 이승만 정권에 대한 것이다. 따라서 해방후 반미와 반정부 투쟁의 성격은 자연히 미군정과 이승만 정권의 성격, 특히 당시 권력지배층은 누구이며, 그들의 정책이 누구를 위한 것인가에 관심이 집중된

8) 한림대학교 아세아문화연구소,「빨치산 자료집」, 제 1~7권, 1996
9) 당시 많이 사용한 계급개념은 칼 마르크스의 개념인 부르조아지(자본가계급), 쁘띠 부르조아지(중산층), 프로레타리아(노동자계급), 인테리켄챠(지식계급) 또는 지배계급과 피지배계급이었으나, 오늘날 미국사회학의 영향을 받아 계급개념 대신 계층개념(상층, 중간층, 하층)을 많이 사용하고 있다.

다.[10] 다시 말하면 빨치산 투쟁은 결국 미군정과 이승만 정권의 성격(이익)과 대립하였다.

해방후 미군정은 단선, 단정의 이승만 정권, 즉 자본주의체제의 분단국가를 창출하였고, 북한은 결국 사회주의체제의 분단국가를 수립하였다.

해방후 미군정하 정치지도자에 대한 테러행위가 자행되고, 1947년 미소공동위원회가 미국측이 한국문제를 유엔에 상정함으로써 결렬되자, 남로당은 소련이 제안한 미·소의 양군 철수와 남북의 자주적 통일국가 수립을 지지하고 이를 실현 하기 위한 투쟁을 전개하였다. 그러나 미군정은 1947년 5월 남조선과도정부 행정명령으로 좌익계를 탄압하고 남로당의 핵심인물을 체포하였다. 다시 말하면 해방 이후 철도노동자 파업과 소작농민의 토지개혁 요구로 40만명 이상이 저항(폭동)에 참여하였으나 이러한 평화적인 대중운동으로는 인민의 의사를 관철하기 어렵기 때문에 무장투쟁만이 승리의 길이라고 판단하여 무장유격대가 형성되었다.[11]

한편, 1948년 8월 15일 수립된 이승만 정권은 국가보안법(1948. 12. 13)을 제정하고, 1948년 10월 19일 남로당 등 133개의 정당 및 사회단체를 해산하였으며, 좌익(특히 남로당, 인민위원회, 전농, 전평 등)에 대한 탄압을 전국적으로 실시하였다.[12] 또한 1950년 6.25 전후

10) 이에 대하여서는 김영모의 전게서, 제 1장 참조.

11) 김점곤,「한국전쟁과 노동당 전략」, 박영사, 1973, p.134

12) 1949년 국가보안법에 의하여 체포된 자는 11만 8,621명(4만 6,373건)이고, 1950년 4개월간 체포된 자는 3만 2,018명이다. 이 중에서 재판에 회부된 자는 25.3%이다.(*Report of the Unites Nations Commission on Korea*, 1949. 12. 15~1950. 9. 4; *General Assembly Official Record*, No. 16 Lake Success, N. Y., 1950, p.26, 박명림「한국 1950, 전쟁과 평화」, 나남출판, 2002, p.319) 당시 권승렬 법무장관도 국가보안법으로 구속된 자가 3만여명이고, 피의자가 전 죄수의 8할이 된다고 하였다.(서중석,「조봉암과 1950년대」, 역사비평사, 1999)

대구폭동과 여순반란사건 및 보도연맹원사건 등으로 양민을 무차별 학살함으로서13) 이를 피신하기 위하여 입산한 빨치산은 크게 네가지 형태로 발전하였다.14)

첫째는 서울과 지방의 남로당계 중심의 정치지도자와 각계 지도자, 약 1,200명 이상 월북 후 남파된 인민유격대이고, 둘째는 농민운동과 노동운동(계급투쟁)에서 입산한 소작빈농들, 소위 지방공비들이며, 셋째는 1946년 10.1 대구폭동사건과 단선단정 반대(1948. 2. 7), 대

13) 6.25 전쟁 발발시 학살 문제는 다음 책을 참고하기 바람.
김삼웅,「해방후 양민학살사」, 가람기획, 1996
서중석,「조봉암과 1950년대」(하) 제 4장 2~3절, 1999
6.25 당시 국가보안법 위반자 등 재소자들은 3만 7천 335명이 된다.(법무부,「한국교정사」, 1984, pp.484~538) 6.25전쟁이 나자 형무소 수감자들 중에서 소위 정치범(좌익사범)이 인민군과 연합할 것을 우려하여 후퇴하면서 집단학살 하였다. 예컨대 1950년 7월 초 대전형무소의 정치범(대부분 여순반란사건과 제주도 4.3사건 관련자) 1,800명이 야산에서 집단학살 되었고, 이에 대한 보복으로 인민군이 대전시를 점령했을 때 우익인사 1,300명을 우물에 수장시켰다고 한다. 또한 대구형무소에서도 전쟁이 나자 군경이 1,402명을 학살하였다. 당시 피학살자는 약 12만명으로 전남(약 6만 5천명)과 전북(1만 4천명)지역에서 가장 많다.(「한겨레 21」, 제 292호 2000년, pp.21~22) Cadars신부는 미군 장교가 보는 앞에서 남한 경찰이 대전형무소에 있던 1,700명의 공산게릴라들을 트럭에 싣고 와서 성당 근처 야산에 긴 참호를 파게하고 목 뒤에서 총살시켜 파묻었다고 한다.(Philip Deane, *I was Captive in Korea*, Horron & Co., N. Y., p.91) 그리고 국민보도연맹사건은 최근 진실, 화해를 위한 과거사위원회의 직권조사로 접수된 2,570건 중에 4,934명이 군경 및 우익청년단체에 의하여 학살되었다고 한다.(「경향신문」, 2009. 11. 26) 보도연맹 희생자는 전국적으로 약 30여만으로 추산한다.

14) 김남식은 남로당이 1948년의 2.7 투쟁과 5.10 선거 반대 투쟁에서 서울은 행동대를 조직하고, 지방당은 무장부대로서 야산대를 만들게 되었다고 한다.(「남로당 연구」Ⅰ, 돌베게, 1984, p.393) 또한 그는 1946년 10월 대구인민항쟁에 참여했던 핵심세력이 미군정의 체포령으로 합법적 정치활동에 참여할 수 없어서 산간지대에 피신하게 되어 이들이 산사람, 즉 빨치산으로 불리게 되었다고 한다. 그리고 최상룡은 남로당(박헌영)의 신전술로 대구 인민항쟁이 일어났고, 이후 계승되어 전국적인 농민운동이 일어났다고 한다.(「미군정과 한국민족주의」나남, 1988, p.264)

구 6연대 반란사건(1948. 11.2). 그리고 제주 4.3사건(1948. 4. 3)과 여순 반란사건(1948.10.19) 등으로 피신하여 입산한 야산대들이다. 마지막으로 인천상륙작전(1950. 9. 15) 이후 인민군 낙오병과 인민군 점령지역 부역자가 입산한 신빨치산들이다.

이러한 네가지 유형 중에 둘째의 유형(소위 산사람 등)은 자생적인 것이지만, 첫째와 셋째의 유형은 남로당의 영향이 크게 작용한 것이며, 넷째의 유형은 북한 정권의 남침 결과 점령지역에서 형성된 것이다. 이와 같이 생성된 빨치산은 유격전을 통하여 사망, 이탈한 경우도 많지만 또한 그들의 유격활동을 통하여 서로 연대(합류)하거나 현지에서 신규 빨치산들이 증원되었다.

그러나, 1949년 6월 30일 남로당과 북로당이 합당하여 조선노동당이 되고 조선인민유격대의 지휘책임이 과거에는 남로당계에 있었으나, 1951년 4월 전쟁중 조선인민군 총사령부 유격지도처가 설치되면서 그 권한과 책임이 넘어 갔다. 다시 말하면 6.25 전쟁의 초기 이전에는 남로당 출신의 빨치산이 주도하였으나 1951년 4월 이후(특히 중앙당과의 통신두절로 10월 이후)에는 조선노동당의 지시를 받는 도당위원장이 주도하였다.

1) 자생적 빨치산

해방후 자생적 빨치산은 크게 두 개의 흐름이 있었다. 하나는 일제 말기 일인 군경을 살해 또는 폭행하였거나, 학병거부[15], 징병 또

15) 학병 거부운동은 1944년 학병 적격자 7,200명중 4,385명이 입대하였는데 이 중에서 일본 유학생들이 주도하였다. 1944년 8월 평양 제 42사단의 학병 거부 사건은 김완룡(일본 중앙대학 법학부), 박성화(와세다 대학 이공학부) 등 52명이 참여하였고, 대구 제 24부대 학병의거는 김이현(대구 계성중, 연희전문, 명치학원 경제과 졸업)이 주도하였다.(정세현,「항일학생민족운동사연구」, 일지사 1975, pp.553~568)

는 징용을 기피한 한인을 체포하려는 친일 경찰을 피신, 입산하여 항일 빨치산이 된 경우이다. 다른 것은 미군정시 제정된 '미곡수집령'에 의하여 흉년(한해 등)에 생산량 이상의 고율 과세(공출제) 때문에 친일 관공리(면서기)와 이장 등 유지 등에 대한 농민들의 불만으로 다투게 되어 입산한 경우이다.[16] 이들은 대부분 6.25 전후 강제연행과 대량학살에서 피신하였다.

친일 경찰관과 관공리(면직원 등) 및 마을유지들은 일제시 뿐만 아니라 해방후에도 그 자리를 그대로 지키고 있었다. 그리하여 일제시의 원한관계가 해방후에도 지속되었고, 일제시 입산한 기피자를 항일운동자, 즉 좌익분자로 몰아 부쳤다. 예컨대 함양군 출신의 남도부 사령관(본명 하준수)은 일인교사 폭행과 학병 기피로 지리산에 피신하여 항일무장단체(730명)를 조직하였고, 구례군당 유격대장(박종하, 간전면 출신)은 간전보통학교에 다닐 때 일인 헌병을 살해하고 입산하였으나, 친구의 설득으로 좌익활동을 하다가 경찰의 추적으로 야산대 빨치산이 되었다. 지리산 등에는 학병거부, 소위 사상범 등이 많이 있었다. 그리고 친일 관공리(면직원)와 부락 유지(이장 등)들은 추수기에 수득세를 들판에서 책정할 때 힘 없는 농민들에게 더 많이 불공정하게 인정과세하여 농민들의 원성을 많이 사게 되었다. 또한, 소작농은 소작권을 유지하기 위하여 고율의 소작료를 감내하지 않을 수 없었다.[17]

그리하여 소작 농민(대개 빈농)들은 친일 경찰관(순사)과 관공리

---

16) 본서 제 4장 3, 5절 참조

17) 당시에 전제 국민의 약 7할 이상 되는 소작농민이 약 75%의 소작료를 부담하였다. 당시의 소작제도를 반봉건적 생산관계라고 말하는 것은 소작료(약 50%) 이외 소작권을 유지하기 위하여 지주 또는 사음(마름, 중간 관리자)에게 환심을 사기 위해 노동력의 무상 제공, 명절에 엿고아 주기 등 경제 외적 강제(약 25%)가 있었기 때문에 그렇게 말한다.

및 유지들(대개 이장 및 지주부농)에 대한 복수심으로 군에 입대하거나 입산 빨치산이 된 경우가 많다.

이들 빨치산들은 초기에는 일제시 사용된, 구식 총검(9.9식 소총과 일본도 등)으로 무장하여 친일 보수인사들을 살상하였지만 그 후에는 소련군과 북한 인민군이 사용한 따발총으로 무장하였으며, 또한 6.25 전쟁시 미군과 한국군을 습격하여 획득한 카빈총과 M1 소총 등으로 무장하여 미군과 한국 군경과 유격전을 전개하였다.

2) 인민항쟁의 참여자

여기에서 말하는 인민항쟁은 1946년 10월 1일에 일어난 대구폭동사건(노동자와 학생이 주도)과 1948년 4월 3일 제주 4.3사건(김달삼 주도의 단선단정 반대) 그리고 대구 6연대 반란사건(여순반란사건 진압 반대)과 1948년 2.7 구국투쟁(단선, 단정 반대) 및 1948년 10월 19일 여순반란사건(국군 제 14연대의 지창수 상사와 김지회 및 홍순석 중위가 주도) 등을 말한다.

이러한 사건들은 해방후 1945년 8월 15일 결성된 조선건국준비위원회(약칭 건준, 위원장 여운형)와 후에 좌익계가 주도한 인민공화국(1945. 9. 6)과 1946년 11월 23일 남조선노동당(위원장 허헌, 부위원장 박헌영)의 영향을 크게 받았다. 더욱이 건준과 남로당의 세포조직이 도·군·면 단위 까지 퍼졌고, 전국 도·시·군·읍·면과 직장에 조직된 인민위원회와 농민조합연맹(전농) 및 노동조합평의회(전평)는 조직적인 저항운동을 주도 하였다.

그리하여 미군정청은 한민당원인 조병옥 경무부장의 건의에 따라 전술한 바와 같이 인민위원회와 남로당을 해체하고 무력으로 탄압하였으며, 남한의 제헌국회에서 당선된 이승만 정권도 국가보안법(1948. 11. 20)을 제정하여 이들을 체포 등 탄압하였다. 그리하여 인민항쟁에서 체포, 피살되지 않는 참여자는 인근 산악지대(한라산, 지리산, 덕유산, 속리산, 신불산 등)로 피신하여 무장 야산대를 조직하여 항쟁하였다. 이러한 야산대를 빨치산의 효시로 보는 견해가 있다.[18]

3) 조선 인민유격대

조선인민유격대는 1948년 7월에 창설되었는데, 그 지도자는 남로당 지도자인 박헌영과 이승엽이다. 이들은 강동정치학원에서 월북한 남로당 간부들과 그 지지자들을 교육, 훈련시켜 남한에 침투시켰다.[19] 월북한 남로당의 중앙간부와 도당위원장은 대개 남로당(박헌영)의 추천에 의하여 모스크바 공산대학(소련고급당학교)에서 단기 교육(6개월)을 받았고, 그 밖에 주요 간부들은 강동정치학원(평남 강동군 입암리 소재, 전신은 평양학원)에서 3~6개월간 교육, 훈련을 받았다.[20] 여기에서 훈련 받은 인민유격대원은 중공 팔로군(조선족 출신 100명)을 포함하여 약 2,400명인데 이들이 1948년 부터 1950년 3월 까지 10차에 걸쳐 남한에 침투하였다.[21]

---

18) 김남식은 야산대를 1948년 단선, 단정을 반대하는 2.7 구국투쟁을 계기로 본격화 되었다고 한다. 그는 주로 남로당원 중 일군 출신과 1946년 대구폭동사건에 가담하여 추적을 피한 자들을 중심으로 조직되었다고 한다. 야산대는 당의 무장부대이기 때문에 당조직 체계에 준하여 조직되었는데 1개 군에 50~100명 정도이다. 야산대는 도당에 사령부를 설치하고 사령관은 도당 부위원장이 겸했다.(김남식, 「남로당 연구」 I, 돌베개, 1984, p.393)

19) 강동정치학원의 조직과 교육내용에 대해서는 다음의 책을 참고하기 바람.
김점곤, 「한국전쟁과 노동당 전략」, 박영사, 1973 제 4장 2절
김남식, 「남로당연구」, 돌배게, 1984, 제 15장 2절

20) 1951년 4월 조선인민군 총사령부 작전국 직속으로 유격지도처가 설치되고,(책임자는 배철 전경북도당위원장) 10월부터 황해도에 금강정치학원이 설립되어 남한지역 지하당 간부와 유격대 지휘관 및 대원을 양성하여 1952년 8월 부터 10월 까지 무장부대를 침투시켰으나 대부분 실패하였다.(김남식, 전쟁 전후 남한에서의 무장유격대 투쟁의 전개, 「한국전쟁연구」, 태암, 1990, p.162)

21) 그러나, 1949년 말까지 남한 빨치산(공비)은 700여명이고, 개전 직전에는 약 460명이었다. 10차의 북한유격대 남침상황은 육본 정보국의 「공비연

남파된 인민유격대는 4개 병단으로 구성되었다. 제 1병단은 이호제 사령관이 태백산 지구에서 활동하고, 제 2병단은 이현상 사령관이 지리산 지구에서 4개 연대를 편성하여 유격전을 폈고, 제 3병단은 김달삼 사령관과 남도부 부사령관이 동해안 일대의 태백산 지구에서 유격전을 전개하였다. 그리고 제 4병단은 이승엽 총사령관의 지도로 오대산 지구에서 활동하였다.

4개 병단의 유격활동은 주로 유격지역에서 자생적인 지방 빨치산을 흡수하여, 철도, 열차, 다리, 전신주 등을 파괴하고, 면사무소, 경찰지서 등을 습격하면서 유격전을 전개하였다.22)

빨치산 부대의 전쟁중 유격활동은 사실상 인민유격전쟁의 실상을 보는 것 같다. 이들의 유격전은 주로 미군과 한국군 뿐만 아니라 경찰과 지방행정기관에 대한 공격(사살, 무기 노획 등)과 후방 교란작전을 수행하였는데, 이것은 반미 반정부 무력 항쟁의 성격을 지니고 있다. 남도부는 임시수도 부산에서 약 40km 떨어진 신불산을 거점으로 하여 지역 빨치산의 협력으로 유격전을 전개하면서 임시수도 부산을 공략하기 위한 준비를 하였다. 그러나 낙동강 전선을 중심으로 한 한국군과 미군의 방어전략과 인천상륙작전으로 부산을 제대로 공략하지 못하였다.

4) 신 빨치산

신빨치산은 1950년 9월 15일 인천상륙작전, 낙동간 전선에서 패퇴

혁」(pp.4~5)과 육본의 「6.25사변사」(pp.48~49) 및 「공비토벌사」(pp.5~9)을 보거나 김점곤의 상게서 제 4장 2절 부표 1을 참고하기 바람.

22) 6.25 전쟁 이전에 북한의 조선중앙통신사가 발행한「조선중앙연감」(1958)에는 1949년 8월 중 남한 유격대원 동원수가 4만 4,226명(전남에서 16,760명, 경북에서 12,300명 등)이라 하고(교전회수가 759회, 철도파괴 66개소, 전주파괴 1,590주, 기관총 523정 노획 등) 1949년 9월에 7만 725명이 군경부대와 1,776회 교전과 15개 경찰서와 110개 지서를 습격하였다고 한다. (사망 1,272명, 포로 832명, 무기노획 830정 등)

로 월북하지 못하고, 입산한 인민군의 낙오병과 그 부역자들을 말한다.[23)]

인천 상륙작전과 서울 탈환으로 퇴로가 막힌 충청지역의 인민군 낙오병과 부역자는 가야산(1,430m) 깊은 골짜기(30~40리)에 모여 들었고, 전라도 지역의 경우 소백산맥을 타고 입북하지 못한 경우 이들은 지리산(1,916m), 덕유산(1,614m), 백운산(1,218m) 등으로 입산하였다. 이와 같이 입산한 전남지역 빨치산만 하여도 5만여명이 넘고, 이들 중 무장인원은 전체의 20%에 불과하였다고 한다.[24)] 그리고 지리산에 모였던 경남지역 빨치산은 1,258명이 되었다. 이들은 대부분 신빨치산이라고 한다.

1950년 9월 이후 인민군 패잔병, 구빨치산, 인공 부역자 등이 모두 입산해 산간지대 인민유격대의 숫자는 급격히 불어났다.

한때 전국적으로 5만~8만명 정도로 추산됐던 총 입산자 수는 일시 산중으로 들어갔던 정규 인민군 병력 중 대부분이 북상길을 택한 이후인 1950년 10월 말에는 약 2만 5천명 정도로 추산됐다. 5백명도 안됐던 구빨치산과 유격대에 합류한 인민군 패잔병 3~4천명을 제외한 나머지는 점령 기간을 통해 현지에서 새로 만들어진 빨치산들인 셈이다. 그것은 점령 치하에서 뚜렷한 좌익분자도 아니었던 사람들이 여러 경로로 인공의 당정 조직에 관여했고 인민군이 후퇴하자 부역행위가 탄로나 처벌받을까 두려워 산으로 달아났는데 연유한다. 처음 이들은 군사 지식이 전무해 빨치산 내부의 후방요원 역할을 하다 점차 산생활과 유격전에 익숙해지면서 무장 전투요원으로 탈바꿈해 간다.[25)]

이들 신빨치산은 전쟁기간 부역자(약 55만명)의 1할이 된다. 신빨

---

23) 6.25 전쟁시(1950. 9. 15~1950. 12. 31) 전국 공산 부역자는 55만 915명(검거 153,825명, 자수 397,080명)이고, 군사재판에 송치된 자는 1만 9,116명(인민군 1,448명, 유격대 9,979명, 노동대원 7,661명 등)이다.(「한국전쟁사」, 4권, p.759)

24) 전남일보,「광주 · 전남 현대사」, 제 2권, 1991, p219

25) 백선엽,「실록 지리산」, 고려원, 1992, p.305

치산은 대부분 귀순 등으로 하산하였다. 그렇지 않은 신빨치산 중에 조선인민유격대(남부군 등)에 합세한 경우가 많다. 도당 및 군당의 지도하에 무장유격대에 참여하여 후방을 교란하였으나 대부분 군경의 대토벌작전에서 희생되었다.

3. 빨치산의 출신배경

여기에서 다루는 빨치산들의 출신배경은 조선인민유격대의 최고 지도부와 각 부대장 및 부대원들의 출신지, 연령, 학력, 경력 및 출신성분을 말한다.

1) 지휘부 ; 사령관과 도당위원장

인민유격대(무장 빨치산)는 대부분 일제시 항일 민족독립운동을 한 민족주의자인 동시에 사회주의자들이다. 이들은 민족해방운동의 역사적 사명감을 지니고 있었다.

일제시 사회주의운동이 바로 민족독립운동으로 간주되었고, 이에 참여한 많은 지식인들이 해방후 건준이나 남로당에 참여하였으며, 해방후 이들은 한민당이 장악한 미군정청(경무부장 조병옥, 수도청장 장택상)이 검거·구속하는 바람에 많은 지식인들이 월북하였다. 그리고 이들 중에 모스크바 공산대학 또는 강동정치학원(전신은 남로당의 서울정치학원) 등에 입교, 훈련을 받은 후 소위 남한의 민족해방을 위하여 인민유격대의 지도자가 되었다.

남한 빨치산의 최고지도자(남부군 이현상과 동해남부군 남도부 등)는 모두 항일 독립운동가였다. 그들은 모두 지주부농과 면장 집안에서 태어났지만, 중등교육과정에서 항일운동(6.10만세운동 참가 또는 일인교사 폭행)에 참여하여 퇴학을 당하고 대학교육과정에서 공산주의 운동 또는 학병거부운동 때문에 그들을 체포하려는 일인 경찰을 피신하여 빨치산이 되었다.26)

남한 빨치산 지휘부는 표 2에서 제시된 조선인민유격대의 지휘지와 각 도당위원장 또는 인민항쟁(대구폭동사건과 제주 4.3사건 및 여순반란사건)의 주도자들이다. 특히 중앙당의 지휘부는 일제시 부터 항일독립운동을 하였고 해방후 미군정시에 사회주의운동을 하였다. 그리고 각 도당위원장은 일제시 항일 독립운동에 참여하였지만 해방후 남로당의 추천으로 모스크바 공산대학을 이수하였다. 이들은 6.25전쟁 중에 조선노동당이 임명하였다.

그러면, 이들 지도자들의 출신배경을 조사하여 소위 조국해방, 즉 민족과 인민을 해방시킬 수 있는 계급적 성격을 지니고 있는 가를 파악하여 본다.

남한 빨치산 지도부의 출신배경을 표 1에서 보면, 다음과 같은 특징이 있다.

첫째, 전전 빨치산 지도부는 교육수준이 당시에 비하여 대단히 높은 편이다. 대부분 고등보통학교(중학) 이상의 학력을 소유하고 있다. 그들 중에 학교 중퇴(퇴학)자가 많은데 이것은 일제시 재학중 노동운동이나 독서회 및 만세운동에 참여하여 퇴학되었기 때문이다. 이들은 일찍이 항일 독립운동에 참가하였음을 의미한다.

---

26) 일반적으로 사회주의 또는 공산주의 등 좌익운동에 참여하는 자는 노동자계급이나 빈농출신들로 생각하기 쉬우나, 일제 지배하 중국, 베트남 등의 정치지도자 중에 일본, 프랑스 등에서 교육받은 항일 무장투쟁을 한 지주부농 또는 자본가계급 출신이 많다. 중공의 경우 주은래, 등사평 등과 같이 모택동 정권의 핵심 참모는 대부분 프랑스 등에 유학한 지주부농 출신이다.

<표 1> 인민유격대 지도부의 출신배경(1950년대)

성명	소속	연령	출신지	학력	일제시 경력	미군정 해방후 경력	부모 직업	정당	빨치산 지위	비고
박헌영	북한 부수상	50	충남 예산	경성고보 소련레닌학교	조선,동아일보기자 조선공산당창당, 6년 투옥	남로당 총비서 미군정청 체포령 월북	소작농 미곡상	남로 당수		간첩죄 정권전복죄
이승엽	북한 사법상		경기 인천	인천상고 퇴학	조선공산당 가입 인천식량배급조합 이사	남로당 중앙위원 북한 사법상		공산당 비서	인민유격대 총사령관	상동
이호재	제1병단사령관 태백산지구			보성전문학교	고려공산청년회 간부	조선민주청년동맹 간사		남로당	제1병단 사령관	
이현상	제2병단사령관 지리산지구	45	충남 금산	금산보통 중앙고보 보성전문법학	경성콤 조직	남로당 중앙위원	지주부농	남로당	제 2병단 사령관	본명 이승신 1953. 9 피살
김달삼	제3병단사령관 태백산지구		제주시 대정읍	후쿠치야마 예비사관학교	일본군 소위	대정중 교사 남로당중앙 위원 인민유격대총지휘자		남로당	제 3병단 사령관	1953. 3 피살
남도부	동해남부진구 사령관		경남 함양	진주중, 일본중앙대 법학	학병 거부 입산 보광당조직	이화장 경비대장 강동정치학원 군사교관, 소장	지주부농 병곡면장	남로당	3병단부사령관 7군단총사령관	본명 하준수 1955.8 총살
안병렬	남도부부대 정치위원		충남 당진	경성2고보, 홋카이도제대 농학부	민전 전문위원 경성경제전문교수 (서울상대 전신)	제2 고보시 독서회로 피검 강동정치학원 강사	빈농	남로당	동해남구전구 신불산,운문산 정치위원	1952.2 피살 (일월산) 가명, 안철
김지회	여순반란 주도자			육사 3기 (평양학원)		국방경비대 중위		남로당		1949.4.9 사망
김응빈	서울시당 위원장			모스크바공산 대학						
박종근	경북도당 위원장			모스크바 공산대학					제 3지대장	1952.2 사살 (일원산)
박광희	경기도당 위원장			모스크바 공산대학						
이성경	충북도당 위원장			모스크바 공산대학						
박우현	충남도당 위원장			모스크바 공산대학						
남경우	경남도당 위원장			모스크바공산 대학					강동정치학원 출신	1952.1.18 피살
이영회	남부군단 부사령관					남로당 가입 14연대 중대장		남로당	제 5연대장	
방준표	전북도당 위원장	46	경남 통영	경성사범 모스크바공산 대학	하동초등학교교사	조선철도노조 간부 미군MP 연행	부산상고 충렬사관리소장	남로당	전북유격대 사령관	1954 피살 (덕유산)
박영발	전남도당 위원장		경북 봉화	모스크바공산 대학	건축토목노동자	전평 토건위원장 남로당 서울시당 노동부장	빈농	남로당	제5지구당 위원장	1947월북 1954자살 (일명 박현석)
김선우	전남도당 위원장	32	전남 보성		공무원, 사회주의지하활동	전남도당 유격대 지휘, 구빨치산		조선노동당 도책	독립제7지대 전남유격대 사령관	1954. 4 백운산서 전사
김삼홍	경남도당 위원장	33	경남 하동	와세다대학	지하 항일운동		지주부농	남로당	남부군 인민여단장	소작지 분배

(비고) 도당 위원장은 1950년 10월 6일에 임명됨.

그러나, 전후 빨치산 지도자는 대부분 모스크바 공산대학(소련고급당학교)이나 강동정치학원에서 3~6개월간 사회주의 사상교육과 유격훈련을 받았다. 특히 1950년 10월 6일 조선노동당 중앙위원회가 새로 임명한 각 도당 위원장은 모두 모스크바 공산대학 출신이다. 각 도당 위원장의 출신배경을 제대로 알 수 없는 것은 출신성분이 비교적 낮기 때문인 것 같다. 그리고 각 도당 부위원장은 당 중앙위원회 책임지도위원(3개도) 이거나 북한 도당 조직부장(5개도) 출신들이다. 도당 부위원장이 대부분 유격대장을 맡기 때문에 도당의 유격전은 중앙당의 지시를 따르게 된다. 그래서 이현상 및 남도부 사령관과 도당위원장 간 지도체계의 문제가 발생한다.

둘째, 빨치산 지도부는 대부분 일제시와 해방후에도 사회주의 계열조직(특히 경성커뮤니스트 그룹, 회원수가 약 130명) 출신이 가장 많고, 그들은 대부분 남로당의 간부 출신들이다. 그러나, 전쟁중 임명된 도당위원장은 북로당 성향이 강하다.

셋째, 빨치산 지도부는 부모들이 자녀들을 중학 이상 교육시킬 정도로 비교적 부유한 편이고, 특히 이현상과 남도부의 경우 지주부농 출신이며, 동시에 그들의 부친은 면장을 오래 하였다. 이러한 가정의 경제적 기반은 당시 전체 국민의 직업이나 농지소유관계(7할이상이 소작농)와 비교한다면 극소수층에 속한 부르조아지 출신이라고 지적할 수 있다. 그럼에도 불구하고 인민해방(소작농 철폐 등)을 위한 전사가 되겠다는 것을 보면, 그들의 출신성분이 반드시 계급적 배경과는 무관한 것 같다.[27]

2) 빨치산 부대원의 출신배경

27) 일반적으로 부르조아(자본가계급) 출신은 보수적이고 중산층은 개혁적이며 프로레타리아(노동자계급)은 혁명적인 성격을 지녔다.

해방후 빨치산은 다양한 동기(불만)에 의하여 입산하였다. 입산한 자생적 빨치산은 대개 징병거부 또는 과도한 농지세 부과에 대한 불만(저항)과 이들에 대한 체포령으로 입산하였기 때문에 항일, 반정부적이었고, 동시에 소작빈농은 소작권과 소작료에 대한 불만이 많았기 때문에 지주부농에 대한 적개심이 강하였다. 따라서 빨치산의 투쟁은 지주부농(대개 지방유지) 뿐만 아니라 이들의 이익을 대변하는 정부에 대한 투쟁, 즉 계급혁명이라 볼 수 있다. 이러한 투쟁이 격화되는 것은 일제시 부터 못된 짓을 하던 친일 경찰관과 면직원들이 해방후에도 그대로 권력을 유지하고 계속 이들을 감시, 체포하면서 적대시 하였기 때문이다.

이와 같이 지방 관공리와 유지들의 지속적인 못된 짓들이 결국 미군정과 이승만 치하에서 농촌 청장년들의 반정부운동을 촉발시킨 것이다.

산촌에서는 마을 뒷산서 횃불(봉화)시위가 거의 매일 저녁 마다 있었다고 한다. 이들의 불만 표현을 미군정과 이승만 정부는 반정부 좌익운동으로 간주하여 1950년 6.25 전쟁 전후에 소위 '보도연맹사건'으로 똘똘한 농촌 청장년들을 대량 학살하였다.[28] 그러한 결과 반미 반정부 운동을 전개할 청년들이 빨치산이 될 소지를 없애버리기도 하였지만, 동시에 6.25 전쟁시 좌우익의 동족간 처참한 살육전이 전개되었다. 그리하여 북한 당국과 남로당이 주장한 반미 반정부 운동을 전개할 '20만 봉기설'은 보도연맹원의 대량 학살과 미군 및 군경의 토벌작전으로 불가능하게 되었다.

그러나, 6.25 전쟁으로 남한지역이 대부분 북한 인민군의 점령지역(특히, 경기, 충청, 호남, 영남 일부 등)이 되면서 점령정책에 협력한

---

28) 진실, 화해를 위한 과거사정리위원회, 「2009년 하반기 조사보고서」, 2010
김기진, 「국민보도연맹」, 역사비평사, 2002, 제 3장

부역자들이 보복의 두려움으로 대량으로 입산하여 각 도당 지도하에 빨치산 투쟁을 전개하였다.[29] 그리하여 이들 신빨치산들은 6.25 전 구빨치산의 성격과는 다르다. 6.25 전쟁 후 신빨치산은 인천 상륙작전으로 인민군의 퇴로가 막혀 낙오가 된 인민군과 그 부역자가 산속으로 들어가 빨치산이 된 경우가 많다.

그러면, 이러한 빨치산 부대원(부대장과 당원 및 유격대원)이 누구인가 하는 것이다. 이미 말한 자생적 빨치산(산사람 또는 야산대원)의 자료는 단편적인 것은 알려져 있었지만, 빨치산의 일반적 성격은 최근 공개된 전후 빨치산(9개 부대)에 관한 자료[30]를 분석하여 부대 요원과 일반 부대원으로 나누어 파악하여 본다.

여기에서 밝히는 빨치산 부대원들은 인민군이 2차례의 남한 점령정책으로 그 부역자들이 많이 발생하였기 때문에 전쟁 전의 구빨치산의 성격과는 많이 다를 수 있다. 예컨대 김지회부대는 6.25 전에 창설된 것이라서 그 이후에 창설된 부대와는 다르다. 김지회 부대 이외는 대부분 소위 부역자 출신의 신빨치산들이 많다.

29) 1951년 1월 말 호남지구 빨치산이 모두 12,577명이 되는데 이들의 대부분이 신빨치산인 것 같다.

<표 2> 호남지구 빨치산 현황

지구	공비			장비					
	무장	비무장	소계	박격포	로켓	HMG	LMG	BAR	기관포
덕유산	2,702	1,909	4,611	6	7	7	4		7
지리산	1,330	370	4,700	3		5	9	1	2
전북	1,796	1,848	3,644	10		11	21	1	
전남	1,330	1,272	2,602	4	1	5	15	1	
합계	7,158	5,399	12,577	23	8	28	49	3	9

(비고) 1951년 1월 31일 현재

(자료) 육군본부편, 「공비토벌사」, 1954(부도 제 6호)

30) 빨치산 부대원의 자료(명단과 자서전 등)는 대부분 1951년 초에 작성되었다. 다만 김지회 부대의 경우 1952년 5월 20일 작성된 것이다. 이것은 군경이 빨치산의 아지트나 비트에서 노획한 자료이다. 각 부대명이 특정인(사망자)의 명칭으로 되어 있는 것은 그들을 기념하기 위하여 붙인 것이다.

남한 빨치산 부대원들이 입산한 동기를 그들의 주요한 경력에서 보면, 다음과 같은 특징이 있다.

김지회 부대원은 전남(5명), 전북(4명)의 유격대원 출신이 가장 많고(10명), 그 다음은 지리산 빨치산(5명), 인민군(5명), 농업(4명)이며, 나머지는 인민군 부역자라 볼 수 있는 노동당 임원, 정치공작원, 인민군 전사, 민청사업, 여맹, 의용군, 면당사업 종사자 들이다.

그러나, 윤혁칠 부대원은 경기도 각 군(시흥, 양평, 용인군 등)과 면의 행정지도원(26명) 출신이 가장 많고, 그 다음은 도당 및 군·면당의 조직부장(11명) 과 선전부장(8명), 민청위원장, 부장(6명), 수매소장(4명), 여맹(4명), 자위대원(4명) 출신이 많다. 신봉대 부대원은 리·면·군의 민청위원들(13명)과 인민위원회 요원(14명), 리·면의 자위대원(8명)이 가장 많고, 그 다음은 내무서원(6명), 구·면의 서기장(6명), 유격대(5명), 당위원장(3명) 등이다.

또한, 제 3유격지대 권호상 부대장과 부대요원은 구빨치산이 많지만 대원들은 인민군(70명) 출신과 자위대(4명), 군·면 당책(4명), 내무서원 등 부역자가 많다.

이러한 것을 보면, 빨치산이 부역자 출신이 많고 부대에 따라 그들의 직력이 다양하다. 특히 김지회 부대 이외는 인민위원회, 당위원장, 민청, 자위대, 면서기장, 내무서원, 유격대, 행정지도원 출신들이 많은 편이다. 다시 말하면, 빨치산 부대원은 김지회 부대 처럼 유격대와 농민, 학생 출신의 구빨치산 보다도 오히려 전후 신빨치산이 주류를 형성한다.

(1) 부대장 및 부대요원

빨치산 부대는 부대 또는 대대마다 그 편제가 약간 다르고, 또한 그 요원의 직책들도 약간 상이하다. 부대(대대)의 주요한 간부들은 모두 노동당원과 민청원이다. 그들의 출신배경은 부대장의 출신지에 따라 그 구성원이 약간 많으나, 비교적 각 지방출신들로 구성되어 있다.

김지회 부대는 소위 남부군단(5지구당) 총사령관의 직속부대이고, 그는 여순반란의 주모자로서 입산한 빨치산을 기념하기 위하여 붙인 부대명이다. 이 부대의 부대장(김홍복)과 연대장(전선호와 신재근)은 모두 호남 출신이고, 이들은 사망한 김지회와 같은 동향 부대(제 14연대)의 출신이다. 부대원도 호남 출신이 가장 많다. 당시 국군부대(사단) 창설은 각 지방별로 모병하였다. 그러나 참모장과 조직부장은 다른 지방 출신이다. 부대 요원들의 학력과 출신성분은 일반 부대원들과의 차이는 거의 없다.

강철재 부대원은 강원도 횡성에서 재편성되어 보현산으로 온 제 3 유격대 지대이다. 그래서 부대원은 강원과 영남 출신이 가장 많고 부대장(강철재)은 경기 양평 출신이고 정치위원은 경남 하동 출신이다.

<표 3> 부대장 및 정치위원의 출신배경

부대명	성명	직위	본적	연령	학력	출신	성분	경력	정당	연고자
김지회 부대 (제5지구당 이현상 직속 부대)	김홍복	부대장	전남여수	24	소졸	빈농	군인	14연대 빨치산	노동당	형
	김태규	참모장	경북성주	25	소졸	빈농	노동		노동당	형
	최종훈	조직부장	평북벽동	27	소졸	빈농	노동		노동당	처
	전선호	연대장	전남광양	23	소졸	빈농	빈농		노동당	형
	신재근	연대장	전북정읍	24	중퇴	빈농	빈농	14연대 빨치산	노동당	중형
강철재 부대	강철재	부대장	경기양평	28	중졸	빈농	학생		노동당	
	박일악	정치위원	경남하동	29	소졸	빈농	빈농		노동당	
윤혁칠 대대 (남반부 3여단)	윤혁칠	대대장	서울	26	중졸	빈농	노동	경기도당조직	노동당	
	김춘귀	정치위원	자강도	26	중졸	빈농	사무원	경기도당 선전부장	노동당	
	하병택	참모장	경남하동	26	대졸	빈농	학생		노동당	
	조성관	민청위원장	서울	25	전중퇴	빈농	학생	중앙민청지도원	노동당	
신대봉 대대 (가야산 인천대)	신대봉	대대장	영등포	31	소졸	노동	노동	영등포구역당 노동부장	노동당	
	김승환	정치위원	성북구	34	대졸	지주	사무원	서울시당선전부지도원	노동당	
권호상 부대	권호상	부대장	경북 봉화	24	중졸	빈농	학생	6.25전 빨치산	노동당	
	여병근	참모장								
	신장식	정치부대장	충북 청원	28	소졸	빈농	노동	형무소/빨치산	노동당	

(자료)「빨치산 자료집」, 대원명단에서 작성

윤혁칠 부대는 남부군단 제 3여단 소속으로 부대장(윤혁칠)은 서울 출신이지만 정치위원과 함께 경기도당에서 조직 또는 선전부장을 각각 지냈다. 그리고 이 부대에는 서울 출신의 민청위원장(조성관)이 있어서 그런지 경기도 출신의 빨치산 대원이 전체의 57.0%를 차지한다. 또한 윤혁칠 부대 요원들의 학력이 모두 중졸 이상이라서 다른 부대요원에 비하여 높은 수준이다.

권호상 부대는 소백산 지역의 제 3유격지대(지대장 박종근, 경북도당 위원장겸 사령관)에 소속되어 있다. 권호상 부대장은 경북 봉화 출신으로 1946년 6월 전전 구빨치산이다. 그리고 정치부대장 신장식은 충북 청원군 출신으로 1946년 1월에 형무소 생활을 한 것을 보면, 대구폭동 사건에 참여하였다가 빨치산이 된 것 같다.

신대봉 부대는 대대장(신대용)과 정치위원(김승환)이 모두 서울 출신이라서 부대원도 서울과 경기 출신이 많은 편이다. 또한 이 부대는 다른 부대에 비하여 학력이 높다. 대대장은 노동자 출신이지만 정치위원은 부르조아 출신이다. 그러나 부대원들은 공장지대인 영등포 출신의 부대장과 마찬가지로 노동자 출신이 가장 많다.

(2) 일반 부대원

빨치산 부대원들이 민족해방운동가로서 어떠한 자질이 있었는지를 그들의 출신배경, 즉 출생지와 연령 및 학력, 그리고 출신성분을 통하여 고찰하여 본다.

① 빨치산의 출신지

빨치산 부대원(당원과 유격대원)의 출신지(주소)는 부대에 따라 비록 특정지역 출신이 많지만 대개 전국적으로 분포되어 있다. 여기에서 제시된 8개 부대원의 출신지는 경기출신이 21.4%로서 가장 많고, 그 다음은 서울(17.1%)과 강원(15.5%) 및 경북(9.6%) 출신이 가장 많다.

김지회 부대는 원래 14연대가 광주에서 조직되었기 때문에 전북(25.4%)과 전남(22.0%) 출신이 많고, 윤혁칠 부대는 부대장이 경기도당 출신이라 경기 출신이 가장 많으며, 김기영 부대는 부대장이 충북(도당위원장) 출신이지만 부대원은 서울, 경기, 강원, 경북에 분산되어 있다. 그리고 강철재 부대는 부대장은 경기 양평 출신이지만 부대원은 강원도 출신이 많고(41.4%), 신대봉부대는 부대장이 서울 출신이라서 경기(26.1%)와 서울(24.4%) 및 강원 출신(17.2%)의 부대원이 많은 편이다. 그리고 공주대와 인천대 부대는 인천상륙작전으로 인민군이 후퇴하면서 가야산에 몰려든 부대원들이기 때문에 서울(22.1%), 경기(18.7%), 강원(19.3%) 및 경북(12.8%) 출신이 많은 편이다.

<표 4> 빨치산 부대원의 출신지(주소)

부대명	서울	경기	인천	강원	충남	충북	전남	전북	경남	경북	제주	황해	기타	미상	합계
김지회	2	2		1	1	2	13	15	8		1	2	10	2	59
윤혁칠	10	69	2	7	1	2			5	9		6	3	7	121
김기영	31	20	1	16	4	3		3	3	18		2	5	50	156
강철재	3	4		24			1	3	4	6		2	7	4	58
신대봉	44	47	1	31	5	9	2	3	3	13		15	2	5	180
권호상	1			6	1	2	3	3	2	4		1	9	19	51
공주대	20	18	2	30	2	9	1	2	1	26	1	1	4	10	127
인천대	51	42	1	32	3	8	2	2	2	15		15	4	17	194
합계 (%)	162 (17.1)	202 (21.4)	7 (0.7)	147 (15.5)	17 (1.8)	35 (3.7)	22 (2.3)	31 (3.3)	28 (3.0)	91 (9.6)	2 (0.2)	44 (4.7)	44 (4.7)	114 (12.1)	946 (100.0)

(자료) 「빨치산 자료집」(1991)의 대원명단 분석

그러나, 표 4에서 볼 수 있는 바와 같이 각 빨치산 부대원이 전국 각지의 출신인 것을 보면, 이것은 빨치산, 인민군 또는 부역자들이 인민군 후퇴시 강원도 세포면 후평리와 횡성에서 다시금 재편성된 부대라서 그러한 현상이 나타난 것 같다.

② 빨치산의 성별과 연령

빨치산 부대원은 표 5에서 볼 수 있는 바와 같이 대부분 남성으로 구성되어 있고(전체의 80.4%) 여성은 전체의 4.6%에 불과하다. 그리고 이들의 연령은 대부분 20대이며(전체의 62.3%) 30세 이상은 전체의 27.4%에 불과하다. 빨치산 부대의 연령을 부대별로 보면, 신대봉 부대가 다른 부대에 비하여 연령이 높은 편이다.

빨치산 부대원의 연령이 대부분 20대라는 것은 가장 진취적이고 이타심과 의협심이 매우 강한 세대라서 민족국가의 이익 뿐만 아니라 계급적 이익에 솔선수범 할 수 있는 세대이다.

<표 5> 빨치산 부대원의 성별과 연령

(단위 : %)

부대명	성별			연령					합계	조사일시	비고
	남	여	미상	20 이하	20~25	26~30	30 이상	미상			
김지회	53	6		8	27	14	10		59	1952 .5. 20	이현상(5지구당) 직속부대
윤혁칠	107	14		9	37	42	32	1	121	1951. 1. 27	남반부 제 3여단
김기영	145	6	5	2	42	48	54	10	156	1951. 1. 22	
강철재			58	5	17	21	12	3	58	1951. 5. 11	제 3유격대(태백산,소백산)
신대봉	170	7	3	8	44	61	61	6	180		가야산부대 인천대대
권호상			51	1	13	20	8	9	51		제3유격지대
공주대	107	2	18	7	51	41	24	4	127	1951. 2. 19	가야산부대 공주대대
인천대	177	7	10	8	50	61	58	17	194		충남도당사령부(6개)부대
합계 (%)	759 (80.2)	42 (4.4)	145 (15.3)	48 (5.1)	281 (29.7)	308 (32.6)	259 (27.4)	50 (5.3)	946 (100.0)		

(자료) 「빨치산 자료집」(1991)의 대원명단 분석

③ 빨치산의 교육수준

빨치산의 학력은 1955년 조사한, 전체 국민의 경우와 비교하여 보면 매우 높은 편이다. 빨치산 중에 전문·대학 이상의 교육을 이수하였거나 중퇴한 자가 표 6과 같이 전체의 5.3%가 되고 중학교육의 경우 26.3%가 되며,(전체 국민의 경우 9.4%) 소학교의 경우 가장 많아서 전체의 43.6%가 된다.(전체 국민의 경우 32.3%) 그리고 중퇴자와 재학생이 전체의 13.5%가 되는데 이것은 그 만큼 가난하여 학업을 이수하지 못하였거나 현실적 불만이 많아서 입산한 빨치산이다. 나머지 빨치산의 경우 국문해독이 전체의 19.6%이고(전체 국민의 경우 40.0%) 문맹자는 2.2%에 불과하다.(전체 국민의 경우 25.2%가 된다)

<표 6> 빨치산 부대원의 학력

(단위 : %)

부대명	대학	대재	대중퇴	전졸	전중퇴	중졸	중재	중중퇴	소졸	소중퇴	소재	국해	문맹	기타	미상	합계
김지회			1		1	7			19	2		17	5	7		59
윤혁칠	1			1	1	18	2	7	63		1	23	1	1	2	121
김기영	6	3	2	4	4	21	2	15	63			15		6	15	156
강철재		2		1		7	1	3	19		2	20		1	2	58
신대봉	1		3	4	1	18	3	12	86	4		34		5	9	180
권호상	1		1		1	3		3	14			18	1	2	7	51
공주대			5	1	3	12		9	49	3		28	7	2	8	127
인천대	1		7	5		23	1	20	82	5		30		6	14	194
합계 (%)	10 (1.1)	5 (0.5)	19 (2.0)	16 (1.7)	11 (1.2)	109 (11.5)	9 (1.0)	69 (7.3)	395 (41.8)	14 (1.5)	3 (0.3)	185 (19.6)	14 (1.5)	30 (3.2)	57 (6.0)	946 (100.0)

(자료) 「빨치산 자료집」(1991)의 대원명단 분석

<표 7> 전체 국민의 연령별 학력

(단위 : %, 천명)

편제	문맹		교육을 받은 자														합계	남
	합계	남	합계	남	국문해독		국민학교		중학교		고등학교		대학교			
					합계	남	합계	남	합계	남	합계	남	합계	남		
6~19	19.0	14.8	81.0	85.2	32.4	26.5	43.2	50.7	4.4	6.6	0.9	1.4			2,604	1,136
20~24	10.8	6.1	89.2	93.9	31.7	19.6	21.3	45.6	11.0	17.8	5.9	9.6	0.8	0.6	1,618	686
25~29	13.6	6.0	86.4	94.0	83.7	23.9	35.2	44.8	9.3	15.5	3.5	5.9	2.0	3.8	1,419	617
30~34	16.5	7.1	83.5	92.9	43.6	35.7	27.4	36.2	8.0	13.4	2.3	3.6	2.2	4.1	1,386	676
35~39	20.9	9.1	79.1	90.9	48.5	46.1	21.6	29.6	6.0	9.9	1.4	2.2	1.7	3.0	1,167	584
40~49	29.1	14.8	70.9	85.2	49.2	51.8	15.1	22.3	4.5	7.6	1.0	1.6	1.1	1.9	2,001	1,026
50~59	43.1	25.4	56.9	74.6	47.2	58.7	6.4	10.1	2.2	4.0	0.5	0.8	0.6	1.1	1,294	633
60~69	56.9	35.6	43.1	64.4	38.9	56.8	2.8	4.8	0.9	1.9	0.2	0.4	0.3	0.5	839	373
70~75	66.3	43.9	33.7	56.1	31.3	51.8	1.7	2.8	0.4	0.9	0.1	0.2	0.1	0.3	354	144
합계	3,190 (25.2)	857 (14.6)	9,496 (74.8)	5,021 (85.4)	5,080 (40.0)	2,285 (38.9)	3,313 (26.1)	1,898 (32.3)	734 (5.8)	553 (9.4)	245 (1.9)	178 (3.0)	122 (1.0)	106 (1.8)	12,687 (100.0)	5,879 (100.0)

(비고) 전체 국민 합계는 남녀의 합계임.

(자료) 제 1회「대한민국 간이총인구조사보고」전국편, 1955

이와 같이 국민교육수준이 낮은 것은 민족의식과 계급의식을 약화시키기 위한 일제 식민지 교육정책(문맹화)의 결과이지만 이들은 입산동기가 강해서 재교육시키는데 큰 어려움이 없을 것 같다.

빨치산의 교육수준을 부대별로 보면, 윤혁칠 부대와 신대봉 부대의 교육 수준이 다른 부대에 비하여 약간 낮고, 특히 김기영 부대는 다른 부대와 비교하여 전문・대학 출신이 많은 편이다. 그러나 큰 차이가 없다.

④ 빨치산의 출신 성분

빨치산이 되려면 철저한 출신 성분조사와 엄격한 행동수칙이 요구되고 있다. 출신조사는 당원과 대원의 출신 집안(부친)이 어떠한 직업 또는 계급이었는지를 가리는 것이고, 성분조사는 그들이 입산 전에 어떠한 직업 또는 계급이었는지를 가리기 위한 것이다. 그리고 엄격한 행동수칙은 조선노동당의 조직원칙[31] 뿐만 아니라 유격대의 행동강령[32]이 있다. 이것을 위반하는 자는 이적 행위로 간주하여 엄

---

31) 모든 빨치산들에게 조선노동당의 조직원칙을 다음과 같이 요구하고 있다.(스칼라피노, 이정식 공저(한홍구 역), 「한국공산주의운동사」 1, p.897)

① 조선노동당의 조직의 기본 이념은 계급의 전위로서 노동자, 농민, 양심적 지신인을 지지기반으로 한다.

② 철저한 중앙집권제로 운영된다.

③ 일체의 분파를 용남하지 않는다. 당은 의지의 통일체로서 분파적, 종파적 행동을 절대 용납하지 않는다.

④ 당은 한 사람이 이끈다. 한 사람은 모두를 위해서, 모두는 한사람을 위해서 일 할 뿐이다.

⑤ 비판과 자기비판은 당 발전의 원동력이다.

32) 빨치산의 행동강령과 자기비판, 그리고 규율 수칙이 있는데 여기에서는 소백유격대(총사령관 윤달원, 참모장 김찬영, 정치위원 김용하, 총대원 130명)의 행동강령과 자기비판을 소개한다.(한림대, 「빨치산 자료집」 제 1권, pp.344)

<행동강령>

① 우리는 조국과 인민을 위하여 영원한 강철대오가 되자.

② 인민의 산 인민의 바다에서 싸우는 진정한 인민의 법이 되자.

③ 민주주의 중앙집권적 상급지시 지령에 절대 복종하자.

④ 우리는 최후 승리를 맞이 하기 위하여 죽을줄 알아야 한다.

격히 처벌한다.

이와 같이 입당시 출신 및 성분조사를 통하여 그들의 계급적 지위(특히 피지배계급)를 확인하고, 또한 개별적으로 자서전(자필 이력서)을 작성케 하여 그들의 사회화 과정(성격 형성)을 파악한다. 다시 말하면 반외세 반정부의 민족해방전사로서 투철한 민족의식과 계급의식(적개심)이 있는 지를 확인하는 것 같다.

저자가 분석한 9개 빨치산 부대원의 출신과 성분을 보면 표 8과 같다.

표 8을 보면, 빨치산의 출신배경은 부친의 직업이 빈농인 경우가 가장 많아 전체의 80.2%가 되고, 그 다음은 노동자(10.6%), 중농

---

⑤ 동무의 곤란을 자기의 곤란으로 알고 생사를 같이 하는 동무를 더욱 사랑하자.
⑥ 충실한 보고와 냉정한 비판으로서 명랑하고 신성한 인민유격대가 되자.
⑦ 우리매가 대원은 자기조치를 충분이 해서 한사람도 낙오자가 없게 하자.
⑧ 기술문제에 대한 고상한 창의성을 발휘하여 언제든지 싸우며 이기자.
⑨ 부절한 교양과 비판으로서 전대원은 애국사상으로 무장하자.
⑩ 우리는 철과 같은 규율을 사수하는 원칙 고수자가 되자.
⑪ 우리는 한마음 한투쟁으로 싸우며 배우고 배우며 싸워 최후 승리를 맞이하자.

<자기 비판>

① 우리는 인민유격대로서 자기조치가 충분히 되어 있는가
② 우리는 광대한 적과 싸워서 승리할 전투태세가 되어 있는가
③ 우리는 조국과 인민을 위해 싸우는 애국투사로서 양심적으로 가책되는 일이 없는가
④ 우리는 상급동무의 지시지행에 위반되는 일이 없는가
⑤ 우리는 전투에서 적에게 비급성을 보여준 일이 없는가
⑥ 우리는 자기에게 부과되는 사명을 회피한 일이 없는가
⑦ 우리는 사적 문제로서 국가사업에 해를 준 일이 없는가
⑧ 우리는 자기의 안일을 위해서 동무에게 곤란을 준 일이 없는가
⑨ 우리는 추위와 주림을 못이겨 사업에 태만을 가져온 일이 없는가
⑩ 우리는 자기의 잘못을 모르고 동무의 잘못만으로 공격한 일이 없는가
⑪ 우리는 정당한 책벌을 맞고 불평불만을 가진일이 없는가
⑫ 우리는 애국선배 동지들의 피흘린 전통을 그대로 접수하고 있는가

(4.5%), 사무원(1.6%) 등의 순이며, 극소수의 지주부농(0.3%)과 상인(0.3%)이 있다. 그리고 빨치산 본인의 직업은 빈농(53.3%)과 노동자(22.7%)가 가장 많고, 그 다음은 학생(10.6%)과 사무원(9.2%)이며, 나머지는 극소수의 상인(0.3%)과 중농(0.7%) 및 군인(0.6%) 등이다. 군출신이 적은 것은 빨치산 중에 여순반란사건과 인민군의 낙오병이 거의 없다는 것을 알 수 있고, 또 사무원이 많은 것은 6.25 당시 인민군 점령지역에서 협력한 부역자들인 것 같다. 그리고 빈농과 노동자 출신이 7할 이상 된다는 것은 당시에 주장된 프로레타리아 계급혁명의 투사가 될 수 있는 기본 성분이다. 다시 말하면 민족해방전사의 자질로서 출신도 좋고(빈농) 성분도 좋은 빨치산(빈농과 노동자 및 학생)이라 할 수 있다.

<표 8> 빨치산 부대원의 출신과 성분

(단위 : 인수)

부대명	출신								성분									합계
	빈농	중농	지주부농	노동	사무원	상인	기타	미상	노동	빈농	사무원	상인	중농	학생	군인	가정주부	미상	
김지회	47	1		9	2				19	24	2			14				59
윤혁칠	99	3	1	12	3	2	0	1	26	55	19		1	17			3	121
김기영	105	10	1	24	7	1		8	44	43	29	1	2	26	2		9	156
강철재	48	3		4	1			2	8	32	12			4			2	58
신대봉	141	5	1	23	3	1		6	72	49	33	1	1	16		1	7	180
권호상	40	3		3				5	13	22	3		1	6	1		5	51
공주대	93	7	1	17	2	1	2	4	40	47	16		1	18			5	127
인천대	141	7	1	21	5	1		18	60	59	42		2	17		2	12	194
경남대	1,054	60	1	124	13		6		230	844	45	5	8	116	10			1,258
합계 (%)	1,768 (80.2)	99 (4.5)	6 (0.3)	237 (10.8)	36 (1.6)	6 (0.3)	8 (0.4)	44 (2.0)	512 (23.2)	1,175 (53.3)	201 (9.1)	7 (0.3)	16 (0.7)	234 (10.6)	13 (0.6)	3 (0.1)	43 (2.0)	2,204 (100.0)

(비고) 경남유격대는 빨치산 자료의 집계를 재인용
(자료) 「빨치산 자료집」(1991)의 대원명단 분석

한편, 빨치산들의 출신성분을 부대별로 보면, 빈농출신이 각각 절대 다수를 차지하기 때문에 그것의 큰 의미 차이가 없으나 그들의 성분을 보면, 윤혁칠 부대가 경기 출신이 많아서 빈농이 조금 더 많고 신대봉 부대는 경기, 서울 출신이 많아서 노동자가 더욱 많다.

경남 유격대원의 출신성분은 빈농출신이 전체의 83.8%이고 또 본인의 성분(직업)도 67.1%가 빈농이며 노동자 출신은 18.3%가 되는 것을 보아 소작농민과 노동자의 절실한 요구(토지개혁)와 착취로 부터의 해방을 요구함을 알 수 있다.

<표 9> 1949년 시도별 직업인구(남자)

(단위 : %)

	농업	수산업	광업	공업	상업	교통업	자유업	가업	기타	무직	합계(인수)
서울	1.6	0.1	0.2	8.0	9.0	2.3	11.9	1.3	7.3	58.3	7.2(737,371)
경기도	36.3	0.8	0.2	2.5	2.9	0.8	4.0	0.4	2.8	49.2	13.6(1,381,895)
충청북도	45.1	0.01	0.5	1.3	1.8	0.3	2.4	0.4	1.1	47.2	5.7(583,015)
충청남도	41.4	0.4	0.2	1.3	2.0	0.4	3.3	0.5	1.6	49.0	10.1(1,029,507)
전라북도	41.0	0.3	0.05	1.5	1.9	0.5	2.4	0.6	1.3	50.3	10.2(1,034,203)
전라남도	42.2	0.9	0.2	1.6	2.3	0.7	2.9	0.5	0.9	47.9	15.0(1,529,136)
경상북도	38.8	0.5	0.2	1.8	2.5	0.4	3.0	0.5	2.2	50.2	15.9(1,618,8400
경상남도	35.8	1.4	0.1	2.5	2.7	1.0	3.4	0.7	2.6	49.9	15.4(1,572,279)
강원도	39.5	1.2	2.3	1.8	2.3	0.4	4.8	0.5	2.0	45.6	5.8(587,256)
제주도	41.0	1.4	0.007	1.2	1.1	0.5	3.3	0.3	0.5	50.7	1.1(114,736)
합계(인수)	3,743,130	72,114	31,949	236,881	289,273	72,317	391,859	56,887	232,835	5,050,983	10,188,238
(%)	(36.4)	(0.7)	(0.3)	(2.3)	(2.8)	(0.7)	(3.8)	(0.6)	(2.3)	(49.6)	(99.5)

(자료) 「대한민국 통계연감」(1953년)의 재분석

빨치산의 이러한 출신성분은 표 9에서 볼 수 있는 바와 같이 당시의 시도별 직업인구와 비교하여 보면 상대적으로 빈농이 당시 농민의 비율에 비하면 약 2배 이상이 되고 노동자 출신은 약 10배 이상임을 알 수 있다. 또한 당시 무직자가 전체 국민(남자)의 49.6%를 차지하는데 이것은 그 만큼 국민이 가난해서 취학하기 어려웠다.[33] 그리고 빨치산의 출신성분이 빈농(5단보 이하)이 가장 많은데 빈농은 1938년 말 농민의 38.5%를 차지하였다.[34] 다시 말하면 빈농과 노동

33) 1949년 말 북한의 직업별 인구는 개인농민이 전체의 69.3%를 차지하고, 노동자가 19.8%, 사무원 7.0%, 상인 1.7% 등이다.(조선중앙통신사, 「조선중앙연감」, 1958, p.175)

자는 자본주의 사회에 있어서 피지배계급이기 때문에 자본주의 체제를 지향하는 미군정청과 이승만 정권은 그들의 타도 대상이 된다.

그런데 빨치산의 학력과 직업을 보면, 비록 피지배계급의 성격을 지니고 있지만 이들의 계급의식과 민족의식이 매우 빈약하다고 할 수 있다. 그래서 인민유격대의 정치위원 또는 정치지도원들이 각 중대에 까지 파견되어 있어서 이들에 대한 사상교육(마르크스 레닌주의에 기초한 반제 반봉건운동)을 고취시키고, 유격전에 필요한 행동강령, 자기비판, 규율수칙 등을 지속적으로 정치교화 시키고 있다.[35]

4. 빨치산 부대의 유격전

남한내 빨치산 활동은 그 시기와 지역에 따라 큰 차이가 있다. 6.25 전쟁 전 빨치산 활동은 주로 일제시 부터 항일 독립투쟁을 하였던 지식계급과 노동자계급의 역할이 컸지만, 6.25 전쟁 후에는 반미 반정부의 자주통일 혁명세력(주로 공산주의자)이 주도적 역할을 하였다. 그들은 반미 반정부 투쟁을 통하여 해방의 의미, 즉 민족해방과 인민해방을 구현하려고 하였다. 구체적으로 전자는 미군철수를 의미하고 후자는 토지개혁(소작제 폐지)과 민주주의(선거제) 실현, 노

34) 김영모,「한국사회계층연구」, 1982년, 일조각/고헌, p.263

35) 일반적으로 자본주의사회에 있어서 투쟁적인 혁명세력은 인테리켄챠(지식계급)와 노동자계급이고 농민과 중소자영업자는 그 동반자로 간주하고 있다. 그러나 중공의 사회주의 혁명은 다수의 농민들을 정치교화(의식화)하여 이들을 중심으로 인민혁명을 성공시킨 것이다. 조선인민유격대원은 대부분 빈농과 저학력이라서 혁명전사로서 자질을 갖추기 위하여 정치교육을 매우 중요시 하고 있다. 각 도당의 선전선동부가 제공한 학습재료는 초기에 마르크스 레닌주의와 항일무장독립투쟁에 관한 학습이 중심이었으나, 6.25 전쟁 중에는 김일성 사령관(내각 수반)의 방송연설문과 '해방후 조선'(주로 공산당 선전)에 관한 교양학습이 중심이 되었다.

동착취로 부터의 해방을 의미한다.[36]

남한의 빨치산 투쟁은 전전에는 친일파 관공리(관공서)와 지방유지(이장과 지주부농)들을 주로 습격하였으나, 전쟁 중에는 미군과 한국 군경과의 거의 정규전을 치루면서 동시에 후방을 교란하는 등 역할을 수행하였다.

해방후 남한의 빨치산 활동은 초기에는 산사람 또는 야산대의 활동이었으나, 2.7 구국투쟁(단선, 단정 반대)이나 10월 인민항쟁(대구폭동)으로 남로당이 주도한 각 도당 및 군당이 운영하는 자생적 입산 빨치산의 유격전과 북한 및 남로당이 남파한 무장유격대의 유격전으로 이원화 되어 있었다. 이러한 이원화 조직이 6.25 전쟁을 치르면서 점차 중앙당과 지방당의 인민유격대에 합류 또는 연합하여 무장유격전을 전개하기도 하고, 또 분리되어 도당의 지도하에 무장유격활동을 전개하였다.

1) 중앙당의 인민유격대

중앙당의 유격전은 1948년 이후 남파한 인민유격대의 활동을 말한다. 남파된 인민유격대는 전술한 바와 같이 4개 병단 2,400명이다.

이 4개 병단 중에서 제 1병단과 제 5병단의 유격전은 군경과의 접전에서 크게 실패하였으나 제 2병단과 제 3병단은 각각 지리산(1,916m)과 신불산(1,209m) 등에서 많은 전과를 내었다. 특히 6.25 전쟁이 일어나면서 이현상은 지리산 빨치산 남부군단(제 2군단) 총사령관의 역할을 하게 되었고, 남도부는 신불산 빨치산 제 7군단(동해 남부군) 총사령관의 역할을 하게 되었다.

---

36) 이러한 주장은 남로당의 정강 뿐만 아니라 당시 남북협상회의나 전조선정당사회단체대표자 연석회의의 성명 등에서 볼 수 있다.(송남헌, 「해방 3년사」, 까치, 1985, pp.167~168, 560~562)

<표 10> 남부군과 동해남부군의 주요 유격전

총사령관	李 鉉 相 (1905. 9. 27생) 남부군단 총사령관 영웅칭호(1953)	南 道 富 ((1921.11.14생) 동해 남부전구 총사령관 레닌훈장, 영웅칭호(1948)
출생지 집안재산 부친 처	충남 금산군 군북면 지주부농 이면배(군북면장)의 3남 최문기/하수복	경남 함양군 병곡면 지주부농 하종택(병곡면장)의 장남 이귀영(천석군의 딸)
학력	1920 금산보통학교 1921 고창고보 2년, 1925 중앙고보 편입, 퇴학 1928 부성전문 법과 입하	1937 진주중학 3년 퇴학(일인교사 폭행) 1940 일본 준일상업학교 4년 편입 1943 일본 중앙대학 법과 4년(학병거부)
< 연 표 > 1945. 2. 8 대한독촉국민회 결성 1945. 8. 15 일제로부터 해방 1945.10.10 미군정, 인공 부인 1945. 10. 16 이승만 미국서 귀국 1946. 3. 5 북조선 토지개혁 실시 1946. 6.14 좌우합작회담 1946. 9.7 공산당 간부(박헌영, 이강국) 노피 1946. 10. 1 대구폭동사건 (노동자, 학생주도) 1946. 11.23 남조선노동당 결성 1947. 7.10 미소공위 결렬 1947. 9.17 미국,한국문제를 유엔 상정 1948. 2. 7 단선,단정 반대투쟁 1948. 4. 3 제주 4.3사건 1948. 5.10 제헌의원 총선 실시 1948. 6. 25 조선공산당 창립 (남로당+북로당) 10. 19 남로당 등 133개 정당 해산 1948. 8.15 대한민국정부 수립 (제헌국회) 1948. 9. 1 조선민주주의 인민공화국 수립(최고인민회의) 1948. 10. 19 여순반란사건 (14연대 지창수 상사, 김지회 중위 주도)	 1925 조선공산당 결성 참가(6월 복역) 6.10 만세운동 참가 1928 조선공산당 입당, 고려공산청년회 가입 신간회 가입, 4차 조선공산당 검거(4년 복역) 1933 경성트로이카 조직(이재유,김삼룡, 이관술 등) 사건으로 7년 복역 1940 경성코뮤니스트 클럽 조직하다 체포 1945. 9 조선공산당 결성 1945. 12 전농 결성대회 축사 1946. 2 민주주의 민족전선 중앙위원 1946. 12 남조선노동당 결성, 중앙상무위원 및 노동부장 1947 전평위원장 허성택, 남로당 노동부장 이현상 등 51명 체포 1948 남북연석회의 참석 후 강동정치학원 입교, 지리산 빨치산 투쟁(남하) 1948 조선유격대 제 2병단 사령관 1948. 10 구례읍 15연대 공격, 금융조합 탈취 1948. 11 지창수외 200여명 등 350여명 인솔 지리산 피아골에 입산 지창수 부대(200명)는 구례 제 12연대 공격 김지회 부대(400명)는 보급 조달 남원~구례의 쇄약재 고개서 구례군당 (위원장 박대수)과 함께 12연대 습격 (다량 무기 획득) 정치위원 최규복과 박종하가 입산 반란군을 위한 사상 및 유격교육	 1944 학병 기피로 덕유산→지리산 입산 일인 순사부장 구타 1945. 3 괘관산(1,251m)서 항일무장결사대 보광당 (73명) 조직 1945. 4 함양군청과 경찰서 습격, 접수 민선 군수와 경찰서장 선출 1945. 8 조선건군준비위원회 조직(약 80명) 1945. 11 함양군은 3개월간 하준수의 민선통치 (해방구) 1945. 12 이승만(돈암장 거주) 경비대장 1946. 3 친일경찰과 미군정의 체포령으로 지리산 입산(대원 10명) 1946. 8 인민당 함양지구당 위원장 1947. 7 남로당의 함양군당 부위원장, 2.7인민대회 개최 1948. 5 천왕봉 무장봉기 1948. 6 남조선 정당사회단체 대표자회의(해주) 월북 1948. 7 레닌훈장, 국제영웅칭호, 인민군 소장 강동정치학원 군사교관 및 부대장 1949. 8 조선유격대 제3병단(300명) 부사령관 (사령관은 김달삼) 태백산맥으로 남하 일월산에서 지방 빨치산 규합, 1948년 제 6연대 반란병과 합세, 의성경찰서 등 습격(6명사살, 무기트럭 등 노획) 1949. 10 안동 제 3사단 제 22연대 습격 (10명 사살, 무기등 노획) 지방야산대 합류/ 달성군 화원경찰서 습격 (군경 30여명 사살) 1949. 11 육군 제 25연대 습격(7명 사살, 무기 등 노획) 일월산에서 지방유격대와 제 1병단 패잔병 100명과 제 6연대 반란병 80명 합류 모두 600명 대원 1949. 9~1950. 3, 5개 지역 군경의 통계 토벌작전 (365명 사상, 1987명 생포, 4,904명 귀순)

연표	남부군단 총사령관 李鉉相	동해 남부전구 총사령관 南道富
1948. 11. 국가보안법 제정 1949. 6.29 미군 철수 (고문단 500명 잔류) 1950. 6.21 농지개혁법 공표 (소작농→자작농화, 유상몰수 유상분배) 1950. 6. 25 북한 인민군 남침 1950. 7.6 미 육군(24사단)참전 1950.7. 8 전국 계엄령 선포 1950.7.12 한국군 통수권의 미군 이양 1950.7. 정부, 대구로 이전 1950.7. 한국군 작전지휘권 미국 양도 1950. 8. 유엔군 워커라인 (마산,왜관,영덕 방위선) 1950. 9. 15 인천상륙작전 1950.9.26 서울 탈환 1950.10. 9 유엔군, 평양 점령 1950.10.15 중공군, 한국전 개입 1950.11. 부역자 처벌특별법 1950.11.15 중공군,인민군 총반격(평양 접수) 1951.1. 1 중공군 6개 군단 38선 넘어 남하 1951. 1. 3 정부, 부산 이전 1951. 2.10 국군, 서울 진입 1951. 2.11 거창양민학살 사건(5천명) 1951. 3. 정부, 120만 소작인에 농지 분배 1951.3. 서울 재수복 1951.7.10 휴전 회담	1949. 3 경남 악양 공격, 화개장터 장악 (의약품, 식량구입) 김태준 등 문화공작대의 피아골 공연 1949. 4 지리산 뱀사골 주모 신고로 김지회, 홍순석 부대가 국군 3연대에 의해 피습(24명 사상), 후속 부대원 (300명)도 피습(130명으로 감소) 1949. 5 박종하, 이영회, 조용식에게 백명씩 배치, 박종하 부대가 국군 15연대 기습, 무기 노획 1949. 9. 16 광양 15연대 기습작전(600명 사살, 700명 포로 다수의 무기 노획 1950. 1 부대 분산, 군경 토벌대 작전으로 이영희 부대와 박종하 부대, 전남 도당과 광양 군당이 궤멸, 1병단과 3병단도 괘멸 중앙당과 지방당간 통신두절, 고립 1950. 6. 이현상은 60명(환자 등)을 두고 지리산을 떠나 북상중 덕유산 입산 (지서습격과 보급투쟁) 1950. 7. 23 중공 인민군 개입을 무주서 듣다 1950. 7 거창으로 오던중 지방민의 합류로 150명 대원 증가 1950. 8. 이승엽 남한군사전권위원의 명령(후평리), 대구 팔공산 거점 1950. 8 달성의 미군통신대 습격, 군수품 탈취 (수십대의 차량 방화) 8. 25 창녕의 미군기갑부대 습격 9. 6 청도의 미군 숙영지 습격 (수십대 차량 소각) 9. 30 북행 결정(춘천 집합) 1950. 11 인천상륙작전으로 입북중 조선인민유격대 총사령관(이승엽)이 남부군 사령관에 임명 (부대원 860명) 1951. 1 문경군 동로지서 습격, 죽령국도 장악 미군이 네이팜탄 사용, 세균전(재귀열) 실시 1951. 5 남하중 충북도청 청주(도청, 경찰서 등) 습격, 좌익수 142명 석방 1951. 6 4개 부대는 고령, 달성, 합천 등 경찰관서와 미군 기습 장수군 명덕지서 습격(경찰 28명 포로) 합천군 가회지서 습격(경찰 10여명 사상, 새 군복과 무기 대량 획득)	1950. 1 경주어림산전투에서 태전사 6개 중대와 교전 (군경 210명 사살) 영양군 제 3사단 예하부대 습격 (국군 20명 사살, 무기 등 노획) 1950. 2 영덕 국군 17연대와 교전(국군 130명 사살, 무기 다수 노획) 백암산 전투에서 제 3사단 제 3병단을 격퇴 1950. 3 제 3병단 지휘부와 호위부대의 월북시 제 8사단과 접전(10여명 피살) 1950. 4 제 3병단 지휘부가 월북하여 박헌영, 이승엽에게 보고, 김일성 수상 면담 (인민군 중장 승진) 1950. 6 인민 유격대 제 7군단(사령관 남도부) 남한 침투(신불산으로), 남하중 주문진, 지서 등 습격, 울진경찰서 접수(트럭 20대 탈취) 1950. 7 육군 23연대(중령 김종원) 공격 (50명 사살, 무기 등 노획) 육군 제 3사단(사단장 유승렬 대령)과 교전 1950. 7. 15 남도부대 청도군 운문산(3개 별동대 활동) 1950. 7. 20 7군단 별동대와 경북도당 유격대는 대구 동촌비행장 점령 1950. 7. 24 강정수 별동대는 봉화지서 습격 (경찰 200여명 살상, 양곡 1,300가마 노획) 1950. 8 포항 영일 비행장(미 5공군기지)서 브래들리지부대 격파(미군 100여명 피살) 안강 기계전투시 형산강교, 청도터널 폭파 경남 울주군 신불산(1,209m)에 최후 거점 (군관학교 등 설립), 부대기구 지휘부 개편(7군단 병력 150명) 영천 전투시 대창, 북안, 영서면 지서 습격, 인민군 8사단과 15사단 섬멸 1950. 9. 15 유엔군의 인천 상륙, 인민군 후퇴 길원팔부대(인민군 2군단 낙오병 700명)합류 1950. 10 양산~울산간 미군트럭 습격(미군 6명 사살, 무기 등 노획) 1950. 11 양산군 상북면 사무소 습격(홍길동 부대) 부산~울산간 국도에서 국군 트럭 습격 (군경 12명 사살, 군수품 등 노획) 1950. 12 부산 유엔군총사령관 특공대 습격(10명사살) 1951. 9 말 12차에 걸쳐 홍길동 부대, 윤종구 부대 등이 경찰 20명, 유엔군 10여명 사살, 트럭 4대, 다량 무기 탈취

연표	남부군단 총사령관 李鉉相	동해 남부전구 총사령관 南道富
1951. 12. 서남지구 공비토벌작전(3개월간) 1952.1. 13 중부전선 대격전 1953.7.27 휴전 협정 조인 1953. 7. 3 박헌영, 이승엽 미제 간첩사건 체포 1951. 11 박야전사령부(사령관 백선엽 중장)이대 토벌작전 (940명 사살, 600명 생포) 1952. 2 거창민간학살사건 (11사단이 719명 학살)	1952. 7. 18 지리산 유격대와 난민 등 2천명이 대성리 계곡에 포위되고, 미군의 소이탄 등으로 천여명이 사망. 남부군 독립 지대 4백명이 150명으로 감소 1952. 3 독립4지대는 쫓기면서 함양군 마천면과 산청군 시계면에서 경찰부대 습격, 경찰 다수 사살 1952. 5 기백산과 덕유산에서 전투경찰과 접전 (25명 살상) 1953. 9 제 5지구당 해체, 하산 (6개 도당회의서 이현상 평당원 강등) 1953. 9 지리산 빗점골에서 포위, 총상, 사망	1951. 10 남도부는 경남도당과의 지휘갈등으로 북상중 횡성에서 박종근 경북도당위원장과 만나 제 3지대로 편성, 남도부 부대(130명) 는 인민군 10사단 낙오병 100명을 합류하여 울산 상북면 갈산 고지로 남하. 진지 구축 1951. 12 이천리 배냇골 갈산고지 신불산 전투에서 미군과 군경의 합동작전으로 패퇴. 1952.1~10 국군, 경찰 면사무소 등 32회 습격, 경찰관 60여명, 국군 90여명, 미군 20여명, 민간인 20여명 살 상, 무기 및 차량, 백미 등 다수 약탈. 1952.12~ 6차 국군 습격 (국군 10여명 사살, 무기 다수 획득) 1952. 2 노동당 정치위의 결정에 따라 지하당 재건(팔공산) 1954. 1 남도부 대구에서 체포(특무대), 사형

(자료) 1) 안재성, 「이현상 평전」, 2007
2) 노가원,「남도부」, 상・하, 1993
3) 육군본부,「남도부사건기록」
4) 육군본부,「공비토벌사」, 1954

해방후 10여년간 전개된, 남한 빨치산의 각 지방당의 유격전을 여기에서 모두 다루지 않고, 먼저 남로당이 파견하였고 가장 오래토록 강력하게 투쟁한 호남지방(지리산, 백운산, 덕유산)의 남부군(총사령관 이현상)과 영남지방(신불산, 일월산, 태백산)의 제 7군단 즉, 동해남부군(총사령관 남도부)이 치른 주요한 유격전, 그리고 영남 및 호남지역의 지방유격전을 중심으로 고찰하려고 한다. 중앙당이 파견한 남한 빨치산의 최고지도자는 북한에서 영웅 칭호를 받은 이현상(남부군단 총사령관)과 남도부(제 7군단 총사령관)이다.

이현상과 남도부는 그 출신성분이 부르조아 출신의 지식계급이었으나 일제시 부터 노동운동 또는 무장투쟁의 항일 독립운동을 하였다. 해방후 이들은 전조선남북정당사회단체대표자 연석회의(1948.

4. 19)와 최고인민회의 대의원총회(1948. 8. 25)에 참석하기 위하여 월북하였고, 그 후 남로당(박헌영과 이승엽)이 주도한 강동정치학원을 거쳐 1948년경 조선인민유격대 제 2병단 사령관(이현상)과 제 3병단 부사령관(남도부)이 되었다. 이들은 강동정치학원 출신, 주로 남한출신 유격대원들을 각각 3백여명 거느리고 남하하여 약 5년간 소백산맥(지리산)과 태백산맥(신불산) 등을 중심으로 활약하였다.

이들은 표 1에서 볼 수 있는 바와 같이. 6.25 전 뿐만 아니라 그 이후에도 중앙당과의 통신두절과 인민군 후퇴 등으로 남북을 오가면서 새로운 지시를 받아 인근 관공서와 미군 및 국군부대를 습격하였고, 또 지방 빨치산(야산대 등)을 많이 합세시키면서 많은 유격전을 전개하였다.

1950년 8월 북한인민군이 대구와 부산을 공략하기 위하여 남하함으로 유엔군이 마산, 왜관, 영덕의 낙동강 방위선을 설정하고, 동년 9월 인천상륙작전과 반격작전을 준비할 즈음 많은 미군이 낙동강 주변에 진을 치고 있었다. 이 때 이현상은 후방을 교란하기 위하여 미군을 공격하였다.

이현상 부대는 대구 부근의 중소도시에 주둔한 군부대들을 닥치는대로 습격하기 시작했다. 미군 주둔지 습격, 경부선 군용열차 폭파, 군용차량 파괴 등 기록적인 기습공격이 계속되었다. 발길 가는 대로 달리고, 닥치는 대로 치고 달아나는 외에 일정한 계획이 있을 수 없었다. 낙동강 동쪽으로는 고작해야 육칠백 미터의 나직한 봉우리 뿐이어서 은신처를 마련하기 힘든데다 완전한 적진 속이라 어디를 공격해도 사방에서 미군이 나타났다. 단 하루도 마음 놓고 쉴 틈 없이 공격하고 도망치며, 또한 도망치기 위해 공격하는 전투가 이어졌다. 미군의 추격과 유격대의 기습은 거의 같은 시간, 같은 공간에서 이뤄졌다. 사방에서 미군들이 몰려왔기 때문에 미리 도주로를 택해 봐야 의미가 없었다.

8월 10일에는 달성의 미군 통신대를 습격, 다량의 군수품을 탈취했다. 모두들 너덜너덜해진 옷을 새 군복으로 갈아 입고 군화를 신으니 멀리서 보면 미군과 다름 없었다. 등에 진 배낭과 제대로 깎지 못한 머리칼만 없으면 영락없는 미군이었다. 연속 사격을 하는 바람에 총구가 휘어지거나 격발장치가 고장 난 총들을 버리고 새 엠원 소총으로 무장했다.(중략)

8월 25일에는 창녕에 주둔한 미군 대대를 습격했다. 사십여 대의 탱크와 백오십 대의 트럭을 가진 기갑부대였다. 치밀한 계획을 세워 한밤중에 들이친 유격대는 수십대의 차량을 불태워버리고 미군 포로까지 잡았다가 풀어주는 대승을 거두었다.(중략)

반면, 이현상 부대는 9월 6일에는 청도에서 미군 숙영지를 공격해 막대한 피해를 입히는 등 승전을 계속했으나 삼랑진 부근에서 낙동강을 넘어가려던 미군 기갑부대와 부딪혀 여러 사람이 죽고 다쳤다. 미군부대를 공격하러 이동하던 중 떼지어 밀려오는 탱크들을 발견하고 피하려 했으나 탱크에서 쏘아대는 기관총과 포 사격에 걸린 것이나. 아무리 날랜 유격대도 온 사방을 불바다로 만드는 미군의 화력 앞에는 당할 재간이 없었다.[37]

한편, 남도부 부대(별동대)는 인민군(제 12사단)과 함께 2개월간 치열하였던 포항생탈선에 잠전하여 미 5공군기지이고 낙동강 전선의 출격기지인 영일비행장을 습격하였다.

766부대는 동부전선은 물론 낙동강 교두보에 파국적 위기를 가져오게 될 정도로 중요한 영일비행장 점령작전을 계획하고 있었다. 8월 12일 전 후, 인근 해상에서 함포사격이 계속되는 가운데 766부대는 미 5공군기지인 포항 남쪽의 영일비행장을 공격하기 위해 사방에서 포위해 들어갔다. 이미 일부가 철수를 시작했던 영일비행장은 응원부대인 브래들리지대를 기다리고 있는 중이었다.

그러나, 브래들리지대를 기다리는 것은 그들 뿐만이 아니었다. 원래 비행장을 단숨에 습격, 점령하려고 했던 766부대는 응원부대가 투입된다는 정보를 입수하고, 그들까지 일망타진 하기 위해 주위에서 숨어서 기다리고 있었다. 그

37) 안재성, 「이현상 평전」, 실천문화사, 2007, pp.353~357

때 브래들리지대가 막 도착하고 있었다.

"돌격" 명령과 함께 766부대의 공격이 개시됐다. 아직 전투준비가 되기도 전에 사방에 산재한 766부대가 기습공격을 감행해 오자 브래들리지대는 혼비백산하지 않을 수 없었다. 교전은 잠깐이었으나 치열한 것이었다. 766부대는 영일비행장 전투에서 대전과를 거두었으나, 그 만큼 손실도 컸다.

당시의 브래들리지대와 함께 포항에 투입됐던 지대장 민기식(71세, 육군대장 예편, 육참총장 역임) 대령은 이렇게 증언했다.

'8월 14일인가, 포항시에 돌입하니까 즐비하게 쓰러진 피아의 시체가 방치된 채 그대로 썩고 있었어요. 시내 터널입구에는 약 100구의 미군시체가 있는데, 부패해서 흑인인지 백인인지 분간할 수가 없었어요, 이것은 경산에서 영일비행장 쪽으로 급진한 미 브래들리지대가 적 766유격연대의 기습을 받고 분산될 때 생긴 피해에요'[38]

이현상 사령관과 남도부 사령관의 유격전은 지역당 빨치산(야산대)과 달리 미군 또는 한국 군경과 정규전을 전개하면서 많은 전과를 올렸지만, 동시에 대원을 많이 손실하였다. 그리하여 몰락한 유격대원을 흡수 또는 통합시키고 신빨치산을 충원시키면서 부대를 재편성하여 중앙당(북한 노동당)의 지시에 따라 투쟁하였다.

남부군의 공식명칭은 조선인민유격대 독립 제 4지대이고 통칭 남반부 인민유격대이다. 남부군은 1950년 11월 10일 강원도 후평에서 이승엽의 지시로 창설되었고, 부대원은 모두 650명이다. 총사령은 이현상이고 총참모장은 박종하이며, 정치위원은 차일평(김일성대 교수)이다. 부대편성은 승리사단(이진범, 유주목)은 500명, 인민여단(김재연, 김삼홍)은 170명, 혁명지대(서홍석)는 130명, 본부대인 당정대(이현상)는 60명이다.[39]

---

38) 노가원,「남도부」, 하, 주간 말, 1993, pp.33~34

39) 안재성,「이현상 평전」, 실천문학사, 2007, p.378, 그런데 이우태는 승리사단이 300명, 인민여단이 150명, 혁명지대가 100명, 본부대는 100명이라

이현상 남부군은 1950년 5월 지리산으로 남하 중 충북 도청소재지인 청주시를 공격하였다.

청주시내가 바로 내려다 보이는 언덕에 도착한 것은 5월 26일 새벽 한시. 여전히 비가 쏟아지는 가운데 오른쪽으로는 손관일 부대, 왼쪽으로는 김홍복 부대가 스며들듯 시내로 미끄러져 들어갔다. 한시 사십 오분경, 목표 관공서 바로 앞까지 몰래 진입한 대원들은 고지에 배치된 유격대의 중기관총 소리를 신호로 일제히 사격을 하며 돌진했다. 중기관총이 도청과 청주역, 경찰청을 향해 엄호사격을 가하는 동안, 박종하 소조는 충북방위군사령부로, 김홍복 소조는 청주경찰서, 손관일 소조는 미군정보대, 김태용 소조는 방송국, 이진범 소조는 청주형무소로 밀고 들어갔다. 나머지는 은행으로 달려갔다. 예비대는 이들의 퇴각로를 보장하기 위해 제각기 맡은 장소에 대기하고 있었다.

산악 지대 주변 도시만 공략하던 유격대가 도청 소재지 까지 진출하리라고는 아무도 생각하지 못하고 있었다. 마침 충북도경국장을 비롯한 도경간부들과 경찰서장은 청주 남쪽 금강변의 부강유원지에서 회의를 열고 있었다. 지휘관들이 없다 보니 사방에서 총성이 울려대도 비상소집 경찰관들은 저항할 엄두도 못 내고 뿔뿔이 도망치기 바빴다. 청주시의 주요 기관들은 순식간에 유격대에 접수되었다. 청주경찰서와 충북도경 무기고를 점령한 유격대는 지고갈 수 있을 만큼만 무기를 꺼내고 나머지는 폭파시켜 버렸다. 은행에 진주한 대원들은 금고를 털어 막대한 자금을 확보했다.

김홍복 부대의 구분대장 박원길은 여섯 명의 대원을 이끌고 청주형무소를 급습, 교도관들을 제압한 후 수감되어 있던 좌익수 백사십이명을 석방시켰다. 겨우 여섯명의 유격대가 형무소를 장악한 것이다. 감옥의 문이 열리자 죄수들은 기쁨으로 만세를 터트리다 못해 유격대원들을 끌어안고 흐느

한다.(이태, 「남부군」, 상, 두레, 1988, p.266) 그리고 노가원은 총 부대원이 866명이고, 승리사단 500명, 인민여단 170명, 혁명지대 130명, 당정대 100명이라고 한다.(노가원, 「남도부」, 하, 월간 말, 1993, p.378) 또한, 김남식의 「남로당연구」에는 총 부대원이 4백명이라고 한다.

껴 울기도 했다. 박원길은 총격전에 가담하지 않은 교도관들에게 일장 훈계를 한 뒤 살려주고 죄수들은 트럭에 태워 형무소를 빠져 나왔다. 불과 삼십 분만에 청주 시가지는 곳곳에서 피어오른 화염으로 붉게 밝혀졌다.[40]

1951년 5월 중순경 무주 덕유산 송치골에서 이현상이 소집한 남한 6도 도당위원장 회의가 개최되어, 남한 전역에 대한 유기적인 빨치산 조직체계를 형성하고 투쟁방안이 협의되었다. 송치골회의에서 이현상이 남한 빨치산의 총수가 되었고 각 도 유격부대는 사단 편제로 통합되어 남부군 사령부하에 들어갔다. 그러나, 전북도당과 경북도당은 이에 반대하였다.[41]

그리하여 이현상 사령관은 81사단(김지회 부대)과 92사단(박종하 부대)의 약 150명을 직접 지휘하였고, 각 도당은 별도의 사단편제(충남도당은 570명의 68사단, 전북도당은 700명의 45사단, 46사단, 53사단, 경남도당은 1천여명의 57사단)로 개편하였으나 전남도당(박영발 위원장)과 경북도당(방준표 위원장)은 이에 반대하였다. 각 도당은 사실상 도당 중심의 유격활동을 전개하였다.

한편, 제 7군단의 남도부 사령관은 1950년 6월 20일 인민군 정찰국장과 함께 양양유격대 훈련소에 대기중인 750명의 부대를 인솔하였다. 이에는 유격간부양성소인 회령 제 3군관학교생 120명, 1950년 3월 김달삼의 월북을 지원하기 위한 김무현 부대 200여명, 제 1병단 잔존 인원, 그리고 남한 출신 최고회의 대의원 20명 등이 포함되었다. 제 7군단의 정치위원은 이승엽의 장인인 안기성이었고 참모장은

---

40) 안재성, 「이현상 평전」, 실천문학사, 2007, pp.406~407

41) 반대한 이유는 중앙당의 비현실적인 지시인 사단편제 보다 소규모 단위인 게릴라전이 더욱 효과적이고, 또 이현상에 대한 전북도당위원장의 불신(사찰유격대장이 된 안진규의 도주사건, 후에 이 부대가 이현상을 사살함.)에서 비롯된 것 같다. (이태, 상게서, pp.286~287)

동해안 유격대장인 강청수였다. 제 7군단은 1950년 6월 24일 인민해군 상륙용 배로 6.25 아침 9시경 주문진항에 상륙하였고, 부산공략을 목표로 남하하였다. 김달삼 사령관은 도중에 합류하였으나, 신불산 부근에서 전사한 것 같다.[42)]

그간 남도부 사령관은 미군과 군경을 습격하여 정규전을 전개하였고, 또 군경의 토벌작전에 의하여 부대원이 많이 희생되었다.(약 60%)

그리하여 남도부 사령관의 제 7군단은 신불산으로 이동한 후 부대기구와 지휘부를 개편하였다. 즉 총사령관에 남도부 중장, 정치위원 안철, 참모장 김정수, 작전참모 김진구(1), 남명근(2), 홍종숙(3), 그리고 제 11대장 추일, 제 23연대장 홍길동, 제 5대장 안철재, 직할대장 김진기였다. 이 때 제 7군단의 총병력은 1951년 8월 168명이었다.[43)] 증가한 빨치산은 각 지방당에 속한 구빨치산 20명, 경북 청도군당 20명이 합류하였고, 창녕, 영산 전투에서 낙오한 인민군 30명이 합류하였으며 1951년 6월에는 지리산에 거점을 둔 경남도당 빨치산 50여명이 낙동강을 건너 신불산 지구에 합류하였기 때문이다. 합류한 빨치산 부대(조용구 부대, 차만리 부대, 허다와이 부대)는 지리산에 거점을 둔 경남도당(위원장 남경우)이 동부지구당과의 연락망을 구축하기 위하여 보냈다. 신불산 갈산고지에 도착한 조용구는 동해남부지구당(위원장 공인두, 유격대사령관 남도부)과 지휘체계에 대한 합의가 이루어지지 않아서 남도부 사령관은 북상하고, 조용구는 동해남부지구당을 맡았다. 남도부는 1951년 10월 북상 중에 박종근 경북도당위원장을 만나 중앙당의 결정대로 도당을 해체하고, 경북도당과 동해남부지구당을 합하여 제 4지구당으로 개편하기로 합의하였으며,

---

42) 이태, 전게서, p.260
43) 노가원, 전게서(하), p.42

또한 유격대(3지대)는 종전대로 경북도당 관할의 태백전구는 3지대장 박종근이 맡고, 동해남부전구는 부지대장 남도부가 맡기로 하였다. 그리하여 남도부 사령관과 도당 부위원장인 이영섭(정치위원)은 다시금 신불산 지구로 복귀하여 동해남부전구 사령관 조용구를 소대원으로 강등시켰다.

1952년 봄 4지구당 유격대는 또 다시 부산과 경남일대의 미군과 국군을 교란하기 시작했다. 남도부는 김진기 부대, 도영호 부대, 홍길동 부대, 차만리 부대, 서상호 부대 등을 유효적절하게 동원해 전방으로 향하는 미군 보급로 차단에 상당한 성과를 거두었다. 미군은 남도부 부대의 기습작전에 여전히 무기력 했다. 소규모 정예대원이 철로를 마비시키거나 미군 보급창을 파괴하는 공격은 일상적이었고, 때때로 대규모 공격으로 큰 피해를 입히기도 하였다.

남도부가 직접 선봉에서 지휘하는 대규모 공격에는 부대원 60~70명과 당원 20~30명이 동원되었다. 충분히 사전정보를 입수하여 공격하기 좋은 위치에 매복시킨 다음 트럭 행렬의 앞뒤를 끊어 놓고 무차별 공격을 가했는데 때로는 수 킬로미터에 이르는 도로를 장악해 트럭을 불태우고 보급품을 탈취하기도 했다. 소규모 부대가 부산시내에 잠입해 전선이나 통신선을 파괴하는 일도 일상적으로 계속되었다.[44)]

1952년 초부터 10월 말까지 제 4지구당 영역에서 일어난 피해에 대해 미군 쪽에서 집계한 것만 봐도 군경 150여 명과 미군 20명, 민간인 20명이 죽고, 군경 10여명이 생포되었다가 풀려났다. 또한 트럭 10대와 지프 2대, 열차 2량을 파괴하고 카빈총 70여 정을 포함해 무수한 군수물자를 탈취당했다고 보고했다.[45)]

---

44) 안재성,「신불산」, 빨치산 구연철 생애사, 산자니, 2011, p.141
45) 상게서, p.142

1953년 7월 27일 휴전협정으로 한국정부는 남한 빨치산에 대한 대규모 토벌작전(표 9 참조)을 실시하였다. 군경의 토벌작전에 맞선 빨치산 부대의 유격전술이 어떠하였는가를 다음의 사례를 통하여 본다. 빨치산의 유격전술은 치고 빠지는 유격전술이 전형적인 전략인데 빨치산의 기습은 군경에 비하여 2.7배가 더 많았다.

남도무는 인민군 후퇴 병력(인민군 중장 길원팔 부대 700명; 저자)까지 합세하여 1천여명에 이르던 유격대를 7개로 나누어 신불산 주요 고지에 배치하고 그 중앙 부분인 해발 681미터의 갈산고지에 사령부를 설치해 반경 20여 킬로미터 일대를 장악하고 있었다.

경찰이 접근도 못하는 배내골 일대는 해방구가 되었다. 남도부 사령부와 동부지구당이 위치한 갈산고지를 굽이쳐 흐르는 작은 계곡에는 인종의 취사장까지 상시적으로 운영될 정도였다. 취사를 맡은 대원들은 파래소폭포에서 밥을 지어 보자기에 싸 짊어지고 길도 없는 가파른 벼랑을 따라 올라 다녔다.

구연철은 울산군당에 배치된지 얼마 안된 1950년 말, 신불산의 한 골짜기에 군용트럭 10여대가 들어오는게 경계망에 포착되었다. 대리, 중리, 이천리로 이어지는 긴골짜기여서 이천 3리라 통칭하는 곳이다. 사방에 빨치산이 웅거하고 있는 산골짜기에 겁도 없이 들어온 군용트럭들이 전쟁으로 비어 있던 시골학교 운동장에 들어가더니 나란히 군용천막을 치고 야영을 시작했다. 그런데 천막마다 미군 공병대를 상징하는 붉은 깃발이 꽂혔다.

다음날, 대원들이 긴급소집되어 공격작전을 짜고 있을 때 갑자기 미군기 두 대가 골짜기를 선회하더니 돌연 미군 주둔지에 폭격을 시작하였다. 천막에 꽂힌 붉은 깃발을 보고 인민군으로 오인한 듯 했다. 계곡은 화염과 폭음으로 뒤덮였다. 미군들은 혼비백산해서 학교를 버리고 계곡 하류 쪽으로 달아나 버렸다.

대기하고 있던 빨치산들이 몰려 내려가 보니 미군들은 다 도망쳐 버려 텅빈 학교에 다이너마이트며, 총, 수류탄, 보급품, 깡통들이 수도 없이 쌓여 있었다. 보급품들을 산으로 나르기 시작했다. 모든 인원이 총동원되어 하루 종일 산속으로 실어 날라도 보급품의 극히 일부 밖에 나를 수 없었다. 나머지는 불태워 폭파시켜 버리고 신나게 산으로 퇴각했다.

남도부는 이날 확보한 다이너마이트로 형산강 다리를 폭파하기로 했다. 형산강 다리는 일본이나 미국으로 부터 선박을 이용해 들어온 군수물자를 전방으로 보내는 중요한 통로의 하나이다. 남도부는 직접 다리 주변을 정찰해 세부적인 작전을 짠 다음 소수 정예대원을 선발해 폭파조와 엄호조로 나누었다. 그리고 남도부 자신이 직접 폭파조를 이끌고 교각에 다이너마이트를 설치했다. 거대한 폭음과 함께 무너져 내리는 다리의 모습은 실로 장관이었다. 형산강 다리는 복구되는 데 며칠이나 걸려 미군의 물자수송에 상당한 차질을 주었다.[46]

남한 빨치산은 1953년 8월 7일 인민유격대(빨치산)를 지원한 이승엽 총사령관과 박헌영 부수상이 미국의 간첩 및 북한 전복행위로 처형됨으로서 사실상 북한으로 부터 버림 받은 신세가 되었다.

그리하여 남한 빨치산은 노동당 정치위원회의 지시(제 111호)와 제 5지구당회의(1953. 9. 10)의 결정(이현상의 경우)에 따라 지구당을 해체하고 하산하여 상인, 노동자, 농민을 대상으로 지하당 재건사업을 하려다가 대부분 체포 또는 처형되고 말았다.

2) 지방당의 인민유격대

지방당의 인민유격대는 도당, 군당, 및 면당의 지휘를 받는 빨치산(야산대 및 유격대)을 말한다. 이들 유격대는 일반적으로 도당의 지휘를 받았으나, 전투(토벌)로 인한(도당위원장의 사망 또는 부대원의 감소 등) 세가 약화됨으로써 중앙당의 직할부대(이현상 또는 남도부 부대)와 합세한 적이 있었지만, 주로 독립하여 활동하였다.

남로당은 중앙당과 각 도당에 당 조직과는 분리하여 군사부를

46) 상게서, pp.127~130

설치하였다. 전쟁 전 지방당(도당, 군당, 면당)의 빨치산은 분리된 지방유격대가 주로 마을 유지(이장, 부농 등)나 경찰지서(순경) 등을 공격, 살상하거나 쌀, 가축 등을 탈취 하였다.

1950년 전쟁 전에도 남한 빨치산의 유격활동이 표 11과 같이 대단히 심하였다. 그것은 해방후 미군정하 일어났던 공출문제, 철도노조 파업, 대구폭동사건, 제주 4.3 사건, 여순반란사건, 단선 · 단전 반대 등으로 많은 농민과 노동자들이 입산하여 빨치산이 되었고, 이들이 자생적으로나, 또는 남로당 및 조국통일민주주의민족전선이 '9월 총공세'를 주장하면서 1940년대 남한 빨치산 활동이 대단히 심하였다.

표 11에서 볼 수 있는 바와 같이 빨치산의 유격전이 1949년 4월에는 482회에 1만 6천 257명이 참여하였으나, 11월에는 1,260회에 7만 7천 920명이 참여하였다. 주로 경찰서(지서)를 습격하여 1천 512명의 사상자가 발생하였다.[47]

<표 11> 1949년 빨치산의 유격활동

기간 / 내용	4월	5월	6월	7월	8월	9월	10월	11월
동원 인원	16,257	17,730	23,037	30,023	44,256	77,256	89,924	77,920
교전 회수	482	502	594	657	759	1,776	1,330	1,260
경찰서 습격	-	-	-	-	6	15		
경찰지서 습격	42	52	33	50	62	110		1,800
순경 사살	716	1,140	1,059	1,302	810	1,272	1,512	
군경 포로	-	-	-	-	-	832	903	313
무기 노획	114	129	288	218	523	1,300		
탄환	-	-	-	-	17,946	12,800		

(자료) 조선중앙통신, 「조선중앙연감」, 1952
김점곤, 「한국전쟁과 노동당 전략」, 제 4장 3절

47) 빨치산이 사용한 유격전법은 주로 ① 세포조직이나 탐문을 통한 사전 적정 탐지후 ② 치고 빠지는 기습작전 및 ③ 협곡이나 도로상의 포위 공격이다. 기습작전은 관공서 습격이나 마을 보급투쟁시 사용하였고, 포위공격은 군차량 공격(보투) 또는 토벌대 행군 공격시 사용하였다.

이와 같이 빨치산(인민유격대)의 활동은 1949년 8월의 경우 전국적으로 8도 7시 118개군 682개 면에 일어났다. 가장 많이 일어난 지방은 호남과 영남지방이다. 예컨대 1949년 8월에 동원된 빨치산(44,226명)은 장흥, 보성, 벌교, 영산포, 무주, 정읍 등 전남이 37.9%를 차지하고, 의성, 안동, 영주, 기창, 양산 등 경북이 27.8%를 차지하였다.[48]

이러한 활동을 지원하기 위하여 월북한 북한 강동학원 출신의 조선인민유격대가 6.25 전에 10차에 걸쳐 남파되었던 것이다. 이들은 대부분 1949년 정부군의 동계 토벌작전으로 괘멸상태에 빠졌다.

한편, 6.25 전쟁 이후 빨치산 운동은 남로당(박헌영, 이승엽)이 남파한 무장 인민유격대(4개 병단)와 인천상륙작전으로 낙동강전선이 무너지면서 신빨치산이 대량으로 발생되었다. 김일성의 지시[49]에 따라 새로 임명된 도당위원장이 도별로 유격대를 조직하고, 또 유격대 사령관이 되어[50] 유격전(야산대) 경험자 중에 가능한 당원, 입산한 당간부, 맹원들을 모두 유격대에 편성시키고, 도당 지도부의 지도하에 활동할 것을 지시하였다. 그래서 지방당의 인민유격전이 활발하게 나타났다.

---

48) 조선중앙통신사,「조선중앙연감」, 1950~1952, p.340

49) 이것은 김일성 수상이 1950년 9월 27일 도당 위원장협의회 연설에서 각급당 단체들은 당원들과 인민들의 유격투쟁을 대담하게 전개하도록 지시하였다. 그는 '적의 지휘부를 기습 소탕하고 보급선을 끊으며 적의 통신수단을 파괴하고 군수창고와 각종 군사시설에 불질러야 한다.'고 주장하였다. 이러한 투쟁은 우선 최전선의 북한군을 용이하게 후퇴할 수 있고, 장차 재진격 때 힘을 합쳐 싸울 것을 지시하였다.(김일성, 일시적인 전략적 후퇴와 당단체들의 과업,「김일성 전집」, 12권, pp.327~328, 김광운, 한국전쟁기 북한의 게릴라전 조직과 활동,「군사」, 제48호, 2003, 4, p.102)

50) 1950년 10월 6일 조선노동당 정치위원회는 표 2에서 볼 수 있는 바와 같이 남한 도당위원장을 모스크바 공산대학 출신으로 모두 임명하였고, 부위원장은 북한의 각도당 조직부장이나 책임지도원으로 임명하였다.(김일성, 조국의 촌토를 피로써 사수하자,「김일성전집」, 12권, pp.340~347, 김광운, 전게논문, p.104)

1950년 9월 15일 낙동강 전선이 무너지면서 호남과 영남에 있던 인민군 패잔병, 북한에서 파견된 내무서원 및 부역자들은 모두 지리산, 덕유산, 소백산맥, 태백산맥을 타고 북상하였고, 경기도와 충청도의 경우 천안에서 퇴로가 막혀 충남 서산군 가야산으로 약 3만명이 몰려 들었다. 당시 가야산에는 서산, 당진, 보령, 예산, 홍성 등 5개군 유격대가 있었다. 그리고 전북도당(위원장 방준표)은 회문산에서 전북유격대(사령관 방준표)를 조직하고, 직속부대(7개, 550명)와 군당 유격대(14개, 2,850명)를 두었다. 이들은 기관원, 민청, 여맹원, 인민군 낙오병 등을 규합해서 도·군·면 단위의 유격대를 급조하였고, 이들이 1만명 이상이 되었으나, 투항, 도망 등 이탈자가 많아 11월 말에는 약 5천명으로 감소되었다.[51]

이와 같이 신빨치산이 대량으로 발생되었으나, 이들은 대부분 비무장 상태였고, 추위와 어려운 산중생활을 이기지 못하여 이탈하는 자가 속출하였다.

그러면, 경남도당의 인민유격대와 경북도당의 인민유격대의 활동을 본다.

(1) 경남도당의 유격전

경남 유격대는 해방 전에도 지리산에서 항일 유격전이 있었으나[52] 6.25 전쟁시 인민유격대는 1950년 9월 29일 경남 함양군 휴천면 문정리에서 조직되어 1951년 1월 경에는 1,258명이 되었다. 그러나, 이들은 1952년 1월 지리산 대성골 전투에서 거의 섬멸하다시피 하였다. 이 때 경남도당 위원장(남경우)과 부위원장(김삼홍)이 사망하였다.

지방당의 유격전은 호남지역의 경우 최근 조금 알려졌으나[53] 영

---

51) 육본 전사감실, 「공비토벌사」, 1954, p.32

52) 하준수(일명 남도부, 진주중, 일본 중앙대 법과)는 친척인 하갑수(일본 중앙대 상과, 민선 함양경찰서장)와 박판수(진주중, 국민학교 교원)와 함께 지리산에서 항일무장유격대 동광당을 조직하여 경찰지서 등을 습격하였다.

53) 김영택, 한국전쟁기 남한내 적색 빨치산의 재건과 소멸, 전남 총사령부와

남지역의 경우 거의 소개되지 않았다. 그것은 1950년 지리산 대성리 전투에서 거의 섬멸되다시피 하였고, 또 경북 유격대의 경우 일찍이 토벌작전으로 섬멸되어 생존자의 증언이나 기록이 거의 남아 있지 않았기 때문이다. 그러나, 최근 미군 정부기관의 정보해제로 경남과 경북 도당유격대의 실상을 어느 정도 알 수 있었었다.54)

그리하여 경남 유격대와 경북 유격대의 인민 유격전을 고찰한다. 경남 인민유격대는 중앙당의 지시에 따라 조직되어 초기에는 경남도당에 소속되어 도 인민유격대로 활동하였으나, 한때 유격대가 사단 편제로 개편되어 이현상 남부군 사령관의 지휘 하에 활동하였다. 그 후 1952년 10월 부터 도당의 지휘를 받는다. 경남도당은 군사위원회(도당위원장, 사령관, 정치사령관, 참모장, 지구사령관, 부사령관으로 구성)를 두고 도당위원장이 군사위원장을 겸임하도록 하였으며, 군사위원회 아래 유격대를 두었다. 1950년 인민군은 9월 후퇴전 까지 서부 경남의 세 개의 시, 열 아홉개의 군 중 1시 9군과 창녕, 함안, 통영 등의 일부 지역을 통치하였고, 나머지 지역은 격전지이거나 미해방구였다.55)

경남 유격대가 조직될 당시에는 대원수가 모두 112명이었으나

6개 지구를 중심으로,「한국 근현대사 연구」, 제 27집, 2003, pp.131~137

오연호, 방준표의 눈물과 최후,(강기성의 증언),「월간 다리」, 1989, 12, 전북 유격대 사령관 방준표는 1951년 3월 2일 국군 11사단의 공격으로 회문산을 탈출하여 엽운산에서 1천 5백여명의 병력이 1952 겨울 지리산에서 국군의 2차 공세로 약 2백여명으로 감소되었다고 한다.

54) 경상남도 인민유격대 사령부,「사업보고서」, 1950년 10월~1951년 6월, 19151년 7월 10일(한림대 아시아문화연구소,「빨치산 자료집」, 1~7권 1996)

55) 경남 인민유격대는 서부경남지역(신불산 중심) 뿐만 아니라 동부 경남지역(신불산 중심)에서도 활동하였다. 동부경남의 경우 서부 경남처럼 초기에는 독자적 활동을 하였으나, 후에는 남도부 사령관과 경북 도당과 통합하였다. 남도부 사령관의 홍길동 부대장(박영환)은 울산군 두동면 전읍리 양지(마을) 머슴 출신이고(부친은 대목수)이고, 서부 경남에서 파견된 조용구, 차만리, 허다와이 부대장은 여순반란부대(제 14연대) 출신이다. 남도부 부대의 정치위원이었던 김이철이 귀순하면서 가져온 대원 명단 333명이 아직 미 발견되었다.

부대원이 점차 증가되어 1951년 1월 25일에는 1,403명으로 증가되었다. 그 후 표 12와 같이 1951년 5월 15일에는 1,127명으로 감소되었다.

경남 인민유격대는 도당의 지도하에 전투, 선전, 정치 활동을 수행하는 기구였다. 경남도당 조직부장이었던 안병화(경남 함양출신, 남부군 57사단 정치위원, 생포후 사형)가 최초의 사령관으로 임명되었고, 유격대원은 그에 의해 심사·선발되었다. 2차 편제에서는 경남인민위원회 위원장이었던 배명훈(함북 노동자, 모스크바공산대학)이 유격대 사령관으로 임명되었고, 불꽃사단(인민군 패잔병)의 참모장이었던 노영호(경남 함양, 서울공대)가 조직부사령으로 임명되었다. 또 3차 편제 부터는 당시 경남 인민위원회 부위원장이었던 불꽃사단장 김이장(청진시 인민위원장)이 지리산 지구사령부 사령관에 임명되었다.

인민유격대는 인민군 후퇴와 도당의 지하조직으로 바뀌는 과정에서 조직되었으므로 도당 간부를 유격대로 재배치하거나 군당에 소속되어 있던 빨치산들(하동, 산청, 진양의 군당과 인민위원회, 여맹, 민청 출신 등)로 재편성하였다.

이처럼 빨치산 지도부는 구빨치들의 경험을 바탕으로 체계를 잡아갔다. 구빨치 출신으로 경남인민유격대의 편성에서 돋보이는 대표적인 인물은 이영회(전남 출신, 26세, 여수 48연대 상사)이다. 이영회는 1949년 지리산 일대에서 이현상을 중심으로 활동한 제 2병단의 제 5연대장이었다. 경남도당은 이영회의 투쟁경험을 고려하여 그를 전투부 사령에 임명하였다. 이처럼 경남 인민유격대의 지도부는 편제에 따라 변화하면서 기존 경남도당의 간부와 중앙에서 파견한 인물, 지역에서 활동한 인물 등 다양한 인물들로 구성되었다.56)

부대원이 증가된 것은 인민군의 후퇴로 신빨치산이 증가된 것을

---

56) 김종준, 상게논문, pp.10~11, ( )내는 저자가 삽입함.

말하고, 그 후 감소된 것은 군경 토벌작전의 결과라고 볼 수 있다.[57]

경남 유격대 도사령부의 기구(부 또는 과)는 편제 변경에 따라 차이가 있지만 대개 지휘부, 참모부, 정치부, 후방부, 군의부, 연락과, 정보과, 경비중대 등으로 구성되어 있다. 그리고 유격대 편제는 1차시에는 중대였으나 2차 이후에는 대대이고, 각 부대명은 주로 세자리 숫자로 되어 있다. 그리고 각 부대는 편제 변경에 따라 조직장소가 다르고 그들의 활동지구는 지리산, 덕유산, 황매산, 그리고 와룡산을 중심으로 한 서부 경남지역(함양군, 산청군, 하동군, 거창군, 합천군, 사천군, 고성군 등)이다.(부록 7 참조)

<표 12> 경상남도 인민유격대 사령부의 기구

편제	도사령 부대수	부대 인원수	부대 수	인원 수	무장 수	조직 일시	조직장소	활동지구
1차	5	20	4	92	85	'50.9.29	함양군 휴전면 문성리	함양~산청,산청~,진주~하동,남원~인월~함양
2차	8	15	9	1,003	784	'50.11.7	함양군 휴천면 운암리	산청~진주,남원~인월,진주~하동,안의~함양,협천~진주,지창~김천,기동
3차	11	22	16	1,108	579	'50.11.1	덕유산 월성	거창~인의,협천~진주,거창~김천,지리산지구사령부,함양~인월,산청~함양
4차	7	105	8	1,403	858	'51.1.25	산청군 삼장면 죽전리	산청~진주,진주~하동,남원~인월,거창~안의,안의~함양,함양~진주,사천
5차	8	140	14	1,127	700	'51.5.15	산청군 시천면 중산리	산청~진주,인월~함양~산청,남원~인월,덕산~하동~진주,하동~구례,덕유산

(비고) 1) 도사령부기구는 대개 지휘부,참모부, 정치부,후방부, 군의부, 연락과, 정보과, 수계소, 경비중대 등이 있음.
2) 부대수는 1차 편제시 중대였으나, 2차 이후는 대대이고 부대명은 대개 세가지 숫자로 표시함.
3) 부대거점은 편제장소별로 다름.
(자료) 한림대 아시아문화연구소,「빨치산 자료집」

57) 군경의 토벌작전은 1950년 9월 말에 서부 경남지역의 각 군(읍)에는 국군 11사단의 대대병력과 220명의 경찰, 그리고 260명의 국민방위군이 있었고, 각 면에는 12~30명의 경찰과 60~120명의 국민방위군(1951년 향토예비군으로 개칭)이 참여하였다. 그리고 기동국군부대는 제 11사단 9연대(함양에 1대대, 하동에 2대대, 거창에 3대대, 2,382명) 11연대(북상에 7,8대대, 2,882명) 제 8사단 16연대(산청 13연대, 함양 14대대, 덕산 15대대, 1,970명)이 있고, 기동경찰은 205부대(450명, 264부대 1,450명) 33부대(전향자로 구성된 사찰부대)가 있었다.(한림대 아시아문화연구소,「빨치산 자료집」2, 1996, pp.141~148)

1950년 11월에서 1951년 6월간 경남 유격대의 대원과 부대는 표 3과 같이 시기(월)별로 많은 차이가 있다.

표 13을 보면, 1950년 11월에는 유격대원이 962명이었으나, 1951년 1월에 1,728명으로 가장 많았고, 그 해 6월에는 1,158명으로 감소되었다. 그리고 무기도 다양하지만 그 수가 점차 감소되었다. 유격대원 중에 무기를 소유하지 못한 자가 1950년 11월에는 29.3%가 되었고 1951년 6월에는 38.5%가 되었다. 무기 없이 군경과 유격전을 전개한다는 것은 매우 무모한 일이다. 사실 6.25 전쟁 초기 국군진격시에 무기를 소지하지 못한 군인들이 많았다.[58]

<표 13> 경남 유격대의 인원 · 무기

월별	인원 수								무기보유 수										
	간부	전사	소계	전투불능	부상	이탈	포로	기타	중기	경기	자동총	A보총	M1	카빙	99식	38식	44식	권총	합계
1950년																			
11월	138	824	962						6	16		362	109	64	56	35	7	25	680
12월	342	1,323	1,665	130	165	34	7	7	5	21	127	412	194	116	69	53	5	32	1,034
1951년																			
1월	299	1,429	1,728						5	21	132	390	196	111	69	57	6	32	1,019
2월	299	1,209	1,508						6	15	135	413	165	97	37	32	10	35	936
3월	293	1,128	1,421	57	48	114	31	15	6	15	130	393	170	99	43	32	1	33	922
4월	360	898	1,258	4	11	4	3		5	14	76	325	145	82	34	31		29	741
5월	175	834	1,205	4	2	2	1		5	15	65	257	112	61	33	9		29	580
6월	195	963	1,158	16	16	2	1		5	14	73	328	142	69	28	19		33	712

(자료) 한림대 아시아문화연구소,「빨치산 자료집」, p.123

경남 인민유격대는 지리산과 가까운 서부 경남지역에서 1950년 10월 부터 1951년 6월 까지 약 9개월간 1,808차의 전투를 행하였다.[59]

58) 행군 부대의 앞, 뒤 및 옆의 군인만 무장(총)하였다고 한다.

59) 경남유격대의 활동 범위는 표 2와 같이 지리산을 중심으로 동쪽으로 진주, 서쪽으로 구례, 북쪽으로 김천, 남쪽으로 사천까지 뻗쳐 있었다. 사령부 거점은 경남 함양군 휴전면 문정리→덕유산 월성→산청군 삼장면 죽전리→시천면 죽산리로 이동하였고, 각 부대의 거점은 지리산을 중심으로 덕유산, 가야산, 황매

표 14에서 볼 수 있는 바와 같이 군경에 대한 공격(244회, 사살 2,499명)과 기습(400회, 사살 1.030명) 및 기동복격(619회, 사살 1,576명)이 가장 많았으며, 그 다음으로는 568회의 보급투쟁과 교량(154개) 및 도로(507곳)의 파괴 활동이다.

이러한 투쟁이 1950년 10월~12월에 가장 많은 것은 인민군의 후퇴를 보장하기 위한 것이다. 군경에 대한 공격과 기습 및 복격은 주로 경찰지서에 대한 것이고 보급투쟁은 식량을 조달하기 위한 것이며, 교량과 도로의 파괴는 군경에 대한 투쟁과 마찬가지로 후방을 교란시키기 위한 것이다.

<표 14> 경남 유격대의 투쟁상황

	공격				기습				기동복격				보급투쟁	교량파괴	전단살포
	건수	적사살	적부상	무기노획	건수	적사살	적부상	무기노획	건수	적사살	적부상	무기노획			
1950년 10~12월	154	2,083	2,345	199	278	768	470	173	942	896	2,279	102	107	130	
1951년															
1월	19	90	52	5	18	57	37	61	73	388	134	4	37	6	
2월	18	153	80	16	21	117	89	9	5	352	212	8	91	5	6
3월	13	78	85	7	8	31	12	1	4	26	64		131	5	8
4월	9	86	66	4	17	21	39	4	5	46	69	8	374	2	2
5월	10	22	30		19	9	1		613	51	6	3			7
6월	21	36	33	3	41	32	73	12	93	17	12	1	49		4
합계	244	2,499	2,691	234	400	1,030	1,726	196	1,735	1,576	2,776	126	568	154	46

(자료) 한림대 아시아문화연구소,「빨치산 자료집」

이러한 투쟁과정에서 유격부대원의 희생도 있었지만, 동시에 보급투쟁이나 기동투쟁 중에 초모사업(신입모집)을 통하여 세를 형성하였다. 경남 유격대의 핵심부대인 이영회(국군 14연대 상사, 이현상 부대

산에 있었다. 즉 전라도에 속한 지리산 서부 지역을 제외한 함양군 휴천면 · 마천면, 산청군 시천면 · 삼장면 · 오부면, 하동군 목랑면 · 옥종면 · 기마읍, 지리산 운암리, 덕유산 월성리, 구례군 산동면 등에 있었다.(한림대 아시아문화연구소,「빨치산자료집」2, 문건편(2), 1996, pp.112~!20)

중대장 출신) 부대는 용추사 계곡에서 50여명을 신입하였고 산청군 유격대와 진양군 유격대 등 야산대가 합류하여 1951년 11월 말경 1,000명 이상의 대부대가 되었다고 한다.[60)]

이러한 대부대가 먹고 살기 위해서는 잦은 보급투쟁이 필요하다. 보급투쟁은 일반적으로 마을에서 일어나지만 군용 또는 민용 트럭을 터는 경우도 많았다.

1951년 8월 8일 산청군 신안면 후천부락에서 보투로 발생된 유격전을 본다.

신안면 검풍정 마을에 보투를 나갔던 빨치산 십여명이 기대했던 만큼 성과를 올리지 못한 채 돌아가던 길이었다. 그들이 진주 함양을 잇는 국도변 야산 기슭을 돌아 후천부락에 이르렀을 때 함양 쪽에서 때아닌 자동차 써치라이트가 발견되었다. 빨치산들은 마침 보투성과가 좋지 않았던 터라 그 차를 까기로 작정하고 도로 양편으로 분산해서 차를 기다렸다. 이윽고 차가 그들의 사정거리 안에 들어오자 집중 사격을 퍼부었다. GMC 군용트럭을 개조한 트럭은 빨치산들의 공격을 이기지 못하고 펑크가 났다. 운전수와 화주를 끌어내리고 짐칸을 확인하니 쌀가마로 가득 채워져 있었다.

웅석봉에서 100여명의 빨치산들이 오전 7시경 현장에 도착하여 쌀 70여가마를 수산마을 건너편 경호강변 대나무 숲까지 운반하여 쌀을 일단 숨겨 놓은 빨치산들은 경찰의 추격에 철저히 대비했다. 쌀은 야음을 이용해 웅석봉 트로 옮길 계획이었다. 30명의 빨치산들을 후천부락 서북방 1km쯤의 산기슭에다

60) 이영회부대(독립 8지대, 후에 57사단)의 편제는 1개의 직할 호위중대, 그리고 3개의 전투중대가 있었고, 각 중대는 3개 소대, 소대는 다시 3개 분대로 편성되었다. 1개 소대 병력은 30여명 정도였다. 그리고 이영회 부대의 화력 또한 막강했다. 각 중대별로 60M 박격포기 2문, 소대별로는 경기와 미제 기관총이 각 1정씩 있었으며, 개인 화기로는 9.9식, 아식보, 따발총, M1, 삐아링(M1 실탄을 사용했음), 칼빈 그리고 총구가 굉장히 작은 605소총 등 각양 각색으로 갖추어져 있었다. 그러나 칼빈은 총이 귀했기 때문에 중대장이나 연락병만이 가질 수 있었고, 이영회 대장은 칼빈과 함께 권총도 차고 있었다.(정충제, 「실록 정순덕」, 상, 1989, p.197)

신작로를 향해 매복시켰다.

이 때 산청경찰서는 수산부락 부근에 빨치산들이 출몰했다는 정보를 접하고 즉각 비상이 걸렸다. 정규 경찰관 35명, 사찰유격대원 35명이 낡은 스리쿼타 2대에 나눠 타고 출동했다. 경찰은 빨치산들이 벌써 산중으로 도망쳤을 거라고 지레 짐작하고, 출동했다는 명분이나 세우려던 참이었다.

경찰 병력을 실은 스리쿼타가 별다른 경계태세 없이 후천부락 인근의 야트막한 언덕길을 오를 즈음에 빨치산들의 습격을 받고 말았다. 빨치산들의 총탄 세례를 받자 화다닥 차에서 뛰어내린 경찰들이 대오를 정비해 응사할 태세를 갖출 때였다. 이번에는 경호강 쪽에서 70여명의 빨치산들이 벌떼처럼 달려드는 것이 아닌가. 앞에는 산, 뒤에는 강, 산에도 강에도 빨치산 투성이라 경찰들은 오도가도 못하고 꼼짝없이 당하고 말았다.

그 날 경찰의 피해는 막대했다. 지휘자인 산청경찰서 경무주임 경위 정명환 등 경찰 14명과 사찰유격대 18명, 도합 32명이 전사하고, 중경상자가 24명 발생하고 소총 24정과 다량의 탄환을 피탈 당했다.[61)]

그러나, 1951년 11월 28일 경남 유격대 이영회 사령관(26세)은 62명의 대원과 함께 천왕봉 상봉골에서 전경 5연대 수색대와 교전하다 피살되고, 나머지 대원도 거의 섬멸되었다.[62)]

또한, 같은 기간에 유격대의 전투결과는 표 15와 같이 772명의 사상자 등이 발생하였다.

표 15를 보면, 1950년 10월 부터 1951년 6월 30일 까지 발생된 초기 투쟁 건수에 비하여 1951년에 들어와서 그 피해(피습, 144회)가 더욱 심함을 알 수 있다. 즉 전사자가 311명이 되고, 부상・포로가 된 자가 282명이 되며, 이탈 및 행방불명 된 자가 157명이나 되었다. 이것은 동 기간에 있었던 군경의 공비토벌작전의 결과라고 볼 수 있다.

---

61) 상게서, p.248
62) 이태,「남부군」, 하, pp.248

<표 15> 경남유격대의 피해상황

	전사자	부상자	포로	이탈자	행방불명자	기타사고	합계	비고
1950년 10~12월	130	165	7	10	24	7	343	기타 사고는 낙오, 동사 등
1951년 2~3월	157	48	31	37	27	15	365	기타 사고는 낙오,동, 오발 등
4~6월	24	29	2	6	3		64	
합계	311	242	40	103	54	22	722	

(자료) 한림대 아시아문화연구소, 「빨치산 자료집」

또한, 동 기간에 경남 유격대의 정찰·정보사업은 표 16에서 볼 수 있는 바와 같이 전투를 위한 정찰사업이 2,227건으로 가장 많고, 그 다음으로 반동 숙청(73건), 푸락치 공작(38건), 정찰 및 선전투쟁, 선언결사업(37건)이다.

<표 16> 경남 유격대의 정찰정보사업

	전투를 위한 정찰	귀순		반동숙청			푸락치 공작			삐라살포		신문구독		선연결		체포공작		물자공작		무기노획
		공작건수	성공건수	국군	경찰	기타	국군	경찰	기타	지역	매수	공작	미공작	기연결	미연결	대내	대외	군수품	의약품	
1950년 10	215			3	1	3														
11	222	2	1		2	3														
12	320	3	2		2	3		2						5		1	3			
1951년 1	160	5	3	3	1	6	2	2	5	5	150	3		3	2	3	2			
2	250	2		2	1	5	2		5	6	200	4		3	2			6		
3	200	3		1	1	5			3	3	120	6		1	2					
4	450	2		1	3	7			3	7	300	7		3	2					
5	60	5		1	3	5	1		5	12	600	6	11	3	2		3	1	3	1
6	350	2		2	6	4	1		7	15	500	5	15	4	5	1	1	5	4	2
합계	2,227	20	6	12	20	41	6	48	28	48	1,570	31	26	22	15	5	9	12	7	3

(자료) 한림대 아시아문화연구소, 「빨치산 자료집」

그리고 빨치산의 활동은 전술한 무장 유격전 이외도 보급투쟁 및 교육 등을 실시하였다. 동 기간에 통신연결사업은 4,856회 중

96.4%가 성공하였고, 보급투쟁은 양곡(쌀 185,400승, 보리 13,370승)과 부식물(식염 7,020홉, 간장 3,900홉, 된장 7,100홉, 육류 75두 등)을 조달하였다. 이 중에서 48%가 농민들의 현물세와 애국성미로 받은 것이고, 나머지 52%는 보급투쟁시 자발적으로 조달 받았다.[63]

그 밖에 중요한 것은 빨치산 교육이다. 빨치산 교육은 군정학교를 설립하여 정치위원 중심으로 부대원의 학력수준에 따라 실시하였다. 또한 각 부대별로 정치지도원들이 지속적인 사상교육 및 전술・전투교육을 실시하였다. 경남도당의 경우 1950년 10월 부터 1951년 6월 까지 해방구(함양 마천면, 산청군 덕산면, 삼창면)에서 자원입대한 371명을 15일간 매일 군사교육(4시간)과 정치교육(4시간)을 시켰고, 이 중에서 50명을 선발하여 1개월간 간부양성교육을 실시하였다.[64] 교육내용은 마르크스 레닌주의와 독립운동사에 기초한 교양학습과 전술, 사격, 투탄, 지형학 등 전투교육이다.[65]

이와 같이 빨치산들이 실시한 모든 투쟁사업의 계획과 결과는 모두 보고서로 작성되어 상부에 보고 되었으며, 또한 엄격한 일과[66]와 규율에 의하여 집행되고 있다.

(2) 경북도당의 유격전

63) 한림대 아시아문화연구소, 전게서, p.157
64) 김종준, 전게논문, p.27
65) 한림대 아시아문화연구소, 전게서, p.157
66) 유격대의 일과표는 다음과 같다.

시간	5:30	5:30~5:40	5:40~6:00	6:00~6:10	6:10~7:00	7:00~7:30	8:00~10:00	
일과	기상	침구정돈	체조	조회	식사준비	식사	교양	
시간	10:00~12:00	1:00~3:00	12:00~	12:00~4:00	식사준비	식사	토론 비판회	취침
일과	자체교양	군사훈련	보급공작	작업공작	4:00~5:00	5:00~5:30	5:30~8:00	8:00 ~

경북도당의 유격대는 1946년 10월 1일 노동자, 학생들이 주도한 '대구폭동사건'에서 비롯된 남한 빨치산을 의미하는 것이 아니고, 1951년 2월 14일 강원도 횡성군 둔내면 서문골에서 재편성하여 출발한 제 3유격지대(지대장 박종근, 참모장 여병근, 정치부대장 리영섭)를 말한다. 이 제 3유격대의 약 2개월간 유격활동을 고찰한다.

제 3유격지대는 1단계로 적 후방인 일월산으로 진출하고 2단계는 전투지역인 보현산에 진출하기로 하였다. 유격대가 일월산과 보현산 까지 오는 과정에 다수의 군경이 활동지역에 배치되고 중요한 산간지와 부락마다 전호를 구축하고 매복 등 경비를 강화하여 포위섬멸하려고 하여 유격대를 3개 부대로 편성하고 활동지역을 ① 일월산과 청량산 주변, ② 백암산, 금장산 주변, ③ 태백산, 소백산 주변으로 분산 투쟁하기로 하였다.

여기까지 오는 1단계에 6회의 강력한 전투로 103명의 낙오·이탈자가 발생하였다.[67] 현재 유격대원은 257명이 감소되고, 새로 121명이 증가하여 현재 356명의 대원이다. 증원된 대원은 정치공작대원 70명, 지하당간부급 9명, 남도부 부대원 11명, 포로편입 7명이고, 감소된 수는 전사자 40명, 분산자 60명, 낙오자 151명이다. 이들 대원의 70%가 경북출신이다. 그리고 이들의 연령은 60%가 30~40세가 가장 많고, 20~29세가 35%이며 15~19세가 5%라 한다.[68]

1951년 5월 3일 제 3유격대의 2개월간 사업보고서의 전투성과를 보면, 전투회수 19회에 적사살이 418명이고, 포로가 44명, 부상 31명이며, 노획무기는 보총 39정, 자동총 1정, 수류탄 76개, 탄환 3,909발이다. 그 밖에도 도로파괴 차단 4회, 통신망 차단 3회, 반동 및 적의 밀정 숙청이 6명이다.[69]

---

67) 한림대 아시아문화연구소,「빨치산 자료집」1, 문건편(1), pp.402
68) 상게서, p.425

이와 같이 단기간에 많은 전투와 전과가 있어 보이지만, 군경의 강력한 토벌작전으로 고전하였다.[70] 이러한 어려움은 경북도당위원장이며 제 3유격대 지대장인 박종근이 인민군 총사령관에게 호소하는 건의문에서 잘 알 수 있다.

그는 유격전에 대하여 도당과 중앙당간의 통신두절 해소방안을 제시하고 지대적 집중투쟁으로 부터 부득불 부대적 분산투쟁으로 전환하고 정훈사업을 진행하고 있으며, 제 3지대의 보강과 강력한 부대들(약 1,000명) 및 전투기재들을 보내달라고 요구하고 있다. 그는 부대적 분산투쟁은 중앙당의 결정을 시정한 것이고, 특히 많은 성원들의 전사, 포로, 투옥 학살 및 병사자가 속출하여 경북출신의 도급 및 군급간부와 당 공작원을 정치위원회 결정대로 파견해 달라고 한다.[71]

이와 같이 절박한 요구가 실현되지 못하여 그는 군경의 토벌작전에서 희생된다.

5. 빨치산의 몰락과정

1) 미군과 정부군의 토벌작전

미군정청과 이승만 정부가 남로당 등 정당 및 사회단체 133개를 해산시키고 국가보안법을 제정하여 이들을 탄압하는 바람에 남로당의 핵심 간부들은 월북하여 조선인민유격대를 조직, 남파시켜서 남한의 자생적 빨치산과 입산 반란병들과 함께 산악지대를 중심으로 빨치산 활동을 전개하였다. 그리고 6.25 전쟁시 인천상륙작전으로

69) 상게서, pp.413~414
70) 육군본부 편찬, 「공비토벌사」, 1954, 제 1장 4절(오대산지구)
71) 배철 및 허가이 동무에게 보낸 편지(여병근 참모장 경유), 상게서, pp.381~428

퇴로가 차단된 인민군 낙오병과 점령지역(경기, 강원, 충남, 전남 등) 부역자들이 입산하여 빨치산이 되었다.

이러한 빨치산들이 후방을 교란하고, 심지어 낮에는 대한민국, 밤에는 인민공화국이 지배하는 상황을 만들었다.

한 동안 잠잠하던 남부 산악지대의 공비들이 부쩍 활동을 강화하고 있다. 철도와 도로를 수시로 공격하고 대낮에도 부락으로 처들어와 양민을 학살하고 식량과 의복들을 약탈해 간다. 산간지역에 소위 해방구를 만들어 놓고 현물세를 거둬 들이기까지 한다. 낮에는 대한민국, 밤에는 인민공화국인 상황이 도처에서 벌어지니 주민들이 견딜 수가 없는 상태다.

국회에서 크게 문제가 돼 공비토벌 촉구 결의안이 통과되고 이승만 대통령이 직접 내(이종찬 참모총장)게 공비토벌을 지시했다. 최근들어 경부선, 선라선 철도가 공비들의 습격을 받고 부산~경주간의 국도마저 낮에만 겨우 안전 통행이 보장되는 등 유엔군의 보급선이 위협을 받게 되어 8군도 마침내 중대 결심을 하게 됐다.[72)]

그리하여 정부는 빨치산(공비)에 대한 군경의 대대적인 토벌작전이 수행하였다.[73)] 피아간 비참한 살육전이 전개되었다.

1951년 11월 25일 백야전사령부(사령관 백선엽 소장)는 수도사단

---

72) 백선엽,「실록 지리산」, 고려원, 1992, p.16, 1950년 7월 6.25 전쟁시 한국군 통수권과 작전지휘권이 유엔군(미군) 사령관에게 있었다.

73) 1951년 11월 중순 이승만 대통령의 지시를 받은 이종찬 참모총장의 연락을 받은 백선엽 1군단장은 8군 사령부에서 밴 폴리트 사령관, 참모장 폴 애덤소 소장, 참모 마제트 대령과 함께 작전회의 자리에서 백야전사령부(task force team)의 책임을 맡았다. 밴플리트 사령관은 2개 사단을 육로와 해상으로 가동시켜 게릴라 거점인 지리산을 남북으로 포위 공격한다는 작전지침을 설명하고, 작전계획은 백장군과 마제트 참모가 짜서 제출하라고 하였다. 이 작전계획은 미 8군의 훈령으로 육군본부에 하달되었고, 육본은 다시 이를 세분하여 해당 부대에 하달하였다.(상게서, pp.16~18)

(사단장 송요찬 준장)과 제 8사단(사단장 최영희 준장)을 중심으로 서남지구전투사령부(사령관 김용배 준장)를 배속시키고, 태백산지구 전투경찰사령부(사령관 이성우 경무관)와 지리산지구 전투경찰사령부(사령관 신상묵 경무관)가 지휘하에 들어 왔다. 다시 말하면 3개 사단과 4개 전투경찰연대, 7개 전투경찰대대 등 4개 사단 규모로 설치 되었다.[74]

백야전투사령부(사령관 백선엽)는 1951년 12월 부터 1952년 3월까지 비상계엄 하에 4차례의 토벌작전을 전개하였다.[75] 그러한 결과 빨치산 활동이 매우 약화 되었다. 대토벌작전은 사상전 보다 강력한 군사전이 우세한 것을 보여 주었다.

1950년 12월 백야전사가 처음으로 남부군과 접전한 하동군 악양 전투상황을 본다.

남부군 직속의 81, 92사단과 경남 도당 57사단 무장 병력 3백여명은 11월 29일 새벽 섬진강의 비옥한 분지인 하동군 악양면을 기습했다.

그들은 12월 1일 까지 악양에 머물면서 주민들을 동원해 벼를 찧어 산으로 날랐다. 그전에도 가끔씩 등촌리 쪽에서 소규모로 내려온 적은 있었지만 면 전체가 점령된 일은 없었다. 그들은 마을에 있던 남자들을 모두 동원해 나락을 찧게 해 세석쪽으로 나르게 했다. 여자들도 머리에 쌀보자기를 이고 날랐다. 족히 6백명은 될 성 싶은 많은 사람들이 짐꾼으로 끌렸다. 이불을 지고 가는 사람들도 있었다. 그 때 돌아오지 못하고 그대로 산으로 끌려간 사람들도 많았다.

---

74) 백야전사령부는 참모장에 김점곤 대령, 작전참모에 공국진 대령, 정보참모에 유양수 대령, 군수참모에 김영택 대령으로 조직하였고, 경찰연락관은 치안국장 대리 최치환 경무관이었다.

75) 빨치산 토벌에 동원된 국군과 경찰병력은 모두 29개 사단, 6개 유격대대, 10개 경비대대, 국민방위군 1개 연대, 그리고 경찰 29개 대대이다.(국방부 전사편찬위원회, 「비정규전사」, p.256)

악양 피습으로 급보를 전해 들은 수도사단은 26연대에 적의 추격을 명했다. 이에 따라 3대대(대대장 우교붕 소령)가 30일 분기봉으로 우선 접근하고 2대대(대대장 박기순 소령)가 이를 뒤 따랐다.

이때 3대대가 분기봉에서 경계 활동중이던 적 81사단 소속의 무장대 약 25명을 포착해 4시간 동안의 접전 끝에 7명을 사살하는 전과를 올렸는데 이 싸움이 바로 수도사단과 남부군의 첫 대결이었다. 26연대의 수색과 전투는 다음 날인 12월 1일에도 계속됐다. 적은 보급물자의 안전한 수송을 위해 형제봉과 구재봉을 거점으로 완강한 저항을 보였다.

마침 총 공격을 앞두고 부대시찰을 하고 있던 나는 화개장터로 나가 형제봉 전투를 지켜볼 수 있었다. 전투는 정규전과 다름없이 치열했다. 박격포탄이 오가고 사방에서 총성이 끊이질 않았다. 아침 8시께 시작된 전투가 하오 4시께에야 끝이 났고 26연대가 형제봉과 구재봉을 장악하고 악양을 구했을 때, 이미 적들은 50여 두의 소와 수백 명의 주민들을 끌고 청학이골(등촌리 북방)을 지나 청암면으로 넘어서고 있었다.76)

이와 같은 전투는 비교적 규모가 크지만 전형적인 보급투쟁에 대한 공격으로 전국 곳곳에 자주 있었다.

12월 4일 수도사단 기갑연대(연대장 이용 대령)는 거림골에 적이 우글거린다는 보고가 대대로 부터 날아 들었다. 당시 거림골은 경남 도당 각 직할부대와 이영회의 57사단이 거점으로 활용하고 있었다. 그들은 악양에서의 보급투쟁을 마치고 26연대에 쫓겨 거림골로 몰려든 모양이었다. 나는 후방에 있던 예비대대 까지 끌어들여 거림골 일대를 포위했다.

우선 공군 연락 장교를 통해 사천 공군부대에 무조건 소리가 크게 나는 폭탄을 우리 부대 장병들이 대공포판으로 표시하는 지역에 떨어뜨려 달라고 부탁했다. 공군의 지원은 신속했다. 얼마 있지 않아 F51머스탱 1개 편대가 날아와 거림골에 8발 정도의 폭탄을 투하했다. 어찌나 소리가 컸던지 온 산이 쩌렁쩌렁 했다.

빨치산들은 노란 개가 왔다.(당시 그들은 경찰은 검은 개, 군인을 노란

---

76) 백선엽, 전게서, pp.24~26

개라고 불렀으며 토벌대는 빨치산을 맷돼지라고 흔히 불렀다)고 소리치며 뿔뿔이 흩어져 도주했다. 흰 옷 입은 농민들만 왔다 갔다 하며 우글거렸고 소 40여 두가 이리저리 뛰고 있었다. 나는 일단 사격을 보류하고 종이로 만든 확성기로 총을 쏘지 않을테니 빨리 빠져 나오라고 소리쳤다.

수백 명이 소를 끌고 우리 쪽으로 빠져나온 다음 일제 사격이 시작됐다. 적이 대부분 분산, 잠복해 별다른 저항없이 거림골에 들어가 보니 사령부 건물로 쓰던 아지트 등 몇 채의 초막이 덩그러니 남아 있고 악양에서 날라온 것인 듯 쌀가마니가 수북이 쌓여 있었다.

이날 전투에서 기갑연대는 사살 34명, 생포 5백 10명의 대대적인 전과를 올렸는데, 포로로 분류된 사람들 중에는 끌려간 주민들이 다수 포함되어 있었다.[77]

이와 같은 보급투쟁과 토벌작전은 비교적 규모가 크지만 전형적인 것으로 그 당시 전국 산간 곳곳에서 많이 있었다. 그리고 무차별적인 토벌과 보복과정에서 많은 양민들이 학살되었다.[78]

남한의 빨치산 수와 이들에 대한 군경의 전과와 피해는 정확히 알기는 어렵다. 정부(군·경)의 지구별 작전 결과를 보아도 다수 공비의 섬멸 또는 다량 무기의 노획이라는 전과를 발표하였지만 그 구체성(실수)이 없는 경우가 많다. 국방부 전사편찬위원회가 편찬한 해방후 10년간 공비토벌작전 결과 자료집인 「대비정규전사」의 내용을 분석하여 보면 표 17과 같다.

77) 상게서, pp.32~33, 저자는 어릴 때 빨치산들이 경찰을 똥개, 군인을 사냥개라 한다고 들었다.

78) 예컨대 1951년 1월 6일 경남 산청군 신원면에서 제 9연대(연대장 오익경) 3대대(한동석 소령)가 남녀 노소 5백 17명을 집단 학살한, 소위 '거창양민학살사건'이 유명하였다(상게서, pp.315~317) 당시 국회조사는 719명이 학살되었다고 한다. 반면에 인민군의 후퇴시 학살되었거나 실종된 사람이 2,257,362명이고, 공무원의 실종수도 27,545명이라고 한다.(국방부, 「한국전쟁사」, 제 4권, 1977, p.756)

<표 17> 공비토벌대의 전과와 피해

	지구별	전과								피해		
	작전회수	공비수	사살	생포	귀순	소화기	기관총	기타	아지트	전사	부상	실종
전쟁이전 1945.8.15 ~1950.6.25	제주도(5차)	1,500	143	306	1,500					119		
	호남지역(3차)		140	47						4	2	
	지리산(3차)	12,366	365	187	4,963				168			
	오대산(2차)		258	84		50		5				
	태백산(1차)		73				25	53				
소계		13,866	979	624	6,463	50	25	58	168	123	2	
전쟁기간 1950.6.25 ~1953.7.17	제3군단(2차)		3,061	385	12	836	20	18				
	호남지역(3차)		2,390	2,751					341	541	859	
	백야전사령부(4차)	9,247	5,009	3,968	45	682				33	72	
	태백산(3차)		2,188	612	2	898	34		18	115	264	77
	제주도(2차)	120	28							10		
소계		9,367	12,676	7,716	59	2,416	54	18	359	699	1,195	77
휴전이후 1953.7.27 ~1956.12.31	박전투사령부(3차)	978	213	326	68	769		5		121	100	2
	남부경비사	106	15	21				64	11	5	10	
	소멸기소탕선	59	7	11	1	8						
소계		1,143	235	358	69	777		69	11	126	110	2
총계		24,376	13,890	8,698	6,591	3,243	79	145	538	948	1,307	79

(자료) 국방부 전사편찬위원회,「대비정규전사」, 1945~1960(1988)에서 작성

표 17을 보면, 군경 토벌대가 해방후 10년간 사살한 빨치산(소위 공비)은 모두 13,980명이고, 생포된 자가 8,698명, 그리고 귀순한 자가 6,591명이다. 빨치산의 피해는 군경의 피해에 비하면 약 10배 이상이 된다. 이것을 보면, 해방후 빨치산이 적어도 3만명 이상이었고, 공비토벌의 전과에는 많은 양민들이 포함되어 있을 것이다.

한편, 비상경비총사령부 정보처가 제공한, 전국 전투경찰대의 전과와 피해상황을 보면 표 18과 같다. 표 18을 보면, 전투경찰의 교전 회수는 3,667회에 피살된 공비(빨치산)가 22,699명이고, 생포된 자가 16,291명이며, 귀순자는 475명이다. 그리고 피해 경찰관은 전사자가 1,088명이고 부상자가 3,240명이며 행방불명자가 6,429명이다. 그 밖에 경찰이 지휘한 한청의 전사자가 217명이고, 부상자는 151명,납치 및 행방불명자는 183명이다.

한편, 전투경찰의 전과와 피해를 표 18에서 볼 수 있는 당시 공비토벌대의 경우와 비교하여 본다면 빨치산(유격대)의 피살자는 3만 5천명 이상이 되고 생포자도 1만여명이 된다.

<표 18> 전국 전투경찰의 전과와 피해

구분		항목	수	비고
전과	공비	합계	39,465	
		사살	22,699	
		생포	16,291	
		귀순	475	
	무기노획	소총	5486	
		중화기	722	
		수류탄	876	
피해	경찰관	전사	1,088	
		부상	3,240	
		납치	3	
		행방불명	6,492	
	무기	소총	1,757	
		중화기	35	
	한청	전사	217	의경측은 특공대권
		부상	151	
		납치	193	
		행방불명	44	
	민간	사살	185	공비 습격시
		생포	127	〃
		납치	349	〃
	가옥	관공서	51	공비습격시
		민가	1,213	〃
	식량	백미	6,470	공비습격시
		잡곡	1,905	〃
	가축	농부	256	공비습격시
		기타	26	〃
	기타	의류	832	공비습격시

(자료) 「한국전쟁사」, 제 4권, 제 4장, 1971

군경의 빨치산 토벌은 그 기간이 대개 1~3개월 이상이었고, 토벌방식은 매우 다양하나, 가장 많은 피해가 발생된 작전은 미군의 폭탄(특히 네이팜탄 및 소이탄 등) 투하와 세균전(재귀열병)[79] 그리고 군경에 의한 적주민 소개와 마을 방화, 그리고 토끼몰이식 작전 등이다.[80] 이러한 토벌작전으로 구식으로 무장한 빨치산이 살아나기 힘들다.

남한 빨치산(남부군단)이 1951년 말과 1952년 초에 한미 양군의 대대적인 토벌작전으로 몰락하게 된 계기가 된, 지리산 대성골의 처참한 전투상황에 대하여 백선엽 사령관의 증언과 여자 빨치산(정순덕)의 증언을 들어 본다.[81]

<백선엽 사령관의 증언>

송요찬 수도사단장이 지시한 횃불작전의 포위망 속에서 토벌부대의 틈과 틈을 비집으며 주능선 일대를 떠돌던 적은 흔히 1월 18일 전투로 불리는 대성골 전투에서 밀집된 상태로 3개 연대의 포위 공격을 받았다.

지형이 험하고 추위가 혹독해 토벌부대의 발길이 미치기 힘들 것으로 짐작되던 천왕봉, 촛대봉 일대로 몰려든 각급 빨치산 부대는 기갑연대와 26연대의 압력에 밀려 서쪽으로 이동하다 17일 저녁 세석에서 서남방으로 뻗은 대성골에서 정확히 포위망 한가운데 걸려 들었다.

막다른 골목에 몰린 그들은 포위망을 뚫기 위한 필사적인 돌격전을 감행해 왔다. 17일 밤, 포위망 언저리 곳곳에서는 전방 고지에서의 전투를 방

---

79) 김영택, 전게논문, pp.149~150, 이에 대하여 백선엽 백야전사령관은 부인한다.(백선엽,「실록 지리산」, 고려원, 1992, pp.333~334)

80) 당시 지리산지구 전투사령관은 정일권(함북 경원, 일본 육사, 만주군 상위(소령) 출신, 육참총장, 국무총리, 국회의장 역임), 백선엽(평남 강서, 봉천군관학교, 만주군 중위출신, 육참총장, 교통부 장관 역임) 등이고, 그 밖의 해방후 육참총장은 거의 대부분 일본 육사 및 일본군 소위 출신들이며, 또한 이북 출신들이 많다. 그리고 해방후 미군정시 조병옥 경무국장(충남 천안, 연전, 미 컬럼비아대, 조선일보 전무)과 초대 이호 내무장관(경북 영천, 동경제대, 일제시 검사), 문봉제(간도특설대, 서북청년단장)를 제외하면 1949년~1954년까지 7명이 일본 경찰간부(서장 등) 출신이다.

81) 정충재,「실록 정순덕」, 대제학, 1989, pp.272~276에서 재정리, 정순덕은 대성골에 모인 사람이 1만여명이라 하지만 8백명 또는 3천여명설도 있다.

불케 하는 치열한 야간 전투가 벌어졌다.

18일 새벽, 적의 공격에 놀라 깨었다. 골짜기 아래서 흰 광목을 뒤집어쓴 적들이 양손으로 눈을 해치며 다가오고 있었다. 그들은 '적기가'를 소리 높여 부르며 우리를 향해 골짜기를 기어오르고 있었는데 뒤쪽에서는 피리 소리도 들렸다. 달빛이 내리비치고 있어 그들의 움직임 하나하나가 그대로 다 보였다.

다급한 순간이었는데 마침 자동소총이 얼어붙어 발사가 되지 않았다. 눈이 원체 두껍게 내리쌓여 수류탄은 아무런 효과가 없었다. 자동소총을 세워 노리쇠 손잡이를 군화발로 내리찍었다. 간신히 자동소총이 불을 뿜기 시작하자 그들은 전진을 멈추고 바위틈으로 몸을 숨겼다. 바위틈에는 십여명의 적이 총도 없이 쪼그리고 앉아 있었고 곳곳에 시체가 쌓여 있었다. 그런데 아무리 봐도 죽은 적들의 모습은 너무 앳되고 예뻤다. 이상한 생각이 들어 옷을 벗겨보니 거의가 아직 체모도 제대로 자라지 못한 여자애들이었다. 잘해야 17, 18세나 될까 싶은 그들은 총알받이로 내몰린 것이었다.

전투가 밤새 곳곳에서 벌어졌다. 동료의 시체를 방패 삼은 필사적인 기도에도 불구하고 적은 대부분 포위망을 벗어나지 못한 채 18일 날이 밝으면서 시작된 대대적인 포위 공격을 받아야 했다.

각 부대는 박격포를 비오듯 쏴 됐고, 공군기들의 폭격도 끊이지 않았다. 백 야전사 작전이 시작된 이래 거의 정규 포위전과 다름없는 공격이 전개했던 것은 이 때가 처음이자 마지막이었다.

이날 전투에서만 3백여명을 사살하고 2백 51명을 사로 잡았는데 이 숫자는 당시 대성골에 몰려 있던 적세의 절반에 가까운 것이었다. 이로써 남부군 직속 81, 92사단과 경남도당의 57사단이 궤멸적 타격을 입었으며 떠돌이 부대로 전락했다.82)

<정순덕 빨치산의 증언>

1952년 1월 17일은 지리산 온 골짜기를 가득 메워 버릴 것처럼 함박눈

82) 백선엽, 상게서, pp.82~84

이 내렸다. 그날, 날이 저물면서 빗점골, 거림골, 신흥 등 방면에서 빨치산들이 대성골로 몰려들기 시작했다. 무릎이 푹푹 빠지는 눈길을 대원들은 무슨 영문인지 허겁지겁 쫓겨오고 있었다.

다음 날 새벽 어디서 그렇게 많은 사람들이 모였는지 눈덮인 대성골 전체가 빨치산들로 인산인해를 이루고 있었다. 순덕이 가늠하기에도 10,000여 명의 대병력이 대성골에 빽빽이 들어찬 것 같다.

순덕은 그제야 사태를 짐작할 수 있었다. 무릎까지 빠지는 눈이 쌓이자 빨치산들은 토벌대가 설마 그 많은 눈 속을 헤집고 공격해 오리라고는 생각지 못한 것이다. 더구나 많은 병력이 한 곳에 모여 있다 보니, 세만 믿고 후비군을 세우지 않은 것이 커다란 실책이었다. 국군 토벌대가 코앞에 닥쳤을 때는 반격을 하기에는 이미 때를 놓친 빨치산들은 밤새도록 토벌대에 쫓겨 대성골(40리가 넘는 깊은 계곡)로 몰려든 것이다.

순덕은 작년 12월에 있었던 법화산 대공세(수도사단 1차 대공세)를 언뜻 기억하고 몸서릴 쳤다. 아직 가시지 않은 어둠 속에서 간부들이 이리 뛰고 저리 뛰며 대오를 수습하고 있었다. 선생님(이현상)도 대성골에 들어와 계신다는 말이 들렸다. 경남도당 뿐만 아니라 다른 도당과 이영회부대인 '57사단' 그리고 크고 작은 지리산 일대의 야산대 병력이 다 모여든 것이다.

그 많은 병력을 수습하기 위해 발바닥에 땀이 나도록 간부들만 뛰어다닐 뿐 대성골에 모인 빨치산들의 대부분은 소속부대를 잃어버리고 우왕좌왕하며 눈 속에서 발만 동동 구르고 있었다.

대오를 수습해서 해가 뜨는 대로 반격을 시도하려던 계획은 오래지 않아 깨지고 말았다. 대성골을 뒤흔드는 포성이 들려오기 시작한 것은 날이 밝아오고 있을 무렵이었던 것이다. 빗점골 의신부락 뒤쪽에서 토벌대들이 언제 야포를 끌어다 놓았는지 금세 대성골로 포탄이 날아들기 시작했다. 스무발 이상 동시에 작렬했다. 대성골이 우르르 무너지는 줄 알았다.<중략>

시간이 지날수록 희생자는 산더미 처럼 불어 났다. 토벌대가 높은 곳에서 낮은 곳을 훤히 내려다 보며 토끼몰이를 하듯 포위망을 좁히며 포격을 퍼부어 대니 당해낼 재간이 없다. 그야말로 아비규환이었다. 동작이 빠른 지휘관이나 전사들은 토벌대와 정면으로 부딪히며 포위망을 뚫고 나갔지만, 대다수는 독안에 든 쥐처럼 빠져 나가지 못하고 죽어 자빠졌다. 발에 걸리는 것이 시체들이었다.

하루 종일 퍼부어대던 포격과 총격도 해가 지면서 주춤해졌다. 그러자 이번에는 남쪽 하늘에서부터 비행기 소리가 들려왔다. 이내 대성골에 나타난 비행기 편대는 마치 괴물처럼 크고 무섭게 보였다.

머리 위에 떨어지는 시커먼 물체는 휘발유가 가득 차 있는 '드럼통'이었다. 비행기 편대는 네 번, 아니 다섯 번쯤인가 대성골 골짜기에 마개가 빠져있는 드럼통을 삐라처럼 뿌리고 다녔다. 그러다 마지막 편대에서는 주먹만한 것을 골짜기 곳곳에 날려 보냈다. 바로 '소이탄'이었다. 그 순간부터 하얀 눈으로 덮혀있던 대성골은 시뻘건 불바다로 변해 버렸다.[83)]

여기에서 백선엽 사령관과 정순덕 빨치산의 증언이 처참한 전투 상황에 대한 기술은 비슷하나 상당한 차이가 있음을 알 수 있다.

첫째는 대성리전투에서 전자는 유격대가 먼저 공격하였다고 말하고, 후자는 그 반대라는 것이다. 따라서 전자는 토끼몰이식 토벌작전을 부인하고 있는 것 같다.

둘째는 대성리 전투에서 전과(피해)에 대한 수치가 다르다. 전자는 전투에서 3백여명을 사살하고 2백 51명을 사로잡았다는데, 이 숫자는 대성골에 몰려 있던 적세의 절반에 가깝다고 한다. 그러면서 심지어 17, 18세의 소녀까지 총알받이로 사용했고, 대성골에 몰린 대부분이 겁을 먹고 피난간 비무장 산간주민들의 희생이 더 많았다고 한다. 그러나, 정순덕은 1만여명의 병력이 들어찼다고 한다.

이현상 사령관은 이러한 대성리 전투에서 탈주하였으나 그는 끈질긴 토벌전에서 최악의 날을 맞게 되었다.

---

83) 정충재,「실록 정순덕」, 대제학, 1989, pp.272~276

세석고원의 서쪽 가장자리이자 대성골의 막다른 끝이 되는 칠성봉 아래에 이르렀을 때 대열은 수를 알 수 없는 국군부대의 포위 공격을 받게 됐다. 동남북 3방향으로 부터 신호탄이 부채살 처럼 집중됐다. 이 때 지대의 주력인 81사단의 전투원은 2개 대대 도합 60명 가량이었다. 산이 무너지는 듯한 포화소리, 교차되는 예광탄, 수류탄의 작렬음, 피아의 함성소리가 한 시간 가까이 고원의 밤공기를 뒤흔드는 동안 사령부와 81사단의 본부 요원들은 두어 길 되는 바위 벼랑 밑에서 예비대격으로 대기하고 있었다. 피투성이가 된 부상자 몇이 바위 밑으로 실려 내려 왔다. 탈출구는 바위 벼랑 밑을 따라 대성골을 이루는 계곡 밖에 없었다. 이윽고 본부 요원이 계곡을 따라 후퇴를 시작하면서 전투대도 걷지 못하는 부상자는 버려둔 채, 계곡으로 철수해 내려 왔다. 잠시 후 총성이 멎고 정적이 왔다. 깍아지는 듯한 협곡을 이제 90여명으로 줄어든 남부군 줄이 소리 없이 내려가고 있었다. 대열 순서는 뒤죽박죽이었다.

대열은 삼점골의 어느 나직한 산모롱이를 돌아 빗점골 쪽으로 향하고 있었다. 이미 완전히 굶은 지가 8일째 였으며 눈을 붙여보지 못한지도 사흘이 되었다. 모두가 기진맥진한 상태였으나 그런대로 4보 간격을 유지하며 묵묵히 기계처럼 걷고 있었다. 늘어진 대열이 산모롱이에 걸쳐 있을 즈음이었다. 내 바로 뒤 20미터 쯤 되는 거리에서 별안간 총소리가 울리며 날카로운 고함소리가 들려왔다.

"손 들엇" 얼핏 돌아다 보니 방한모를 쓴 국군병사 여남이 엠원 총을 겨누고 서 있는 앞에 어느 여자대원 하나가 두손을 쳐들고 있는 것이 비쳤다. 토벌군 수색대, 그 아니면 행동 중인 군부대의 선두와 마주친 것이다.

그 순간, 수색대의 앞쪽은 앞으로 뒤쪽은 뒤로 몸을 날리며 산죽 속으로 흩어졌다. 나는 엎어지면서 행군 방향으로 40~50 미터쯤을 포복해 갔다. 거기 30명 가량의 대원이 커다란 바위 몇 개를 의지해서 전투태세를 갖추고 있었다. 뒤졌던 대원이 40명 가량 될 터인데, 오던 길을 되돌아 도주하는 모양으로 그 쪽에서 요란한 총소리가 한바탕 들려오더니 곧 잠잠해졌다.

이렇게 해서 남부군 주력부대는 다시 두동강이가 나고 사령관 이현상 이하 주요 간부 거의 전원이 겨우 10여명의 전투원과 함께 삼점골 어느 산모롱이 완만한 사면에서 토벌군의 4면 포위에 빠지게 된 것이다.

이처럼 비전투요원이 대부분이고 무장도 빈약한 우리 30여명은 아래 위에서 육박해 오는 토벌군을 향해 서로 등을 마주대듯 원진을 짜고 교전에 들어 갔다. 그야말로 독 안에 든 쥐꼴이었다.[84]

이와 같이 1952년 1월 지리산 대성리에서 토끼몰이식 작전으로 남부군이 몰살하다시피 패퇴하였고[85], 이곳을 탈주하면서 유격전을 벌이던 남부군단 이현상 총사령관도 결국 지리산 대성리 빗점골에서 총상으로 1953년 9월 17일 사살 되었다.[86]

한편, 동해남부지구당 위원장 공인두와 유격대장 남도부는 중앙당과의 연락이 두절되고 무기, 장비 등의 지원이 없이 보급투쟁의 한계가 있는 중에서도 신불산 지구에서 많은 유격전을 벌였다.(표 1 참조) 그러나, 1951년 12월 말 신불산 공비토벌 대작전으로 남도부 부대(333명)는 쇠락하게 된다.

1950년 12월 21일 신불산 작전을 군부대 1개 중대가 미공군의 지원을 받아 공중폭격(네이팜탄)과 지상화력 등을 동원하여 주야간 2일간 전투(불바다)를 전개하였다. 그러한 결과 서로 많은 피해를 입

---

84) 이태,「남부군」, 두레, 1988, 160~166

85) 경남도당의 경우 도당위원장(남경우)와 부위원장(김삼홍)을 비롯하여 50여명의 도당간부들이 거의 전사하고 2천여명의 부대원의 약 3할만 생존하였다고 한다.(이인모 · 신준영,「이인모」, 월간 말, 1992, p.139)

86) 이현상이 평당원으로 강등되고 사살당한 것은 위장 빨치산 안진규(부친이 일제시 면장, 김일성대 졸업, 해주군당 위원장) 때문이다. 안진규는 위장 빨치산으로 방준표 전북도당 위원장이 발견하여 이현상 5지구당 위원장에게 넘겼으나, 탈출하여 남부지구 경비사령부에서 사찰유격대를 창설하여 그 대장이 되었다. 안진규 부대는 귀순자 400여명, 군인 400명, 모두 800명을 거느린 토벌대이다.(노가원, 내가 이현상을 사살했다.「월간 말」, 1992. 3., p.153) 그리고 산청군 금서면 화계리 출신인 강삼수도 지리산 빨치산이 되었다가 경찰에 자수하여 사찰유격대원이 되었고, 많은 빨치산을 사살하여 경위(화계리 주둔소장)까지 특진하였다.(장충재, 「실록 정순덕」,증. 대제학. 1989, pp.40~41)

었을 뿐 큰 전과는 없었다. 그 후 경찰 단독전으로 마의 갈산고지(681m)를 점령하였으나, 그 때는 남도부 부대가 이미 철수한 후이다.

1953년 가을 남도부는 제 4지구당의 남은 병력이 30여명에 불과하고, 또 노동당 중앙위원회의 결정(111호)에 따라 지하당 사업을 전개하기 위하여 제 4지구당을 해산하고 대구 팔공산 유격대와 합류한 후 하산을 시도하다가 먼저 체포된 부하의 제보로 대구에서 1954년 1월 21일 체포되어 군사재판에서 사형선고를 받고 1955년 8월 수색에서 총살되었다. 그리고 남은 37명 대원들도 지하당 재건사업을 위하여 하산하였으나 대부분 체포 또는 피살 되었다.[87)]

한편, 인천상륙작전으로 퇴로가 차단된 인민군 낙오병과 부역자들은 각 도당위원회의 안내로 입산 빨치산이 대량으로 발생되었으나 이들은 산악 생활에 적응하지 못하고 하산, 이탈하는 경우가 많았으며, 군경의 토벌대에 피살된 경우도 많았다. 또한, 각 도당위원장과 유격대장도 군경토벌대와 벌인 유격전에서 피살되거나, 자결한 경우가 많았다.

남한 빨치산부대 중에서 가장 강력하였던 3개 도당위원장, 즉 전남도당위원장 박영발은 1953년 1월 중순에 수색대가 포위하자 권총으로 자살하였고, 전북도당위원장 방준표는 1954년 1월 말 덕유산에서 전투중 피살되었으며, 전남도당유격대 사령관 김선우도 백운산에서 토벌대에 의해 쫓기자 수류탄으로 자살하였다.[88)] 그리고 1953년

---

87) 노가원, 전게서(하), pp.313~313, 334, 339

88) 2개월여 동안 호남지방을 통치해 온 전남·북 도당과 각 군당은 산간 마을 다수를 해방구로 확보하고 이미 조직적인 유격전 태세에 돌입해 있었다. 북한 정규 인민군 패잔병을 규합해 탄탄한 전투력을 갖추고 있었던 이들을 경찰 병력만으로 당하기에는 역부족이었다. 박영발을 위원장으로 하는 전남도당은 김선우 부위원장을 사령관으로 한 총사령부 아래 화순·보성 유격대, 화순 탄광 유격대, 나주 유격대, 영광 유격대, 광양 유격대, 담양 유격대 등 각 군당 유격대와 직속 제 1, 7, 8, 15연대 등을 조직해 백운

11월 28일 경남 유격대 사령관 이영회는 상본골에서 전경 제 5연대 수색대와 교전하다가 사살되고 대원 62명은 거의 섬멸되었으며, 1954년 1월 6일 경남도당 위원장으로 새로 임명된 조병하는 정왕봉 조개골에서 생포되어 전향을 거부하여 총살 되었다.

이와 같이 남한 출신 도당위원장들은 모두 남로당(박헌영)의 추천으로 유학한, 모스크바 공산대학 출신으로 북상하지 않고, 지역유격대 사령관으로서, 또는 독립유격대 사령관(이현상, 남도부)과의 협동작전을 전개하다가 최후를 맞았다.

2) 빨치산의 실패 원인

남한 빨치산의 궁극적인 목적은 민족해방운동이다. 이들을 남파한 북한 정권이나 남로당의 지도자 그리고 빨치산 부대의 사령관은 일제시 부터 항일 독립운동을 전개하였다. 이들이 생각한 민족해방운동은 외세 침략(지배)으로 부터의 해방(민족통일)과 지배계급으로 부터의 해방(계급혁명)을 의미한다. 다시 말하면 해방후 미군정의 지배를 배격하고 국민의 대다수인 소작농민과 노동자들을 지주부농과 자본가계급의 착취로 부터 해방시키겠다는 것이다. 이러한 생각은 해방후 자발적으로 입산한 빨치산들의 주장과 동일하다.

이러한 주장을 해방후 미군정청과 정치지도자들이 제대로 수용(또는 타협), 구현하지 못하고 좌익을 배척함으로서 남북 분단과 6.25

산, 조계산, 모후산, 백아산, 무등산, 불갑산 등지를 무대로 활동했다.

또한, 도당 위원장 방준표를 사령관으로 한 전북 도당 사령부는 벼락병단, 기포병단, 탱크병단, 독수리병단, 카추사병단 등을 직속 유격대로 두고 각 군당 유격대도 따로 조직해 지리산~덕유산에 이르는 소백산맥 줄기의 산악과 회문산, 내장산, 운장산 등을 근거지로 활동했다. 그리고 규모는 이들에 비해 떨어졌지만, 경남 도당 산하의 각급 유격대가 지리산, 덕유산, 가야산, 백운산 등에 근거지를 확보하고 있었고 경북 도당과 충남·북 도당도 지구별로 유격 활동을 벌였다.(백선엽, 전게서, p.307)

전쟁 및 빨치산 유격전이 일어나게 된 것이다.

저자는 북한정권과 남로당이 6.25 전쟁과 유격전을 일으키면서 그들의 목적대로 민족해방을 시키지 못하고, 남한 빨치산을 몰락시킨 원인이 어디에 있었는지를 약술하여 본다.

첫째는 자생적 빨치산의 성장기반이 제거 되었다. 빨치산의 성장기반은 민족해방운동의 기반이 되는 외세(미군) 주둔, 소작제 실시, 임금 착취 등 노동조건이 개혁되었으면 자생적 빨치산이 형성되지 않았을 것이다. 다행이 늦게사 미군정의 폐지, 한때 미군철수, 농지개혁(소작농 폐지) 실시, 보통선거(대의민주주의) 실시 등으로 농민과 노동자의 계급이익은 개선하게 되었다. 더욱이 불행한 일이었지만, 좌익계열이었던, 수 많은 국민보도연맹원을 학살하고, 국가보안법 등을 제정힘으로써 좌・우의 이념적 갈등이 오랫동안 잠재 되었다.

둘째는 빨치산에 대한 강력한 토벌작전이다. 해방후 미군의 지원하에 10년간 군경의 토벌작전에 의하여 희생된 빨치산이 앞에서 지적한 바와 같이 1만 3천 890명이 되고, 생포된 경우 8,698명이 되며, 또한 선무공작에 의하여 귀순한 자도 6,591명이 된다. 이들은 대부분 신빨치산들이다. 대규모의 토벌작전과 네이팜탄 등으로 빨치산의 씨를 거의 말리다시피 하였다.

셋째는 북한 노동당 정치위원회의 비현실적인 결정(제 111호)으로 빨치산의 지하당 사업이 모두 실패하게 되었다. 노동당의 지하당 사업은 각급 당 지도부는 산으로 올라가지 말고, 중요 산업부문과 노동자, 농민, 군부 속에 당 조직을 강화하고, 그 토대 위에서 지구당 지도부를 도시로 진출시키라는 것이다.[89]

그런데 빨치산 사령관(이현상, 남도부)과 부대원은 대부분 신빨치산들이고, 또 그 지방출신이 아니라서 당시 연고성을 중시하는 농민

---

89) 육군본부,「공비연혁」, 1971, p.281

들과의 연대를 형성하기 어려웠고, 또 보도연맹사건으로 좌익세력의 기반이 거의 무너진 상태이다.

넷째는 남로당계의 숙청이다. 김일성은 1952년 말 노동당 중앙위원회 5차 전원회의에서 남로당계(사실상 이승엽과 박헌영)를 애향심을 고취하는 종파주의자라고 비난하였다. 그런데 그들은 조선인민유격대를 결성하고 남한에 무장 빨치산을 파견시킨 남로당의 최고지도자이고 북한의 부수상인 박헌영과, 인민유격대 총사령관이고 북한의 사법상인 이승엽 등 12명을 북한 최고검찰소 검사총장(이승윤)은 휴전협정 3일 후 다음과 같은 내용으로 이들을 기소하였다.[90)]

① 미 제국주의를 위한 간첩행위,
② 남반부 민주역량 파괴, 약화, 음모와 테러, 학살행위,
③ 공화국 정권전복을 위한 무장 폭동 행위 등

이와 같이 어마어마한 죄상이 최고재판소 군사재판부(재판장 최용건)에서 공판심리가 이루어졌는데, 이들은 해방후 미군정시 부터 그

90) 1953년 7월 30일 피소된 자는 이승엽 이외 조일영(강원 양양, 연희전문, 모스크바 공산대학, 해방일보 편집국장, 남로당 간부부장), 임화(서울 출신, 보성중퇴, 카프 서기장, 시인), 조선문학가동맹 결성, 민전 기획처장), 박승원(보성고보, 6.10만세 사건, 서울신문 정치부장, 조선공산당 재건파 선전부장), 이강국(경기 양주, 경성제대, 베를린대 졸, 건준 서기장, 인공 법규국장), 배철(경기 개성, 중앙고보, 광주학생사건, 일본대 사회학과, 민전 경북도당위원장), 윤순달(전남 강진, 광주학생운동, 서울전기학교, 경성콤 가입, 남로당 조직부부장), 이원조(경북 안동, 교남학교, 일본법정대 불문과, 조선일보 기자, 조선문학가동맹 서기장(소설가)), 백형복, 조용복, 맹종호(경기 용인), 설정식(함남 단천, 연전 문과, 미 콜럼비아대, 미군정 여론국장, 문학가동맹 부장) 등이다.
1955년 12월 3일에는 박헌영이 같은 죄목으로 기소되었는데 심문에서 그는 1939년 부터 체포될 때 까지 미국 간첩이었다고 한다. 매우 냉소적인 답변이다.(김남식, 「남로당연구」, 돌베개, 1984, 제 17장 참고) 이 책에 이승엽과 박헌영의 기소내용과 공판기록이 자세히 소개되어 있다.

러한 사실을 하였다고 시인하였다. 그리하여 최고재판소는 박헌영과 이승엽에게 사형을 처하고 재산을 전부 몰수한다고 언도하였다. 그런데 박헌영의 행적(일제시 항일독립투쟁과 미군정시 민족통일운동)과 사상(진보적 민주주의)을 본다면[91], 그러한 사실이 믿어지지 않는다. 북한 당국은 남한에서 실패한 빨치산 투쟁의 모든 책임을 그들에게 덮어 씌우는 것이 아닌가 하는 생각이 간다.[92]

이러한 것을 보면, 그간 6.25전쟁 기간에 남부군단 이현상 사령관과 제 7군단 남도부 사령관이 중앙당과의 통신두절과 무기지원 등이 안된 이유를 어느 정도 짐작할 수 있을 것 같다.

6. 결 론

남한의 빨치산 투쟁은 일제시 항일 독립운동과 반봉건적 신분해방운동에서 비롯되었고, 해방후 이것의 연장선상에서 반미 통일운동과 계급혁명운동을 전개하였다.

남한 빨치산운동은 1950년 6.25 전쟁 전에는 구빨치산이 주도하였으나, 전쟁 이후에는 전술한 바와 같이 남로당(북한)이 보낸 조선인민유격대와 인민군 점령지역에서 발생한 신빨치산들이 합세한 유격전이었다.[93] 전쟁 후 신빨치산운동이 남한 빨치산 운동의 핵심으

91) 이정 박헌영 전집 편집위원회,「박헌영 전집」, 제 1~2권, 역사비평사, 2004 참조. 안재성,「박헌영 평전」, 실천문학사, 2009

92) 북한은 남로당계가 주도한 남한 빨치산 투쟁을 사회과학원연구소가 발행한 「현대조선역사」,(김한길, 1983년)와 「조선통사」(김제완, 1987년)에서 다루지 않았다.

93) 저자가 볼 때 해방후 6.25 전쟁 발발시 까지는 남북의 내전성격이 강하였으나, 1950년 7월 6일 미군이 참전하면서 중공군과 유엔군이 참전하는 국제전으로 전개되었다.

로 알려졌으나, 사실 전쟁전 자생적인 구빨치산(산사람 또는 야산대)의 활동도 표 17에서 볼 수 있는 바와 같이 대단히 활발하였다. 당시 농촌 주민의 약 7할 이상이 좌익이고, 각 마을의 빨치산 지도자들은 유기적 관계에 의하여 군경 및 유지(면직원, 이장, 부농)와 많이 투쟁하였음을 촌노와의 면담에서 알 수 있었다.

남한 빨치산의 지도부는 초기에는 비록 민족주의적 성향이 있었으나 6.25 전쟁 이후에는 대부분 전문대학교육을 이수한 인테리켄챠(지식계급)이고, 이들은 대부분 남로당계의 공산주의자들이다. 그리고 빨치산 대원들은 대부분 빈민과 노동자들로 구성된 신빨치산들이고, 동시에 피지배계급이며, 이들은 일제시 부터 해방후에도 지주부농과 부르조아지의 지배계급으로 부터 착취 당하였다. 그리하여 그들에게는 일제로 부터의 해방이 동시에 해방후에도 곧 외세(미군)와 지배계급(지주와 자본가)으로 부터 해방을 의미하는 것이었다.

이러한 반미와 계급혁명을 부르짖는 빨치산들의 출신성분이 비록 교육수준이 낮아도 거의 대부분 빈농과 노동자와 같은 피지배계급이라서 정치교화를 통해서 신분혁명(계급혁명)의 전사가 될 수 있었다. 빨치산의 지도부(지방당 위원장)는 남한 출신이지만, 전쟁 이후 지방당 부위원장과 정치위원은 북한 출신(중앙당 조직부장)이 주로 차지하였다. 다시 말하면 남한 빨치산들의 투쟁은 민족해방과 계급혁명이 그들의 절실한 정치적, 사회적 요구이고, 근대적 민족독립국가의 수립을 위한 민족해방운동의 역사적 사명감을 지니고 있었다. 그런데 남한 빨치산들의 민족해방운동이 북한 노동당(김일성)의 지시에 따르고, 마르크스 레닌주의의 학습을 하며, 또한 유격전과를 이루었을 때 인민공화국 만세를 부르는 것을 보면 공산주의운동의 성격이 매우 강하였다고 볼 수 있다.

그러나, 6.25 전쟁이 터지고 미군과 중공군이 개입하면서 남로당

지도자들이 주장한 '남한 20만 봉기설'은 일어나지 않았고, 오히려 외세의 개입으로 외국군 뿐만 아니라 남북한의 많은 인적, 물적 피해가 막대하게 발생되었다. 특히 남한 빨치산들은 미군과 한국 군경의 강력한 토벌작전(무력 및 화력)으로 거의 섬멸되었다.

그런데 빨치산 지도부는 주로 일제시 항일독립운동을 한 사람들이고, 이들을 토벌한 군·경의 지도부는 주로 일제시 군·경의 간부 출신들이다. 다시 말하면 일제로 부터 해방이 되었지만, 항일 투사와 친일 인사간의 싸움이 지속되었다. 그리고 북한 당국은 전쟁 책임을 남로당, 특히 빨치산 지도자(박헌영, 이승엽 등)에게 전가시키고 이들이 미제국주의의 간첩행위와 북한정권의 전복행위를 하였다고 숙청하였다. 그리하여 남한 빨치산들이 주장한 민족해방운동은 실현되지 못하였고, 또한 자주적 민족통일세력은 제거되었다.

제 6장 4월 혁명의 사회적 성격

1. 서 론

1960년 4월 19일 전후, 전국 학생들이 중심이 되어 이승만 독재정권의 3.15 부정선거에 항의하여 일어났던, 민권·민주투쟁을 4월 혁명이라 하였다.[1)] 4월 혁명이 5.16 군사혁명 이후 4.19 의거로 퇴색되어가고 있었으나, 당시에는 과도정부의 문교부도 '4월 혁명'이라고 공용 용어로 공포하였다.

4월 혁명을 서구적, 고전적 개념에서 본다면 전형적인 혁명으로 보기는 어려울지 모르나, 동양적, 전통적 개념에서 본다면 ① 천자가 바뀐 역성혁명이고, ② 비합법적 방법, 즉 무력에 의하여 정권이 교체되었으며, ③ 부분적이나마 구질서 특히 정치체제가 변화되었기 때문에 훌륭한 혁명이라고 볼 수 있다.[2)]

이러한 4월 혁명의 성격을 규정한다는 것은 대단히 어려운 일이다. 왜냐하면 4월 혁명은 그 이후 5.16 군사혁명시 까지 자유당 정권에 아부하였던 부정부패 정치인과 기업인 및 어용교수들을 규탄

---

1) 이수정, '4.19는 혁명인가?', 「4월 혁명의 주체적 평가」, 한얼문고사, 1971
朴壽萬編, 「사월혁명」, 1965
이 밖에도 1960년 6월호 「세계」의 '반독제주의 혁명의 과제'와 1961년 4월호 「사상계」의 '4월 혁명의 재평가', 특집을 참고할 것.

2) 보건사회부는 1960년 3월 15일 마산투쟁시에 사망 7명, 중상 32명, 다수의 부상을 발표하였고, 4월 19일에는 사망 144명, 입원중상자 702명, 입원대상자 726명 등 인명피해가 1,566명이라고 발표하였다.

하였고, 자주적 민족통일을 지향하였으며, 오늘날 까지도 못다 이룬 4월 혁명정신을 발전시키기 위하여 노력하고 있기 때문이다. 그리고 4월 혁명의 주체세력을 판가름하기가 대단히 어려울 정도로 대중운동화 되었기 때문이다.[3]

그러므로 본 연구에서는 4월 혁명의 사회적 성격을 당시에 주도한 학생들의 계층적 성격과 그들의 선언문 등을 중심으로 고찰하여 보고자 한다. 학생들의 계층적 성격은 당시의 일류 고교생과 대학생에 대한 각 학교의 학적부와 교육계획서 및 학생통계표 등에서 조사하였고,[4] 그들의 선언문은 서울대, 고려대, 연세대 및 대학교 수단의 것을 주로 참고하였다.

대학생의 계층적 성격을 좀 더 자세히 알기 위하여 저자는 1972년 가을 그간 서울대학교 본부에 보관되어 있던 학생기록카드의 일부를 분석하였다. 그 일부는 당시의 재학생들이 졸업할 무렵인 1960~1963년 까지의 문리대 문학부 400명과 법과대생 699명 및 상과대생 338명을 조사하였다. 문리대 문학부의 학생은 배열된 카드의 차례대로 각 연도 100명씩 표집된 것이지만, 법과대와 상과대의 경우는 전수조사이다.

2. 선언문에 나타난 혁명정신

4.19 혁명정신(이념)이 무엇인가에 대해서 여러 가지 측면(혁명주

---

3) 당시에 희생된 사람을 중심으로 그들의 계층적 성격을 밝혀보고 있겠지만, 반드시 이들만이 혁명주체세력이라고 보기는 어렵기 때문이다. 1960년 4월 27일 보사부는 4.19와 4.26으로 희생된 자는 5개 도시에서 사망 164명이고, 부상 1,781명(입원환자 중 뒤에 150명이 사망)이라고 발표하였다.

4) 조사대상 학교는 저자의 논문, '한국사회의 교육기회에 대한 사회계층적 분석'(「진단학보」 제 35호, 1973)을 참고할 것.

체의 출신성분 등)의 분석에서 찾아볼 수 있지만, 여기에서는 당시 혁명주체가 발표한 선언문과 데모대의 구호, 그리고 교수단의 시국선언문 등에서 찾아 보기로 한다.

1) 구호에 나타난 혁명의 원인

4월 혁명의 원인을 정확히 지적한다는 것은 대단히 어려운 일이다. 이것에 대하여서는 많은 학자들이 자기 나름대로 지적하고 있지만, 여기에서는 주로 데모학생들의 구호와 선언문 등에서 나타난 것을 중심으로 지적할까 한다.

당시에 학생들의 구호는 대학 또는 학생간에 동일 또는 유사한 것이 많지만, 구호에 나타난 주요한 것을 보면 다음과 같다.5)

① 부정선거에 대한 구호

3.15 선거는 무효다.
불법으로 치른 3.15 선거 다시하라.
부정공개투표의 창안집단을 법으로 처단하라(연세대생)
부정선거의 원흉을 처단하라.

② 자유에 대한 구호

학원에 자유를 달라.
학원자유 보장하여 구국애족 선봉되자.
경찰의 학원출입을 엄금한다.
국민의 자유로운 의사표시를 허용하라.
자유 · 정의 · 진리를 드높이자.

③ 민주주의에 대한 구호

---

5) 「세계」 18호, 1960년 6월, pp.160~161

민주주의 바로잡자.
피로 찾은 민주주의 정의로써 사수하자.
민주역적 몰아내자.
민주주의 반역자를 극형에 처하라.

④ 반폭력에 대한 구호
살인경찰 물러나라.
경찰국가 타도하자.
경찰사주를 받는 깡패여 나오라.
데모가 이적이냐, 폭정이 이적이냐.

⑤ 기타
이승만박사 물러가라.
이기붕 물러가라.
기성세대는 자성하라.
학생의 피에 보답하라.
연행된 학생을 석방하라.
마산사건의 책임자를 즉시 처단하라.

이상과 같은 것을 보면, 당시의 학생 및 시민들의 불만이 무엇인가를 짐작할 수 있다. 이러한 구호가 처음부터 모두 나온 것은 아니고 혁명의 발전과정에서 구호도 달라지고, 특히 초기에는 독재와 폭력정치하에서는 국민의 모든 불만과 요구가 그대로 표현되기가 어려운 것이었다.

당시에 구호의 발전을 보면, 처음에는 압력에 의한 공포분위기 때문에 불만과 요구를 직선적으로 표시하지 못하고, 가장 무난한 형식의 '학원의 자유' 정도로 나타냈다가, 이것이 점차 발전하여 3.15 전후 서울에서 민주주의 수호를 위한 학생의 단결을 호소하였고,

3.15 이후에는 국민이 모두 부정선거 규탄에 집중되었으며, 4월 18일 고려대생 데모에서는 마산사건 규탄, 정부인책 따위로 나오다가, 4. 19 에서는 '이정권 물러가라'에 집중되어 갔다는 것이다.6)

이와 같이 초기의 선거부정에 대한 규탄이 학원의 자유에 대한 요구로 발전되고, 마침내 이정권의 퇴진을 요구하게 되었다. 이정권의 퇴진에 대한 요구는 부정부패, 폭력, 특권, 독재, 반공, 사대주의에 대한 정부정책에 대한 불신을 의미한다.7)

이러한 학생들의 불만이 초기에는 표현되지 않아서 구호의 발전으로 인식하기 쉬우나, 사실은 그러한 모든 구호가 내재해 있었던 것이다. 물론 사회운동은 그 전개과정에서 발전할 수 있지만, 4월혁명의 시발에서 부터 반정부운동의 성격을 지녔던 것이다. 왜냐하면, 1948년 8월 15일에 이승만이 민주공화제의 대한민국을 수립하면서도 전제주의정치를 행하였기 때문이다.

이러한 것을 본다면, 학생들은 이승만정권의 전제주의를 타도하고 자유와 민주주의를 쟁취하기 위한 투쟁을 하였으며, 나아가 반외세의 민족주의와 반부정부패, 반폭력 및 반특권의 개혁주의적 학생운동을 전개하였던 것이다.

2) 선언문에 나타난 혁명정신

당시에 많은 학자들은 4월혁명의 발생원인으로 ① 3.15부정선거, ② 경찰의 포악과 폭력, ③ 특권층의 부정부패에 대한 항거에서 비롯되었다고 지적하였다. 선거부정에서 이승만 대통령은 장기독재집

---

6) 김재은은 2월 28일의 대구 고교생 데모에서 4월 26일 까지의 슬로건 분석에서 지적(「한국일보」 1960년 9월 13일자)

7) 김성태의 조사결과는 4.19에 참가한 서울시내 대학생의 여론조사결과는 혁명의 근본요인이 주로 이정권의 불법부정, 폭력정치, 특권층의 방자, 사회의 부패, 민주주의의 구현에 있었다고 한다.

권을 노렸고, 경찰은 과잉충성을 하였으며, 이러한 권력의 비호 하에 특권층과 천민자본가가 형성되었던 것이다.

그리하여 학생들은 이승만의 전제주의 정권을 타도하고 자유와 민주주의를 쟁취하기 위한 투쟁을 전개하였다. 학생들의 자유민주주의에 대한 갈망은 그들의 선언문의 기본정신이라 할 수 있다.

(1) 서울대생의 선언문

<전략>

우리의 지성은 암담한 이 거리의 현상이 민주와 자유를 위장한 전제주의의 표독한 전횡에 기인한 것임을 단정한다. 무릇 모든 민주주의의 정치사는 자유의 투쟁사이다. 그것은 또한 여하한 형태의 전제로 민중 앞에 군림하는 '종이로 만든 호랑이' 같은 해설픈 것임을 교시한다.

한국의 이러한 대학사가 적색 전제에의 과감한 투쟁의 거획을 장하고 있는 데 크나 큰 자부를 느끼는 것과 똑같은 논리의 연역에서 민주주의를 위장한 백색 전제에의 항의를 가장 높은 영광으로 우리는 자부한다.

근대적 민주주의 기간은 자유다. 우리에게 자유는 상실되어가고 있다는 것을 우리는 이성의 혜안으로 직시한다. 이제 막 자유의 전쟁에 불이 붙기 시작했다. <중략>

민주주의와 민중의 공복이며 중립적 권력체인 관료와 경찰은 민주를 위장한 가부장적 전제 권력의 하수인으로 발 벗었다. 민주주의 이념의 최저의 공리인 선거권 마저 권력의 마수 앞에 농단되었다. 언론, 집회, 결사 및 사상의 자유의 불빛은 무식한 전제 권력의 악랄한 발악으로 깜박이던 빛 조차 사라졌다. <후략>

(2) 고려대생의 선언문

대학은 반항과 자유의 표상이다. 이제 질식할 듯한 기성독재의 최후적 발악은 바야흐로 전 국민의 생명과 자유를 위협하고 있다. 그러기에 역사의 생생한 증언사적 사명을 띤 우리들 청년학도는 이 이상 역류하는 피의 분노를 억제할 수 없다. <중략>

우리 고대는 과거 일제하에서는 항일투쟁의 총 본산이었으며, 해방 후에는 인간의 자유와 존엄을 사수하기 위하여 멸공전선의 전위적 대열에 섰으나, 오늘은 진정한 민주이념의 쟁취를 위한 반항의 봉화를 들어야 하겠다.

(3) 연세대생의 선언문

발작적 방종이 아닌 민주주의라는 것, 그 것은 각인의 의사를 자유로이 표시할 수 있을 뿐만 아니라, 집회, 언론, 결사의 자유가 엄연히 보장되어야 함은 물론 국민에 의해서 선출된 정부와 입법부는 국민의 의사를 존중하며, 전국민을 위한 정부가 되어야 하는 것이다.

우리와 자손의 건전한 번영과 행복을 위하여 우리는 선두에 나서지 않으면 안되는 것이며, 보다 나은 앞날의 발전을 위하여 헌법 전문에 기록된 바 사회적 폐습을 타파하고, 진정한 민주주의 대한민국을 건설해야 하는 것이다.

이상의 선언문을 본다면, 서울대생의 경우는 이승만정권을 전제주의 정부로 단정하고 자유와 민주주의의 쟁취를 위한 투쟁이라고 하였다. 고려대생의 경우는 자유와 민주이념의 쟁취를 위하여 투쟁한다면서 항일투쟁과 멸공투쟁의 전통을 자부하고 있다. 그리고 연세대생의 경우도 자유와 민주주의를 쟁취하겠다는 의사가 표현되어 있다.

한편, 당시의 학생데모가 '반공'의 국시에 저촉될까 봐서 적색전제에의 투쟁(서울대생) 또는 멸공전선에의 참여(고려대생) 전통을 지적하고, 또 대학의 정신을 강조하고 있다.

이와 같이 3개 대학생의 선언문에서 나타난 공통된 혁명이념은 자유와 민주주의이다. 자유와 민주주의 쟁취는 다른 대학생과 고교생의 선언문에서도 볼 수 있다.

당시의 학생들은 해방 이후 서구식 민주주의의 교육과 훈련을 받은 이른바 한글세대이기 때문에,[8] 일제 하의 이른바 황민교육 또는 신민교육을 받은 기성세대의 정치적 이념과 사회적 가치와는 판이하다. 학생들이 지닌 자유와 민주주의 가치는 비록 그것이 생성된 구미의 역사적, 사회적 배경과는 다르다고 할지라도 학생들은 이것을 교과서에서 배우고 학생자치에서 연마하였다. 그래서 학생들이 자기 나름대로 자유와 민주주의를 참된 근대적 보편주의(universalism)는 서구의 시민혁명에서 찾아볼 수 있는 자유, 평등, 민주주의의 사상을 의미한다. 이러한 시민정신은 근대에 형성된 신흥계급인 '부르조아지'가 전통사회의 지배계급인 군주, 귀족으로 부터의 해방, 즉 자유, 평등, 박애, 민주주의를 의미하는 것이다.

이러한 시민정신을 계승, 발전시키고 시민사회의 '지도자'를 육성하기 위한 교육기관이 대학(university)인 것이다. 따라서 대학생들은 근대 대학정신이 자유, 평등, 정의와 같은 민주주의인 것을 알고, 이것을 쟁취하기 위한 투쟁에 나섰던 것이다.

한편, 당시의 학생들은 일제하 민족독립운동의 주역이 학생이었다는 자부심과 민족통일의 사명감, 그리고 지식인으로서의 선민의식이 대단히 강하였다. 우리가 이것을 고치지 않으면 누가 고치겠느냐는 사회적 책임감과 기성세대에 대한 불신감이 팽배하였으며, 이러한 정신이 선언문에서도 나타나고 있는 것이다.

4월 18일에 있었던 고려대생의 선언문과 4월 19일에 있었던 서울대생과 연세대생의 선언문, 그 전후에 있었던 학생들의 구호와 선언문의 내용은 4월 25일에 있었던 서울시내 대학교수단의 시국선언문에 어느 정도 정리되어 있다고 해도 과언이 아니다. 그 내용을 보면 다음과 같다.

---

8) 연세대생의 선언문이 순 한글로 씌어져 있다.

① 마산, 서울 기타 각지의 학생 데모는 주권을 빼앗긴 국민의 울분을 대신하여 궐기한 학생들의 순진한 정의감의 발로이며, 부정과 불의에 항거하는 민족정기의 표현이다.

② 이 '데모'를 공산당의 조종이나 야당의 사주로 보는 것은 고의의 곡해이며 학생들의 정의감에 대한 모독이다.

③ 평화적이요, 합법적인 학생데모에 총탄과 무력을 기탄없이 남용하여 대량의 유혈참극을 빚어낸 경찰은 '민주와 자유'를 기본으로 한 국립경찰이 아니라 불법과 무력으로 정권을 유지하려는 일부 정치집단의 사병이었다.

④ 누적된 부패와 부정과 횡포로서의 민족적 대참상, 대치욕을 초래케 한 대통령을 위시하여 국회의원 및 대법관 등은 그 책임을 지고 물러나지 않으면 국민과 학생들의 분노는 가라앉기 힘들 것이다.

⑤ 3.15 선거는 부정선거이다. 공명선거에 의하여 정 · 부통령선거를 다시 실시하라.

⑥ 3.14 부정선거를 조작한 주모자들은 중형에 처해야 한다.

⑦ 학생 살상의 만행을 위에서 명령한 자 및 직접하수자는 즉시 체포, 처벌하라.

⑧ 모든 구금학생은 무조건 석방하라. 그들 중에 파괴 또는 폭행자가 있다 하더라도 그것을 동료 피살에 흥분된 비정상상태 하의 행동이요, 폭행, 또는 파괴가 그 본의가 아닌 까닭이다.

⑨ 정치적 지위를 이용 또는 권력과 결탁하여 부정부패한 자는 관 · 군 · 민을 막론하고 가차없이 적발 · 처단하여 국가기강을 세우라.

⑩ 경찰은 학원의 자유를 보장하라.

⑪ 학원의 정치도구화를 배격한다.

⑫ 곡학아세하는 사이비 학자와 정치도구화 하는 소위 문인, 예술인을 배격한다.

⑬ 학생 제군은 38선 너머 호시탐탐하는 공산괴뢰들이 군들의 의거를 선전에 이용하고 있음을 경계하라. 그리고 이남에서도 반공의 이름을 도용하던 방식으로 군들의 피의 효과를 정치적으로 악 이용하려는 불순분자를 조심하라.

⑭ 시국의 중대성을 인식하고 국가의 장래를 염려하여 학생들은 흥분을 진정하고 이성을 지켜 속히 학업의 본분으로 돌아오라.

대학교수단의 시국선언문을 보면, 학생들의 혁명이념처럼 분명히 제시되어 있지 않고 학생들처럼 투쟁의지가 약하나, 당시의 학생들이 지적한 대다수의 요구를 정당화·합리화 시켜주고 학생데모를 뒷받침해 주고 있는 것이 특징이다. 또한 이들은 학생들과 마찬가지로 행동하는 지성인으로서 데모에 참여하였던 것이다.

대학교수단의 시국선언문에서도 볼 수 있었던 바와 같이, 부정·불의·부패·폭력·특권·특혜가 난무하던 시대에 이른바 '빽' 없으면 살수 없었던 시대에 감연히 일어날 수 있었던 것은 오로지 세속에 물들지 않고 민족적· 사회적 양심을 지니고 있었던 학생들의 젊은 혈기였다.

젊은 혈기는 이러한 국민적 과제 뿐만 아니라, 이것이 1차적으로 해결된 뒤에는 남북회담, 남북교류, 중립화 통일, 한미 경협반대, 한일회담 반대 등에서 볼 수 있는 바와 같이, 민족주체성과 민족통일의 문제까지 거론하였던 것이다. 이것은 국가재건에 의하여 민족통일을 이룩하겠다는 의사인 것이다.

또한, 학생들의 오랜 구호였던 '기성세대는 물러가라'는 것은 정치적 의미가 강했다. 이것을 해방 이후 분단국가와 전제국가의 건설에 대한 책임을 물었던 것이다. 일제시대의 민족반역자인 식민지 지배층과 그 자손이 해방 이후에도 그대로 요직을 차지하였기 때문에, 학생들은 이들의 청산이 민족통일과 민주공화국의 건설에 초석이 되리라고 생각하였다. 일제로부터 해방은 되었으나, 새로운 식민주의자와 백색전제주의로 부터 해방되지 못하였던 것이다.

여기에서 4월 혁명의 이념이 자유민주주의와 민족주의의 성격이 대단히 강했다는 것을 알 수 있다. 특히 4월 혁명의 민족주의적 · 민주주의적 성격은 그 이후의 발전과정에서 뚜렷이 나타나고 있는데,[9] 여기에서는 1961년 4월 19일에 발표된 제 2선언문[10]에서 찾아보기로 한다.

<전 략>

우리는 그 싸움으로써 특권과 단독정부의 사욕 위에 세워진 이승만체제가 무너지라고 육박했다. 그러나 안팎으로 뿌리깊게 박혀진 이승만적 반민족체제는 모습을 달리했을 뿐 본질에 있어서는 그대로 지속되고 또는 더욱 더 나빠지기만 할 뿐이다.

보다 더 많아지는 절량민과 사회악은 이것을 말한다. 그 거룩한 3, 4월의 항쟁은 정치지도 조직의 허약성과 전환기 이론의 빈곤성 등이 그 항쟁을 중지시켰다. 뿐만 아니라 특권의식에 찬 그들에게 되 돌려주는 실패를 가져왔다. 하나에도 열에도 통분 이 아닐 수 없으며, 거기서 지내 온 1년간의 정치시간은 치욕과 울분 밖에 갖다준 것이 없다.

우리는 3. 4월 항쟁을 계속 발전시켜야 한다. 지금 이 땅의 역사 사실을 전적으로 변혁시키기 위하여서는 반봉건 · 반외세력 · 반매판세력 위에 세워지는 민족혁명을 이룩하는 길 뿐이다. 이 민주민족혁명의 앞길에는 깨어진 조국의 민족통일이라는 커다란 숙제가 놓여 있다. 이를 이룩하기 위해서 우리들 젊은 대열은 정비하고 전진한다.

<후략>

4월 혁명의 제 2선언문을 본다면, 제 1선언문에서 강조된 자유와 민주주의의 이념 보다도 오히려 민주주의와 민족주의의 이념이 보

---

9) 고영복은 4월혁명 1년간의 사회동태의 특징을 ① 민주화를 위한 자가숙청 선풍, ② 국산품 애용 등의 신생활운동, ③ 교원노조 등 압력단체의 형성, ④ 혁신정당과 신문(민족일보) 등 혁신세력의 대두 등을 지적하면서 이것은 거의 실패하였다고 지적한다.(「사상계」, 1961년 4월호, pp.87~91)

10) 제 2선언문은 서울대생의 것이다.

다 강조되고 있으며, 민주당정권 하에서 4월 혁명의 정신이 제대로 실현되지 못하였음을 알 수 있다. 따라서 민주·민족혁명을 통한 민족통일, 즉 민족해방운동이 4월 혁명의 과제라고 선언하고 있다.

3. 학생층의 계층적 성격

4.19 학생혁명의 이념이나 그들이 요구한, 전술한 선언서와 구호 이외에도 그들 부모의 사회계층적 배경(직업, 생활수준, 주거 등)에 따라 찾아 볼 수 있고, 또한 그들이 구독한 신문, 잡지 등에서도 찾아 볼 수 있다.

1) 부친의 직업

4월 혁명은 학생혁명이라 할 정도로 학생들이 혁명의 주역이 되었다. 이들은 근대적·보편적 가치를 실현하기 위하여 혁명에 참여하였으나, 그들 부모의 정치적·경제적·사회적 불만을 대신 표현하였다. 학생들은 아직도 독립된 가정 및 사회생활을 할 수 없기 때문에 자기 출신배경의 영향을 받지 않을 수 없다. 그것은 특히 가정에서 1차적으로 사회화 되고, 우리나라의 경우 그 영향이 더욱 크기 때문에 부모의 요구를 대변하게 된다. 따라서 학생들의 사회적 성격은 출신가정의 계층적 배경에서 파악할 수 있다.

4.19 당시의 고교생과 대학생의 부친의 직업적 성질을 보기로 한다.

<표 1>에서 볼 수 있는 바와 같이, 고교생의 부친은 상업에 종사하는 경우가 32.8%로서 가장 많고, 그 다음은 15.8%의 농업, 12.0%의 공무원, 9.6%의 회사원, 5.4%의 공업, 4.5%의 교원, 3.4%의

의사 등의 순으로 되어 있다.

조사대상이 당시의 일류학교이기 때문에 도시적 직업이 많지만, 크게 보아 자영업자가 36.1%가 되고, 화이트 칼라가 59.7%가 된다. 자영업자의 경제적 지위도 대부분 중산층, 즉 구중간계급에 속할 것이고, 화이트 칼라는 물론 신중간계급이다. 이렇게 보면 당시의 고교생은 대부분 중산층 또는 중간계급 출신의 자제들이다.

<표 1> 고교 및 대학생의 부친의 직업

(단위 : %)

		농업	상업	공업	광업	어업	운수업	공무원	군인	교원	회사원
고교생	서울	3.2	42.0	5.2	1.0	0.4	1.4	8.7	1.5	6.4	10.4
	지방	24.5	26.5	5.6		0.9	1.0	14.3	0.7	3.3	9.0
	소계	15.8	32.8	5.4	0.4	0.7	1.2	12.0	1.0	4.5	9.6
대학생	서울대	18.9	34.0	5.4	0.4	0.2	0.9	16.5			13.5
	고려대	25.7	31.8	6.4		0.4	0.9	7.6		3.6	9.3
	연세대	9.6	31.6		4.6		0.8	11.0		5.8	15.1
		은행원	의사	자유업	토건업 청부업	노동	기타	미상	무직	합계(인수)	
고교생	서울	2.8	4.3	3.3	2.7		4.3		2.7	100.0(2,787)	
	지방	1.7	2.9	1.8		0.7	4.8	1.0	1.3	100.0(4,056)	
	소계	2.2	3.4	2.4	1.0	0.4	4.5	0.6	2.1	100.0(6,843)	
대학생	서울대			2.1	1.4	0.5			6.2	100.0(10,511)	
	고려대			2.4		0.6	3.8		7.5	100.0(5,968)	
	연세대			5.1			11.3	2.0	3.1	100.0(5,856)	

(비고) 1) 고교생 조사는 1960년도이고, 대학생 조사는 1962년도임.
2) 고교생은 전국의 이른바 일류 학교임.

한편, 대학생의 경우도 상업에 종사하는 부모가 전체의 약 3할 이상으로 가장 많고, 그 다음은 농업과 회사원 및 공무원에 종사하는 부모가 각각 약 15% 전후가 된다. 대학생의 경우는 고교생의 경우에 비하여 화이트 칼라의 자손이 더욱 많다. 그러나 노동자의 자손은 거의 없다.

이것을 본다면, 당시의 고교생이나 대학생 가정의 계층적 성격은 중간계급이라는 것을 알 수 있고, 중간층과 화이트 칼라의 자녀들이 거의 독점하여 있다. 따라서 이들은 근대 부르조아지의 성격이라고 말하기는 어려우나, 그에 가까운 이른바 소시민적 성격에 가깝다. 사실 당시의 대학생들도 약 3할이 농촌 출신이고 나머지는 도시 출신이다.

그러면, 당시 학생데모에 적극 참여한 대학생 중에 사회과학 분야 대학생의 부친의 직업을 보기로 하자.

<표 2> 서울대생 부친의 직업

(단위 : %)

		농업	상업	공업	광업	어업	운수업	공무원	교원	회사원	제조업	청부업	자유업	기타	무직	불기	합계(인수)
1960	문	13.0	16.0	4.0	1.0		1.0	10.0	9.0	11.0				7.0	28.0		100.0(100)
	법	11.5	20.0	4.0			0.5	8.5	2.0	8.0	0.5		1.5	1.0	3.5	39.0	100.0(200)
	상	12.6	13.9	4.6		0.6	4.0	15.9	4.0	9.9	0.6		2.0		2.0	29.8	99.9(151)
1961	문	17.0	26.0	1.0		1.0		7.0	7.0	14.0			2.0	7.0	18.0		100.0(100)
	법	12.7	22.0	4.7				14.0	4.7	11.3			7.3	0.7	5.3	17.3	100.0(150)
	상	17.3	22.6	4.0			1.3	16.0	10.7	14.7			2.6	1.3	8.0	1.3	99.8(75)
1962	문	17.0	31.8					5.7	8.0	5.7		2.3	2.3	1.1	26.1		100.0(88)
	법	10.1	24.4	1.6	1.6		0.5	13.2	5.8	10.1	0.5		4.2	2.1	5.3	20.6	100.0(189)
	상	1.6	36.5	6.3				6.3	12.7	11.1			3.2	1.6	3.2	17.4	99.9(63)
1963	문	16.1	24.5	4.5		1.0	1.0	13.4	4.5	10.7		1.0	5.4	3.6	14.3		100.0(112)
	법	12.5	22.5	1.2	0.6	0.6		13.8	6.3	9.4		0.6	4.4	1.3	1.3	25.5	100.0(160)
	상	20.0	15.0	5.0	1.0			15.0	8.0	14.0			4.0	3.0	1.0	14.0	100.0(100.0)
평균치	문	15.7 (63)	24.5 (98)	2.5 (10)	0.2 (1)	0.5 (2)	0.5 (2)	9.3 (37)	7.0 (28)	10.5 (42)		0.7 (3)	2.5 (10)	4.7 (19)	21.2 (85)		99.8 (400)
	법	11.6 (81)	22.2 (155)	2.9 (20)	0.6 (4)	0.1 (1)	0.3 (2)	12.2 (85)	4.6 (32)	9.6 (67)	0.3 (2)	0.1 (1)	4.1 (29)	1.3 (9)	3.9 (27)	26.3 (184)	100.1 (699)
	상	13.2 (54)	19.6 (80)	4.9 (20)	0.2 (1)	0.2 (1)	1.7 (7)	13.7 (56)	7.8 (32)	11.8 (48)	0.2 (1)		0.7 (3)	0.5 (2)	7.8 (32)	17.4 (71)	99.7 (408)

표 2를 보면, 서울대 학생 중에서 문리대 문학부, 법과대학 및 상과대 학생 부친의 직업을 알 수 있다. <표 1>에 나타난 서울대생의 경우와 큰 차이가 없다. 역시 중산층과 화이트 칼라의 자손이 가장 많고, 또한 무직과 불기가 많은데, 이들의 직업적 지위는 전자의 비율과 유사하겠으나 그 성질이 비교적 낮은 것 같다.

서울대 학생은 서울 출신과 지방 출신이 거의 반분되어 있다. 거주지별 부친의 직업을 분석하여 보았더니 도시 거주자의 직업은 상업이 많지만, 전체 치와 큰 차이가 없고, 농촌 거주자는 농업이 많아 전체의 절반이 되며, 나머지는 대부분 화이트 칼라이다. 이러한 신분적 배경은 전국적 수준에 비하면 대단히 높은 편이다. 당시의 자영업자는 전국의 45.6%이고, 화이트 칼라는 4.7%이며, 자영업자의 대다수는 소농민과 소시민이었다. 그러나 학생들의 경우는 중산층 이상이 많다.

2) 가정의 생활수준

학부모의 직업에서 학생들의 사회적·경제적 배경을 짐작할 수 있다. 당시에 우리나라의 중간계급은 소수에 불과함에도 불구하고, 이들 출신이 고교 및 대학생을 거의 독점하고 있었다. 따라서 이들의 경제적 지위, 특히 생활수준은 대단히 높으리라고 생각한다.

학생들의 경제적 귀속의식이라고 볼 수 있는 생활수준은 중류가 가장 많다. 1964년 서울대생의 경우는 중류가 52.3%이고, 근근이 26.3%이며, 빈곤이 9.3%, 극빈이 4.7%, 풍족이 3.8%, 그리고 미상이 3.6%이다. 이것은 전공학과에 따라 차이가 있는데, 예능계와 기술계 대학생 중에 상류층이 많고, 법·상계 대학생 중에 중·하류층이 보다 많다.[11]

저자가 조사한 문리대 문학부와 법과대학 및 상과대학생의 생활수준을 보면 앞의 <표 3>과 같다. <표 3>을 보면, 문학부 학생의 중류층은 전체의 56.5%, 근근은 19.7%, 빈곤·극빈층은 7.7%이다. 법과대 학생의 경우는 중류가 49.6%, 근근이 20.0%, 빈곤·극민층이 6.8%이다. 그리고 상과대 학생의 경우는 중류가 67.3%, 근근이 14.9%, 빈곤·극빈층이 2.2%이다. 상류층의 학부모는 모두 2.5%이하이다. 그리고 미상도 12% 이상이 되는데, 이들의 지위도 유사하겠으

---

11) 김영모, '한국사회의 교육기회에 대한 사회계층적 분석'「진단학보」 제35호, 1973, pp.151, 156

나, 그 지위가 보다 떨어질 것이다.

<표 3> 학부모 거주지별 생활수준

(단위 : %)

		상류	중류	근근	빈곤	극빈	미상	합계(인수)
문학부	도시	0.4	61.6	18.2	5.6	1.9	12.1	99.8(214)
	농촌		52.8	27.4	11.4	1.4	7.1	99.8(70)
	미상	0.8	49.1	18.1	4.3	0.8	26.7	99.8(116)
	소계	0.5	56.5	19.7	6.2	1.5	15.5	99.9(400)
법과대	도시	1.8	56.0	20.1	2.3	2.8	16.8	99.8(387)
	농촌	0.6	48.3	28.5	6.6	4.6	11.2	99.8(151)
	미상	3.1	35.4	12.4	4.9	1.8	42.2	99.8(161)
	소계	1.8	49.6	20.2	3.8	3.0	21.4	99.8(699)
상과대	도시	2.0	74.4	14.4	1.6	0.8	6.8	100.0(250)
	농촌	2.8	75.0	13.9	1.4		6.9	100.0(72)
	미상	3.8	38.0	17.7	2.5		38.0	100.0(79)
	소계	2.5	67.3	14.9	1.7	0.5	12.9	99.8(401)

생활수준에 대한 학생들의 본가 거주지별 분석을 보면, 도시학부모의 생활수준이 약간 높지만, 큰 차이가 없다.(표 3 참조) 또한 출신고교의 도시와 지방 간에 의한 생활수준의 분석에서도 앞서의 경우와 유사하다. 그리고 생활수준을 학부모의 직업별로 분석하여 보면, 농민과 공무원의 경우 다른 직업인에 비하여 생활수준이 낮은 편이고, 그 밖의 화이트 칼라와 상업 및 무직도 높은 편으로, 중류층의 비율이 높은 편이다.

이러한 것을 본다면, 대학생의 5할 이상이 중류이고, 약 3할 정도가 가정의 생활수준이 넉넉하지 못한 편이고, 그 중에서 1할 정도는 빈곤층에 속한다. 따라서 4월 혁명에 참여한 대학생은 중간계급 출신이 가장 많겠고, 그 중에서도 중·하류층이 학생데모에 적극 참여하였을 것이다. 또한 중·하류층 이하가 지방 및 농촌 출신이 많은 것을 본다면, 그리고 당시의 선거부정이 농촌과 지방에서 심하였기 때문에 이들 농촌 및 지방 출신의 하층 중간계급 출신이 4월 혁명을 주도하였을 것이다.

3) 학생의 거주형태

4월 혁명이 지방의 마산과 대구 등지의 학생 주도로 시작되었고, 이것이 점차 전국 도시에로 먼저 확산되었기 때문에 도시민의 저항이 강력하였다. 그러나 도시 고교생의 2할은 농촌 출신이고, 이들의 본적은 서울 고교생의 46%, 지방 고교생의 50.8%가 농촌 출신이며,[12] 또 서울시내 대학생의 8할이 지방 출신이고, 대학생의 약 반수가 농촌 출신이기 때문에 학생들의 문화적 성격은 주변성(margnality)이 대단히 강하다.

<표 4> 서울대생의 연도별 거주형태

(단위 : %)

		자택	하숙	자취	친척 친지	기숙생	구호 시설	기타	불기	합계
1960	문	44.0	37.0	6.0				13.0		100.0(100)
	법	46.0	33.0	6.5	5.5				9.0	100.0(200)
	상	36.8	29.6	4.6			0.6		28.3	99.9(152)
1961	문	38.0	43.0	14.0				5.0		100.0(100)
	법	44.0	32.0	11.3			0.7	4.0	8.0	100.0(150)
	상	33.3	52.0	8.0				1.3	5.3	99.9(75)
1962	문	40.9	23.9	4.5	1.1	2.3		5.7	21.6	100.0(88)
	법	41.8	22.8	12.2		0.5		3.7	19.0	100.0(189)
	상	44.4	20.6	9.5				1.6	23.8	99.9(63)
1963	문	62.5	20.5	8.9		1.8		3.6	2.7	100.0(112)
	법	50.0	29.4	9.4				3.8	7.4	100.0(160)
	상	36.0	53.0	5.0				1.0	5.0	100.0(100)
평균치 (인수)	문	47.0	31.5	8.0	0.2	1.0		6.7	5.5	99.9
		(188)	(126)	(32)	(1)	(4)		(27)	(22)	(400)
	법	45.3	29.2	9.7	1.6	0.1	0.1	2.7	11.1	99.8
		(317)	(204)	(68)	(11)	(1)	(1)	(19)	(78)	(699)
	상	37.2	38.4	6.1			0.2	0.7	17.2	99.8
		(145)	(150)	(24)			(1)	(3)	(67)	(390)
1960	고교생	79.9	7.8	1.8	9.2	9.2		1.3		100.0(3,919)

(비고) 1960~1963년의 대학은 서울대이고, 고교는 경기고, 서울고, 경북고, 부산고, 경남고임.

12) 전게논문, pp.146, 144

서울시내 대학생의 거주형태는 5할 정도가 자택에 기거하고, 나머지는 하숙과 자취 등을 하고 있었다. 1962년 고려대생의 경우를 보면, 자가 거주자가 46.0%이고, 하숙생이 24.6%이며, 기숙생이 19.9%, 그리고 자취생은 9.5%이다. 서울대학생의 거주형태도 매우 유사한 편이다.

<표 4>를 보면, 대학별로 약간의 차이가 있으나, 약 45%가 자택 거주자이고, 약 3할이 하숙생이며, 약 1할은 자취생이다. 한편, 고교생의 거주형태는 79.9%가 자택 거주자이고, 하숙생이 7.8%이며, 친척집에 거주하는 학생이 9.2%이다.

이것을 본다면, 대학생은 지방과 농촌 출신이 많기 때문에 그간 농촌, 농민의 몰락으로 이들이 학생데모에 적극 참여했으리라 생각한다.

4) 대학생이 구독한 신문 · 잡지

학생들의 사회화에 영향을 미친 기관은 가정, 학교만이 아니다. 오히려 책과 신문, 잡지의 영향을 무시할 수 없다.

<표 5> 서울대생의 구독 신문

(단위 : %)

	동아	조선	한국	경향	서울	기타	미상	합계(인수)
문학부	36.6	15.0	5.0	7.5	5.8	19.1	10.8	99.8(120)
법학부	39.5	9.5	3.5	7.5	8.5	1.0	30.5	100.0(200)
상과대	58.6	13.5	6.7	4.5	11.3	5.2		99.8(133)

당시에 대학생들이 가장 많이 읽은 신문은 '동아일보'로서 전체 학생의 4할이 넘고, 그 다음은 '조선일보', '서울신문', '경향신문', '한국일보' 등이다. 당시의 동아일보는 야당계라 불리어 왔고, 이 신문의 사주가 한국민주당(후신이 민주당 구파)을 창립하였다. 반면에

여당의 기관지라 할 수 있었던 서울신문도 지방에서 많이 읽힌 편이다.(표 5 참조)

한편, 대학생이 가장 많이 읽은 잡지는 '사상계'이고, 그 다음은 '희망', '새벽', '아리랑' 등이다.(표 6 참조) 사상계는 야당이었던 민주당 신파(특히 평안도 출신)에 가까운 인사들의 글들이 많았다.

<표 6> 서울대생의 구독 잡지

	사상계	새벽	희망	아리랑	야화	리더스 다이제이스트	법연	타임	기타	미상	합계
문학부	40.0	5.0	4.0	1.0					21.0	29.0	100.0 (100)
법과대	19.0	2.0	7.5	1.0	2.0	1.5	1.5	1.0	10.0	54.5	100.0 (200)
상과대	43.9	4.7	18.7	4.7	4.7				23.3		100.0 (107)

이와 같이 학생들에게 미친 매스 미디어는 주로 야당지였기 때문에 반정부운동의 여론이 형성될 수 있었다.

4. 결 론

학생들의 사회적 성격은 무엇 보다도 그들의 신분적 성격에서 찾아볼 수 있다. 학생신분은 그들 자체의 성격에서도 파악할 수 있겠지만, 그 보다도 학부모의 계층적 성격에서 정확히 파악할 수 있다.

우리는 4월 혁명의 구호와 선언문에서 자유주의와 민주주의 및 민족주의의 혁명정신을 찾아볼 수 있었고, 이것은 민족해방운동의 이념이었다. 또한 이러한 혁명정신은 학생의 신분적 성격에서 발전할 수 있었다.

한편, 학부모의 계층적 성격에서 학생들은 중간계급 출신이 대부분이고, 따라서 시민적 성격이 대단히 강했다는 것을 알 수 있었다. 당시의 시민적 불만과 요구는 무엇 보다도 헌법에 규정된 시민권적 기본권이 실행되지 않았는 데 있는 것이다. 시민적 기본권은 학생들의 구호와 선언문에서 볼 수 있는 바와 같이, 자유와 정의 및 민주주의이다. 다시 말하면 공민권적 자유주의와 정치권적 민주주의, 그리고 사회권적 평등주의가 시민권적 기본권의 기본정신이다.

이러한 시민권적 기본권은 시민혁명의 결과에서 획득된 것이며, 이것은 민족적 과제의 해결에서 가능하다고 본 것이 대학생들의 생각이었다. 그것은 우리나라 국민의 절대 다수를 차지하고, 절대빈곤과 물가고 및 실업에 시달리는 소시민의 정치적, 경제적, 사회적 권익은 오직 자주적 민족통일과 민주국가의 건설에서 가능하다고 보았기 때문이다.

이러한 것을 본다면, 4월 혁명은 지식인이 주도한 시민혁명의 성격이 강했다. 4월 혁명을 최문환은 인텔리겐차가 주도하였기 때문에 '옆으로 부터의 혁명'(Revolution von Seiten)이라고 말하였으나,[13] 이것은 엄격히 말하면 '밑으로 부터의 혁명'(Revolution von Unten)과 동시에 이루어졌던 것이다. 왜냐하면, 4월 혁명은 학생들의 신분적 성격에서 파악할 수도 있겠지만, 그들은 학부모의 소시민적 불만을 표현하였고, 나중에 시민의 호응과 참여가 있었기 때문에 성공이 가능하였던 것이다. 따라서 밑으로 부터의 혁명적 성격을 경시할 수 없다.

이와 같이 지식인이 주도한 시민혁명이 제대로 발전될 수 없었던 것은 시민계급(비록 소시민적 성격이 강하지만)의 이익을 대변하는

---

13) 최문환, '4월 혁명의 사회학적 성격', 「지성」, 1960년 7월호, p.222
어떤 이는 4월 혁명을 미국의 영향으로 성공할 수 있었다고 하지만(이것은 일종의 Revolution von Oben이다) 모욕적인 것이다.

정치조직이 없었기 때문이고, 그들의 정치의식이 낮았기 때문에[14] 기성세력(구세력 및 반혁명세력)에 이용 당했던 것이다. 다시 말하면, 4월 혁명의 주체세력이 정권을 장악하지 못하였기 때문이다.

4월 혁명정신을 계승·발전시키겠다던 새로운 집권세력(민주당)이 과감하게 혁명정신을 구현하지 못하고 파쟁을 일삼하다 급기야 5.16 군사혁명에 의하여 넘어지고 말았다. 지난 날 4월 혁명의 주역들이 구세력 또는 반혁명세력에 의하여 분해되었지만, 4월 혁명정신은 우리의 민족과 국가의 발전을 위한 학생운동의 영원한 정신적 지표가 될 것이다.

14) 국민의 정치의식은 10여 차의 총선거와 국민투표에 의하여 민주주의 훈련을 받았고, 12년간 전제주의 폭정과 정책빈곤에 염증을 느껴서 비판의식은 발달하였지만, 일제시대, 해방 후 그리고 6.25 사변 등으로 인한 피해의식이 앞서서 정치행동은 대단히 약하다.

<부 론>

아시아 · 아프리카 민족주의의 성격*

민족주의(nationalism)는 18세기 서구에서 생성되었지만 19세기에 대륙으로 확대 되었고, 20세기에는 동구, 중동, 아프리카 및 아시아로 확산되었다. 서구의 내셔널리즘은 근대화, 시민혁명 및 국민국가(state-nation)의 형성에서 비롯되었지만 아시아 · 아프리카 민족주의는 서구 및 일제의 침략과 식민지화에 대응해서 형성되었다. 따라서 아시아 · 아프리카 민족주의는 서구에서 사용되는 내쇼날리즘의 개념과는 상당한 차이가 있다.

일반적으로 내쇼날리즘은 민족주의, 국가주의, 국민주의의 의미를 내포하는 다원적인 개념이지만, 민족주의는 엄격히 말하면 국가주의 또는 국민주의의 개념과는 다르다.

내쇼날리즘은 학자들에 따라 다양하게 규정하지만[1] 여기에서는 대표적인 한스 콘과 헤이즈의 견해를 소개한다.

한스 콘은 내쇼날리즘의 기본 요소로서 국민성(nationalities)에 기

---

* 이 글은 저자가 1964년에 쓴 것으로, 이종린 교수의 「후진국정치론」제 6장 1절(식민지 민족주의)(일조각, 1965)에 게재된 것을 보완하였다. 이 책은 필자가 거의 다 쓴 것으로, 이종린 교수가 약속과 달리 자기 이름으로 출간하였다.

1) Louis L. Snyder가 편집한 다음 책을 보면, 내쇼날리즘의 개념, 기원, 형태, 발달, 그리고 영, 불, 독, 미, 러 뿐만 아니라 아시아, 아프리카, 남미의 민족주의 등에 관한 많은 학자들의 견해를 볼 수 있다.(*The Dynamic of Nationalism, Readings in Its Meaning and Development*, D. Van Nostrand Co., 1964)

초한 집단의식(group consciousness)을 말하였다.2) 그리고 칼톤 헤이스는 공통된 언어와 역사적 전통으로 결합된 공동체의 산물인, '민족의식(a consciousness of nationality)과 애국심(patriotism)의 융합'이라고 하였다.3)

사실 국민 또는 민족에 대한 정의도 학자에 따라 매우 다양하다.4) 학자들의 견해를 보면, 민족이 일반적으로 혈연과 지연을 기초로 하여 집단의식을 가지고 있는 인간공동체라고 할 수 있을 것 같다. 따라서 민족주의는 민족집단에서 나타난 민족적 명예, 민족적 이익 및 민족적 사명을 강조한 조직적인 사회행동 원리라고 할 수

---

2) Hans Kohn, *The Idea of Nationalism, A Study of its Origins and Background*, The Macmillan Co. 1944, pp.10~13, 그는 내쇼날리즘은 다수인에게 침투된 정신상태라고 한다. 그것은 국민국가(nation-state)를 정치조직의 이상적 형태로 인정하고, 국민성(nationality)을 모든 창조적 문화적 에너지와 경제적 행복의 원천으로 인정한다. 그리하여 인간의 최고 충성은 자신의 생활 뿌리가 되고 복지가 가능해지는 국민성에서 기인된다는 것이다.(p.16)

3) Carlton J.H. Hayes, *Nationalism; A Religion*, The Macmillan Co., 1960, p. 2 참조. 그는 민족성의 문화적 기반은 공통된 언어와 공통된 역사적 전통이고, 이러한 교육과정에 의하여 대중적 정서적 애국심의 대상이 될 때 그 결과는 민족주의라고 한다.(*Ibid*., p.10)

4) 셀러(M. Scheler), 스판(O. Span) 및 피어칸트(A. Vierkandt)는 민족을 정신적 구성체로 보고, 미세스(E. Mieses)는 성격공동체라기 보다 문화공동체로 보며, 봐이스 겔버(L. We sgerber)와 휘힛테(F. Fichte)는 민족형성의 요인이 언어의 통일에 있다고 생각하여 언어공동체로 보고 있다. 또한 헬즈(F. Hertz), 지그러(H. O. Ziegler), 마키바(R. W. MacIver) 및 맥도갈(W. McDougall)은 민족을 지역공동체라고 한다.

스타린(I. V. Stalin)의 민족관은 민족을 언어의 공통성, 영토의 공통성, 경제생활의 공통성에다 문화의 고유한 물질의 공통성을 가짐으로써 여기서 나타나는 심리적 공통성을 기초로 하여 통일된 인간의 역사적 구성의 영속성을 가진 강한 공동체라고 말한다.

이 밖에도 바우아(O. Bauer)는 민족을 역사적 운명공동체라고 규정하고, 밋체르릿히(W. Mitscherlich) 등은 혈연을 강조하면서 민족을 인종과 혼동하지 않고, 오펜하이마는 민족의식이 없는 민족주의는 없다고 한다.(有斐閣, 「社會學辭典」, 1965 世界經濟調査會 編, 「ナツョナリんの 硏究」, 慶應通信, 1957)

있다.[5)]

서구 민족주의의 역사적 기초는 근대국가의 형성과정에서 찾을 수 있다. 서구 민족주의가 시민혁명을 배경으로 한 민주주의 추진체로서 나타나게 되었고, 산업혁명을 자극하여 자본주의 과정을 수행시키게 하였다.

그러나, 후진사회의 민족주의는 서구 민족주의의 성격과는 매우 다르다. 아시아와 아프리카 지역에서는 민족주의가 서구 세력의 영향에 의한 근대화 과정에서 반서구적 또는 반제국주의적 의지에서 생성된 것이라고 할 수 있다. 라틴 아메리카에서는 서구 세력에 의하여 토착 원주민이 파멸되었으므로 이곳의 민족주의는 亞 · 阿 지역의 성격과는 다르다.

서구의 민족주의는 18세기 말에 일어난 시민혁명과 국민국가 형성 등으로 시민적 자유를 기초로 하여 자유주의적, 민주주의적 애국주의운동을 의미하고 있다. 그러나 아시아의 민족주의는 식민지 예속을 벗어나기 위한, 자주적 민족국가를 수립하기 위한 문화적, 경제적, 정치적 해방운동이라고 할 수 있다.[6)] 그리고 중동의 민족주의, 즉 회교 민족주의는 아시아의 민족주의의 기본성격은 동일하지만, 문화적으로 복고주의(이슬람국가)의 특색이 있으며, 집권운동과 외국지배로 부터 독립을 지상과제로 생각하고 전통적 문화와 사회체제를 존속시키려고 한다.

아시아와 아랍 및 아프리카의 민족주의는 일반적 성격이 식민지 민족주의이므로 비슷하지만 다른 점도 상당히 많다. 이러한 현저한 상이점은 주로 문화적 사회환경의 차이에서 일어나고 있다.

---

5) Carton. J. H. Hayes, *Essays on Nationalism*, The MacMillan Co., 1941, pp. 6, 29
6) 서양에서는 내셔널리즘을 국민주의라 표기하는 것이 나은 것 같지만 아시아(한국 등)의 경우 민족주의라고 하는 것이 더욱 나은 것 같다.

아프리카의 원시적 부족신앙과 동남아의 불교, 힌두교 문화와 이슬람교 문화권의 사회에서는 사회와 국가 관념이 뚜렷이 다르다. 아프리카의 부족사회는 민족적 통일운동과는 전혀 다른 지역적이 아닌 전 아프리카의 통합, 그리고 동남아의 민족집단은 민족통일에의 욕구가 그 특색이다. 아랍세계의 경우 공통민족, 범민족운동을 전개하고 있는 점이 명백히 다르다. 또한 지역적 근접성으로 말미암아 식민지주의의 분열을 일으키기 쉬웠고, 멀리 떨어진 동남아, 아프리카의 반항적인 민족운동과는 대조적이다.

아시아 · 아프리카에 있어서는 전통적인 사회로 부터의 근대화과정이 서구의 영향으로 주로 이루어지고 있다. 이러한 근대화 과정에서 아 · 아 민족주의는 서구세력과 접촉하면서 외부로부터 충격으로 발생 되었다. 이러한 충격은 아 · 아인들을 반발시켜서 반제국주의적 의지와 반서구적 감정을 유발시킴으로서 서구체제를 거부하게 하였다. 따라서 아 · 아 민족주의의 본질은 서구화(westernization)를 부인한다.

일반적으로 서구에서는 민족의식의 형성과 이의 실체화가 근대경제, 특히 시장경제의 발달에 조응하여 나타나고 있다. 이러한 과정에서는 민족주의의 정치, 경제적 가치의 집중화가 일어난다. 이러한 점에서 얼핏 생각하면 아 · 아 민족주의가 서구 민족주의와 공통된 역사적 현상이라고 생각하기 쉬우나, 양자의 구조와 전개의 형태 및 성격은 커다란 차이가 있다.

서구 민족주의는 이에 경제적 기반과 시장경제의 자주적 체제화 및 자본주의 국민경제의 확립에 대응하여 개인이 민족에, 민족은 국가에의 정치조직화를 일원적으로 정비하는 운동이 나타났고, 이것은 동시에 경제체제의 발전을 조성 · 촉진 · 성장시켰다. 이와 같이 서구에서는 카(E. H. Carr)의 말대로 민족주의 형성의 발전과정이 있었다.

카는 현대 민족주의의 발달을 1단계로 프랑스 혁명전의 민족국가 형성기, 2단계로 프랑스혁명에서 제 1차 세계대전, 3단계로 그 이후 과학과 공업화의 영향으로 인민의 정치의식과 정치참여의 확대라고 하였다.7)

그러나, 아시아·아프리카의 민족주의는 서구 사회처럼 경제체제의 자율적 전개와 조합된 법칙적 발전과정이 결여되어 있다. 아·아 지역의 일부사회에서는 근대화 이전에 이미 현존의 민족적 규모와 동일한 정치적 범위의 강대한 전제 군주국가가 형성되어 수리농경 생활을 기초로 한 독자적인 문명발달의 민족국가가 형성되었다.

이러한 모든 민족국가의 정치과정에는 지배종족과 피지배종족이 나타나고, 피지배계급은 정치과정에서 제외되어 공동체내에 매몰되고, 지배계급은 권력의 정점에 앉아서 그 정치행동양식이 그 민족국가를 대변하였다. 이와 같이 전통사회에 있어서 민족국가의 형성은 혈연과 지연을 기초로 하여 조직된 배외공동체에 불과하였다.

그러나, 근대사회의 민족국가는 제국주의의 식민지 또는 반식민지였으므로 자주와 독립성이 없었다. 이러한 자주성과 독립성이 결여된 것은 서구 및 일본 제국주의자들의 식민정책의 산물이었기 때문이다.

아·아 민족주의는 19세기 말 이후 자본주의의 국제화, 즉 제국주의화 과정에서 나타나고 있다. 서구 및 동양의 제국주의가 후진지역에 침입할 때 그들은 아시아·아프리카 지역의 전통적 지배층과 결탁하여 이들을 보호 육성하기 위한 구체제를 그대로 옹호하여 유지·존속시켰다. 비록 신질서를 도입하였다 하더라도 구지배세력을 파괴하지 않고 새로운 질서의 지배세력으로 대체 시켰다. 이러한 결속 위에 후진지역의 식민지는 개화될 수 있었고, 결실할 수 있었다.

---

7) E. H. Carr, *Nationalism and After*, St. Martin's Press, 1945, p.2

더욱이 아프리카 지역은 부족중심의 사회단위가 강고하였으므로 동양의 동족중심 또는 부락중심의 사회성격과는 상당히 다른 민족의식이 나타나게 된다. 이것은 동시에 역사적 또는 자연적 조건에 의하여 강화 되었다.

아시아 사회는 오랫동안 수리이용의 관개농업을 경영하여 왔기 때문에 Wittfogel이 말한 것 처럼 '물의 지배자가 천자'가 되는, 즉 국가사회의 통치자로 군림하여 왔다. 그리하여 강을 중심으로 한 물의 관리(정치)가 동양사회의 특성을 규정짓게 하였다. 그러면서 꾸준히 인근의 동족부락을 통합하여 민족국가체제를 형성하였다. 그러나, 아프리카의 주민들은 자연적·지리적 교통두절로 인하여 서로 격리되어 소우주권을 이루면서 여러 개의 부족사회를 형성하였다. 여기서는 동양사회처럼 물의 정치가 지배되지 못하고 오랫 동안 유목과 열매를 따먹는 원시생활을 계속하여 왔다. 이러한 사회경제적 기반은 아·아 민족주의의 성격·구조·유형을 여러 가지 형태로 나타나게 하였다.

아시아·아프리카의 식민지 예속상태에서도 민족적 감정은 대단히 여러 곳에서 폭발 되었다. 민족적 감정은 일정한 조직을 통하여 또는 비조직적 형식을 통하여 나타날 수도 있으나, 민족주의는 주관적 정서, 감정을 초월하여 객관적 정치활동을 통해서도 나타날 수 있는 것이다. 이러한 민족감정 및 민족운동은 아시아·아프리카지역 대중의 구조와 성격에 따라, 또는 민족지도자에 따라 여러 가지로 나타난다.

아시아·아프리카 지역 일반대중의 조직형태는 현대 서구민족주의가 기초한 것과는 대단히 달라서, 서구는 철저한 정당조직의 대중화와 조직내부의 광범위한 대중정서가 수렴되어 이러한 구조적·정신적 특성에 기초해 있다. 그러나 아·아 지역은 식민시대에 교육받은 정치지도자와 인텔리겐차에 의하여 선도되었고 대중적인 기반을 가지지 못하였다. 오늘날도 민족주의적 정당조직은 소수의 중간적 지식층의 수준에서 맴돌고 있는 형태와, 또 다른 것은 지식계급을 중추로 하여 일반대중과 연결되고, 일반대중의 집단적 · 계층적 의식과 이해관계의 매개적 역할을 수행하고 있는 것이다. 전자의 예는 버마의 민족주의적 정치조직체는 반파시스트 인민자유연맹의 집단들을 들 수 있고, 후자는 인도네시아의 경우로서 이의 조직성격은 '위에서 아래로'이며, 민족주의 정당은 엘리트군의 연합구성체이고 압력단체화 한다. 이러한 형태에서는 독립강령 · 독립체제에 관한 테제의 형성 및 정치조직의 정점에 있는 지도자의 인격을 상징화 하여 막스 베버가 말한 카리스마적 지도체계를 구축한다.

현재 아시아 · 아프리카의 지도적 민족주의자는 수카르노, 낫셀, 엥크루마 및 네루의 정치적 성격은 많든 적든간에 카리스마적 지도자로 상징화 되어 있다.

제 2차 세계대전 이후로 아시아 · 아프리카 대륙에 신생 독립국가가 대단히 많이 탄생되었다. 이들 신생 독립국가는 과거의 식민모국과의 인연을 아직도 가지고 있는 곳은 대부분이 아프리카 지역에 있고, 아시아 지역은 과거 식민모국과 대치된 세력, 즉 2차 대전시 전승국에 의하여 새로운 경제적, 정치적 인연을 맺고 있다.

그리하여 아프리카 지역의 경우는 오랫 동안 서구의 지배하에 있으면서 완전히 서구 의존적 또는 서구화에의 동화정책의 불가피한 현상이며, 아시아지역은 줄기찬 민족운동으로 그러한 결과를 빚어내지 못하였다.

아시아 · 아프리카 지역의 신생 독립국가 중에 새로운 서구세력의 지배상태에 있는 국가는 그들 세력에 의하여 민족운동 또는 민족주의운동은 고의적으로 꺾여지고 이러한 세력을 압도할 수 있는 낡은 세력을 지배세력으로 육성시킴으로써 자기네들의 이익을 최대한 도모하고 국가사회발전을 도모한다. 그러나, 중공과 쿠바는 혁명적 지식인이 주도한 사회혁명(농민혁명)으로 인민민주주의를 구현하고 있다.

이와 같이 제2차 세계대전 후 아·아지역에 있어서 정치세력은 형식적 또는 실질적인 양 형태의 민족주의가 있다고 말할 수 있다. 실질적 민족주의가 어느 정도 나타나고 있는 곳은 전술한 카리스마적 영도권을 가지고 있는 국가들이 많다. 이러한 카리스마적 영도권을 가지고 있는 국가에서의 정치체계 및 국가발전을 위한 노력은 불가피하다. 이러한 일련의 노력이 아·아 민족주의의 본질에서 나오기 때문이다.

또한, 이러한 형태는 제 2차대전 후 국제정치의 새로운 전개와 냉전적 양극화에 대한 '2개의 세계'의 영향으로 나타나게 되고, 이러한 국제정세와 국내 조건으로 민족주의는 다양한 유형으로 나타나게 되었다.

국제관계에 의하여 나타나는 민족주의의 형태는 자국의 경제발전을 기하고자 계획하는 것과 외국의 원조정책에 의하여 그 성격이 일반적으로 달라지고 있다. 그러므로 우리는 아·아 민족주의의 성격은 상기한 두가지 조건이 합일되는 점에서 규정된다고 말할 수 있다.

그러면, 다음에 주요 아·아 지역국가가 양대 세력으로 부터 받는 원조 관계를 본다.

서방진영의 자유세계로 부터만 받는 피원조 국가는 파키스탄, 타이, 사우디 아라비아, 요르단, 리비아, 모로코, 튜니지아, 이스라엘 등이 있으며, 공산세계로 부터만 받는 피원조국은 알제리아 뿐이다. 자유세계의 원조국은 미국을 위시하여 영국, 서독, 캐나다, 오스트리아, 일본 등 여러 나라에 그

기관이 있으나, 무엇 보다도 미국이 거의 대부분의 원조액을 부담하고 있다. 그러나 공산권은 소련이 중공보다 많은 원조를 주고 있지만, 공동의 원조액도 그 양은 적으나 많은 국가에 뻗치고 있다.

자유세계와 공산세계의 두 진영의 원조를 받고 있는 나라는 인도, 인도네시아, 버마, 실론, 네팔, 통일아랍, 이라크, 레바논, 수단, 터어키, 이란, 아프가니스탄, 이디오피아, 기니아 등이 있다. 이들 가운데서 인도, 캄보디아, 버마, 레바논, 수단, 터어키 등에 미국의 원조가 공산권 보다 훨씬 더 많고, 인도네시아, 통일아랍, 이라크, 아프가니스탄, 이디오피아 및 기니아는 오히려 공산권이 자유세계의 원조액 보다 훨씬 많다.[8]

이러한 원조관계에서 미국과 소련, 또는 자유세계와 공산세계와의 국제관계의 성격이 나타나서 정치적 방향이 달라지고 있다. 즉, 아·아 지역의 정치체제가 서구민주주의, 사회주의, 민족사회주의 또는 공산주의의 어느 방향으로 접근하느냐가 국제정치관계에서 결정된다.

정치지도자들의 특성을 보면, 일반적으로 아·아 지역에서는 두 가지의 지표가 있다. 하나는 지도자의 민족적 감정에 서구적 정치사회이론이 침투되어 있는 중국의 손문과 모택동, 베트남의 호지명, 인도네시아의 수카르노, 가나의 엥크루마, 이집트의 낫셀 등의 사상형성에는 근대 서구정신을 엿볼 수 있는 것이고, 다른 하나는 전통적인 대중관의 수정 및 운동형태의 대중화를 기한 것으로 간디주의의 사상과 행동을 지적할 수 있다. 전자의 정치지도자들이 서구식 교육을 받았다 할지라도 서구세력에의 굴종적 태도는 가지지 않고 있다. 참된 민족주의적 정치행동으로 오히려 반서구적 반제국주의 운동과 사상을 가지고 있다. 그 대표적인 지도자를 본다.

---

8) 中東調査會 編, アジア・アフリカ 新興帝國 の 政局と 國際關係, 至文堂, 1967

손문은 의사 출신으로 서구 교육을 받아 기본적으로 정치철학은 프랑스와 미국의 혁명적 이상에서 나온 삼민주의(민족, 민권, 민생)의 개혁을 주장하였다.

모택동은 북경대 도서관 사서 출신으로 대표적인 중국 공산주의자였다. 그의 마르크스주의는 중국 민족주의에 강력한 영향을 미쳤다. 그는 오랫동안 반제국주의와 중국의 독립을 위하여 투쟁하면서 신민주의를 주장하였다.

호지명은 인도지나의 시인이고 혁명지도자이다. 그는 반서구혁명의 승리가 식민지 노예화 시키고 민족문제를 초래한 제국주의에 저항하는 해방운동에 의하여 좌우된다(레닌 견해)고 생각하였다.

수카르노는 화란 및 일본 식민지에서 오랫동안 인도네시아의 독립운동을 한 민족지도자이다. 그는 1949년 대통령이 된 후 교도민주주의를 주장하면서 아시아에 있어서 민족주의의 해방 효과를 주장하였다.

네루는 영국에서 대학교육을 받은 후 민족운동으로 13년간 감옥생활을 하였으며 간디의 후계자로 프랑스와 미국과의 항전에서 승리하야 후에 인도의 국회의장과 수상이 되었다. 그는 1955년 인도네시아 반둥 아 · 아회의에서 인도 및 아시아 민족주의를 대변하였다.[9]

이러한 지도자들이 제 3세력을 형성하여 미 · 소 양대 세력과 대립하면서 1950년대 후반 아시아 아프리카 민족주의를 고양하였다.

아시아 · 아프리카의 민족주의 역사는 1세기가 넘지 않는다. 물론 민족국가의 역사는 오래되지만, 외국의 속박으로 부터 벗어나려는 민족독립운동의 역사는 길지 않다. 이러한 민족운동은 그 근원을 외국의 속박하에서, 즉 식민지 또는 반식민지 역사에서 찾아볼 수 있다.

일반적으로 중국은 1905년 5.4 운동에서 비롯하고, 인도는 1857년 세포이 반란, 터어키는 1908년 터어키 입헌혁명을 기점으로 민족

---

9) Louis L. Snyder, *op. cit.*, pp.327~336

주의의 역사는 시작된다. 동남아는 1896년 필리핀 반란, 아랍세계는 1881년 이집트 반란, 아프리카는 부아전쟁을 시점으로 민족운동은 조직적으로 나타나게 되었다.

이러한 민족운동이 꾸준히 오늘날 까지도 전개되었다. 초기의 민족주의는 국가통일과 분열이 없는 해방의 원리 위에서 전개되었지만, 1900년에서 1945년 까지는 제국주의에 대한 공격위주의 민족주의가 활발했으며, 제 2차 세계대전 이후는 제국주의 또는 식민주의로 부터 민족독립의 시기라고 할 수 있다.

이와 같이 아시아 · 아프리카의 민족주의는 식민지 민족주의 또는 식민지 해방운동이라고 할 수 있다. 식민지 민족주의는 민족의 외세로 부터의 완전한 독립과 평등의 권리를 요구하며, 식민지 또는 반식민지로 부터의 해방을 주장하게 된다.

볼은 아 · 아 민족주의의 혁명적 에너지를 세가지로 말하고 있다.

> 첫째는 민족자결을 요구하는 외국지배에 대한 정치적 저항력이고, 둘째는 빈부의 현격한 격차에 대한 분격과 빈곤으로 부터의 해방이 사회경제적 반항이며, 셋째는 백색인종에 대한 유색인종, 다시 말하면 서구인에 대한 아시아 · 아프리카인의 항쟁을 말한다.[10]

그러나, 우리는 같은 동양인이면서도 외국을 지배한 일본을 잊어서는 안된다. 일본 제국주의는 서구에 비하여 뒤늦게 외국으로 진출하여 소위 그들이 말하는 '대동아공영권'을 건설한다는 명목으로 우리나라, 중국 및 동남아 제국을 식민지 또는 반식민지 예속 상태로 편입시켰다.

남미에서는 식민지 민족주의운동은 19세기 말 제 국가의 독립해

---

10) William. M. Ball, *Nationalism and Communism in East Asia*, Cambridge University Press, 1953, Chap.1

방운동으로서 주로 식민지에 이주한 서구인의 독립국가 건설운동이다. 이에 반하여 오늘날의 식민지 민족주의운동과 아·아 민족주의운동은 서구 제국주의적 지배를 거부하고 아시아·아프리카의 피압박민족의 해방투쟁이다. 이 두 민족주의운동 가운데 아·아 민족주의는 식민지시대에 존재한 봉건적 사회관계 및 식민지 전제지배의 모든 조건을 부정하는 것을 그 특징으로 한다.

여기서 아·아 민족주의의 본질 및 과제를 발견할 수 있다. 아시아·아프리카의 민족주의는 다만 자국의 민족적 독립만으로 그치는 것이 아니라, 독립후 근대적 발전을 도모하기 위한 노력에 부수되는 여러 가지 장애가 놓여 있기 때문이다. 그간 제국주의가 지배함으로써 생성된 여러 가지 사회질서와 경제질서로 말미암아 나타난 전근대적 지배구조와 사회생산관계를 일소해야 할 필요성이 있고(예, 소작제도), 그들이 점령하고 있을 동안 완전히 식민체제로 편성시키 놓은 종속적 경제구조, 즉 소비체제와 생산체제를 개혁해야 한다.

그리하여 아·아 민족주의가 식민주의로 부터 해방되고자 하는 반제국주의(anti-imperialism), 국내 전통적이고 반근대적인 사회의식과 생산관계를 개혁하기 위한 반봉건주의(anti-feudalism) 그리고 선진독점자본주의 세력과 결탁하여 개인적 이익을 추구하는 자에 대한 반매판(anti-comprador)의 성격을 가지지 않을 수 없는 역사적 특수성을 지니고 있다.

앞에 말한 세가지 요소는 서로 분리 불가능한 것이다. 다시 말하면 서구 또는 동양의 제국주의가 침입한 이래 식민화 과정에서 나타나는 당연한 산물이다. 제국주의 세력은 식민지를 경제적 예속상태, 원료, 노동, 소비의 시장화 및 강제적 침략 등으로 몰아 넣고, 이를 위해서는 봉건적 세력과 결탁하여 새로운 형태의 중간세력을 조직하면서 봉건적 사회관습 및 문화를 존속시킬 뿐만 아니라 식민모국의 경제침탈의 하수인으로 만들었다. 이러한 노력으로 제국주의는 더욱 온존할 수 있다. 따라서 민족주의운동을 실현시킬 수 있는 길은 이러한 노력을 잘라 버리고, 이러한 노력이 온존할 수 있는 경제적, 사회적 기반을 해체시키는 수 밖에 없다.

이러한 방향으로 나아가게 되면 제국주의 서구세력이 제 1차 공격의 대상이 되고, 이들과 연계된 식민지 원주민 세력이 타격을 받게 마련이다. 결국 이러한 세력들이 기반한 사회경제제도는 부정하게 된다. 이러한 결과 아시아 · 아프리카에 있어서의 민족주의는 서구 자본주의, 즉 제국주의가 남긴 모든 유물을 청산해야 한다.

서구의 민족주의는 자본주의의 발달과 더불어 민족국가가 형성 · 발전하였으나 아시아 · 아프리카에 있어서는 서구 자본주의가 식민지 또는 반식민지에 남긴 뒤치닥꺼리를 하기에 바쁘다. 이러한 모든 유물을 청산하기 위해서는 강력한 3반운동, 즉 반제 · 반봉건 · 반매판운동이 일어나기 마련이다. 이러한 3반운동을 사회주의 또는 공산주의와 같은 의미 또는 동일한 개념으로 생각해서는 안된다. 이러한 삼반운동을 성공시킨 뒤에 사회주의 또는 공산주의 및 자본주의, 그 밖에 어떠한 형태에로도 나아갈 수 있다. 이러한 운동은 식민지 시대부터 내려오는 기존질서를 부정하는 것만은 사실이다.

이러한 기존질서를 파괴하고 선진국가와 같은 국가번영을 가져오기 위해서는 부득이 급진적 경제정책이 필요하다. 이러한 필요성에서 아 · 아 민족주의의 방향은 사회주의에로 나아간다. 여기서 아시아 · 아프리카에는 민족적 사회주의가 나타나게 되는데, 이러한 민족적 사회주의는 서구에서 형성된 사회주의이론을 모체로 하여 민족적 전통과 사회집단의 협동을 통한 국가건설을 의미한다.

현존의 민족적 사회주의 국가가 각각 약간의 차이가 존재하지만, 가나의 앵크루마, 인도네시아의 수카르노, 이집트의 낫셀, 인도의 네루, 버어마의 네윈 및 알제리아의 벤 벨라 등 정치지도자들의 국가는 이러한 범주에 들어간다고 볼 수 있다. 이들의 정치적 방정식은 반식민주의와 교도주의를 기초로 하고 있으며, 경제적 방정식은 공공부문을 중심한 계획경제와 반매판을 기초로 하고 있다. 그러면서도 그들은 정치적 방정식에 있어서 공산주의의 프롤레타리아 독재를 싫어하고 민족적, 민주적 정치형태의 확립을 대단히 강조하고 있다.

이러한 민족적 사회주의는 제 2차 세계대전후의 정치과정에서는 식민주의를 거부하고 중립주의를 제기하고 있다. 이것은 국제적 · 국내적 정치세력의 양극화에 대한 반항운동으로 출발하여 여기에 사회계층과 사회집단 및 국가가 존재하게 됨에 따라 아시아 · 아프리카 회의인 반둥회의가 나타나게 되어 새로운 제 3의 정치세력이 대두하게 되었다. 이러한 제 3세력의 형성은 미 · 소 양극세력의 팽창 · 확대, 이에 따른 경제조직에 의하여 더 한층 강화 되었다.

아시아 · 아프리카 지역에는 이러한 민족적 사회주의 국가 이외에도 자유주의 국가군에 속하는 파키스탄, 타이, 말레이시아, 월남 및 필리핀에서는 수정자본주의를 정강으로 채택하고 있다. 수정자본주의 국가에서는 지배층이 지주의 자본가화 과정에서 나타나므로 이들 부르조아지를 기초로 하여 정치과정의 사회주의화에 대항코자 한다. 이러한 수정자본주의 국가와 민족적 사회주의 국가간에는 국제관계에 있어서 대단히 미묘하고 불안한 현상을 보이고 있다. 오늘날 수정자본주의 국가는 미국을 중심으로 한 자유세계의 정치적 배경과 영향력 하에 있으며, 민족적 사회주의 국가는 공산세계의 정치적 후원하에 있으면서도 자유, 공산의 두 세계의 경제원조의 집중적 경쟁 속에 놓여 있다. 그러나 이들의 갈 길은 뻔한데 선진국가는 근시적인 대외정책을 강행하고 있는 것 같다. 물론 결정적인 단계에 이를 때 까지라도 자기들의 정치적 영향력이 미칠 수 있는 세력권에 두면서 경제관계를 맺겠다고 하면 상관 없지만, 오랫 동안 자기세력권에 편입시키겠다면 그것은 잘못된 판단이라 할 수 밖에 없다.

민족적 사회주의는 국제정세 속에서 중립주의의 입장을 취하고 있다고 말하였지만, 이것도 민족주의 운동의 추진체인 소수의 인텔리겐차를 중심으로 하고 있다. 민족적 사회주의화의 기점은 대중적 정치조직 위에서 나타나지 않고, 소수의 인텔리겐차들인 지도적 민족주의에 의하여 나타나서 일반적으로 일원적 지배집단을 형성하면서 하향식 정치체계를 형성하고 있다.

민족적 사회주의 국가의 정치지도자들은 일반적으로 식민지 또는 반식민지 예속상태에 놓여 있으면서 꾸준히 반식민주의, 반제국주의운동을 벌이면서 자기들의 독립운동의 노력으로 국가독립을 달성하였지만, 수정자본주의 국가의 정치지도자들은 그렇지 못하고 서구세력에 의하여 발탁 또는 육성되었거나 그렇지 않으면 귀찮은 존재로 보이지 않을 때에 가능하였다. 이러한 조건에서 나타나게 되는 정치지도자들이 민족적 또는 국가이익을 위하여 노력하기는 어렵다. 아랍세계에서 볼 수 있는 바와 같이 과거 청년장교들이 유전을 국유화 하였으나 이곳에 식민지를 두었던 구미는 막강한 군사력을 동원하여 다시금 식민지화 하는 것을 볼 수 있다.

< 부 록 >

<부록 1> 동학농민군의 활동지역

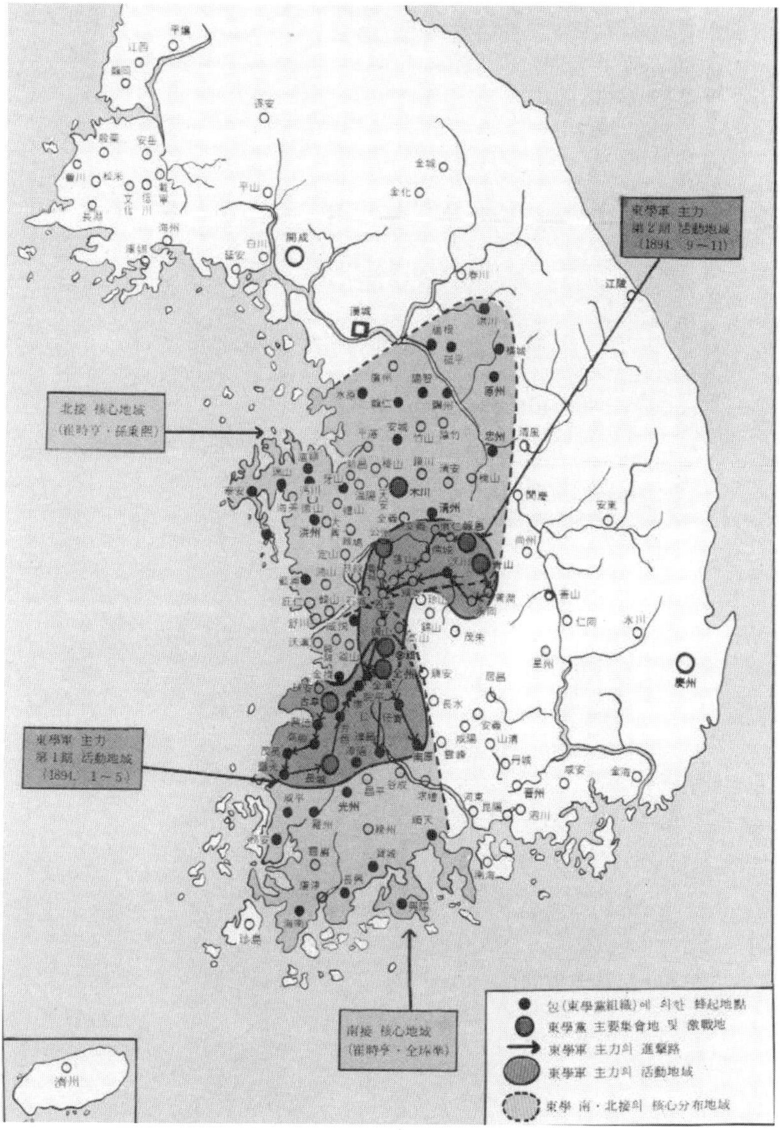

(자료) 동아일보사, 「개화백경」, 1977

<부록 2> 한말 의병의 봉기도

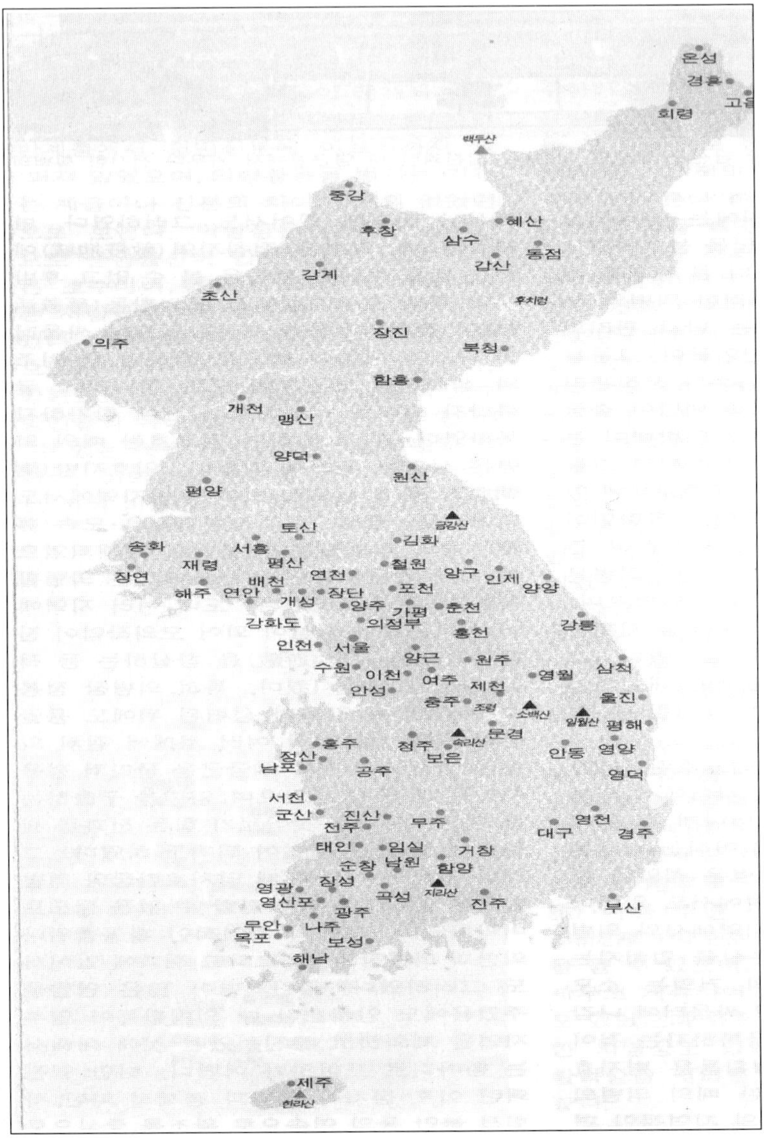

(자료) 한국정신문화연구원,「한민족대백과사전」

<부록 3> 항일무장투쟁과 조국광복회의 활동지역

(자료) 남현우 편, 「항일무장투쟁사」, 대동, 1988

<부록 4> 울산군 서부 5개면과 신불산 및 간월산

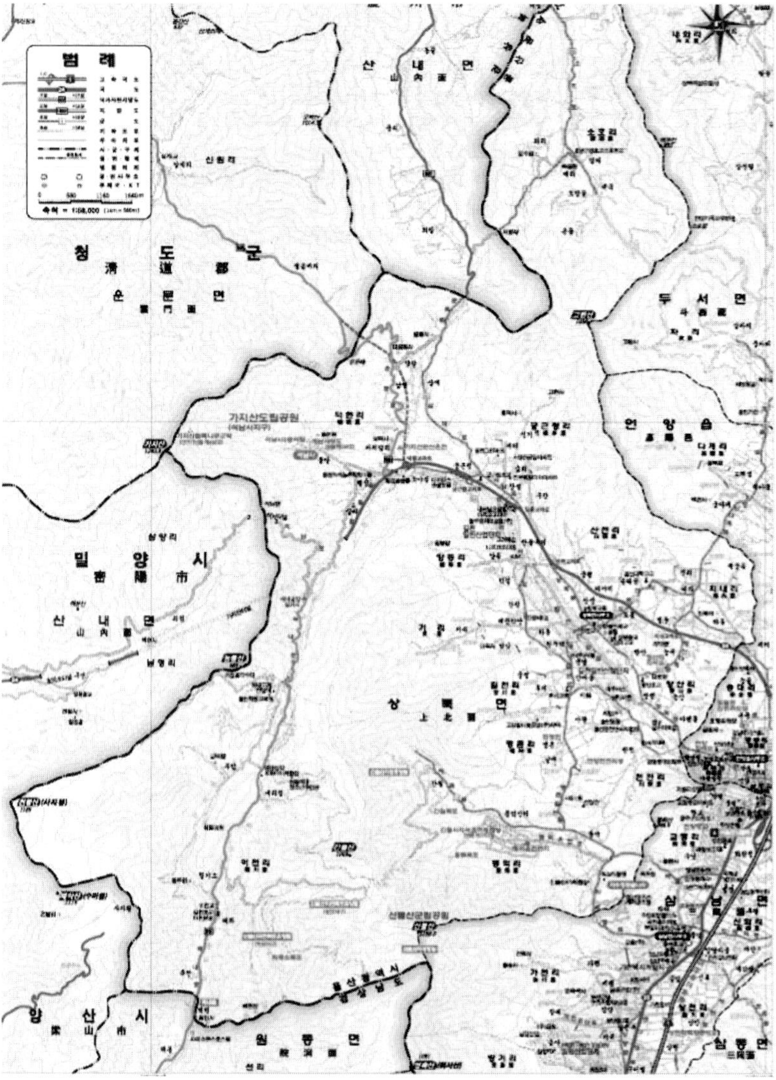

<부록 5> 국내 빨치산의 활동지역과 루트

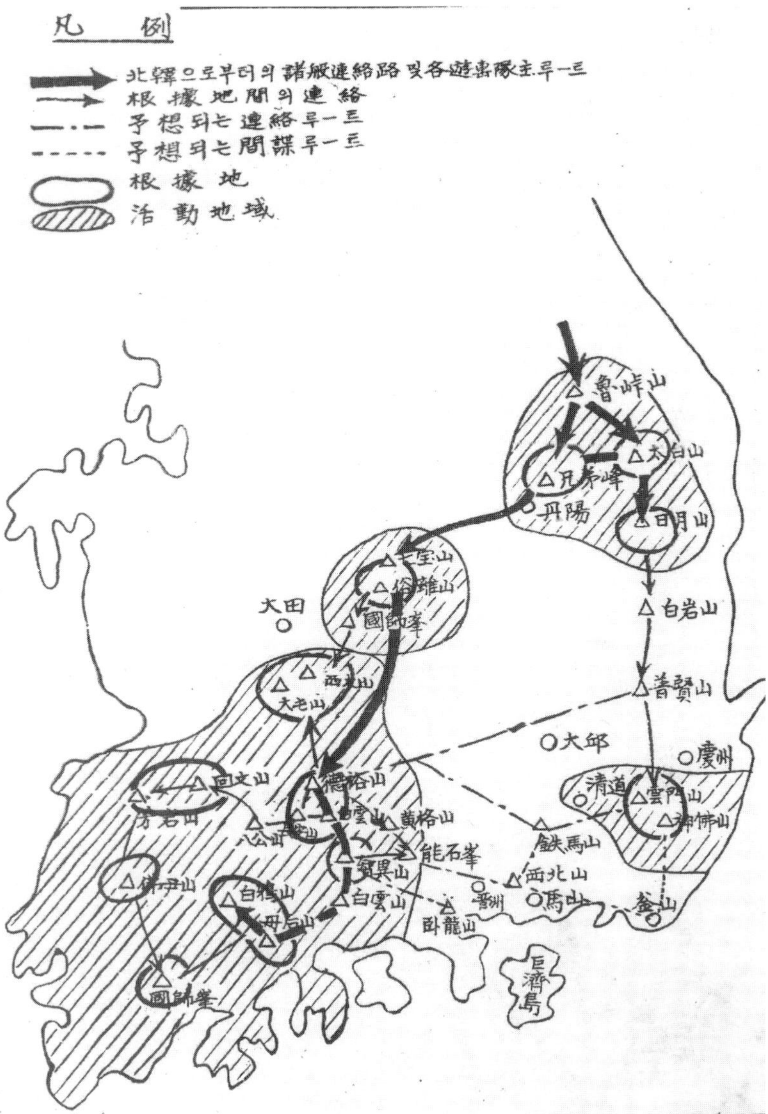

(자료) 육군본부 편찬, 「공비토벌사」, 1954

<부록 6>　　　제 1사단 작전후 빨치산 현황(1952년 8월 4일)

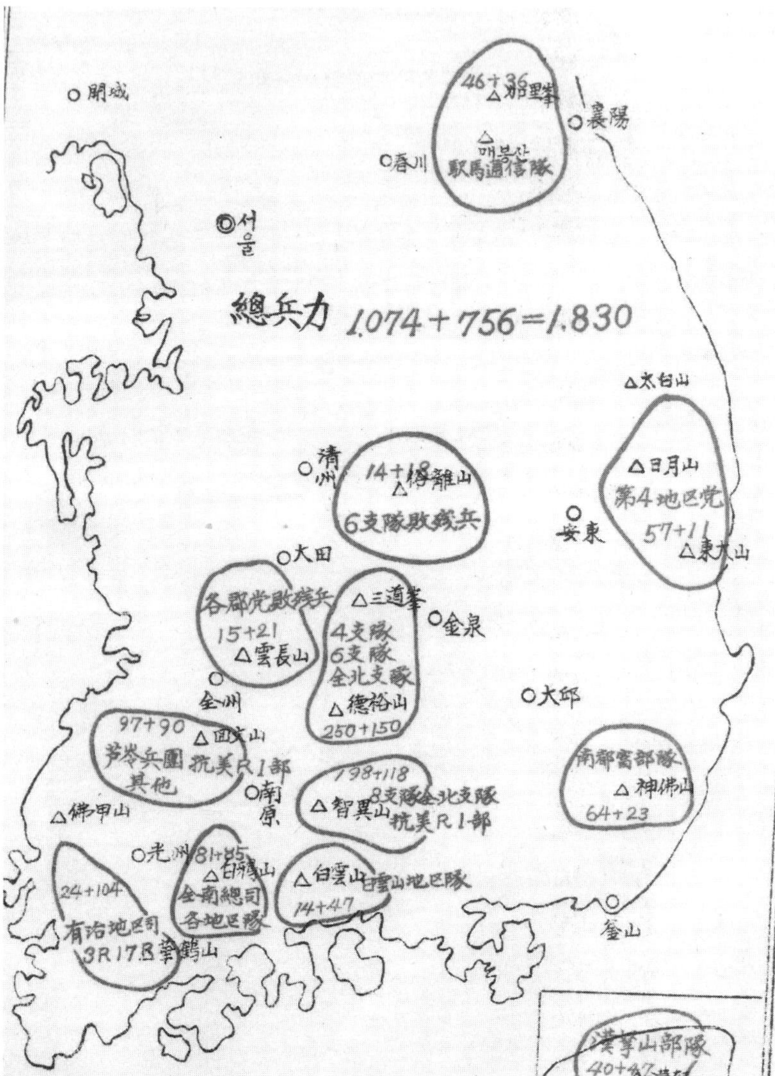

(자료) 육군본부,「공비토벌사」, 1954

<부록 7> 지리산과 서부 경남 및 동부 호남

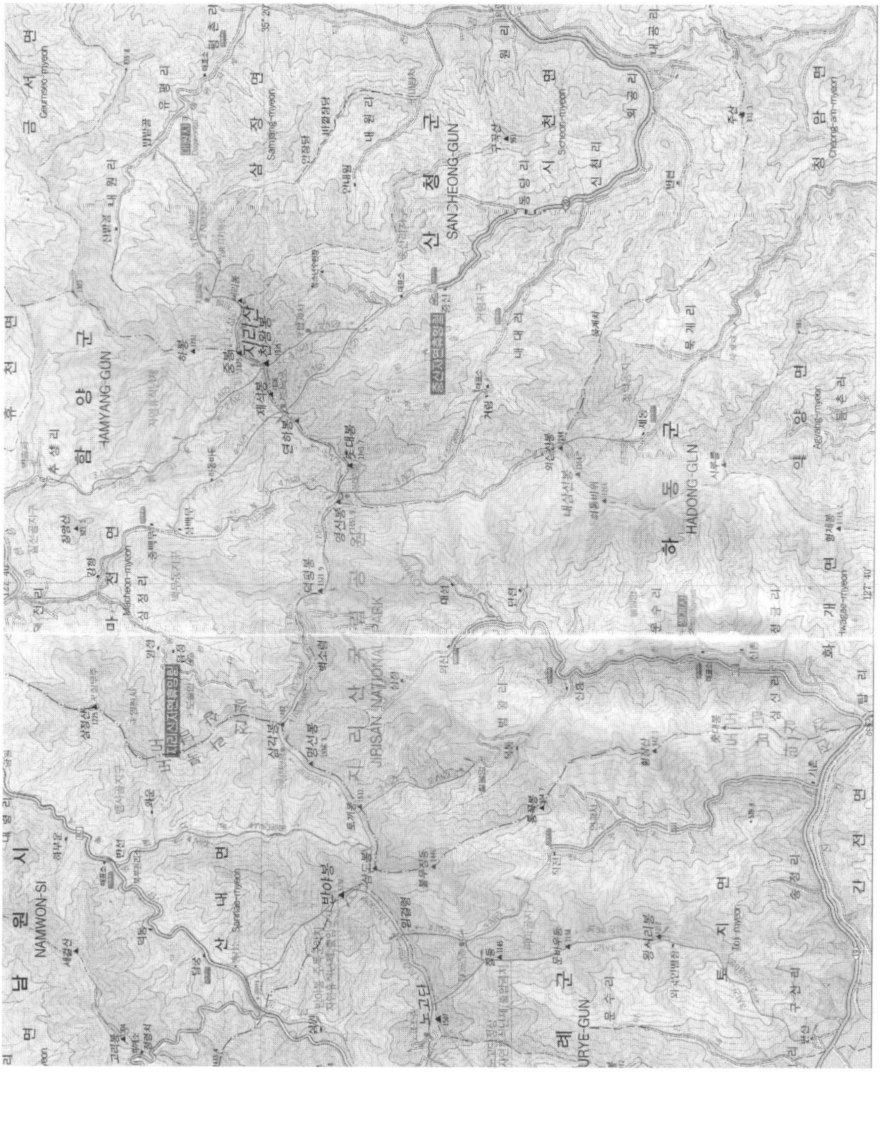

<참고 문헌>

국방부 전사편찬위원회,「한국전쟁사」, 제 1권~4권, 1977
국방부 전사편찬위원회,「대비정규전사」, 1945~1960, 1988
국사편찬위원회,「한국독립운동사」, 1~8집, 1968~1988
김기진,「국민보도연맹」, 마산 · 경남지역, 역사비평사, 2002
김남식 엮음,「남로당연구」Ⅲ (자료편), 돌베개, 1988
김남식 외,「해방전후사의 인식」Ⅴ, 한길사, 1989
김남식,「남로당연구」, 돌베개, 1984
김삼웅,「해방후 양민학살사」, 가람기획, 1966
김상기,「한말의병연구」, 일조각, 1997
김영모,「일제하 한인지배층연구」, 고헌, 2009
김영모,「한국지배층연구」, 일조각, 1982
김영모,「한말지배층연구」, 서울대 한국문화연구소, 1972
김영모,「한국권력지배층연구」, 고헌, 2009
김의환,「항일 의병장 열전」, 정음사, 1975
김인순 외,「갑신갑오기의 근대변혁과 민족운동」, 청아출판사, 1986
김재언,「조선근대사연구」, 일본평론사, 1970
김점곤,「한국전쟁과 노동당 전략」, 박영사, 1973
김정명,「조선독립운동」1~5권, 원서방, 1967
김준엽 · 김창순,「한국공산주의운동사」제 2권, 고려대 아세아문제연구소, 1969
김준엽 · 김창순,「한국공산주의운동사」, 1~5권, 고려대 아세아문제연구소, 1973
김호성,「한말의병운동사」, 고려원, 1987
남현우 편,「항일무쟁투쟁사」, 대동, 1988
노가원,「남도부」, 상 · 하, 월간 말, 1993
대검찰청,「좌익사건기록」
대검찰청,「한국검찰사」, 1976
독립운동사 편찬위원회,「독립운동 사료집」, 1~10집, 1970, 1971, 1976
동아일보사 편,「3.1 운동 50주년기념논집」, 1969
리차드 E.. 라우터,「한국미군정사」, 국제신문사 출판부, 1948
망원 한국사연구실,「한국근대민중운동사」, 돌베개, 1989
박명림,「한국 1950, 전쟁과 평화」, 나남출판, 2002
박명림,「한국전쟁의 발발과 기원」, 나남출판, 1996

박민영, 「대한제국의병연구」, 한울, 1998
박성수, 「독립운동사연구」, 창작과 비평사, 1980
박수만 편, 「사월혁명」, 1965
박영석, 「재만 한인 독립운동사 연구」, 일조각, 1988
박헌영전집편집위원회, 「이정 박헌영 전집」, 1~6권, 역사비평사, 2004
박현채 외, 「해방전후사의 인식」 Ⅲ, 한길사, 1987
백선엽, 「실록 지리산」, 고려원, 1992
법무부, 「한국교정사」, 1987
사회과학원 역사연구소, 「조선통사」 (하), 오월, 1988
서중석, 「조봉암과 1950년대」, 역사비평사, 1991
서중석, 「한국현대민족운동연구」, 역사비평사, 1991
스칼라피노 · 이정식 공저(신홍구 역), 「한국공산주의 운동사」 1~3
신복룡, 「동학당연구」, 탐구당, 1973
신용하, 「동학과 갑오농민전쟁연구」, 일조각, 1993
신용하, 「한국 근대민족운동사연구」, 일조각, 1988
안재성, 「박헌영 평전」, 실천문학사, 2009
안재성, 「신불산」, 산지니, 2011
오지영, 「동학사」, 영창서관, 1940
유광열, 「항일선언 창의문집」, 서문당, 1975
육군본부 편찬, 「공비연혁」, 1991
육군본부 편찬, 「공비토벌사」, 육군본부 전사감실, 1954
이 태, 「남부군」, 상 · 하, 두레, 1988
이강훈, 「무장독립운동사」, 서문당, 1975
이기하, 「한국정당발달사」, 의회정치사, 1961
이기형, 「여운형 평전」, 실천문학사, 2004
이만규, 「여운형 선생 투쟁사」, 민주문화사, 1946
임경석, 「잊을수 없는 혁명가들에 대한 기록」, 역사비평사, 2008
장세윤, 「홍범도의 생애와 항일의병투쟁사」, 독립기념관 한국독립운동사연구소, 1992
정병준, 「몽양 여운형 평전」, 한울, 1995
정세현, 「항일학생민족운동사연구」, 일지사, 1975
정충제, 「실록 정순덕」, 상, 중, 1989
조동걸, 「한말 의병전쟁」, 독립기념관 한국독립운동사연구소, 1989

조기준 · 김영모 외 2인, 「일제하의 민족생활사」, 민중서관, 1971
조선주차군사령부 편찬, 「조선폭동토벌사」
조선은행, 「조선경제연감」, 1948
조선중앙통신사, 「조선중앙연감」, 1948, 1950
진실, 화해를 위한 과거사정리위원회, 「종합보고서」, 제 1~2권, 2010
최문환, 「민족주의 전개과정」, 백영사, 1958
최장집 외, 「한국전쟁연구」, 태암, 1990
최장집 외, 「해방전후사의 인식」, 한길사, 1989
친일 반민족행위 진상규명위원회, 「친일반민족행위진상규명보고서」, 2009
친일 인명사전 편찬위원회와 민족문제연구소, 「친일인명사전」, 2009
하경근, 「아프리카 정치론」, 흑아대륙을 중심으로, 일조각, 1972
한국독립운동사연구소, 「독립운동가 서한집」, 2006
한국민족운동사연구회 편, 「의병전쟁연구」 상, 지식산업사, 1990
한국역사연구회 현대사 연구반, 「한국현대사 I」, 풀빛, 1991
한우근, 「동학란 기인에 관한 연구」, 서울대 한국문화연구소, 1976
홍순권, 「한말 호남지역 의병운동사 연구」, 서울대 출판부, 1994

姜德相, 「現代史資料集」,みずす書房, 1972
坪江汕二, 「朝鮮民族獨立運動史」, 勞動通信社, 1959
世界經濟調査會 編, 「ナツョナリズん の 硏究」, 慶應通信, 1957
中東調査會編, 「アシア・アフリカ 民族運動 の 實態」至文堂, 1962
中東調査會編, 「アシア・アフリカ 新興諸國 の 政局と國際關係」至文堂, 1967

Almond G. A. & Coleman J. S.(ed) *The Politics of Developing Areas*, Princeton University Peess, 1960
Apt, David E., *The Politics of Modernization*, the University of Chicago Press, 1965
Ball, William M, *Nationalism and Communism in East Asia*, Cambridge University Press, 1953
Ball. William M., *Nationalism and Communism in East Asia*, Cambridge University Press, 1953
Carr, E. H., *Nationalism and After*, St. Martin's Press, 1945
Cumings, Bruce, *The Origins of the Korean War*, Vol.1~2, Princeton University Press, 1981
Dean, Phillip, *I Was a Capture in Korea*, W. W. Norton & Co., 1953

Dusan Petovic Sane, *People in Revolution*, Jugoslovenska Revija, Beorgrad, 1978
Hayes, Carton J. H, *Essays on Nationalism*, The Macmillan Co, N. Y., 1941
Hayes, Carlton, J. H, *Nationalism; A Religion, The Macmillan*, Co, 1960
Hugh Seton-Watson, *Nationalism and Commuism*, Frederics A, Praeger, N. Y., 1964
Hans Kohn, *The Idea of Nationalism,* The Macmillan Co, 1944
Kautsky, John H., *Political Change in Underdeveloped Countries, Nationalism and Communism*, John Wiley & Sons, Inc, 1962
Kissin, S. F., *War and the Marxists, Socialist Theory and Practice in Capitalist Wars*, Westview Press, 1988
Lasswell, Harold D. & Lerner, D. *World Revolutionary Elites*, MIT Press, 1966
Lipset, Seymour M., & Solari A., *Elites in Latin America*, Oxford University Press, 1967
Fredreic A. Mckenzie, *Korea's Fight foy Freedom*, Fleming H. Revell. Co. 1920
Mckenzie, Frederic A. *The Tragedy of Korea* E. P. Dutton & Co, 1908
Moore, Barrington, *Social Origins of Dictationship and Democracy, Lord and Peasant in the Making of the modern World*, Beacon Press, 1966
Snyder, Louis L., The Dynamic of Nationalism, *Readings in its Meaning and Development*, D. Van Nostrand Co.,1964
Snyder, Louis L., *Varieties of Nationalism*, Dryden Press, 1971

<자 료>

「各郡 報告」, 제 16호~27호, 규장각 소장
「高宗順宗實錄」, 부록, 1910
「奎章閣 古文書」, 규장각 소장
内閣編錄科,「内部請義」, 1895. 3~1897. 3
步兵 14聯隊,「陣中日誌」, 1907, 7. 23~1909. 6. 19, 14책
朝鮮史料研究會,「朝鮮近代史料研究集成」, みずす書房, 1959
朝鮮總督府,「朝鮮總督府 官報」, 1910
朝鮮總督府 警務局,「高等警察報」
朝鮮總督府 警務局,「最近に すろ 朝鮮 治安狀況」, 1939년판
한림대학교 아시아문화연구소,「빨치산 자료집」, 제 1~7권, 1996
「刑法大典」, 1903,

< 찾아 보기 >

(ㅈ)

< 저자 소개 >

서울대학교 사회학과 졸업(학사, 석사, 박사)
하버드 대학교 사회학과 수학(하버드 옌칭 객원교수)
서울대, 고려대, 연세대, 이화여대 및 동대학원 강사
중앙대학교 문과대학장, 사회개발대학원장, 부총장
한국사회학회장, 한국사회복지학회장, 한국사회복지정책학회장
중앙대학교 명예교수

< 주요 저서 >

한국사회학(법문사, 1972)
조선지배층연구(일조각, 1978, 고헌, 2002)
사회정책(한복연 출판부, 1982/2008)
현대사회계층론(한복연 출판부, 1982/1999)
한국사회계층연구(일조각, 1982, 고헌, 2005)
한국빈곤연구(한복연 출판부, 1991)
한국사회보장개혁론(중앙대 출판부, 1995)
한국중산층연구(중앙대 출판부, 1998)
한국사회보험개혁론(공저, 한복연 출판부, 2006)
일제하 한인지배층 연구(고헌, 2009)
한국권력지배층연구(고헌, 2009)
한국자본가계급연구(고헌, 2012)
한국민족해방운동연구(고헌, 2012)

한국민족해방운동연구 <가격 : 28,000원>

2012년 8월 10일 인쇄
2012년 8월 15일 발행

저 자 : **金 泳 謨**
발 행 처 : 高獻 출판부
서울특별시 동작구 흑석동 186-64
등록 2000년 1월 27일 제 17-316호
연락처 : TEL 824-3127·3132 FAX 824-3128

ISBN 978-89-90435-26-2-93330